普通高等教育"三海一核"系列规划教材

海事诉讼与仲裁法

主 编 袁 雪

副主编 赵 融 罗 猛 王 微

科学出版社

北 京

内 容 简 介

本书主要分为海事争议解决概述、海事诉讼法律制度和海事仲裁法三编。第一编包括第一章和第二章，总体介绍海事争议解决方式和法律适用；第二编包括第三章到第九章，根据海事诉讼特别程序法的编排顺序介绍海事诉讼制度的基本内容；第三编包括第十章到第十四章，介绍海事仲裁制度的基本内容。

本书作为普通高等教育"三海一核"系列规划教材，可以满足法学专业本科生和研究生进行海商法、海事程序法等课程学习和研究的需要，同时也可作为海事司法实务人员的参考书。

图书在版编目(CIP) 数据

海事诉讼与仲裁法/袁雪主编. —北京：科学出版社，2018.12
普通高等教育"三海一核"系列规划教材
ISBN 978-7-03-054972-3

Ⅰ. ①海⋯ Ⅱ. ①袁⋯ Ⅲ. ①海事仲裁–诉讼法 – 高等学校 – 教材 Ⅳ. ①D997.4

中国版本图书馆 CIP 数据核字(2017)第 255579 号

责任编辑：王京苏 / 责任校对：贾娜娜
责任印制：霍 兵 / 封面设计：蓝正设计

科 学 出 版 社 出版
北京东黄城根北街 16 号
邮政编码：100717
http://www.sciencep.com
文林印务有限公司 印刷
科学出版社发行 各地新华书店经销

*

2018 年 12 月第 一 版 开本：787×1092 1/16
2018 年 12 月第一次印刷 印张：23 3/4
字数：563 000
定价：96.00 元
（如有印装质量问题，我社负责调换）

前　言

在"建设海洋强国"和"一带一路"倡议背景下，海运业在国民经济发展中的地位和作用日益得到重视，我国在参与国际贸易和国际海上运输中的海事争议也越来越多。与国际贸易和海运业繁荣发展相适应，我国海事法院的受案量和受案范围也越来越大，尤其是我国 1999 年颁布出台了《中华人民共和国海事诉讼特别程序法》（以下简称《海事诉讼特别程序法》）之后，海事诉讼从普通民事诉讼中独立出来，熟练掌握和运用海事诉讼法律知识非常重要。另外，海事仲裁也是海事纠纷的重要解决方式，中国海事仲裁委员会在海事纠纷解决领域也发挥了重要的作用。因此，计划编写普通高等教育"三海一核"系列规划教材——《海事诉讼与仲裁法》，使其在原有的《海商法》教材的基础上，成为海商法课程教学的有机补充。

与国内同类教材比较，本书编写特色在于：第一，体系较为全面。国内现有同类教材或者单独写海事诉讼，或者在介绍国际商事仲裁中介绍海事仲裁方式，或者虽然包括海事诉讼和仲裁内容但忽略总论部分的规定。本书分为三编，包括海事争议解决概述、海事诉讼法律制度和海事仲裁法三部分。第二，体现了立法的更新。《海事诉讼特别程序法》是民事诉讼法的特别法，虽然海事诉讼拥有自己特有的一些制度，但民事诉讼中的一些制度也适用于海事诉讼，对海事诉讼具有影响。因此，本书编写中，结合新修订的《中华人民共和国民事诉讼法》（以下简称《民事诉讼法》）及其司法解释及最高人民法院关于海事诉讼的最新司法解释，及时反映立法动态。第三，体现了程序、立法和理论的结合。海事诉讼和海事仲裁虽然是海商法中的程序性内容，但是本书在编写中注重程序、理论和立法相结合的写作方式，突破现有的同类教材或者偏重程序和立法而忽略理论，或者偏重理论而忽略程序和立法等的局限性，打破现有教材的编写体例，在内容中注重程序、立法和理论的有机结合。因此，本书内容理论与实践结合，既研究海事诉讼和海事仲裁中的重要理论问题，又研究海事诉讼和仲裁立法、司法和航运实践中的问题；本书立足于我国海事诉讼和仲裁理论及实践研究，同时注意吸收国际公约和其他国家先进立法及最新研究成果，关注和反映国际、国内海事立法的最新趋势和进展。

本书作为普通高等教育"三海一核"系列规划教材，编写主要目的是满足法学专业本科生和研究生学习与研究海商法类课程的需要，同时也可作为海事司法实务人员的参考书。在编写本书的过程中，除了哈尔滨工程大学法学系的袁雪、赵融、罗猛以外，大连船舶重工集团有限公司法律事务室主任王微、法律顾问杜杰也参与了编写工作。大连海事大学法学院国际海事法律研究中心主任郭萍教授对教材大纲提出了宝贵的修改建议。另外，哈尔滨工程大学法学系的研究生黄彦珏、周阳、童凯、刘艺、董琳、黄金同学参与了教材编写、资料搜集等工作。黄彦珏、周阳、童凯同学还协助主编统稿、校对并排版。在此，对他们的辛勤劳动表示感谢！

全书由袁雪统稿、审定。对于本书存在的问题与不妥之处，恳请广大同仁批评指正，以便本书在将来修订时加以改进，不断完善。

编　者

2018 年 6 月

目　录

第三编　海事仲裁法

第一编　海事争议解决概述

第一章　海事争议与海事争议解决概述

【内容摘要】本章主要介绍海事争议的含义、范围、法律性质与海事争议解决的基本方式。通过本章学习，了解海事争议解决的重要性，对海事争议解决方式有一个概括了解。

第一节　海事争议概述

一、海事争议的含义

在界定海事争议的含义之前，首先要澄清"海事"的概念。

"海事"一词，在英语中通常称为"admiralty"，其含义通常有狭义和广义之分。狭义的"海事"，是海上事故、海损事故、海难事故、海上交通事故或船舶交通事故的简称，即船舶在海上或其他可航水域发生事故，导致船舶、其他财产的损失或人员的伤亡。广义的"海事"，是海运事业、海上事务、海上活动等的简称。其内涵包括狭义的"海事"，但不限于狭义的"海事"。另外，在海商法律理论、立法和实践中，通常存在着"海商""海事"的区分。"海商"，在英语中通常称为"maritime commerce"，是海上商业活动的简称，也有狭义和广义之分。狭义的"海商"是指与海上货物运输合同、海上旅客运输合同、海上拖航合同、船舶租用合同、海上保险合同等有关的海上商业行为。广义的"海商"是指所有海上运输或其他与船舶有关的商业活动。

通常情况下，在我国海商法理论和实践中，均认为广义的"海事"与广义的"海商"同义。《中华人民共和国海商法》（以下简称《海商法》）第1条明确规定："为了调整海上运输关系、船舶关系，维护当事人各方的合法权益，促进海上运输和经济贸易的发展，制定本法。"根据该规定，我国海商法的调整对象包括海上运输关系和船舶关系，既包括船舶碰撞、海难救助、共同海损、海事赔偿责任限制等狭义的"海事"的内容，也包括海上货物运输合同、海上旅客运输合同、海上拖航合同、船舶租用合同、海上保险合同等狭义的"海商"的内容。这在我国海事法院的受案范围中也有所体现，根据《最高人民法院关于海事法院受理案件范围的规定》，我国海事法院的受案范围包括海事侵权纠纷案件、海商合同纠纷案件、海洋及通海可航水域开发利用与环境保护相关纠纷案件、其他海事海商纠纷案件、海事行政案件及海事特别程序案件等与海事、海商有关的案件①。在我国，海事诉讼是海事争议解决的主要方式。我国海事法院中一般设置海事庭和海商庭，其中海事法院中的"海事"是广义上的"海事"，而海事庭中的"海事"和海商庭中的"海商"均表示狭义上的"海事"②。

与"海事"的含义分析相对应，海事争议也有广义和狭义之分。狭义的海事争议，是指造成船舶、其他财产的损失或人员伤亡的、发生于海上或其他可航水域的海损事故引起的争议；广义的海事争议，则包括航海贸易所涉及的与船舶和船舶活动有关的所有法律事实引起的争议。本书所指的海事争议是广义的。

二、海事争议的范围

实践中海商法的调整对象已经远远超出传统民商法的调整范围，具有较强的综合性、技术性和国际性等突出特点，很多海商法理论界和实务界人士认为将海商法作为一个独立的法律，符合国际海事海商法律的发展趋势。但是从我国海商法调整对象来看，海商法调整范围主要是海上运输关系和与船舶有关的社会关系，更多体现了传统民商法调整的范畴，因此当前海商法的性质界定为民法特别法更合理一些。海事争议从民法视角分析，主要表现为物权和债权纠纷。随着国际造船业和海运业的发展，国际海事海商法律关系的调整范围越来越广泛，已经远远超出了传统海商法律关系范畴。随着"海洋强国"和"一带一路"倡议的持续推进，我国海事争议纠纷越来越多样化，海事法院的受案范围也逐渐扩大，已经由原来受理海事海商民事案件，过渡到受理海事行政案件①，当前海事刑事案件也被纳入了海事法院的受案范围③。但从海商法调整对象来看，海事司法实践中绝大多数海事争议案件仍是传统的民商事案件。具体而言，传统的海事争议的范围主要包括以下四大类。

（一）因海商合同产生的争议

海商合同是指由海商法调整的，与海上运输和船舶有关的，当事人之间设立、变更、终止民事权利义务关系的协议。海商合同具体包括海上货物运输合同、海上旅客运输合同、船舶租用合同、海上拖航合同、海难救助合同及海上保险合同等。涉外性强是海商合同的特点之一，因为海商合同绝大部分与海上运输相关，而海上运输包括国际海上运输、沿海运输及内河运输，国际海上运输是其中的重要形式。我国《海商法》第2条第2款规定："本法第四章海上货物运输合同的规定，不适用于中华人民共和国港口之间的海上货物运输。"根据该规定，我国《海商法》调整的海上货物运输合同仅限于国际海上货物运输，因此合同项下货物运输的始发港和目的港分别位于两个不同的国家，有可能合同当事人的营业地也位于不同国家，符合国际合同的特点。

因海商合同产生的争议是指海商合同当事人因一方或双方违反合同而产生的争议。

---

① 详见2016年3月1日施行的《最高人民法院关于海事法院受理案件范围的规定》。
② 胡正良：《海事法》，北京大学出版社，2009年，第2页。
③ 罗沙、方列：《中国海事法院首次受理海事刑事案件》，http://news.xinhuanet.com/2017-06/06/c_1121097487.htm，[2017-06-07]。

（二）因海事侵权行为所引起的争议

界定海事侵权的含义，是研究海事侵权法律问题的一个理论前提。在海事海商领域，海事侵权是一个基础性概念，海事侵权是指船舶在可航水域因过错或无过错造成他人人身伤亡损害、本船舶外的财产损害及公共利益损害，依法应当承担赔偿责任的行为。海事侵权所包括的主要类型，在《最高人民法院关于海事法院受理案件范围的规定》中有比较详尽的列举，其中第1条"海事侵权纠纷案件"包括了10种情况，如船舶碰撞、船舶触碰、船舶损坏空中或水下设施、船舶污染损害赔偿纠纷、养殖损害赔偿纠纷、人身损害赔偿纠纷等案件。

在界定了海事侵权的概念之后，可以认为侵权海事争议由船舶碰撞、船舶污染等海事侵权行为引起的争议。传统海商法中海事侵权争议主要包括两大类：船舶碰撞损害赔偿争议和船舶污染损害赔偿争议。但海事司法实践中海事侵权行为已经超出了传统的船舶碰撞和船舶污染侵权损害赔偿的范围，具体说，包括船舶碰撞损害赔偿争议、船舶碰撞海上和港口设施损害赔偿争议、船舶油污损害赔偿争议、船舶燃油污染损害赔偿争议、船舶运输有毒有害物质损害赔偿争议、海上作业设施影响船舶航行造成损失的争议、人身伤亡事故引起的损害赔偿争议、海上运输和海上港口作业过程中的人身伤亡事故引起的损害赔偿争议等。

（三）物权方面的争议

民法中的物权，是一种绝对权，是人对物所享有的一种排他的权利。广义地说，物权方面的海事争议应当包括作为海上运输载体的船舶物权争议，也包括海上运输中的货物物权争议及其他海上财产物权争议。由于船舶是海商法中特有的物，具有合成物、拟人化和不动产化的性质，与民法中普通的物不同。传统海商法仅讨论船舶物权，其他非船舶财产物权适用其他法律调整。例如，我国《海商法》第二章"船舶"一章，仅规定了船舶所有权、船舶抵押权、船舶留置权和船舶优先权等以船舶为客体的物权。船舶物权属于民法物权的一种类型，具有与一般财产物权共同的特性。所谓船舶物权，是指权利人直接对船舶行使并排除他人干涉的权利，通常包括船舶所有权、船舶抵押权、船舶优先权和船舶留置权等担保物权。船舶是动产，但具有不动产性，船舶物权具有民法中普通动产物权不同的公示方式。《中华人民共和国物权法》（以下简称《物权法》）第24条规定："船舶、航空器和机动车等物权的设立、变更、转让和消灭，未经登记，不得对抗善意第三人。"第188条规定："以本法第一百八十条第一款第四项、第六项规定的财产或者第五项规定的正在建造的船舶、航空器抵押的，抵押权自抵押合同生效时设立；未经登记，不得对抗善意第三人。"这两条是对船舶物权最基本的规定，为我们进一步研究船舶物权提供了良好的契机。同时，2016年3月1日施行的《最高人民法院关于适用〈中华人民共和国物权法〉若干问题的解释（一）》第6条规定，转让人转移船舶、航空器和机动车等所有权，受让人已经支付对价并取得占有，虽未经登记，但转让人的债权人主张其为物权法第二十四条所称的"善意第三人"的，不予支持，法律另有规定的除外。

其实，广义而言，有关物权方面的海事争议不仅包括有关船舶物权方面的争议，还应该包括关于海上货物所有权的争议及其他类型的物权争议。

（四）其他方面的海事争议

除了海商合同纠纷、海事侵权纠纷、物权纠纷以外，在海上发生一些特殊风险也会引起海事争议，如共同海损分摊争议、海事赔偿责任限制争议等。

共同海损分摊是共同海损法律制度中的一项基本原则，是指共同海损牺牲和费用应由同一航程的各受益方按各自的分摊价值比例分别摊付。共同海损分摊价值，是指由于共同海损措施而受益的财产价值与因遭受共同海损损失而获得补偿的财产金额的总和。共同海损分摊的前提条件是船、货由于采取了共同海损措施而没有全部损失，即有财产被保全下来，并抵达航程终止地。该分摊价值的计算方式为：按照货物装船时的价值加保险费加运费，扣减不属于共同海损的损失金额和由承运人承担风险的运费。由共同海损分摊问题产生的纠纷是共同海损分摊争议，共同海损分摊案件需要委托共同海损理算机构进行共同海损理算，出具理算报告，还需计算共同海损分摊价值和金额，相对于普通民事诉讼案件来说程序相对复杂，专业性和技术性较强，属于海事诉讼中的特有程序。我国《海事诉讼特别程序法》第八章第二节有关于审理共同海损案件的程序性规定。

海事赔偿责任限制是指发生海损事故，造成他人人身伤亡或财产损失时，依法将责任主体的赔偿责任限制在一定范围内的一种赔偿制度。海事赔偿责任限制是海商法所特有的一项法律制度。海事赔偿责任限制一般是针对一次事故所引起的各种索赔的综合性的责任限制，也被称作"综合责任限制"。这种综合责任限制不同于海上货物运输中规定的承运人对于货物损失赔偿的"单位责任限制"。二者虽然都是对违约或侵权责任主体的赔偿数额进行限制，但是具体限制的方式不同，分属于海商法不同的法律制度。在海事司法实践中，海事赔偿责任主体并非在任何情况下都能享受责任限制，如经证明，引起赔偿请求的损失是由责任人的故意或者明知可能造成损失而轻率地作为或者不作为造成的，责任人无权请求责任限制。由海事赔偿责任限制问题产生的海事纠纷即是海事赔偿责任限制争议。我国《海事诉讼特别程序法》第九章有关于设立海事赔偿责任限制基金程序的规定，但没有海事赔偿责任限制程序的完整规定，这些内容在我国法律上还属于空白。[1]

三、海事争议的性质

本质上讲，海事争议是一种特殊的民商事争议。首先，从我国《海商法》调整对象为海上运输关系和与船舶有关的社会关系出发界定海商法的性质，目前国内学者普遍认为海商法为民商法的特别法，因此，海事争议不论从广义还是狭义角度均可界定为民商事性质的争议。其次，从我国海事立法和司法实践的发展趋势来看，海事争议的范围也逐渐超越传统民商事争议的范畴。我国逐渐扩大了海事法院受理案件的范围，将海事行

---

[1] 刘经纬：《海商法》，厦门大学出版社，2004年，第182页。

政案件和海事刑事案件都纳入受案范围。但是从根本上说，海事争议还是以民商事争议为主。因此，海事争议的本质仍可界定为一种民商事争议，但因其具有与普通民商事争议不同的一些特点，故可定性为一种特殊类型的民商事争议。

首先，海事争议具备民商事争议的共同属性。从民法角度看，传统的海事争议无非是物权争议和债权争议，物权争议包括基于船舶所有权、船舶抵押权、船舶留置权和船舶优先权等引起的争议，债权争议包括合同和侵权两类，其中大部分是因海上货物运输合同、海上旅客运输合同、船舶租用合同、海上拖航合同、海难救助合同及海上保险合同等海商合同，以及船舶碰撞和船舶污染等海事侵权行为引起，少部分是由于共同海损等海上特殊风险所致。海事争议的当事人处于平等的法律地位。另外，在海事争议中，当事人提出海事请求的目的，多是向责任方索取民事赔偿。而海事争议最终的解决办法也往往是通过民事赔偿来实现。

其次，作为一种民商事争议，海事争议具有与一般民商事争议不同的特殊性。主要表现为海事争议的当事人都是海上运输或者其他海上作业的参与者；海事争议的具体内容涉及的是构成海上运输关系或者船舶关系的权利和义务之间的争议；尤其是基于海上活动的特点，受海商法律制度制约，海事争议的处理适用特殊的程序法规则和实体法规则，如有关海事赔偿责任限制制度、共同海损制度、船舶扣押制度等规则。我国 1999 年的《海事诉讼特别程序法》及 2002 年的《最高人民法院关于适用〈中华人民共和国海事诉讼特别程序法〉若干问题的解释》是关于我国海事法院审理海事诉讼案件的程序性规定及海事争议解决的一些特殊制度。

第二节　海事争议的解决方式

在我国，对海事争议的处理大致可以概况为"四种途径、三种机构、两套制度"。处理海事争议的四种途径是协商、调解、海事仲裁和海事诉讼；处理海事争议的三种机构是港务监督、海事仲裁委员会和海事法院；两套法律制度是海事仲裁制度与海事诉讼制度。本书主要是围绕海事仲裁制度和海事诉讼制度展开。

一、协商

海事争议中的协商也叫和解或自行和解，指海事争议双方当事人无需第三方的参与，本着友好合作和互谅互让的精神进行磋商，达成和解协议而解决海事争议。一般仅适用于一些标的较小、争议不大、责任比较清楚的海事争议，体现了当事人双方互谅互让、立足长远的合作精神，具有经济、高效等特点。协商或和解的方式包括自行协商、委托代理协商、庭外和解等表现方式。实践中，当事人在发生海事纠纷后往往首先采取协商途径寻求解决方案，当双方在自愿基础上协商一致后，常通过和解协议加以确认。实践中，许多海事争议的双方当事人自己或通过他们聘请的代理人进行协商而达成和解协议。但是由于和解协议不具有法律强制效力，任何一方反悔，都将使协议无法履行。

采取协商的手段解决海事争议的优点是手续简便、灵活、节省时间，而且是在当事人双方互谅互让的友好气氛中进行的，彼此不伤感情，有利于双方进一步交往，也有利于国际航运与国际贸易的发展。但不足之处是双方当事人达成的和解协议不具有法院强制执行的约束力，双方任何一方的反悔都会使协议无法履行，特别是海上争议所涉及的标的额一般都比较大，技术标准也较为复杂，一方的违约会使原来的争议变得更加难以处理。因此，对于不具备和解条件的争议，应及时采取其他途径解决以避免拖延时间。

二、调解

海事争议调解是指在海事争议当事人以外的第三方的主持或协调下，当事人之间达成调解协议，解决海事争议的方法。是否有第三人的参与，是调解与协商的主要区别。在解决海事争议的实践中，根据调解人的不同，调解可以分为民间调解、行政机构调解、仲裁机构调解和法院调解。任何调解都必须在双方当事人同意并在实施和责任清楚的基础上依法进行。海事争议同一般的民事争议比较，涉及的问题更多、更复杂，不可能均依靠调解得以解决，所以，调解往往不被列为解决海事争议的独立途径，而仅作为仲裁或诉讼的辅助手段，但不是仲裁或诉讼的必经程序。

在我国，调解是解决包括海事纠纷在内的各种民商事纠纷的重要途径。

三、海事仲裁

（一）海事仲裁的概念

"仲裁"，在英文中指"arbitration"，是指争议当事人通过协商方式，自愿将争议提交第三方仲裁机构，由其作出裁决的方式。

海事仲裁是指海事争议的当事人根据合同中的仲裁条款或双方达成的仲裁协议，将海事争议提交给约定的仲裁机构予以裁决解决的方法。20世纪初，海事仲裁仅以租约、海上运输合同、保险合同等契约性纠纷为主要受案类型，现在已经发展成为以租约为主，同时涉及船舶碰撞、海上救助、船舶油污损害等非契约性争议，并且数量逐年呈现上升趋势。[①]

（二）海事仲裁的特点

海事仲裁除了具有与商事仲裁共有的权威、公正、独立、经济等优越性以外，还具有自己的特点。

第一，海事仲裁具有很强的专业性。

海事仲裁涉及海事专业领域的内容较多，要求仲裁员应当是在海事界有一定权威、具有处理海事争议的专业知识和能力的专业人士。几乎大部分的海事案件都需要对有关

---

① 屈广清：《海事诉讼与海事仲裁法》，法律出版社，2007年，第137页。

专门性问题进行界定,如船舶碰撞损害赔偿案件就需要对碰撞事实和碰撞责任进行划分;共同海损案件就需要对受益方进行确认、对共同海损进行理算和分摊;海难救助纠纷案件需要判断救助人采取的救助措施是否及时、合理;船舶油污损害赔偿案件需要确定污染海域的面积、受害人的损害范围及数额等,这些专业领域的问题往往需要具备海商、国际贸易、航海等专业知识和素养的仲裁员才能把握。

第二,海事仲裁具有较强的涉外性。

在我国,提交海事仲裁的案件既有国内海事纠纷,也有涉外纠纷,由于海事争议的涉外性强,大部分海事仲裁案件都具有涉外性。与国内海事仲裁相比,国际海事仲裁相对复杂。国内海事仲裁涉及的当事人在国内、涉及争议的海事在国内、仲裁裁决和执行在国内;而国际海事仲裁则是涉及涉外因素的海事仲裁,或者纠纷当事人有涉外因素,或者争议标的物在国外等,其裁决往往需要外国或境外地区法院予以承认和执行。我国商事仲裁机构包括中国国际经济贸易仲裁委员会和中国海事仲裁委员会,前者负责受理国际贸易纠纷,后者专门负责处理海事纠纷案件。

第三,海事仲裁与海事诉讼相比优势显著。

作为民商事争议解决的主要方式,诉讼和仲裁在我国民商事争议解决领域均发挥了重要作用。仲裁具有诉讼无法比拟的诸如程序简便、费用低廉、期限较短等优势。在海事争议解决方面,与海事诉讼相比,海事仲裁同样具有这些优势。尤其是海事争议案件,与普通的民事纠纷相比,由于其发生在水上,有些案件的调查取证相比发生在陆上的纠纷复杂,对及时性要求较高,海事仲裁解决往往比诉讼的程序要求简便;在费用方面来说,在我国,虽然一审诉讼收费低于仲裁,但由于仲裁是一裁终局,而诉讼为两审终审,再加上再审费用,相对来说,仲裁费用相对低廉;另外,在国外可执行性方面来说,大多数国家允许当事人之间订立仲裁协议,即承认了仲裁协议的可执行性,这赋予了当事人在解决海事纠纷方面很大的自主性,因而多数情况下被当事人采用。

(三)海事仲裁机构

海事仲裁机构是指通过仲裁方式独立公正地解决海事争议的民间机构。很多国家都设立海事仲裁机构,作为解决海事争议的机构。海事仲裁机构一般是根据有关的国际公约和国家的海事仲裁立法而设立的,与法院管辖权不同,海事仲裁机构对海事案件行使管辖权是由于双方当事人的授权。只有存在有效的海事仲裁协议并在海事仲裁协议中约定了某个海事仲裁机构,该海事仲裁机构才可以取得对某一海事争议案件的管辖权。[①]

世界上比较有影响的海事仲裁机构主要有:英国伦敦海事仲裁员协会、美国海事仲裁员协会、法国巴黎海事仲裁院、日本东京海事仲裁委员会、国际商会仲裁院、中国香港国际仲裁中心、瑞典斯德哥尔摩商会仲裁院等。

根据海事仲裁机构的组成形式不同,可以将其分为临时仲裁机构和常设仲裁机构。

1. 临时仲裁机构

临时仲裁机构是指根据各方当事人的仲裁协议,在争议发生后由各方当事人选定的

---

① 屈广清:《海事诉讼与海事仲裁法》,法律出版社,2007年,第142页。

仲裁员临时组成的，负责审理当事人之间的有关争议，并在审理终结作出裁决后即行解散的临时性仲裁机构。临时仲裁机构具有程序灵活、效率高、费用少的特点：临时仲裁机构没有固定的办公地点和仲裁规则，当事人双方可以自行起草仲裁规则，可以就与仲裁有关的诸如仲裁地点、仲裁时限等任何问题作出约定；临时仲裁机构不收取管理费和服务费，当事人只需支付仲裁员费用即可。但是临时仲裁机构也有自身缺点：一是仲裁效力的发挥依赖于当事人各方的合作，这就减损了仲裁的效率；二是临时仲裁更依赖于法律的支持，如果在启动仲裁程序或组成仲裁庭方面出现问题，争议双方当事人将不得不请求法院的支持。

2. 常设仲裁机构

常设仲裁机构是指依据国际条约和一国国内立法所成立的，有固定的组织、固定的地点和固定的仲裁程序规则的永久性机构。常设仲裁机构一般都备有仲裁员名册供当事人选择；常设仲裁机构都有自己的仲裁规则，当事人只要在仲裁协议中写明将争议提交某仲裁机构并依据该机构仲裁规则仲裁即可，因此常设机构仲裁具有便利海事诉讼当事人、保证仲裁程序有效进行、办案质量高及机构仲裁更易于得到法院认可等优势。但常设仲裁机构也有费用较高、程序迟延及仲裁规则规定的时限短等缺陷。

四、海事诉讼

（一）海事诉讼的含义

海事诉讼是指海事争议的当事人按照法律的规定，将海事争议提交海事法院解决的方法。这是解决海事争议的重要途径，其权威性和强制性均优越于其他海事争议解决方法。我国的《海事诉讼特别程序法》第 4 条规定："海事法院受理当事人因海事侵权纠纷、海商合同纠纷以及法律规定的其他海事纠纷提起的诉讼。"因此，在我国，海事诉讼是当事人就海事侵权纠纷、海商合同纠纷及法律规定的其他相关纠纷诉至海事法院，由海事法院依法审理和裁判的海事诉讼活动的总和。

（二）海事诉讼的特点

海事诉讼是民事诉讼的组成部分，具有民事诉讼的一般特点，同时，又具有其自己的特性。由于海商法具有的国际性特点，海事争议多数涉及涉外因素，因此海事诉讼也具有较强的国际性特点，海事法院受理的海事诉讼案件多有涉外因素，因此案件审理涉及具体案件的法律适用问题。

第一，海事诉讼法律关系具有涉外因素。

海事诉讼法律关系多为含有涉外因素的法律关系，或者海事诉讼当事人中有外国人或无国籍人；诉讼客体是位于境外的财产或发生于外国的行为；引用的证据具有涉外因素；等等。审理国际海事诉讼案件，海事法院需要根据内国冲突规范的规定适用外国法作为案件的准据法，因此需要进行法律选择。

第二，海事诉讼案件多为海事赔偿案件。

海事诉讼案件与海上运输及船舶有关，涉及海事赔偿事项。在我国，海事诉讼所涉及的案件为海事侵权案件、海商合同纠纷案件、其他海事海商案件（包括港口作用纠纷案件及海洋开发利用纠纷案件等）、海事执行案件、海事行政案件、海事刑事案件等。但多数属于海事赔偿案件，主要是基于海事侵权纠纷和海事合同纠纷提起的海事赔偿诉讼。

第三，海事诉讼由专门的法院管辖。

海事诉讼由专门的法院管辖。我国有十个海事法院，是专门审理海事诉讼案件的特定管辖法院。海事法院设置海商庭和海事庭，分别审理狭义的海商案件和海事案件。

第四，海事诉讼案件的审理适用特别的诉讼程序法。

海事诉讼案件适用特别的诉讼程序法。一般来说，即使是涉外海事诉讼纠纷，各国的海事案件审理机构也依据本国的程序法进行审理。我国的海事诉讼是民事诉讼的组成部分，我国于 1999 年 7 月 1 日颁布了《海事诉讼特别程序法》，在此之前，海事法院审理海事纠纷案件均适用《民事诉讼法》的规定。由于海事争议中涉及很多《民事诉讼法》中没有规定的特殊程序，因此需要由特定的程序规则来规范，当前，我国海事法院依据《民事诉讼法》和《海事诉讼特别程序法》的规定审理各类海事案件。

第二章　涉外海事关系的法律适用

【内容摘要】本章主要介绍涉外海事关系的法律适用问题，包括涉外海事关系的含义及特点，涉外海事关系法律适用的渊源、原则及具体涉外海事关系的法律适用。通过本章学习，可以基本掌握各种类型涉外海事关系适用法律的基本原理。

第一节　概　　述

一、涉外海事关系概述

（一）涉外海事关系的含义

海事关系是一种社会关系，是由海商法调整的具体社会关系，是指海事法律规范作用于其调整对象所形成的具有权利和义务内容的具体社会关系[①]。根据海商法的调整对象，海事关系主要包括海上运输关系和船舶关系，是指海上运输关系和船舶关系等以船舶为中心产生的法律关系，其中，海上运输关系又包括海商合同关系、海上侵权关系和因海上特殊风险产生的关系。海商合同关系具体包括海上货物运输合同关系、海上旅客运输合同关系、船舶租用合同关系、海上拖航合同关系、海难救助、海上保险合同关系等；海上侵权关系主要包括船舶碰撞和船舶油污损害赔偿法律关系；因海上特殊风险产生的关系主要是指海事赔偿责任限制和共同海损。船舶关系主要包括船舶所有权、船舶留置权、船舶抵押权和船舶优先权法律关系。

涉外海事关系，是指法律关系主体、客体或内容中含有涉外因素的海事关系。涉外海事关系是涉外民事关系的一种类型。2012 年 12 月 10 日《最高人民法院关于适用〈中华人民共和国涉外民事关系法律适用法〉若干问题的解释（一）》第 1 条对认定哪些法律关系为涉外民事关系进行了列举式规定，凡是民事关系符合下列情形之一的，即为涉外民事关系：当事人一方或双方是外国公民、外国法人或者其他组织、无国籍人；当事人一方或双方的经常居所地在中华人民共和国领域外；标的物在中华人民共和国领域外；产生、变更或消灭民事关系的法律事实发生在中华人民共和国领域外；可以认定为涉外

[①] 司玉琢：《海商法》（第三版），法律出版社，2012 年，第 14 页。

民事关系的其他情形。这一解释适用于涉外海事关系。因此，在发生海事争议时，只要海事关系的主体、客体或内容中含有任何涉外因素的，均可视为涉外海事关系。如海事关系中一方或双方当事人为外国人、无国籍人、外国法人或其他组织、国家或者国际组织，或者海事关系中当事人的住所、惯常居所地或者法人营业地在不同国家境内，或者海事关系中的标的物位于中国境外，或者导致海事关系产生、变更或消灭的法律事实发生在中国境外的海事关系，均可称为涉外海事关系。

（二）涉外海事关系的特点

作为具有涉外因素的海事关系，涉外海事关系既具有海事法律关系的特点，还具有涉外民商事法律关系的特点。除了从法律关系的主体、客体和内容上判断一个海事关系是否是涉外海事关系以外，涉外海事关系还具有以下特点。

第一，涉外海事关系是以船舶为中心而产生的法律关系。

作为海商法的调整对象，不论是海上运输关系还是船舶关系，不论是国内海事关系还是具有涉外因素的海事关系，都是以船舶为中心形成的法律关系[1]。船舶是海上运输的载体，也是在海上从事一切活动的载体。不论是海上旅客或货物运输、海上拖航、海难救助，还是海洋资源开发、渔业捕捞及从事海上科学考察活动，都必须借助于船舶实现。因此，海商或海事法律关系是围绕船舶展开的，或者说与船舶有关。[2]涉外海事关系作为具有涉外因素的海事关系，也离不开船舶这一载体。在物的划分上，船舶属于动产，但是其与普通民法上的动产不同，具有特殊的海商法上的性质构成：第一，船舶是由单一物组成的合成物，具有不可分性；第二，船舶是具有不动产性质的动产，需要登记对抗第三人；第三，船舶具有拟人化的特点，如自然人一样，通过船舶登记具有船名、船籍、国籍、船龄等类似人的身份一样的专属于每一艘船舶的个性化的标识。海商法意义上的船舶其拟人化的性质最具特色，除了基于船舶登记而获得的"船舶身份"以外，英美法系的对物诉讼制度更为鲜明地体现了船舶拟人化的性质。船舶基于登记而获得的船籍港、国籍，是专属于一艘船舶的具有身份化色彩的符号，是船舶与一定的地域或国家产生专属性联系的标志，在涉外海事关系发生纠纷时，这些地点往往成为确立案件管辖权和法律适用的重要联结因素。因此，船旗国法就成为涉外海事关系法律适用领域的重要的准据法，船旗国成为最常用的联结点。

第二，涉外海事关系多发生在海上。

船舶是海上运输的载体，也是船舶物权关系的客体。海事关系是以船舶为中心产生的法律关系，海商法意义上的船舶的主要功能就是从事海上货物和旅客运输及作业，而运输和作业不管是在海上还是在港口、码头，均离不开海洋，因此，海事法律关系也发生在海上，尤其是涉外海事关系，多数发生在海上。因为海上运输和作业存在陆上运输不具有的特殊的风险，所以海上特殊风险的存在对涉外海事关系的产生具有重要的影响，也使得涉外海事关系与普通的涉外民商事法律关系相比具有极强的特殊性，形成了海商

---

① 王国华：《海事国际私法（冲突法篇）》，北京大学出版社，2009 年，第 5-6 页。
② 韩立新：《海事国际私法》（第二版），大连海事大学出版社，2015 年，第 20 页。

法中的一系列特殊的有别于普通民商事法律制度的法律制度，如海难救助法律制度、海事赔偿责任限制制度、共同海损法律制度、船舶碰撞法律制度、海上拖航法律制度、海上保险法律制度等特殊法律制度。正是由于海上风险的特殊性决定了海商海事法律制度与普通民商事法律制度相比的特殊性，从而形成了涉外海事关系与普通涉外民商事关系相比的特殊性。

第三，涉外海事关系法律适用的联结点具有多元化特点。

"联结点"又称作"联结因素"或"联结依据"，是国际私法中的一个重要的也是最基本的概念，是指在冲突规范中将特定的民事关系和某国法律联结在一起的那个事实，如住所地、行为地、物之所在地等。在涉外民商事争议解决过程中，法官根据本国冲突规范，结合具体争议中联结点的指引，便可以找到案件应适用的法律，即适用于该案审理的准据法，在涉外海事关系法律适用中也同样如此。然而，涉外海事关系中的联结因素还表现出多元化的特点，从而使其法律适用更加复杂。联结因素的多元化是指在一个具体案件中，一个涉外海事关系同时会与多个国家或地域的法律相联系。以海上货物运输合同为例，其有可能会与合同缔结地法、装货地法、卸货地法、提单签发地法、货物中转地法、船旗国法、承运人主营业地法等多个法律发生复杂的联系。[1]另外在海上保险合同、船舶抵押合同、共同海损、海难救助等法律关系中，也同样会发生这种类似的复杂情况。所以，在涉外海事关系中，不能像传统的冲突规范那样，只局限于某一个固定的联结因素，而应该考虑到涉外海事关系的复杂性和联结点的多元性，选择具有决定意义的、与涉外海事关系具有最密切联系的联结因素，从而妥善地解决法律适用问题，使案件能够得到合理解决。

第四，在涉外海事关系的法律适用中船旗国法具有突出地位。

船旗国法是指船舶所悬挂的国旗所属国家的法律。船舶作为一种特殊的运输工具，是海上运输最重要的载体。在海上运输中，其经常处于移动之中，因此在大多数情况下船舶所在地是难以确定的。例如，当船舶航行于公海时，由于公海属于全人类共有财产，没有任何国家可以对公海进行管制。原则上，只有船旗国才可以对船舶行使权利。[2]因此，如果船舶在公海航行过程中发生纠纷，船旗国法就可能会成为法律适用的最佳选择。不仅如此，在许多涉外海事关系发生纠纷时，尤其是与船舶物权有关的纠纷或者在海事侵权纠纷案件中双方船舶同属于一个船旗国时，船旗国都会成为选择法律关系准据法的首选联结点，船旗国法就会成为涉外海事关系法律适用的常用准据法。因此，在涉外海事关系中船旗国法具有突出的地位。

二、涉外海事关系法律适用的渊源

法的渊源就是法的表现形式。涉外海事关系的法律渊源即涉外海事关系的表现形式，主要包括国内立法、国际海事条约、国际航运惯例及其他渊源。

---

[1] 韩立新：《海事国际私法》（第二版），大连海事大学出版社，2015年，第21页。

[2] 布雷柯斯 S：《国际航运中的法律选择》，侯军译，《上海海运学院学报》丛书（法律），1988年，第13页。

（一）国内立法

在国内立法方面，涉外海事关系的法律渊源既包含冲突规范，又包含实体规范及海事诉讼和仲裁等程序方面的规范，具体包括各国有关涉外海事关系的国际私法规范、海商法、海事法及关于海事诉讼和仲裁程序方面的法律规定。

关于涉外海事关系的国际私法规范，各国基本都规定在本国的冲突法或国际私法规范中。例如，《匈牙利国际私法》（《1979 年匈牙利人民共和国主席团关于国际私法的第 13 号法令》）第 26 条第（一）项规定："有关不动产的合同，适用不动产所在地法。有关已登记的船舶和飞机的合同，适用其旗帜或其他标志国法。"又如，《阿根廷国际私法》第 17 条规定了船舶所有权、担保物权、船长权限、权利和义务的法律适用，第 18 条就船舶碰撞、海难救助、共同海损等法律适用问题进行了规定。

有关涉外海事法律关系的实体规范，则由各国或地区的海商（事）法或民法典加以规定。例如，德国《海商法》第 491 条规定："船舶共有人所做出的决议，决定航运企业的营运。决议必须经多数表决通过。投票数应根据船舶共有人所拥有的股份比例（船股份）计算。如果对决议投赞成票的人拥有的股票，按其比例计算，超过总数的一半，则认为决议获多数通过。涉及修改航运企业的章程或决议与企业章程相违背或决议与企业经营目的无关，则决议应得到所有船舶共有人的同意。"

有关海事诉讼和仲裁程序性规范在各国的海商法、民事诉讼法、海事诉讼特别程序法及仲裁法、仲裁规则中均有规定。例如，英国《仲裁法》第 11 条第 1 款规定："如海事诉讼因争议应提交仲裁而中止，且在此程序中财产已被扣押或者为阻止或获准解除扣押财产，已提供保释金或其他担保，同意中止的法院可以：(a)命令该被扣押财产留作担保以利于执行对有关上述争议之仲裁所作出的裁决，或(b)命令提供相当的担保作为中止诉讼的条件以利对上述裁决的执行。"美国《联邦仲裁法》第 8 条规定："如果管辖权的基础成为诉讼的原因，而诉讼本来是可以由海事法庭审判的，那么，不论本法案有何相反规定，自以为受侵害的一方可以依照海事法庭的一般诉讼程序用诉状提出诉讼，并且扣留对方的船只或者其他财产，法院以后有权命令当事人进行仲裁，并保留对仲裁裁决发出命令的权力。"

在我国的国内法体系中，涉外海事关系的法律适用问题在我国的《海商法》第十四章"涉外关系的法律适用"中的规定较为详细。第 268 条规定了国际条约、国际惯例的适用；第 269 至第 275 条则是具体的双边冲突规范，主要涉及海运合同、船舶物权、船舶碰撞、共同海损、责任限制等的法律适用问题；第 276 条规定了公共秩序的保留。在程序法方面，我国的《民事诉讼法》第 32 条规定，因共同海损提起的诉讼，由船舶最先到达地、共同海损理算地或者航程终止地的人民法院管辖。我国《海事诉讼特别程序法》第 13 条规定，当事人在起诉前申请海事请求保全的，应当向被保全的财产所在地海事法院提出。总的来说，《海商法》第十四章构成了我国涉外海事关系的国内立法主要渊源。我国《海商法》第十四章没有特别规定的，应适用《中华人民共和国涉外民事关系法律适用法》（以下简称《涉外民事关系法律适用法》）和《中华人民共和国民法通则》（以下简称《民法通则》）的有关规定。

（二）国际海事条约

国际海事条约是涉外海事关系法律适用的重要渊源，主要指由国际组织制定的调整海商海事法律关系的双边或多边国际条约。就国际海事条约而言，有统一冲突法公约、统一实体法公约和统一程序法公约。

就统一实体法公约而言，数量相对较多，主要有：1924 年《统一提单若干法律规定的国际公约》（即《海牙规则》）、1968 年《修改统一提单若干法律规定的国际公约的议定书》（即《维斯比规则》）、1978 年《联合国海上货物运输公约》（即《汉堡规则》）、1989 年《国际救助公约》、1910 年《统一船舶碰撞某些法律规定的国际公约》、1926 年《统一船舶优先权和抵押权某些法律规定的国际公约》、1957 年《船舶所有人责任限制公约》、1969 年《国际船舶油污损害民事责任公约》、1974 年《国际海上人命安全公约》、1976 年《海事赔偿责任限制公约》等。

就统一冲突法公约和统一程序法公约而言，则数量相对较少，主要有：1952 年《统一海船扣押某些规定的国际公约》、1952 年《统一船舶碰撞中民事管辖权方面若干规定的国际公约》、1952 年《统一船舶碰撞或其他航行事故中刑事管辖权方面若干规定的国际公约》等。

由于海商海事关系的涉外性和国际性的特点，当前各国的海商法国内立法的内容也趋于国际统一化，所以，我国在很多领域都加入了一些国际条约。我国目前缔结或加入的公约有：1910 年《统一船舶碰撞某些法律规定的国际公约》、1965 年《国际便利海上运输公约》、1974 年《国际海上人命安全公约》、1978 年《海员培训、发证和值班标准国际公约》、1989 年《国际救助公约》、1992 年《国际船舶油污损害民事责任公约》等。这些国际条约中也都规定了大量的国际海事方面的内容，成为各国解决海事法律冲突的重要依据。

（三）国际航运惯例

国际惯例也是国际海事关系法律适用的渊源之一。国际航运惯例通常是指在国际航运中经过长期反复逐渐形成的、为大多数航运国家所接受的具有法律约束力的行为规范。构成国际惯例需满足两个条件：一是经过长期、普遍、反复的实践；二是经国家或当事人承认并接受。作为国际海事关系法律适用渊源的国际惯例，主要是实体法方面的惯例。典型的国际航运惯例主要有规范共同海损法律制度的《约克·安特卫普规则》、调整信用证法律关系的《跟单信用证统一惯例》及调整国际货物买卖合同中买卖双方权利和义务的《国际贸易术语解释通则》等。

国际惯例作为国际海事关系法律适用的渊源，可以弥补国际公约以及有关国内法规定的不足。目前，在各国的法学理论、立法以及司法实践中，几乎都承认国际惯例作为法律的渊源。我国也承认国际惯例的渊源性。我国《海商法》第 268 条第 2 款规定："中华人民共和国法律和中华人民共和国缔结或者参加的国际公约没有规定的，可以适用国际惯例。"

（四）其他渊源

1. 海事判例

海事判例是英美法系国家重要的法律渊源，在海事司法实践中地位非常重要。如在英国，《航运法案例集》（*Casebook on Shipping Law*）和《劳氏法律报告》（*Lloyd's Law Reports*）等出版物汇集了大量的海事判例。然而，在大陆法系国家，由于采用成文法为主要法律渊源，一般不承认判例作为法的渊源，但是也不能否认判例在海事司法中的重要作用。一方面，判例能够弥补法律适用上的不足；另一方面，判例是大陆法系国家发展、完善成文海事法的主要来源之一。我国虽然不承认判例的渊源作用，但是在涉外海事关系司法实践和海商法理论研究中，不能忽视典型判例的指导性作用。随着两大法系的逐渐融合，成文立法在英美法系国家越来越重要，大陆法系国家也越来越重视典型判例对司法实践的指导作用。

2. 学说

学说是指通过著作表现出来的法学家的个人主张。有些学者认为，学说尤其是权威学者的学说应该成为法律的渊源。例如，英国学者戴西（Dicey）和莫里斯（Morris）所著的《法律冲突论》便被法院作为相关案件的判决依据。美国法学教授里斯（Reese）1971年负责编纂的美国《第二次冲突法重述》也被美国法院重视和援引。有些学者则认为，虽然学者们的学说及司法意见对各国的立法和审判都有着重要的影响，但是毕竟只是个人意见，没有上升为法律，因此学说没有法律约束力，不是法的渊源，当然也不是涉外海事关系法律适用的渊源。我国作为大陆法系国家也不承认学说可以作为法的渊源，因而学说也不能成为涉外海事关系法律适用的渊源，但是我们不可否认学说在涉外海事关系司法实践和海商法理论研究中的重要作用。

三、涉外海事关系法律适用的原则

由于涉外海事关系具有不同于一般的涉外民事关系的特殊性，传统的国际私法规则并不能解决所有的涉外海事关系的法律冲突问题，而必须借助于一系列特殊的法律适用原则[①]。

（一）国际条约优先适用原则

国际条约是国际法主体之间以国际法为准则、为确立其相互之间的权利和义务而缔结的书面协议。国际条约包括一般性的条约和特别条约。由于各国的政治、经济背景不同，它们所制定的海事法律也不尽相同。这种法律的不统一严重地妨碍了国际航运业的发展，并已经引起了国际社会的关注。在国际海事委员会和联合国、国际海事组织的共同努力下，国际海事法律的统一取得了可喜的成绩。这不但表现为海事实体法的统一，也表现为海事冲突法的统一。海事国际公约的发展充分表明各国对减少海事法律冲突的

---

① 王国华：《海事国际私法（冲突法篇）》，北京大学出版社，2009年，第31页。

愿望和要求，对协调各国相互之间的利益具有重要意义。

我国也参加了若干海事方面的国际公约。对于国际条约在我国涉外海事关系中的法律适用问题，我国一直持国际条约优先适用原则。《海商法》第 268 条第 1 款规定："中华人民共和国缔结或参加的国际条约同本法有不同规定的，适用国际条约的规定，但是中华人民共和国声明保留的条款除外。"在我国海事司法实践中，也有优先适用国际条约的实例。例如，广东省高级人民法院受理的新加坡籍"海成"轮油污损害赔偿案①就涉及适用国内法还是适用国际条约的问题。因为我国是 1992 年《国际油污损害民事责任公约》的缔约国，如果我国法律的规定与该公约的规定不一致，则应优先适用国际公约的规定。

（二）国际惯例补缺原则

国际海事公约不能解决所有的问题，在没有国际公约可以适用的场合，国际惯例往往起着重要的作用。如涉及共同海损理算问题时，各国都是依据《约克·安特卫普规则》来进行裁判的。《海商法》第 268 条第 2 款规定："中华人民共和国法律和中华人民共和国缔结或参加的国际条约没有规定的，可以适用国际惯例。"这一规定表明我国在法律上承认国际惯例的约束力，但其位次要亚于国际条约和国内法，这样的规定有助于我国更好地解决司法实践中的涉外海事法律适用冲突的相关问题。

国际惯例补缺原则在司法实践中的具体应用至少应注意以下几点：一是对于编纂成文的国际惯例可以直接适用，如《国际贸易术语解释通则》。二是对于存在于我国尚未缔结或未加入的国际公约中的国际惯例，首先要确定其内容。②像 1924 年《海牙规则》这类我国至今没有宣布批准或加入，但我国航运企业和管理部门在事实上已经默认接受的公约，在审判实践中可以采用以该公约作为一种证明手段来证明某个国际惯例的存在，借用其内容而不引用该国际公约的名称的方式来适用国际惯例。三是对于散见于外国司法判例的国际惯例可作为对已存国际惯例的管理而间接适用。因此，国际航运惯例具有灵活性和实用性的特点弥补了国际公约及有关国内法的不足。恰当地运用国际惯例补缺原则，对于及时、公正、公平地解决涉外海事关系具有重要的意义。

（三）意思自治原则

意思自治原则是指合同当事人可以自由选择处理合同争议所适用的法律的原则，它是确定合同准据法的最普遍的原则。这一原则来源于 16 世纪法国杜摩兰的意思自治原则。他主张契约应适用当事人自己选择的习惯，而且认为即便当事人在契约中未作这种明示的选择，法院也应推定当事人意欲适用什么习惯于契约的实质要件和效力。③

涉外海事关系中存在着大量的合同关系。多数国家法律规定当事人在海事领域享有合同自由。意思自治原则在解决涉外海商合同法律冲突问题上发挥了不可低估的作用。当事

---

① 司玉琢：《海商法学案例教程》，知识产权出版社，2003 年，第 275-283 页。
② 马添翼、邱艳：《论国际惯例补缺原则在海事审判中的运用》，《丹东师专学报》，2001 年第 2 期，第 31，32-34 页。
③ 李双元、欧福永：《国际私法》（第四版），北京大学出版社，2015 年，第 44 页。

人自主选择适用于海商合同的法律，有利于当事人预见法律行为的后果，维护法律关系的稳定，从而促进海事争议的迅速解决。大多数国家赋予当事人在海事领域享有完全的合同自由的权利。当事人有充分的自由决定他们的合同应该受哪一国家的法律支配。[①]

但是，各国在采取意思自治原则的同时，又加以一定的限制，要求所选择适用的法律必须是与合同有实际联系国家的法律，并且不得违背该国的强制性法律规定。例如，美国 1893 年《哈特法》规定，不能订立有损于货主的合同。

我国《海商法》第 269 条第 1 款规定："合同当事人可以选择合同适用的法律，法律另有规定的除外。"该条规定采用了意思自治原则。这表明在我国的海事关系的法律适用中，意思自治原则具有重要的地位。

（四）最密切联系原则

最密切联系原则也叫最强联系原则、重力中心地原则，是指法院在审理某一涉外民商事案件时，权衡各种与该案件具有联系的因素，从中找出与该案具有最密切联系的因素，根据该因素的指引，适用解决该案件的与当事人有最密切联系国家或地区的法律的原则。这些因素通常包括当事人的出生地、惯常居所地、住所地、合同履行地、旗船国及个人的意愿等。最密切联系原则的优点在于：软化传统的硬性联结点，增强法律适用的灵活性，从而有助于保证法律适用结果的合理性。其缺陷也不容回避，由于最密切联系原则的适用实际有赖于法官自由裁量权的行使，而实践中法官的素质、理解法律规范的能力及主观判断能力不同，无法保证同样的案件不同的法官会适用同样的准据法甚至适用同样的准据法也难以充分保证法律适用结果的确定性。为此，在最密切联系原则的具体适用中应遵守一定的规则并对法官的自由裁量权进行必要的限制。

我国《海商法》第 269 条第 2 款规定："当事人没有选择的，适用与合同有最密切联系的国家的法律。"这表明，在我国的涉外海事关系的法律适用方面，最密切联系原则也是一项重要的原则。

（五）船旗国法原则

船旗国法，即船舶所悬挂的国旗所属国家的法律。在许多情况下，船旗国法被认为是用来解决海事法律冲突的具有决定性作用的法律，船旗国法原则也构成了海事冲突法中最基本的法律选择原则。凡是获得了船舶的船东能够在他所请求悬挂国旗航行的各种国旗中进行选择。选择了船旗就是选择了在法律上隶属于某一国家，船旗选择具有法律选择的深远意义。[②]在公海上，原则上只有船旗国才可对船舶行使权利。船旗国法是各国对航运业进行监督的主要法律选择规范[③]。

1. 船舶物权适用船旗国法

船舶是一种具有不动产性质的动产，对于船舶物权，尽管习惯上是作为不动产处理，但由于船舶是海上交通运输工具，其不断处于位移之中，显然不适合适用不动产所在地

① 布雷柯斯 S：《国际航运中的法律选择》，侯军译，《上海海运学院学报》丛书（法律），1988 年，第 18 页。
② 布雷柯斯 S：《国际航运中的法律选择》，侯军译，《上海海运学院学报》丛书（法律），1988 年，第 13 页。
③ 王国华：《海事国际私法（冲突法篇）》，北京大学出版社，2009 年，第 34 页。

的法律。尤其是当船舶航行于公海时，由于任何国家均对公海没有管辖权，则更加不宜适用物之所在地法律。所以，各国的海事私法一般以船旗国法作为船舶所有权和船舶抵押权的准据法。

我国《海商法》第 270 条规定："船舶所有权的取得、转让和消灭，适用船旗国法律。"第 271 条规定："船舶抵押权适用船旗国法律。船舶在光船租赁以前或者光船租赁期间，设立船舶抵押权的，适用原船舶登记国的法律。"

2. 对于同一国籍船舶之间碰撞的损害赔偿适用船旗国法

对于同一国籍船舶之间碰撞的损害赔偿问题，各国也多以船旗国法作为准据法。例如，我国《海商法》第 273 条第 3 款规定："同一国籍的船舶，不论碰撞发生于何地，碰撞船舶之间的损害赔偿适用船旗国法律。"

（六）侵权行为地法原则

侵权行为地法原则是指国际侵权行为之债适用加害行为地或损害发生地所在国的法律，这是国际社会在国际侵权法领域最古老的准据法原则之一。起源于古罗马法中的"场所支配行为"原则，以巴托鲁斯为代表的意大利后期注释法学派在提出法则区别说理论时，就提出了国际侵权之债适用侵权行为地法的观点。[①]侵权行为地法原则第一次以立法形式确定是在 1804 年的《法国民法典》中，之后便逐渐得到广泛的运用。

在涉外海事案件中，船舶碰撞是典型的侵权行为。如果船舶碰撞的主体是不同国籍的船舶，则产生了涉外海事关系的法律适用问题。各国海事法对船舶碰撞的有关规定不尽相同。原则上，由船舶碰撞所引起的损害赔偿适用侵权行为地法，包括碰撞行为发生地和碰撞损害结果发生地。但对于在公海发生船舶碰撞等特殊情况下所发生的损害赔偿问题则普遍适用旗船国法。例如，我国《海商法》第 273 条第 1 款规定："船舶碰撞的损害赔偿，适用侵权行为地法律。"

（七）法院地法原则

法院地法原则是指涉外民商事关系适用审理涉外案件的法院所在地国家的法律。法院地法一般是指法院地国家的实体法，而非程序法。在涉外海事关系中，如船舶优先权受偿顺序等一些程序性问题一般涉及法院地法的适用。

1. 船舶优先权适用法院地法

船舶优先权是指海事请求人依照《海商法》第 22 条的规定，向船舶所有人、光船承租人、船舶经营人提出海事请求，对产生该海事请求的船舶具有优先受偿的权利。由于船舶优先权具有依附性，如果适用船旗国法，那么当船舶的国籍发生改变时，则有可能适用多国的法律作为准据法，这不利于案件的解决，此时适用法院地法更为妥当。我国《海商法》第 272 条规定："船舶优先权，适用受理案件的法院所在地法律。"

2. 发生在公海上的船舶碰撞适用法院地法

前已述及，船舶碰撞作为一种侵权行为，一般情况下适用侵权行为地法，但是如果

---

① 谢石松：《国际私法学》，北京：高等教育出版社，2007 年，第 172 页。

船舶碰撞发生在公海时，则会产生复杂的情况。此种情形下，各国普遍都是以船舶本国法或法院地法作为案件的准据法。例如，我国《海商法》第 273 条第 2 款规定："船舶在公海上发生碰撞的损害赔偿，适用受理案件的法院所在地法律。"

3. 海事赔偿责任限制问题适用法院地法

海事赔偿责任限制制度是发生重大海损事故时，将对事故负有责任的船舶所有人、救助人或其他人对海事赔偿请求人的赔偿责任依法限制在一定额度内的法律制度。海事赔偿责任限制问题也可适用法院地法原则。例如，我国《海商法》第 275 条规定："海事赔偿责任限制，适用受理案件的法院所在地法律。"

（八）理算地法原则

在国际海上运输中，发生共同海损之后，共同海损损失应由各受益方分摊。这需要有合格的理算机构或理算师进行共同海损理算，对共同海损的损失金额、各受益方的分摊价值及应当分摊的金额等进行确定。各国海事海商法对共同海损的法律适用问题大都作了规定。例如，我国《海商法》第 274 条规定："共同海损理算，适用理算地法律。"因此，在共同海损理算中，理算地的确定是比较重要的。通常以航程终止地和航程中断地作为理算地。

（九）公共秩序保留原则

公共秩序保留原则是指当内国法院按照冲突规范本应适用外国法时，如果此外国法的适用将违反内国的公共秩序，内国法院就以此为理由而拒绝适用该外国法。公共秩序保留实质上是对外国法适用的一种限制。各国的海事国际私法中都有关于公共秩序保留的规定。我国《海商法》也对外国法的适用作出限制，从而使国家主权原则在海事法中得到体现。例如，我国《海商法》第 276 条规定："依照本章规定适用外国法律或者国际惯例，不得违背中华人民共和国的社会公共利益。"

总的来说，涉外海事关系是涉外民事关系的一种类型，但与一般的涉外民事关系不同，有其自身的特殊性。因此，在解决涉外海事法律冲突问题时，既需要适用涉外海事相关的具体冲突规范，也需要适用以上这些原则。尤其是不能忽视船旗国法、法院地法、理算地法等冲突法原则在海事案件法律适用问题上的重要作用。[1]

第二节　具体涉外海事关系的法律适用

一、船舶物权关系的法律适用

物权是指权利人直接支配不动产或者动产的权利，包括所有权、用益物权和担保物

---

① 王国华：《海事国际私法（冲突法篇）》，北京大学出版社，2009 年，第 38 页。

权。物权与债权不同，其具有法定性，当事人不得自由创设。

涉外海事关系中的船舶物权是以船舶为客体的物权，可以分为船舶所有权和船舶担保物权，船舶担保物权又包括船舶优先权、船舶抵押权和船舶留置权。在处理涉外船舶物权纠纷时，要借助涉外海事私法中关于船舶物权纠纷冲突规范的规定。在一般国际私法中，关于物权法律适用的一般原则是依物之所在地的法律解决。但随着世界经济全球化和区域经济一体化趋势的加强，国际民商事交往日益扩大，国际民商事纠纷不断增多且日渐复杂，物权关系及与之相关的纠纷也变得多样化和复杂化。因此，仍然绝对地适用物之所在地法显然已经不符合现实的需要，最密切联系原则、意思自治原则等法律适用原则也已经被引入到物权关系的法律适用中，这体现了物之所在地法逐渐灵活性的发展趋势。

（一）船舶所有权的法律适用

我国《海商法》第7条规定："船舶所有权，是指船舶所有人依法对其船舶享有占有、使用、收益和处分的权利。"尽管在船舶所有权的概念、性质、内容等方面，各国的规定基本相同，但是由于各国的社会制度、法律传统、经济发展及海运业发展水平的不同，各国关于船舶所有权的效力、取得、转移与消灭的条件等规定仍不尽相同。因此，在涉外船舶所有权关系上不可避免地存在一定的法律冲突，主要表现在船舶所有权标的的范围、船舶所有权的转让条件、船舶所有权转让的时间、船舶所有权的消灭等几个方面。

1. 船旗国法原则是船舶所有权的一般法律适用原则

各国海商法对船舶物权的规定不同，在发生船舶物权的法律适用冲突时，选择何国法律为准据法是必须要解决的问题。由于船舶物权的特殊性，适用传统的物之所在地法原则并不能很好地解决船舶物权的法律冲突问题，而应该适用特殊的法律适用原则。各国国内法及国际条约对船舶所有权普遍实行登记制度。权利人对船舶所有权的取得、转让、变更必须进行登记，只有进行登记的船舶，其权利才受登记国法律的保护，未经登记不得对抗善意第三人。尽管船舶总是处于移动状态，但仍与船旗国有着最密切联系，因此各国普遍将船舶所有权的法律适用规定为船旗国法。因而，船旗国法成为确定船舶所有权准据法的一般法律适用原则。这在一些国家的立法中也有所体现。我国《海商法》第270条规定："船舶所有权的取得、转让和消灭，适用船旗国法律。"

2. 船旗国法的例外

尽管船旗国法作为船舶所有权准据法得到普遍承认，但是对船旗国法的适用也存在着例外：在法院强制执行已经生效的判决、裁定，为履行担保而进行拍卖船舶，基于行政程序的征用或没收，或者根据刑事程序中的没收而使船舶所有权发生变化的场合，不应适用船旗国法，而应适用船舶的实际所在地法，即法院地法①。我国现行《海商法》对此种例外虽无规定，但在司法实践中曾经采用了此种做法。在1985年1月上海海事法院公开拍卖巴拿马籍"帕莫娜"号船舶时，就是参照了1928年《布斯塔曼特法典》第276条"关于法院扣押和出卖船舶的权力，不论船舶有无货载，均从船舶所在地的法律"的规定并结合我国法律规定进行的。另外，建造中的船舶尚未取得船舶所有权登记，因

---

① 韩立新：《海事国际私法》（第二版），大连海事大学出版社，2015年，第66页。

而无船籍，所以应适用物之所在地法即船舶建造地法作为准据法；即使船舶已经建造完成，只要尚未登记取得船籍则仍适用建造地法作为准据法。

虽然船舶所有权关系普遍适用船旗国法律，但在某些具体情况下，合同约定下的准据法和依最密切联系原则确定的准据法，对特定船舶所有权关系的法律适用也有重要意义。船舶在光船租赁下的法律适用根据《船舶登记管理条例》规定，需要到船舶登记机关登记；未经登记的不得对抗第三人。有关光船租赁登记关系的法律适用，适用船旗国法。但光船租赁合同关系产生的纠纷，根据当事人意思自治原则确定准据法，没有约定的根据法院地国的冲突规范确定准据法，仍不能确定的依据最密切联系原则确定。

另外，在不同国籍的权利主体进行船舶转让的情况下，卖方将船舶交付买方，买方要进行新的船舶国籍登记，而卖方的船舶国籍尚未注销，如果在这期间发生船舶权属争议，实践中通常适用买卖双方选择的准据法，没有约定的情况下适用新的船旗国法，如日本、意大利、西班牙等国家均是这样规定的。

（二）船舶抵押权的法律适用

我国《海商法》第 11 条规定："船舶抵押权，是指抵押权人对于抵押人提供的作为债务担保的船舶，在抵押人不履行债务时，可以依法拍卖，从卖得的价款中优先受偿的权利。"在国际贸易迅猛发展的今天，船舶抵押权越来越成为一种为船舶所有人取得融资贷款的重要的担保方式，因此也保障了航运业的顺利发展。船舶抵押权制度不仅在各国国内法中得到承认，而且国际社会也先后制定了 1926 年《统一船舶优先权和抵押权某些法律规定的国际公约》、1967 年《统一船舶优先权和抵押权某些法律规定的国际公约》及 1993 年《船舶优先权和抵押权国际公约》等公约进行规范。国际公约的存在虽然在一定程度上减少了船舶抵押权领域各国法律之间的冲突，但是由于各国社会制度和法律传统等的不同，各国船舶抵押权的法律规定之间仍在抵押权的性质、抵押人的范围、抵押权的登记效力及抵押权的客体范围等方面存在冲突。

在研究船舶抵押权的法律适用问题之前，首先要清楚的是，由于船舶抵押权是担保物权，那么同一般的担保物权一样，当主债权依其自身的准据法无效或者消灭时，其效力及于船舶抵押权。另外，船舶抵押权是依双方当事人之间签订的船舶抵押合同而产生的意定担保物权，会产生当事人能否在抵押合同中事先约定准据法的问题。对此大多数国家认为不应当承认当事人约定船舶抵押权的准据法的效力。我国《海商法》第 271 条第 1 款规定："船舶抵押权适用船旗国法律。"因此排除了当事人对船舶抵押权准据法的选择权。

船舶抵押权是以船舶为客体，为债权人所设定的担保物权，同船舶所有权的取得一样需要进行船舶抵押权登记。因为债权人对抵押权的实现与船舶本身有着密不可分的联系，所以各国普遍认为船旗国法是调整船舶抵押权的准据法。例如，我国《海商法》第 271 条规定："船舶抵押权适用船旗国法律。船舶在光船租赁以前或者光船租赁期间，设立船舶抵押权的，适用原船舶登记国的法律。"

除国内立法外，船旗国法作为船舶抵押权准据法也被许多国际公约采纳。例如，1928 年《布斯塔曼特法典》第 278 条规定，根据船旗国法律而成立的船舶抵押权、优先权和物上担保权，即使在不承认或固定此项抵押权的国家内，亦有域外效力。1926 年《统一船舶优先权和抵押权某些法律规定的国际公约》第 1 条、1967 年《统一船舶优先权和抵押权某些法律规定的国际公约》第 1 条和 1993 年《船舶优先权和抵押权国际公约》第 1 条均作了相似的规定，即根据船舶所属国法律正式设定并已登记的船舶抵押权、质权等，应在所有其他缔约国内得到承认和执行。

（三）船舶优先权的法律适用

我国《海商法》第 21 条规定："船舶优先权，是指海事请求人依照本法第二十二条的规定，向船舶所有人、光船承租人、船舶经营人提出海事请求，对产生该海事请求的船舶具有优先受偿的权利。"关于船舶优先权制度虽然已经被所有海运国家的立法所承认，但各国法律制度及政治、经济利益的差异，必然导致船舶优先权法律规定的差异。各国关于船舶优先权法律制度的差异主要表现在船舶优先权的性质、标的范围、优先权项目、受偿顺序、优先权的转让或代位及消灭等方面。

与船舶抵押权一样，在研究船舶优先权的法律适用之前，也要保证其所担保的主债权有效成立并有效存续。关于船舶优先权的法律适用，从各国有关学说、立法或司法实践来看，准据法几乎无法统一。具体来说主要有法院地法原则和船旗国法原则。

1. 法院地法

关于船舶优先权的法律适用，大多数国家采用法院地法原则，尤其是在船舶优先权的优先性和受偿顺序方面。例如，我国《海商法》第 272 条规定："船舶优先权，适用受理案件的法院所在地法律。"从该规定可以看出，涉及船舶优先权的问题，我国是明文规定采用法院地法的。英国在此问题上一贯主张船舶优先权问题是程序问题，应当适用法院地法。

2. 船旗国法

船舶优先权适用船旗国法，与法院地法和船舶所在地法相比较，具有一定的优点。最大的优点便是无论船舶的所在地位于何处，按船舶的旗船国法确定船舶优先权的准据法，能使该法律关系处于稳定的状态，这种稳定性也会使债权人的权益处于稳定的状态。

但是船舶优先权适用船旗国法具有以下缺陷：一是当船旗发生变更时，船舶优先权要分别适用新、旧船旗国法，那么必然会产生船舶优先权受偿顺序的冲突问题；二是当涉及两艘或两艘以上的船舶时，应适用哪一方的船旗国法不能确定①。

与船舶抵押权不同，对于船舶优先权问题适用船旗国法的国家较少，大多数国家适用法院地法。在国际立法方面，1928 年《布斯塔曼特法典》第 278 条和 1926 年《统一船舶优先权和抵押权某些法律规定的国际公约》第 1 条都体现了船旗国法原则。

（四）船舶留置权的法律适用

船舶留置权是特指船舶建造人、修船人在合同另一方未履行合同时，可以留置所占有的船舶，以保证造船费用或者修船费用得以偿还的权利。船舶留置权是海事请求人所

---

① 韩立新：《海事国际私法》（第二版），大连海事大学出版社，2015 年，第 87 页。

采取的扣留其占有的船舶以实现其债权的一种自救措施，是法定的权利，在航运实践中被广泛运用。目前，我国《海商法》没有规定船舶留置权的法律适用问题。在各国的海商法中，虽然都承认船舶留置权制度，但在船舶留置权的范围、行使条件等具体内容方面存在一定冲突或者没有规定。意大利、阿根廷都在实践中认为船舶留置权适用船旗国法。德国法律规定，位于本国领海的船舶留置权适用德国法；位于公海的船舶留置权适用船旗国法。但是英国却不同，英国在实践中认为，船舶留置权适用船舶被留置地的所在地法。

我国《海商法》并未就船舶留置权的法律适用进行规定。在修改我国的《海商法》时，应作补充规定"船舶留置权，适用船舶被留置地的所在地法"。理由如下：一是该规定符合"物权依物之所在地法"的国际私法原则。因为船舶是特殊的动产，是物权客体的一种。二是适用船舶被留置地的所在地法能够有效地维护留置权人的合法权益。因为只要根据船舶被留置地法，他享有留置权，他就可以在该地扣留船舶，从而占有船舶以实现留置权。三是通过在作为特别法的《海商法》中规定"船舶留置权，适用船舶被留置地的所在地法"，可以排除《涉外民事关系法律适用法》第 37 条赋予当事人的可以协议选择动产物权适用的法律的权利，有利于船舶留置权法律适用的明确性和稳定性。[①]

二、海商合同关系的法律适用

海商合同是指由海商法调整的，与海上运输和船舶有关的，当事人之间设立、变更、终止民事权利义务关系的协议。海商合同主要包括海上货物运输合同、海上旅客运输合同、船舶租用合同、海上拖航合同、海难救助合同及海上保险合同等。涉外性强是海商合同的特点之一，因为海商合同绝大部分与海上运输相关，而海上运输主要是指国际海上运输。《海商法》第 2 条第 2 款规定："本法第四章海上货物运输合同的规定，不适用于中华人民共和国港口之间的海上货物运输。"即我国《海商法》第四章仅适用于国际海上货物运输合同。因此，海商合同的当事人往往涉及两个国家，合同的标的物可能在国外，设立、变更、终止合同关系的法律事实可能发生在国外以及当事人可能在国外。

我国《海商法》第 269 条规定："合同当事人可以选择合同适用的法律，法律另有规定的除外。"这一解决海商合同法律关系法律适用的重要原则——意思自治原则已经为各国普遍承认和接受，进而渗透到非合同的海事侵权、共同海损、海事赔偿责任限制等法律关系中，在这些法律关系中虽然不存在合同关系，但在其发展过程中法院也尊重当事人的意思自治，最终很多争议以协议适用法律的方式解决。虽然意思自治原则对各国冲突法的发展起了重要作用，能够维护当事人的合法权益，但是其在大多数国家受到相应限制。从我国的理论、立法及司法实践中可以看出，我国至少在以下几个方面对意思自治原则进行了限制：①在选择法律的方式上，我国只承认明示选择，而不承认默示选择。②在选择法律的时间上，我国《涉外民事关系法律适用法》没有明确规定允许当事人选择合同适用法律的时间，但在 2007 年最高人民法院《关于审理涉外民事或商事合同纠纷案件法律适用若干问题的规定》第 4 条规定："当事人在一审法庭辩论终结前通过

---

① 韩立新：《海事国际私法》（第二版），大连海事大学出版社，2015 年，第 92 页。

协商一致，选择或者变更选择合同争议应适用的法律的，人民法院应予准许。"由此可知，我国在当事人选择法律的时间上的规定是相对宽松的。③当事人选择法律不得排除适用有关强制性的法律规范。④当事人选择的法律不得违背法院地国的公共秩序。

另外，我国《海商法》第 269 条进一步规定："合同当事人没有选择的，适用与合同有最密切联系的国家的法律。"该条体现了最密切联系原则是意思自治原则的补充原则。最密切联系原则虽然在很大程度上提高了法律适用的灵活性和合理性，但是却赋予了法官较大的自由裁量权，因此容易导致主观随意性，从而减损了法律适用的确定性和可预见性。为了解决这一弊端，许多国家采用了特征性履行这一立法技术来贯彻该原则。所谓特征性履行是指在合同之债中，一方的履行足以使此种合同与别的种类的合同在性质上区别开来，这种履行便可称为特征性履行。例如，在货物买卖合同与提供服务的合同关系中，交付货物与提供服务是各具特征的，而对方当事人的义务都是支付价款，所以应该认为，交付物品、提供服务等的非金钱履行为特征性履行。我国学者多主张，特征性履行一方当事人的住所或惯常居所或营业所或管理中心所在地的法律即为通常情况下与合同有最密切联系的法律，并以此为准据法来解决海商合同纠纷。

三、海事侵权关系的法律适用

海事侵权行为一般是指在海上或者与海相通的可航水域进行航运、作业、生产等海上经营和管理活动中发生的侵害他人人身权、财产权或其他权益的行为。海事侵权行为主要包括船舶碰撞、船舶油污及海上人身伤亡等。海上侵权行为往往具有很强的涉外性，涉及不同国籍的当事人，并且造成的损失往往较大。各国从保护本国当事人利益的角度对海上侵权行为制定了不同的法律，这必然导致各国在海上侵权关系上的法律冲突。

（一）船舶碰撞的法律适用

1. 侵权行为地法

在船舶碰撞这一侵权行为方面，多数国家都认为应适用侵权行为地法。海事侵权损害赔偿适用行为地法律，是世界海运国家普遍承认和实行的冲突规范。侵权行为适用侵权行为地法是国家主权原则的表现，当船舶发生侵权行为并对所在国造成损害时，侵权行为地国家总是要尽力保护自己的公共利益和法律秩序，使侵权行为人承担相应的法律责任；而且适用侵权行为地法，便于查明事实的性质和判定当事人的责任，从而有利于案件的审理，维护双方当事人的权利平衡，而这种权利平衡正好是在侵权行为地被打破的。《海商法》第 273 条第 1 款规定："船舶碰撞的损害赔偿，适用侵权行为地法律。"根据我国《海商法》的规定可以看出，我国也认为在船舶碰撞方面应适用侵权行为地法。

2. 船旗国法

船旗国法也是船舶碰撞损害赔偿的准据法之一。在海事领域的国际私法中，船旗国法起着重要的作用。有些国家规定，对在一国海域或内水发生的船舶碰撞，原则上以侵权行为地法为准据法。但是，也存在如果碰撞双方船舶具有相同国籍，则承认适用其船旗国法的例外。例如，我国《海商法》第 273 条第 3 款规定："同一国籍的船舶，不论碰撞发生于何地，碰撞船舶之间的损害赔偿适用船旗国法律。"另外，1928年《布斯塔曼特法典》第291条规定，在领海或领空内发生意外碰撞事件，如果碰撞方不属于同一国籍则适用当地的法律。可见，公约要求适用侵权行为地法是有条件的，即以碰撞方不是同一国籍为前提条件。

3. 法院地法

法院地法也是解决船舶碰撞的损害赔偿问题的准据法之一。当船舶碰撞事故发生在公海上且碰撞船舶的国籍不相同时，法院地法便能发挥其作用。我们知道，公海是属全人类共同所有的财产，任何国家都不得在公海上行使管辖权，设定法律制度。正如马丁·沃尔夫所说："没有一个外国的元首对于公海有排它性的管辖权。"[①]《海商法》第273条第2款规定："船舶在公海上发生碰撞的损害赔偿，适用受理案件的法院所在地法律。"

（二）船舶油污的法律适用

在船舶油污这一侵权行为方面，主要有损害发生地法、干预国法及法院地法三种主要的确定准据法的原则。

（1）损害发生地对于油污损害赔偿案件而言是非常重要的。各国的实践表明，在处理发生在一国管辖水域内的油污损害赔偿问题时，主要考虑的就是损害发生地法，这体现了一国的主权利益。美国法院1978年审理的"阿莫柯·卡迪兹"船油污损害赔偿案也采用了这一原则。

（2）对于在公海上发生的油污，由于沿岸国根据《1969年国际干预公海油污事件公约》对油污采取了措施，避免了损害的进一步扩大，那么采取预防措施的费用和采取该措施而造成的损害赔偿，应依靠干预国的国内法来解决。

（3）一国法院可能会因为其沿岸受到污染，或因为油污受害方在该国申请扣船，或由于是肇事船所属国而获得对油污案件的管辖权。如果受污染国家没有相应的油污立法，并且又没有参加有关的国际公约，则法院可能会适用法院地法解决油污损害赔偿纠纷。

（三）海上人员伤亡的法律适用

海上人员伤亡是指船舶或其他海上移动式装置在营运或作业过程当中，由于碰撞、触礁、火灾、沉没、搁浅或其他原因造成的海上事故而引起的人身伤亡。根据损害对象的不同，分为旅客人身伤亡、船员人身伤亡和其他人员的人身伤亡。由于船舶所在水域的不同，其发生海上人员伤亡时适用的准据法也不同。

我国《海商法》对于涉外海上人员伤亡的法律适用问题没有做特别的规定。但2011年《涉外民事关系法律适用法》第9条规定："涉外民事关系适用的外国法律，不包括该国的法律适用法。"第44条规定："侵权责任，适用侵权行为地法律，但当事人有共同经常居所地的，适用共同经常居所地法律。侵权行为发生后，当事人协议选择适用法律的，按照其协议。"因此，可以根据《涉外民事关系法律适用法》的规定来解决涉外海上人员伤亡的法律适用问题。

---

① 马丁·沃尔夫：《国际私法》，李浩培等译，法律出版社，1988年，第702页。

侵权行为具有连续动态的特征。一般说来，侵权行为地包括侵权行为发生地、侵权行为连续进行地和侵权结果发生地。例如，船舶污染海域，有可能侵权行为发生在公海，损害结果却发生在某国海域，从而形成侵权行为发生地和损害结果发生地不一致的情况。此时，多数国家都积极主张管辖权，对于上述地点，任选其中之一加以适用。当然，海事侵权关系适用侵权行为地法律也不是绝对不变的。如果侵权行为发生在公海，就无法律意义上的侵权行为地，侵权行为地国就无从确认。如果相同国籍的船舶在他国领域发生碰撞，并未对侵权行为地国造成损害，这时强调适用侵权行为地法就显得牵强。另外，在公海与领海之间的分界也不像陆疆划分那么分明，而船舶又处于移动状态，往往难以确定侵权行为地，因此，不能把侵权行为地法绝对化。

四、共同海损的法律适用

共同海损的法律适用问题十分复杂。在共同海损法律关系中，除共同海损理算外，还涉及共同海损构成要件、共同海损的表现形式、共同海损举证责任等问题。何地法律与共同海损行为具有最密切的联系？共同海损的构成要件、共同海损的表现形式等问题适用何国法律？共同海损的举证适用何国法律？理算地法是否适用于所有与共同海损有关的问题？这一系列问题必须解决，相应的法律适用规则也应该予以规定。只有这样才能够妥善地解决共同海损的法律冲突问题。目前，国际上有关共同海损的法律适用规则主要有如下几项。

（一）意思自治原则

关于共同海损理算，可以根据意思自治原则，允许有关当事人选择适用于共同海损的准据法。既可以指定某一国家的法律，也可以指定国际通行的理算规则。但是，当事人所选择适用的法律必须是与共同海损有实际联系的国家的法律，并且不得违背该国的强制性法律规定。

（二）共同海损理算地法

理算地法是指进行共同海损理算地国的法律。我国《海商法》第 274 条规定："共同海损理算，适用理算地法律。"

一般地讲，理算地是在航次终止地。但是严格来说，理算地并非一定就是航次终止地，因为当事人可能事先已在合同中约定以航次终止地以外的地点作为理算地。但是，有时当事人只在合同中约定了理算地点，而没有约定共同海损的准据法，此时，并不当然地意味着要根据理算地的法律来进行共同海损理算。但是，只要没有相反的意思表示，应理解为约定的理算地不仅指理算书做成地，同时默示着当事人确定了以理算地法作为共同海损的准据法。[1]

---

① 韩立新：《海事国际私法》（第二版），大连海事大学出版社，2015 年，第 199 页。

（三）法院地法

有的国家认为，对于具备仲裁性质的共同海损的理算，可以适用法院地法。在合同约定的共同海损理算适用异地理算规则时，对整个共同海损案件审理的法律适用也常常适用法院地法而不是共同海损的理算地法，法院并不把共同海损的理算和对共同海损案件的审理作为同一事实而适用同一法律。[①]

我国 2012 年新修订的《民事诉讼法》第 32 条规定："因共同海损提起的诉讼，由船舶最先到达地、共同海损理算地或者航程终止地的人民法院管辖。"从程序上，调整共同海损的诉讼管辖并不局限于共同海损理算地，当诉讼发生在理算地以外的法院时，如果合同对共同海损理算地规则有约定的从约定的准据法，没有约定的，通常是在法院地进行理算，对共同海损是否最后分摊的主张和抗辩，也是以理算地为联结点使法院地法得以适用。

五、海事赔偿责任限制的法律适用

产生海事赔偿责任限制的事故，通常都是重大海难事故，以侵权事故居多，如重大船舶碰撞事故、重大海上油污事故等。这些重大海难事故的法律适用问题，除在公海上发生的以外，多采取侵权行为地法。基于此而产生的责任限制所涉及的法律适用问题，国际上有两种主张和做法：一种是海难事故与责任限制适用于同一个准据法，即一元论；另一种是将海损事故与责任限制所适用的准据法分开，即二元论。[②]

按照一元论的观点，在决定因海上侵权行为引起的海事赔偿责任限制准据法问题上，也应适用侵权行为地法。比利时、法国、德国、荷兰等国的立法和司法实践均采用一元论的做法。但是一元论也存在一定的问题。例如，当某船舶所有人作为承运人与某货主签订海上货物运输合同，在运输途中由于船舶碰撞造成对方船舶损害，同时也造成本船所载货物的损害，如果该碰撞是由于承运人在开航前未尽到使船舶适航的义务，那么，承运人既应该赔偿他船的损失也应该赔偿本船其他货主的损失。根据一元论，对于对方船舶的侵权索赔适用侵权行为发生地法，对于本船其他货主的损失受装货港法律或承运人主营业地法影响。因此，船舶所有人责任限制问题就可能同时出现两种不同的准据法，那么便出现了法律适用上的难题，即究竟该适用哪一国法律作为船舶所有人责任限制的法律。

在二元论下，关于责任限制的准据法主要有船旗国法和法院地法两种。

（1）船旗国法。根据船旗国法，不论合同缔结地或侵权行为地如何，也不论诉讼地国家法律如何，船舶所有人的责任已经事先被限定了，则其能更确切地事先了解责任的限度，从而方便其计算保险费率。船旗国法从尊重船舶所有人责任限制制度的角度，满足了债务人的最大需求。责任限制以船旗国法为准据法除了具有一致性、可预见性、稳定性等优点，更促进了各国海运业的发展。例如，《俄罗斯联邦商船航运法典》第 366

---

① 司玉琢：《海商法》，法律出版社，2003 年，第 431 页。

② 司玉琢：《海商法》（第二版），法律出版社，2007 年，第 445 页。

条第 1 项规定，有关船舶所有人责任限制的规定适用于由俄罗斯联邦或其国民所有或经营的，在索赔发生时仅用于政府非商业服务的船舶，军舰、海军辅助船以及边防船除外；为钻探而建造或改建并从事钻探作业的船舶。

（2）法院地法。英美国家对责任限制问题主张适用法院地法。主要理由是这些国家把责任限制定性为程序性问题，从而倾向适用法院地法。如美国 1934 年《第一次冲突法重述》第 411 条规定，在海事诉讼中，责任限制根据法院地法确定，而不考虑引起诉因的法律。这就是说，责任限制本身的法律适用与碰撞责任的法律适用不同，体现了二元论。但美国 1971 年《第二次冲突法重述》却没有明确涉及船舶所有人的责任限制的法律适用，其第 145 条第 1 款规定，当事人在侵权行为某个问题上的权利义务，依在该特定问题上，按照第 6 条规定的原则，与该事件及当事人有最重要联系的州的本地法。

我国《海商法》第 275 条规定："海事赔偿责任限制，适用受理案件的法院所在地法。"这表明，我国对责任限制案件的法律适用采取二元论的做法。但在实践中，因为重大海难事故的侵权行为地与法院地许多时候是竞合的，所以海事赔偿责任限制法律适用案件在处理上适用同一准据法的情况比较多。

第二编　海事诉讼法律制度

第三章 海事诉讼法概述

【内容摘要】本章是关于海事诉讼法基本理论的概括介绍，包括海事诉讼的含义及特点、我国海事诉讼制度的历史沿革、海事诉讼法的渊源、海事诉讼法的基本原则等内容。通过本章学习，使学生对我国海事诉讼制度有一个概括了解。

第一节 海事诉讼的含义及特点

一、海事诉讼的含义

从语义上分析，海事诉讼由"海事"与"诉讼"两个词构成。"诉讼"即为请求第三者解决争议的意思。与仲裁等其他解决争议的方式不同的是，这里的第三者专指国家，具体而言，即代表国家行使司法权的法院，是一种公力救济机制。在国家公权力的保障下，在公权力机关的主导下，诉讼程序更加专业化，纠纷解决的结果也更确定，执行更有保障，这是公力救济相比于私力救济的优势所在。在我国，海事争议解决的最重要的方式就是海事诉讼，即海事争议当事人发生纠纷后将争议诉诸海事法院这一国家公权力机构予以解决的方式。

究其含义，海事诉讼是指海事争议的当事人向法院提出诉讼请求，法院在双方当事人和其他诉讼参加人的参加下，依法审理海事争议的程序和制度。

我国 1999 年出台的《海事诉讼特别程序法》第 4 条规定："海事法院受理当事人因海事侵权纠纷、海商合同纠纷以及法律规定的其他海事纠纷提起的诉讼。"由此可见，我国海事诉讼的实质，就是当事人将海事合同纠纷、海事侵权纠纷及符合法律规定的其他类型的海事纠纷诉至专门的海事法院，然后海事法院依法对这些纠纷进行审理和裁决的过程。但是这里需要对"法律规定的其他海事纠纷"进行界定。2001 年 8 月 9 日最高人民法院通过的《最高人民法院关于海事法院受理案件范围的若干规定》指出，我国海事法院受理我国法人、公民之间，我国法人、公民同外国其他地区法人、公民之间，外国或地区法人、公民之间的海事商事案件，包括 5 大类 63 项：一是海事侵权纠纷案件，主要有船舶碰撞损害赔偿案件，船舶触碰海上、通海水域、港口的建筑物和设施的损害赔偿案件，船舶排放、泄漏有害物质或污水造成水域污染或他船及货物损害的赔偿案件，海上运输或海上、通海水域、港口作业过程中的人身伤亡事故引起的损害赔偿案件；二是海商合同案件，主要有水上运输合同纠纷案件，水上旅客和行李运输合同纠纷案件，海员劳务合同纠纷案件，海上救助、打捞合同纠纷案件，海上保险合同纠纷案件等；三是其他海事海商案件，主要有海运、海上作业中重大责任事故案件，港口作业纠纷案件，共同海损纠纷案件，海洋开发利用纠纷案件，船舶所有权、占有权、抵押权，或者海事优先请求权纠纷案件，涉及海洋、内河主管机关的行政案件，海运欺诈案件等；四是海事执行案件，主要有海洋、内河主管机关依法申请强制执行的案件，当事人申请执行仲裁裁决的案件，依据《承认及执行外国仲裁裁决公约》（以下简称《纽约公约》）的规定，当事人申请中国海事法院承认、执行外国或者地区的仲裁机构仲裁裁决的案件，依照中国与外国签订的司法协助协定，或者按照互惠原则协助执行外国法院裁决的案件等；五是海事请求保全案件，即诉前申请扣押船舶的案件和诉前申请扣押船载货物或者船用燃油的案件。

但 2015 年 12 月 28 日由最高人民法院审判委员会第 1674 次会议通过的《最高人民法院关于海事法院受理案件范围的规定》对我国海事法院受案范围进行调整充实。新的受案范围的变化如下：一是对原有的 63 项海事案件类型作少量适当调整；二是重点在原来规定的 63 项海事案件类型基础上增加 45 项案件类型，将海事案件类型增加至 108 项。增加的案件类型主要是四类：一是传统航运贸易中新出现的民商事纠纷案件，具体增加港口货物质押监管合同纠纷等 28 项；二是海洋开发利用和海洋生态环境保护类民商事纠纷案件，具体增加污染海洋环境、破坏海洋生态责任纠纷案件等 9 项；三是民事诉讼法修订后和海事诉讼实践中新出现的程序性案件，具体增加就海事纠纷申请司法确认调解协议案件等 3 项；四是具体细化海事行政案件类型，原规定仅在第 40、41 项与第 60 项笼统规定海事行政案件、海事行政赔偿案件和海洋、通海水域行政主管机关依法申请强制执行案件，新的受案范围具体细化为 7 项。

二、海事诉讼的特点

海事诉讼作为民事诉讼的一种，与刑事诉讼、行政诉讼在诉讼主体、审理主体、审理程序、处理结果等方面有着很大的不同。同时，海事诉讼虽然内含于民事诉讼，但其也有着不同于一般民事诉讼的特殊之处。

（一）海事诉讼具有较强的涉外性

虽然一国范围内也会存在内河运输和沿海运输，但从发生海事纠纷的数量、规模来看，都远远少于或低于跨国海上运输。国际海上运输通常发生在不同国家的港口之间。这就决定了海事诉讼具有较强的涉外因素，主要表现为诉讼主体可能是不同国家的当事人、标的物具有跨国移动性，以及主体之间权利义务关系的产生、变更或消灭具有跨国性等。海事诉讼的涉外性还表现为：诉讼法院可能是在当事人所属国以外的国家；法院所适用的法律是外国法或者是国际公约、国际惯例；诉讼文书的送达、证据的调查和取得需要依照特别的程序；判决可能需要得到另一国法院承认与执行；等等。

海事诉讼无论在程序规范方面还是实体规范方面都具有广泛的国际性。首先，在程序规范方面，有关诉讼程序的法律制度在国际上较难达成统一，但在海事领域中，关于管辖与扣押的国际公约却得到了世界上多数国家的接受，并且为各国采纳为国内法。我国《海事诉讼特别程序法》就借鉴了 1999 年《扣船公约》的许多规定。其次，在实体规范方面，海事纠纷解决中常常适用被广泛接受的国际公约与惯例，如《海牙规则》《汉堡规则》《约克·安特卫普规则》《跟单信用证统一惯例》等。我国《海商法》中的许多制度就在很大程度上吸收了许多国际海事公约和国际航运惯例的有关规定。

（二）海事诉讼具有较强的专业性

海事诉讼用来解决当事人之间的海事纠纷，海事纠纷涉及造船技术、航行规则、货物积载和运输等，具有特殊的技术规则。同民事诉讼相比，海事诉讼中要适用很多航行专业规则，与航海技术和航运业务紧密相连，因此，专家鉴定在海事诉讼中是常用的方法。海事诉讼的专业性还表现为海商实体法中的共同海损理算、海事赔偿责任限制、海上保险等纠纷具有专业性，因而在海事诉讼的证据认定上也具有专业性的特点。

（三）海事诉讼具有对物诉讼性

对物诉讼与对人诉讼相对，对物诉讼中的债权人可以对船舶等财产直接提起诉讼，是英美法系非常具有特色的制度。该制度是从海事诉讼中发展起来的，源于英国海事法，后成为制定 1952 年《统一海船扣押某些规定的国际公约》的基础。在海商法中，船舶具有重要的地位，它对确定诉讼主体具有重要意义，但船舶的权利人有时却难以确定，因此，赋予债权人直接向船舶等财产提起诉讼的权利，目的是逼迫船舶的所有人或债务人现身，出庭应诉。对船舶进行扣押就是对物诉讼所产生的一种制度。大陆法系国家一般不承认对物诉讼制度，认为只有法律上认可的人才能成为诉讼主体，才能起诉和应诉，物不能成为诉讼主体。我国传统海商法理论也不承认对物诉讼制度，但是在立法和司法实践中，却带有对物诉讼的印迹，吸收了对物诉讼制度的精华。例如，在船舶扣押制度中，我国《海事诉讼特别程序法》第 25 条规定，海事请求人申请扣押当事船舶，不能立即查明被请求人名称的，不影响申请的提出。其实，在海事司法实践中承认和引入对物诉讼制度具有积极的作用。[1]其一，能够减少查明船东的麻烦。如果法院的传票针对船东发出，则法院还需要查明船东是谁，但船东可能无法查明，因此会导致诉讼无法正常进行；其二，能够建立法院对案件的管辖权，即无论争议发生在何地，因何种原因，只要法院扣押了辖区内的船舶，就能获得对该案的管辖权；其三，它为原告提供了执行将来判决的保证，避免了判决前因被告发生任何资金问题而无法执行判决的风险，能够切实维护原告的利益。

第二节　我国海事诉讼制度的历史沿革

我国《海事诉讼特别程序法》并非与《海商法》同时制定施行，其正式颁布晚于《海

---

① 金正佳：《海事诉讼法论》，大连海事大学出版社，2001 年，第 4 页。

商法》。对《海事诉讼特别程序法》独特价值的认识，也经历了不断深化的过程，直到2000 年 7 月 1 日《海事诉讼特别程序法》生效实施，在此之前我国长期没有专门规范海事诉讼的法律。

一、我国海事司法体制的沿革

相比英美国家，我国专门性海事诉讼的起步较晚。

中华人民共和国成立初期，海事、海商案件由地方人民法院的民事审判庭负责审理。20 世纪 50 年代后，天津、上海、长江水上运输法院成立，主要审理水运系统内部的刑事、刑事附带民事，以及交通事故、重大责任事故、海事货损等案件，但案件数量并不多。交通部也发布了一些行政法规和规范性文件。此后，水上运输法院被撤销，相关海事纠纷由设在港口城市的中级人民法院审理，但其中大部分是由港监机构调解解决[1]。由于当时的海事案件较少，这一体制尚能满足需要。

随着改革开放的深入，对外经济贸易和海上运输发展迅速，相关海事纠纷数量增多，且专业性越来越强、涉外因素不断增多、法律关系越来越复杂，仅凭地方中级人民法院已无法满足处理海事纠纷的需要。因此，1984 年第六届全国人民代表大会常务委员会第八次会议通过了《全国人民代表大会常务委员会关于在沿海港口城市设立海事法院的决定》。该决定对海事法院的设立、地位、职能作出了规定。同时，授权最高人民法院决定海事法院的设置、变更或撤销、区域划分等事项。最高人民法院据此于 1984 年 11 月28 日作出《最高人民法院关于设立海事法院几个问题的决定》（以下简称《1984 年最高院决定》），在广州、上海、青岛、天津、大连五个城市设立海事法院。1987 年以后，由于海事案件的进一步增加，我国又相继在武汉、厦门、海口、宁波、北海等地增设海事法院。目前，全国共有十个海事法院。

海事法院与普通中级人民法院同级，是管辖与审理国内和涉外第一审海事海商案件的专门法院，不受理刑事案件和其他民事案件。对海事法院判决和裁定的上诉案件，由海事法院所在地的高级人民法院管辖。最高人民法院于 1987 年 3 月设立交通审判庭，审理在全国范围内有重大影响的海商海事案件、各高级人民法院依法移送的重大海商海事案件、各高级人民法院作为第一审的海商海事上诉案件，以及审理有关提请再审的案件等，指导各海事法院的审判工作，协调海事法院与地方各级人民法院之间的关系。

相对独立的海事司法体制的建立，一方面实现了海事案件审理的专业化，有利于提高办案质量，也有助于确保我国法院对涉外海事案件司法管辖权的行使，但是也造成了海事法院与其他普通法院和专门法院之间在管辖范围上的冲突。为适应我国加入世界贸易组织（World Trade Organization，WTO）的新形势的需要，做好入世的司法准备工作，最高人民法院 2001 年出台了《最高人民法院关于海事法院受理案件范围的若干规定》。该规定根据《民事诉讼法》、《海事诉讼特别程序法》、《中华人民共和国行政诉讼法》及我国参加和批准的有关国际公约，参照国际习惯做法，对海事法院受理案件范围进行

---

[1] 屈广清：《海事诉讼与海事仲裁法》，法律出版社，2007 年，第 5 页。

了较大幅度的调整。随着"一带一路"倡议及海洋强国战略的实施，我国海上活动日益频繁，海洋经济迅猛发展，新类型海事海商纠纷不断增加。同时，为维护国家海洋主权，加强海洋事务综合治理，涉海行政部门的海上执法力度不断增强，海事行政诉讼案件数量随之呈现上升趋势。在此背景下，原有的海事诉讼管辖体系已不能完全适应国际、国内经济发展对海事审判工作的司法需求，需要进一步调整和完善。2016年2月24日，最高人民法院发布了《最高人民法院关于海事法院受理案件范围的规定》和《最高人民法院关于海事诉讼管辖问题的规定》。与原受案范围相比，新受案范围有了很大突破。按此规定，凡发生在海上、沿海、通海可航水域及其港口、与船舶和航运有关的一审海事海商案件，均由海事法院受理。这个规定不仅使案件种类大量增加，而且充实了原受案范围条文，扩大了其内涵。更为重要的是，规定海事法院管辖海事行政案件，这不仅体现了专业性强的案件由专门法院审理，提升了办案质量，而且理顺了管理体制，可有效防止海事行政主管机关干扰审判。当前海事刑事案件也被纳入了海事法院的受案范围。[①]该规定还将海事管辖权赋予海事法院及其上级法院，并对各类海事海商案件的管辖均作出了规定。

二、我国海事诉讼法律制度的发展历程

我国海事诉讼法律制度随着改革开放以后海上运输和对外贸易的发展而发展，显著特征是具有独立性的海事法院的建立。长期以来，我国海事诉讼所依据的主要是《民事诉讼法》和最高人民法院自1984年以来发布的司法解释性文件。

中华人民共和国成立以来，曾颁布的民事诉讼方面的法律有两部：一部是1982年3月8日通过的《中华人民共和国民事诉讼法（试行）》，现已废止。另一部是1991年4月9日公布实施的现行《民事诉讼法》。该法是在1982年《中华人民共和国民事诉讼法（试行）》的基础上修改制定的，包括总则、审判程序、执行程序和涉外民事诉讼程序的特别规定，共29章270条。为了进一步贯彻实施这部程序法，最高人民法院于1992年7月14日又发布了《最高人民法院关于适用〈中华人民共和国民事诉讼法〉若干问题的意见》，共320条，为各级法院的司法审判所适用。2007年10月28日和2012年8月31日，全国人民代表大会对1991年《民事诉讼法》进行了两次修正，同时2014年12月18日最高人民法院发布了《最高人民法院关于适用〈中华人民共和国民事诉讼法〉的解释》（以下简称《民诉法解释》）。

海事诉讼是民事诉讼的组成部分，《民事诉讼法》及其司法解释中的基本诉讼原则和制度都适用于海事诉讼，但由于海事诉讼具有更加专业性和技术性的特点，在遵循民事诉讼基本原则和制度的基础上，还需要有专门的程序性规范。《民事诉讼法》中有关海事问题的专门规定显然过于原则和简单，不能满足海事审判的实际需要。为此，最高人民法院针对海事审判中的诸多专门性问题进行司法解释，以弥补立法规定的不足。这些规定对于海事法院审理海事案件发挥了重大作用。例如，在海事法院受案范

---

① 罗沙、方列：《中国海事法院首次受理海事刑事案件》，http://news.xinhuanet.com/2017-06/06/c_1121097487.htm，2017-06-07。

围方面，最高人民法院发布的司法解释就包括：1984 年 11 月 28 日颁布的《1984 年最高院决定》①、1986 年 1 月 31 日通过的《最高人民法院关于涉外海事诉讼管辖的具体规定》②、1989 年 5 月 13 日通过的《最高人民法院关于海事法院收案范围的规定》③、1989 年 12 月 13 日通过的《最高人民法院关于进一步贯彻执行海事法院收案范围的通知》③、2001 年 8 月 9 日通过的《最高人民法院关于海事法院受理案件范围的若干规定》④、2016 年 2 月 24 日颁布的《最高人民法院关于海事法院受理案件范围的规定》等。

司法解释受其自身效力层级的限制而显然缺乏应有的稳定性、统一性与权威性，且海事案件涉外性强，因此将我国海事法院管辖权的行使通过司法解释来加以规范，既不利于我国法院积极地行使海事管辖权，也不利于我国法院作出的海事判决在国外的承认与执行。随着我国法院受理的涉外海事案件逐年增多，作出的裁决需要外国承认执行的比例提升，这需要我国及时出台相应的法律。

1999 年第九届全国人民代表大会常务委员会第十三次会议通过了《海事诉讼特别程序法》，2000 年 7 月 1 日开始实施。根据该法第 2 条和第 5 条的规定，海事法院审理海事案件时，适用《海事诉讼特别程序法》，《海事诉讼特别程序法》没有规定的，适用《民事诉讼法》。据此，我国初步形成了以《海事诉讼特别程序法》为主干、《民事诉讼法》为必要补充的中国特色海事司法制度。自此，中国海事审判进入了全面有法可依的新阶段。

为正确实施《海事诉讼特别程序法》，依法准确审理海事案件，最高人民法院又于 2002 年颁布了《最高人民法院关于适用〈中华人民共和国海事诉讼特别程序法〉若干问题的解释》（以下简称《海诉法解释》），对《海事诉讼特别程序法》作了进一步细化，增强了该法的可操作性。最高人民法院于 2008 年颁布的《民事案件案由规定》则进一步对海事案件案由进行细化、补充和完善。

随着"一带一路"倡议及海洋强国战略的实施，我国海上活动日益频繁，海洋经济迅猛发展，新类型的海事海商纠纷不断增加。同时，为维护国家海洋主权，加强海洋事务综合治理，涉海行政部门的海上执法力度不断增强，海事行政诉讼案件数量随之呈现上升趋势。在此背景下，原有的海事诉讼管辖体系已不能完全适应国际、国内经济发展对海事审判工作的司法需求，需要进一步调整和完善。2016 年 2 月 24 日，最高人民法院发布了《最高人民法院关于海事法院受理案件范围的规定》和《最高人民法院关于海事诉讼管辖问题的规定》，对我国海事法院受案范围和部分海事法院的管辖范围进行了调整，并明确了海事行政案件管辖、海商纠纷管辖权异议案件的审理等问题，这两个司法解释已于 2016 年 3 月 1 日起正式施行。

---

① 已被 1989 年 5 月 13 日实施的《最高人民法院关于海事法院收案范围的规定》废止。

② 已被 2013 年 1 月 18 日实施的《最高人民法院关于废止 1980 年 1 月 1 日至 1997 年 6 月 30 日期间发布的部分司法解释和司法解释性质的文件的决定》废止。

③ 已被 2001 年 9 月 18 日实施的《最高人民法院关于海事法院受理案件范围的若干规定》废止。

④ 已被 2016 年 3 月 1 日实施的《最高人民法院关于海事法院受理案件范围的规定》废止。

第三节　海事诉讼法的渊源

从我国目前的情况看，海事诉讼法的渊源主要包括以下几种。

一、宪法

宪法是我国的根本大法，在法律体系中处于基本法地位，是其他法制定的立法依据。我国宪法中涉及程序方面的规定是海事诉讼法的立法依据。例如，《中华人民共和国宪法》第 125 条规定："人民法院审理案件，除法律规定的特别情况外，一律公开进行。被告人有权获得辩护。"第 126 条规定："人民法院依照法律规定独立行使审判权，不受行政机关、社会团体和个人的干涉。"这些规定为海事诉讼法的立法提供了依据。

二、法律

这里的法律主要是全国人民代表大会及其常务委员会制定的程序法，如《民事诉讼法》和《海事诉讼特别程序法》这两部法律是我国海事诉讼的主要程序法律渊源。但这两部程序法不可能穷尽我国海事诉讼的所有程序规范，有些程序性规范体现在有关海事诉讼的其他法律中，甚至包括实体法中的程序性规范。例如，《中华人民共和国合同法》第 73 条关于债权人提起代位诉讼的问题等。该条规定了因债务人怠于行使其到期权，对债权人造成损害的，债权人可以向人民法院请求以自己的名义代位行使债务人的债权，但该债权专属于债务人自身的除外。代位权的行使范围以债权人的债权为限。债权人行使代位权的必要费用，由债务人负担。

三、最高人民法院发布的有关海事诉讼的司法解释

在《海事诉讼特别程序法》未通过之前，海事诉讼关系主要受《民事诉讼法》的调整，但海事诉讼毕竟有其特殊性，为了解决海事法院的一些专门问题，最高人民法院出台了许多司法解释。最高人民法院发布的司法解释表现形式为解释、规定、意见、批复等，这些司法解释在海事法院审理海事案件的程序中，起到了重要作用，主要包括三种形式。[1]一是对海事诉讼法律的全面解释，如 2002 年最高人民法院发布的《海诉法解释》，该解释是我国关于海事诉讼程序性规定的最重要的综合性司法解释。二是对海事诉讼某一领域、某一具体法律制度所做的解释，主要包括：①1986 年 1 月 31 日通过的《最高人民法院关于涉外海事诉讼管辖的具体规定》[2]。该规定专门针对涉外海事诉讼管辖问

---

[1] 韩立新、袁绍春、尹伟民：《海事诉讼与仲裁》（第二版），大连海事大学出版社，2016 年，第 8-9 页。

[2] 已被 2013 年 1 月 18 日实施的《最高人民法院关于废止 1980 年 1 月 1 日至 1997 年 6 月 30 日期间发布的部分司法解释和司法解释性质的文件的决定》废止。

题规定了 17 项内容，较《民事诉讼法》有关海事诉讼管辖的规定更加具体。②1989 年 5 月 13 日通过的《最高人民法院关于海事法院收案范围的规定》①。该规定指出了海事法院受理的案件包括海事侵权案件、海商合同纠纷案件、其他海事海商案件、海事执行案件及海事请求保全案件。③1989 年 12 月 23 日通过的《最高人民法院关于关于进一步贯彻执行海事法院收案范围的通知》①。该通知进一步明确了海事法院是受理海事案件的专门法院，地方各级法院不得继续受理海事法院管辖的案件；远离海事法院所在地发生的简易的、争议不大的海事海商案件，当事人向地方法院起诉的，地方法院在征得有管辖权的海事法院同意后可予以受理。此外，还规定了有关解决管辖权争议海事法院与地方法院部分管辖区域划分等问题。④1994 年 7 月 6 日最高人民法院发布的《最高人民法院关于海事法院拍卖被扣押船舶清偿债务的规定》，根据该规定，1987 年 8 月 29 日最高人民法院发布的《关于强制变卖被扣押船舶清偿债务的具体规定》废止。⑤1994 年 7 月 6 日最高人民法院发布《最高人民法院关于海事法院诉讼前扣押船舶的规定》，根据该规定，1986 年 1 月 31 日最高人民法院发布的《最高人民法院关于诉讼前扣押船舶的具体规定》废止。值得一提的是，在《海事诉讼特别程序法》实施以前，最高人民法院 1994 年发布的《最高人民法院关于海事法院诉讼前扣押船舶的规定》和《最高人民法院关于海事法院拍卖被扣押船舶清偿债务的规定》在海事法院受理海事请求保全案件中起着重要作用。即使在《海事诉讼特别程序法》颁布后，最高人民法院的司法解释也发挥了很大的作用。2001 年 8 月 9 日最高人民法院通过了《最高人民法院关于海事法院受理案件范围的若干规定》。根据该规定，1989 年 5 月 13 日通过的《最高人民法院关于海事法院收案范围的规定》和 1989 年 12 月 23 日通过的《最高人民法院关于进一步贯彻执行海事法院收案范围的通知》废止。⑥2016 年 2 月 24 日最高人民法院公布了《最高人民法院关于海事法院受理案件范围的规定》，本规定自 2016 年 3 月 1 日起施行。根据该规定，最高人民法院于 2001 年 9 月 18 日实施的《最高人民法院关于海事法院受理案件范围的若干规定》（法释〔2001〕27 号）同时废止。三是对具体个案的解释，如 2014 年 10 月 27 日《最高人民法院关于海上保险合同的保险人行使代位请求赔偿权利的诉讼时效期间起算日的批复》、2013 年 5 月 27 日《最高人民法院关于海事法院可否适用小额诉讼程序问题的批复》等。

四、国际公约

如前所述，海事诉讼具有涉外性的特点，我国缔结或加入的国际公约是海事诉讼的重要法律渊源，包括双边司法协助协定有关程序问题的多边国际公约及实体性国际公约，如 1958 年《承认与执行外国仲裁裁决公约》、1965 年《关于向国外送达民事或商事司法文书和司法外文书公约》、1969 年《国际油污损害民事责任公约》、1999 年《扣船公约》等都属于我国海事诉讼法的渊源。

对于其他的法律渊源，如判例和学者的学说，在我国并不是法律渊源。虽然它们可以弥补成文法的不足，但在我国，并无法律拘束力，只具有参考作用。这一点在海事诉讼法律制度中同样适用。

---

① 已被 2001 年 9 月 18 日实施的《最高人民法院关于海事法院受理案件范围的若干规定》废止。

第四节　海事诉讼法的基本原则

一、海事诉讼法基本原则的含义

法律原则是法律概念中的一个重要范畴,法律原则通常是指"可以作为规则的基础或本源的综合性、稳定性原理和准则"[①]。对于基本原则,学者有着不同的理解。这不仅体现在民事诉讼法中,也体现在海事诉讼法中。有学者认为海事诉讼法的基本原则是海事诉讼活动中必须遵循的准则,主要体现在我国《海事诉讼特别程序法》的总则部分,也反映在我国的海事诉讼司法实践中。也有学者认为《海事诉讼特别程序法》中的总则规定不等于是对海事诉讼法基本原则的规定,海事诉讼法的基本原则应是贯穿整个海事诉讼法的根本性规则,并且能够适用于海事诉讼特别程序法的各个分支,体现海事诉讼法的精神,因而将民事诉讼法的某些原则,纳入海事诉讼法的原则范围内。

无论是何种主张,首先应当明确,海事诉讼法的基本原则,应当是能够作为制定具体规则的基础,并能反映海事诉讼法本质特征的价值准则。具体而言,它是指在海事诉讼的整个过程或各个阶段里,能够指导海事诉讼活动正常进行的基本原理和基本规则。其次应当明确,海事诉讼法属于民事诉讼法的范畴。海事诉讼的大部分审判程序和规则适用民事诉讼的规定,因此民事诉讼法的基本原则也应当适用于海事诉讼程序,如民事诉讼中的平等原则、辩论原则、处分原则、诚实信用原则等。这些原则也应当归为海事诉讼法的基本原则。

海事诉讼法虽然属于民事诉讼法的范畴,但海事诉讼具有不同于民事诉讼的特点,《海事诉讼特别程序法》针对这些特点作了专门的法律规定。因此,《海事诉讼特别程序法》中的基本原则除了《民事诉讼法》中所体现的以外,还应有其自己的原则。因此,本节论述的海事诉讼法的基本原则是相对于民事诉讼法而言的。

二、公正与效率原则

在现代法治社会,诉讼活动应当以公正作为基本价值取向,然而,由于现实社会具有法律预测之外的复杂性,在具体司法活动过程中,司法者价值观的确立与适用又具有了多元化的趋势[②]。有学者明确提出了诉讼效益问题,认为"解决执法中的效益问题,实现诉讼经济的价值目标,势在必行,是客观所需"[③]。《海事诉讼特别程序法》第 1条规定:"为维护海事诉讼当事人的诉讼权利,保证人民法院查明事实,分清责任,正确适用法律,及时审理海事案件,制定本法。"这一条可以说是《海事诉讼特别程序法》

---

① 张文显:《法学基本范畴研究》,中国政法大学出版社,1993 年,第 56 页。
② 李晓明、辛军:《诉讼效益公正与效率的最佳平衡点》,《中国刑事法杂志》,2004 年第 1 期,第 3-12 页。
③ 樊崇义:《论刑事诉讼法律观的转变》,《政法论坛》,2001 年第 2 期,第 47-56 页。

的立法目的，同时也指明了《海事诉讼特别程序法》的任务，其中也蕴涵着公正、效率的原则。海事诉讼的公正原则主要体现在两个方面。

第一，维护海事诉讼当事人的权利。当事人的合法权利受到侵犯时，有权请求并得到国家海事审判机关的保护。我国《民事诉讼法》对当事人的诉讼权利和诉讼义务都作了明确具体的规定，《海事诉讼特别程序法》在此基础上，结合海事诉讼的特点，对当事人行使诉讼权利和承担诉讼义务作了进一步的规定。《海事诉讼特别程序法》对有关海事诉讼特别程序中涉及当事人行使诉讼权利的环节作了明确的规定，其目的在于使当事人确实能够行使其享有的各项诉讼权利，使其有更多的机会陈述自己的主张，保护自己的合法权益。例如，规定海事请求人可以就其具有的海事请求在有管辖权的海事法院申请海事请求保全、海事强制令、海事证据保全等，同时也规定海事案件的当事人对法院的海事请求保全、海事强制令、海事证据保全、海事赔偿责任限制等裁定不服，可以在规定的期间内提出复议或者上诉。

第二，法院适用法律应具有公正性。这一点对当事人合法权利的维护至关重要。要贯彻这一基本原则，除了要加强法官的素质培养外，从法律本身讲，还应该具有可操作性。总体来说，《海事诉讼特别程序法》对海事诉讼保全、海事证据保全，以及海事强制令等的申请、审查、受理、裁定、复议、执行及其期限都作了明确具体的规定，另外，《海事诉讼特别程序法》作为程序法，是为实现《海商法》的实体公正而配套的法律，对《海商法》规定的海事赔偿责任限制、船舶优先权催告等实体性规范制定了与之相对应的程序性的规定，实现了配套的功能。

就海事诉讼的效率原则来说，《海事诉讼特别程序法》在第1条中明确规定的"及时审理海事案件"就是效率原则的体现。同时，该法在其他章节中对具体案件作了更加明确、具体的规定。例如，因采取海事诉讼保全而取得对相关案件实体争议的管辖不仅方便了当事人诉讼，也可以及时解决法律纠纷；规定海事请求保全应在48小时内作出裁定、对海事请求保全裁定的复议应在5日内决定、对于较为复杂的船舶碰撞案件和共同海损案件的审理应在1年的期限内审结等期限的规定，都是为了保障海事法院及时处理纠纷。

三、特别法优于普通法原则

由于海事案件具有专业性、技术性、涉外性强等特点，《民事诉讼法》不能完全解决海事诉讼中的程序问题，如因海事请求保全扣押船舶、海事赔偿责任限制、海事证据保全等。如果将《海事诉讼特别程序法》纳入《民事诉讼法》，会使《民事诉讼法》繁缛、冗长，并可能破坏《民事诉讼法》现有的体例结构。所以，依据《民事诉讼法》的基本原则，制定了独立的《海事诉讼特别程序法》，形成了以《民事诉讼法》为基本程序法，以《海事诉讼特别程序法》为特别程序法的相互协调的构架。

特别法优于普通法原则体现在，在解决海事纠纷时，优先适用《海事诉讼特别程序法》的规定，如果该法没有规定，则适用《民事诉讼法》或其他有关的法律规定。

四、国际条约优先适用原则

一国应当遵守和执行其缔结或者参加的国际条约，这是《维也纳条约法公约》所设定的义务，各缔约国必须服从，并且也广为国际社会所接受。在如何处理国际条约与国内法的关系上，长期以来存在较多的争议。主要的观点有一元论和二元论。一元论认为国际条约和国内法同属一个法律体系，国内法院可以直接适用国际条约；二元论则认为国际条约不能直接为国内个人或组织创设任何权利和义务，国内法院如要适用国际条约，需经国内有权机关将国际条约整体或部分地纳入或转化为国内法之后方得施行。

《海事诉讼特别程序法》采行的是一元论，当《海事诉讼特别程序法》与中国缔结或参加的国际条约有不同规定时，除了中国已经声明保留的条款外，直接适用国际条约的规定[①]。

五、专门管辖原则

《海事诉讼特别程序法》是《民事诉讼法》的特别法，海事诉讼也属于民事诉讼的一个分支，但是海事案件往往具有不同于一般民商事案件的特征，同时专业性也非常高。因此，海事诉讼通常是由专门的法院进行管辖。我国《海事诉讼特别程序法》第 4 条明确规定，海事法院受理当事人因海事侵权纠纷、海商合同纠纷以及法律规定的其他海事纠纷提起的诉讼。该法第 5 条同时规定，海事法院及其所在地的高级人民法院和最高人民法院审理海事案件的，适用本法。海事法院的受案范围由最高人民法院规定，现行属于海事法院专门管辖范围的案件由 2016 年 2 月 24 日公布并于 2016 年 3 月 1 日起施行的《最高人民法院关于海事法院受理案件范围的规定》加以明确。

[①] 《海事诉讼特别程序法》第 3 条规定："中华人民共和国缔结或参加的国际条约与《中华人民共和国民事诉讼法》和本法对涉外民事诉讼有不同规定的，适用该国际条约的规定，但中华人民共和国声明保留的条款除外。"

第四章　海事诉讼管辖

【内容摘要】本章介绍海事诉讼管辖基本理论和制度，包括海事诉讼管辖的概念、特点、分类，以及海事法院的受案范围等内容。通过本章学习，使学生了解和掌握我国海事诉讼管辖的基本法律制度。

第一节　海事诉讼管辖概述

一、海事诉讼管辖的概念

海事诉讼管辖，是指海事法院和其他人民法院之间及各个海事法院相互之间，受理一审海商海事案件的分工权限。明确海事诉讼管辖，可以确定哪些一审海商海事案件由海事法院或者上级人民法院受理，以及何种范围的一审海商海事案件由哪一个海事法院受理。我国《民事诉讼法》《海事诉讼特别程序法》《最高人民法院关于涉外海事诉讼管辖的具体规定》等法律和司法解释对海事诉讼管辖权的问题进行了详细的规定。

海事诉讼的地域管辖与其他类型的民事诉讼一样，适用"原告就被告"原则。依照《民事诉讼法》的有关规定，对公民提起的海事诉讼，由被告住所地海事法院管辖，被告住所地与经常居住地不一致的，由经常居住地海事法院管辖，对法人或者其他组织提起的海事诉讼，由被告住所地海事法院管辖。虽然《民事诉讼法》和《海事诉讼特别程序法》是衔接在一起的，但是海事案件是一类特殊的民事案件，《民事诉讼法》第2章中规定的级别管辖、地域管辖、移送管辖和指定管辖制度均适用于海事案件审判，这对海事案件来说大多是原则性的规定，仅仅依靠《民事诉讼法》已明显不能适应目前我国海事审判实践的需要。《海事诉讼特别程序法》作为《民事诉讼法》的特别法，是对《民事诉讼法》的补充，针对专业性较强的海事、海商案件，在一些海商法特有的制度上规定了不同于《民事诉讼法》的特殊规则，如海事诉讼管辖制度、海事请求保全制度、海事强制令制度、海事担保制度、海事赔偿责任限制制度等。而且随着航运市场和航运技术的发展，新类型案件出现的频率越来越高，如船舶代理，与海上运输有关的货代合同纠纷案件，船舶属具、海运集装箱租赁、保管合同纠纷案件，船员劳务合同纠纷案件等，

《海事诉讼特别程序法》对上述案件的管辖均作出了明确的规定，这有利于法院依法保护当事人的合法权益。

二、海事诉讼管辖的特点

国家对海事诉讼管辖问题进行专门法律规范的原因在于海事诉讼案件的特殊性，海事诉讼管辖的主要特点有以下几个。

（一）海事诉讼管辖涉外性较强

海事诉讼案件主要因海事侵权或海事合同纠纷所引致，主要涉及海上运输关系、船舶关系等，船舶是海上运输及船舶关系的必要载体，而船舶又具有极强的流动性和不稳定性，这就使大多数的海事诉讼纠纷具有跨越国境的特征。对涉外案件的管辖权是国家主权在司法领域的具体体现。

正是由于海事诉讼案件的涉外性，我国制定了有关海事诉讼特别程序的专门法律规范，以维护我国的国家利益。如在解决具有涉外性的海事诉讼纠纷时，不可避免地要涉及关于船舶等物品的执行问题，为了解决我国关于海事案件的国外执行问题，我国可以通过与其他国家缔结的司法协助协定来协助执行，截至 2018 年 2 月，我国已与 71 个国家签订了 138 项司法协助协定等法律文件[①]。这些双边协定中，我国与对方缔约国约定，对承认和执行法院判决的审查标准是作出判决的法院对案件有管辖的依据。这种管辖的依据来自作出判决法院的国家的法律。我国法院对具有涉外因素的海事案件作出的裁判也同样需要外国法院承认与执行，只有确立我国法院对海事案件的管辖权，才能更好地保障国家及当事人的合法权益。

（二）海事诉讼管辖具有专属性

海事诉讼管辖的专属性主要指海事法院对海事案件具有专门的管辖权。我国《海事诉讼特别程序法》第 4 条规定："海事法院受理当事人因海事侵权纠纷、海商合同纠纷以及法律规定的其他海事纠纷提起的诉讼。"各地的海事法院对海事案件进行专门管辖，且不得受理地方法院管辖的案件，当然地方法院也不得受理海事案件。

（三）海事诉讼管辖多采用特殊地域管辖

普通地域管辖是指根据当事人住所地确定管辖法院的一种管辖，对此的通行原则是"原告就被告"的原则，即管辖权属于被告所在地法院，"原告就被告"不仅是我国普通地域管辖的一般原则，也是世界各国民事诉讼中普遍采用的一个民事案件管辖原则，但这一原则适用于大多数的民事案件。在海事诉讼案件中，适用普通地域管辖原则的较少，原因在于作为海事纠纷主要标的物的船舶具有的特殊性，在一般法律规范中将其视为不动产，在解决海事诉讼案件中就较少采用"原告就被告"的原则，而是规定了大量的特

---

① http://www.fmprc.gov.cn/web/ziliao_674904/tytj_674911/wgdwdjdsfhzty_674917/t1215630.shtml，2018 年 5 月 4 日。

殊地域管辖。我国海事诉讼的管辖法院主要集中在我国的沿海流域及长江流域，如设立在大连、青岛、厦门及北海等地。

三、海事诉讼管辖的分类

（一）级别管辖

海事诉讼级别管辖，是指海事法院与上级法院之间受理第一审海事案件的分工和权限。它解决的是法院内部受理第一审海事案件的纵向分工。与一般民事案件的"四级两审终审制"不同，海事案件的审级为"三级两审终审制"，三级分别为各海事法院、海事法院所在地高级人民法院和最高人民法院。海事法院管辖第一审海事案件，其所在地的高级人民法院管辖该海事法院辖区内有重大影响的第一审海事案件和不服该海事法院一审的上诉案件。根据海事案件的性质、标的及社会影响程度，海事法院所在地的高级人民法院和最高人民法院可以受理第一审海事案件。为方便当事人诉讼和解决海事纠纷，各海事法院陆续在沿海各大港口设立了派出机构，即派出法庭。

（二）地域管辖

海事诉讼地域管辖，是指各海事法院之间受理第一审海事案件的分工和权限，它解决的是各海事法院之间受理第一审海事案件的横向分工。海事诉讼地域管辖可以分为普通地域管辖和特殊地域管辖，也可以分为因海商合同纠纷产生的地域管辖、因海事侵权产生的地域管辖及其他原因确定的地域管辖。海事诉讼的普通地域管辖，《海事诉讼特别程序法》第6条第1款明确规定依照《民事诉讼法》的有关规定。《海诉法解释》第2条规定："涉外海事侵权纠纷案件和海上运输合同纠纷案件的管辖，适用民事诉讼法第二十五章的规定；民事诉讼法第二十五章没有规定的，适用海事诉讼特别程序法第六条第二款（一）、（二）项的规定和民事诉讼法的其他有关规定。"

由于《民事诉讼法》只对船舶碰撞、海难救助和共同海损等几类案件的地域管辖作了规定，因此，《海事诉讼特别程序法》第6条第2款针对海事案件的特殊性重点对海事诉讼案件的特殊地域管辖进行了规定："下列海事诉讼的地域管辖，依照以下规定：（一）因海事侵权行为提起的诉讼，除依照《中华人民共和国民事诉讼法》第二十九条至第三十一条的规定以外，还可以由船籍港所在地海事法院管辖；（二）因海上运输合同纠纷提起的诉讼，除依照《中华人民共和国民事诉讼法》第二十八条的规定以外，还可以由转运港所在地海事法院管辖；（三）因海船租用合同纠纷提起的诉讼，由交船港、还船港、船籍港所在地、被告住所地海事法院管辖；（四）因海上保赔合同纠纷提起的诉讼，由保赔标的物所在地、事故发生地、被告所地海事法院管辖；（五）因海船的船员劳务合同纠纷提起的诉讼，由原告住所地、合同签订地、船员登船港或者商船港所在地、被告住所地海事法院管辖；（六）因海事担保纠纷提起的诉讼，由担保物所在地、被告住所地海事法院管辖，因船舶抵纠纷提起的诉讼，还可以由船籍港所在地海事法院管辖；（七）因海船的船舶所有权、占有权、使用权、优先权纠纷提起的诉讼，由船舶所在地、船籍港所在地、被告所地海事法院管辖。"

依照《民事诉讼法》《海事诉讼特别程序法》的规定，海事案件，如船舶碰撞案件（船舶触碰海上、海底、空中、通海水域、港口的设施或者其他财产的损害赔偿案件），船舶损害捕捞、养殖设施、水产养殖物的损害赔偿案件，由船舶最先到达地、侵权行为地或者被告所在地海事法院管辖，这些特殊地域管辖的规定既便于操作，又可以防止管辖现象的发生。

因海事侵权行为提起的海事诉讼，一般由侵权行为地或者被告住所地人民法院管辖。《民事诉讼法》第 29 条规定："因铁路、公路、水上和航空事故请求损害赔偿提起的诉讼，由事故发生地或者车辆、船舶最先到达地、航空器最先降落地或者被告所在地人民法院管辖。"第 30 条规定："因船舶碰撞或者其他海事损害事故请求损害赔偿提起的诉讼，由碰撞发生地、碰撞船舶最先到达地、加害船舶被扣留地或者被告住所地人民法院管辖。"此外，根据《海事诉讼特别程序法》第 6 条第 1 项的规定，因海事侵权行为提起的诉讼，还可以由船籍港所在地的海事法院管辖。

此外，关于地域管辖，《海事诉讼特别程序法》第 9 条规定，当事人申请认定海上财产无主的，向财产所在地海事法院提出申请；因海上事故宣告死亡的，向处理海事事故主管机关所在地或者受理相关海事案件的海事法院提出。第 11 条规定，当事人申请执行海事仲裁裁决，申请承认和执行外国法院判决、裁定以及国外海事仲裁裁决的，向被执行的财产所在地或者被执行人住所地海事法院提出。被执行的财产所在地或者被执行人住所地没有海事法院的，向被执行的财产所在地或者被执行人住所地的中级人民法院提出。《海诉法解释》第 13 条第 1 款规定，当事人根据《海事诉讼特别程序法》第 11 条的规定申请执行海事仲裁裁决，申请承认和执行国外海事仲裁裁决的，由被执行的财产所在地或者被执行人住所地的海事法院管辖；被执行的财产为船舶的，无论该船舶是否在海事法院管辖区域范围内，均由海事法院管辖。船舶所在地没有海事法院的，由就近的海事法院管辖。

（三）专属管辖

专属管辖是指根据法律的强制性规定而取得管辖权的管辖，当事人不能通过协议的方式排除该管辖权，海事法院行使专属管辖权不依据当事人的意思表示一致而是根据案件标的的特殊性及其与海事法院的密切联系，排他地行使管辖权。

专属管辖不同于专门管辖，专门管辖是法律规定由专门法院管辖某一类型的案件，是专门法院与普通法院的职能划分。例如，海事法院对特定海事案件进行的管辖。专属管辖可以排除外国法院的管辖，以维护国家的利益。《民事诉讼法》第 33 条仅对港口作业纠纷作了专属管辖的规定，港口作业纠纷由港口所在地人民法院管辖。结合海事审判实践，为了维护国家主权和国家利益，《海事诉讼特别程序法》第 7 条进一步规定："下列海事诉讼，由本条规定的海事法院专属管辖：（一）因沿海港口作业纠纷提起的诉讼，由港口所在地海事法院管辖；（二）因船舶排放、泄漏、倾倒油类或者其他有害物质，海上生产、作业或者拆船、修船作业造成海域污染损害提起的诉讼，由污染发生地、损害结果地或者采取预防污染措施地海事法院管辖；（三）因在中华人民共和国领域和有管辖权的海域履行的海洋勘探开发合同纠纷提起的诉讼，由合同履行地海事法院管辖。"

因为船舶污染水域及在我国领域和有管辖权的海域进行的海洋勘探开发海事诉讼案件涉及重大国家利益，因此《海事诉讼特别程序法》作了专属管辖的规定。

（四）协议管辖

协议管辖是国际上普遍承认的管辖原则之一，是指当事人在法律规定的范围内自行约定对双方所争议的案件确定管辖的法院，以排除其他法院的管辖。协议管辖主要目的是方便双方当事人进行诉讼，这也是国际上通行的惯例。当事人可以书面协议选择海事法院对某些案件进行管辖，体现了法律对当事人意思自治原则的贯彻。

协议管辖可以分为明示的协议管辖和默示的协议管辖，明示的协议管辖是当事人以书面的形式明确约定案件的管辖法院，而默示的协议管辖则是指如果一方当事人对对方当事人所起诉的法院未提出异议并且应诉进行答辩时，推定该海事法院为双方当事人默示协议选择的管辖法院。双方协议选择的条款可以体现在合同中，作为其中的条款出现，也可以单独就该事项达成协议。双方当事人可以协议选择我国的海事法院，也可以协议选择外国法院。各国法律在赋予当事人协议选择管辖法院的同时，也有些国家法律对此作出了限制，如有的国家法律规定，双方协议选择的法院应与案件有实际联系。例如，《民事诉讼法》第 34 条规定，合同或者其他财产权益纠纷的当事人可以书面协议选择被告住所地、合同履行地、合同签订地、原告住所地、标的物所在地等与争议有实际联系的地点的人民法院管辖，但不得违反本法对级别管辖和专属管辖的规定。针对海事争议具有涉外性特点，《海事诉讼特别程序法》第 8 条规定，海事纠纷的当事人都是外国人、无国籍人、外国企业或者组织，当事人书面协议选择中华人民共和国海事法院管辖的，即使与纠纷有实际联系的地点不在中华人民共和国领域内，中华人民共和国海事法院对该纠纷也具有管辖权。这说明即使海事争议的双方当事人都是外国人、无国籍人，而且争议的发生与我国没有实际联系，当事人协议由我国海事法院管辖的案件，我国海事法院对其仍然具有管辖权。

（五）指定管辖

指定管辖是指以海事法院的上级法院进行指定的形式来确定案件管辖法院的管辖。《民事诉讼法》第 37 条规定，有管辖权的人民法院由于特殊原因，不能行使管辖权的，由上级人民法院指定管辖。人民法院之间因管辖权发生争议，由争议双方协商解决；协商解决不了的，报请它们的共同上级人民法院指定管辖。《海事诉讼特别程序法》第 10 条也同样对指定管辖作出了规定，海事法院与地方人民法院之间因管辖权发生争议，由争议双方协商解决；协商解决不了的，报请他们的共同上级人民法院指定管辖。《海诉法解释》第 17 条规定，海事法院之间因管辖权发生争议，由争议双方协商解决；协商解决不了的，报请最高人民法院指定管辖。

第二节　海事诉讼的具体管辖

一、海事诉讼的级别管辖

（一）级别管辖的含义

级别管辖是指海事法院与上级法院之间受理第一审海事案件的分工和权限，是法院内部对第一审海事案件的纵向分工。一般而言，级别管辖是以案件的性质、繁简程度、诉讼标的额的大小及社会影响程度等为标准进行划分。海事案件的审级为"三级两审制"，与一般民事案件的"四级两审制"不同，审理第一审海事案件的海事法院与中级人民法院属同一级别。具体而言，海事案件的三级审级为海事法院，海事法院所在省、自治区、直辖市高级人民法院，以及最高人民法院。同一般民事案件一样，根据案件的性质、标的及社会影响程度等方面的不同，海事法院所在地的高级人民法院和最高人民法院可以受理第一审海事案件。现阶段，高级人民法院主管海事案件的部门是经济审判庭，最高人民法院主管海事案件的部门是审判第四庭。为进一步统一司法，健全海事审判制度，有关专家学者正在进行成立海事高级法院的论证工作[①]。

（二）海事法院及其上级人民法院管辖的范围

我国《海事诉讼特别程序法》第 5 条规定："海事法院及其所在地的高级人民法院和最高人民法院审理海事案件的，适用本法。"依据该规定，海事法院及其所在地的高级人民法院和最高人民法院对海事案件具有管辖权。《海事诉讼特别程序法》未规定具有海事诉讼管辖权的各级法院审理第一审海事案件的分工标准，根据《海事诉讼特别程序法》第 2 条的规定，适用我国《民事诉讼法》的有关规定。

根据《民事诉讼法》第 18 条的规定，中级人民法院管辖下列第一审民事案件：重大涉外案件；在本辖区有重大影响的案件；最高人民法院确定由中级人民法院管辖的案件。根据上述规定，因为我国海事法院属于中级人民法院级别，海事法院管辖第一审海事案件的范围可由最高人民法院确定。1984 年 5 月 24 日颁布的《最高人民法院、交通部关于设立海事法院的通知》中规定，海事法院与中级人民法院同级，审理国内和涉外的第一审海事案件和海商案件。最高人民法院 1999 年 8 月颁布的《各级人民法院受理第一审民事、经济纠纷案件级别管辖标准》中规定，海事法院受理第一审海事纠纷和海商纠纷案件，不受争议金额限制。上述规定表明，绝大多数第一审海事案件由海事法院管辖。

这样的规定符合我国海事诉讼程序特设的"三级二审"制度，具有积极意义。

第一，绝大多数第一审海事案件由海事法院受理，可以避免最高人民法院作为二审法院审理海事案件，有利于高效快捷地审结案件，科学分配诉讼和人力资源。在我国，

[①] 金正佳：《海事诉讼法论》，大连海事大学出版社，2001 年，第 49 页。

高级人民法院不仅是海事法院审理的第一审海事案件和其他为数众多的中级人民法院审理的第一审民事案件的上诉法院，而且负责指导和监督下级人民法院的工作。因此，除非海事案件的影响非常重大，否则由海事法院行使案件的第一审管辖权更为妥当、合理。

第二，海事法院管辖第一审海事案件适应我国海事法院区域分布的实际情况。就目前我国海事法院的设立位置而言，我国沿海各省、自治区、直辖市行政区域内只相应设立一个海事法院，即高级人民法院管辖区域内仅有一个海事法院。由于海事法院同相应高级人民法院之间的纵向联系比较单一，有时会出现二者管辖区域重合的情况，即对同一个有重大影响的案件，海事法院及其所在地的高级人民法院均可行使管辖权。在这种情况下，由级别较低的海事法院受理第一审海事案件，既符合《民事诉讼法》的规定，又兼顾了我国海事法院的具体布局。

第三，海事法院管辖第一审海事案件可以避免特殊情况下产生的地域管辖的冲突和争议。特殊情况下，海事法院管辖的区域会超出其所在省、自治区、直辖市的行政区域。

根据《民事诉讼法》第 19 条的规定，高级人民法院管辖在本辖区有重大影响的第一审民事案件。例如，江苏省连云港市发生的海事案件是由上海海事法院管辖。如果由上海市高级人民法院受理连云港市发生的第一审海事案件，便会使上海市高级人民法院在地域管辖上跨越江苏省，导致地域管辖的冲突和争议。由海事法院受理第一审海事案件，可以避免上述冲突和争议。

《民事诉讼法》第20条规定："最高人民法院管辖下列第一审民事案件：（一）在全国有重大影响的案件；（二）认为应当由本院审理的案件。"此类海事案件虽然为数不多，但社会影响重大，法律关系复杂，牵涉面广，由最高人民法院行使第一审管辖权，有利于在较短的时间内平纷息讼，也可在全国范围内对各海事法院处理类似案件起到引导和参考作用。最高人民法院可以审理协调全国民事案件的案件，这是《民事诉讼法》赋予最高人民法院的特殊权力，以使最高人民法院能够灵活高效地协调全国民事案件的级别管辖。

二、海事诉讼的地域管辖

（一）海事诉讼地域管辖的含义

海事诉讼的地域管辖是指各海事法院之间就第一审海事案件的分工和权限。它解决的是各海事法院之间受理第一审海事案件的范围划分。海事法院对第一审海事案件的地域管辖不是以案件事实与行政区划的关系为标准，而是以案件事实与各海事法院所处不同区域的关系为标准来划分的。

海事诉讼的地域管辖分为一般地域管辖和特殊地域管辖两类。

（二）海事诉讼的一般地域管辖

一般地域管辖，又称普通管辖，是指以被告住所地为标准来确定案件管辖法院。我国民事诉讼法中的一般地域管辖遵循"原告就被告"原则，是以被告所在地管辖为原则，原告所在地管辖为例外来确定一般地域管辖。《民事诉讼法》第 21 条规定，对公民提起的民事诉讼，由被告住所地人民法院管辖；被告住所地与经常居住地不一致的，由经常居住地人民法院管辖。对法人或者其他组织提起的民事诉讼，由被告住所地人民法院管辖。同一诉讼的几个被告住所地、经常居住地在两个以上人民法院辖区的，各该人民法院都有管辖权。第 22 条规定了例外情形，对于不在中华人民共和国领域内居住的人提起的有关身份关系的诉讼、对下落不明或者宣告失踪的人提起的有关身份关系的诉讼、对被采取强制性教育措施的人提起的诉讼以及对被监禁的人提起的诉讼，由原告住所地人民法院管辖；原告住所地与经常居住地不一致的，由原告经常居住地人民法院管辖。

根据 1984 年 11 月 14 日全国全国人民代表大会常务委员会发布的《全国人民代表大会常务委员会关于在沿海港口城市设立海事法院的决定》、1984 年 11 月 28 日《1984 年最高院决定》、1987 年 8 月 15 日最高人民法院发布的《最高人民法院关于调整武汉、上海海事法院管辖区域的通知》（以下简称《1987 年通知》）、1990 年 3 月 2 日最高人民法院发布的《最高人民法院关于设立海口、厦门海事法院的决定》（以下简称《1990 年决定》）、1992 年 12 月 4 日最高人民法院发布的《最高人民法院关于设立宁波海事法院的决定》（以下简称《1992 年决定》）、1999 年 7 月 19 日最高人民法院发布的《最高人民法院关于北海海事法院正式对外受理案件问题的通知》（以下简称《1999 年通知》）、2002 年 12 月 10 日最高人民法院发布的《最高人民法院关于调整大连、武汉、北海海事法院管辖区域和案件范围的通知》（以下简称《2002 年通知》）、2006 年 6 月 20 日最高人民法院发布的《最高人民法院关于调整上海、宁波海事法院管辖区域的通知》（以下简称《2006 年通知》）及 2016 年 2 月 24 日最高人民法院发布的《最高人民法院关于海事诉讼管辖问题的规定》（以下简称《2016 年规定》），我国设置了十个海事法院，分别在广州、上海、青岛、天津、大连、武汉、海口、厦门、宁波、北海。目前全国十个海事法院的管辖区域由北至南划分具体内容如下。

1. 大连海事法院

大连海事法院是我国第一批设置的海事法院之一，根据《1984 年最高院决定》设立。根据该决定，大连海事法院管辖下列区域：南自辽宁省与河北省的交界处、东至鸭绿江口的延伸海域和鸭绿江水域，其中包括黄海一部分、渤海一部分、海上岛屿和大连、营口等主要港口。

根据《2002 年通知》规定，大连海事法院的管辖区域范围：南自辽宁省与河北省的交界处、东至鸭绿江口的延伸海域和鸭绿江水域，其中包括黄海一部分、渤海一部分、海上岛屿，以及黑龙江省的黑龙江、松花江、乌苏里江等与海相通可航水域、港口发生的海事、海商案件。大连海事法院还管辖上述发生在黑龙江省水域内的船舶碰撞、共同海损、海难救助、船舶污染、船舶扣押和拍卖案件，以及涉外海事、海商案件。发生在黑龙江省水域内的其他海事、海商案件，由地方人民法院管辖。

根据《2016 年规定》，大连海事法院管辖下列区域：南自辽宁省与河北省的交界处、东至鸭绿江口的延伸海域和鸭绿江水域，其中包括黄海一部分、渤海一部分、海上岛屿；吉林省的松花江、图们江等通海可航水域及港口；黑龙江省的黑龙江、松花江、乌苏里江等通海可航水域及港口。

同时需要注意的是，大连海事法院对黑龙江水域发生海事、海商案件全面行使管辖权，不再受《2002 年通知》中六类案件（发生在黑龙江省水域的船舶碰撞、共同海损、海南救助、船舶污染、船舶扣押和拍卖案件，以及涉外海事、海商案件）的限制。

2. 天津海事法院

天津海事法院是我国首批设立的海事法院之一，根据《1984 年最高院决定》设立，该决定规定，天津海事法院管辖下列区域内发生的海事案件和海商案件：南自河北省与山东省交界处、北至河北省与辽宁省交界处的延伸海域，其中包括黄海一部分、渤海一部分、海上岛屿和天津、秦皇岛等主要港口。

3. 青岛海事法院

青岛海事法院是我国首批设立的海事法院之一，根据《1984 年最高院决定》设立，该决定规定，青岛海事法院管辖下列区域内发生的海事案件和海商案件：南自山东省与江苏省交界处、北至山东省与河北省交界处的延伸海域，其中包括黄海一部分、渤海一部分、海上岛屿和石臼所、青岛、威海、烟台等主要港口。

4. 上海海事法院

上海海事法院是我国首批设立的海事法院之一，根据《1984 年最高院决定》设立，该决定规定，上海海事法院管辖下列区域内发生的海事案件和海商案件：南自福建省与广东省交界处、北至江苏省与山东省交界处的延伸海域和闽江口至福州港一段水域、长江口至张家港一段水域，其中包括东海、黄海南部、台湾省、海上岛屿和厦门、福州、温州、宁波、上海、南通、张家港、连云港等主要港口。

根据《1987 年通知》，武汉海事法院管辖区域为：自四川兰家沱至江苏浏河口的长江干线，包括重庆、涪陵、万县、宜昌、枝江、沙市、城陵矶、武汉、黄石、九江、安庆、铜陵、芜湖、马鞍山、南京、镇江、江阴、张家港、南通等主要港口；浏河口以下区域，仍归上海海事法院管辖。

根据《1990 年决定》，厦门海事法院管辖下列区域内发生的一审海事、海商案件：南自福建省与广东省交界处、北至福建省与浙江省交界处的延伸海域，其中包括东海南部、台湾省、海上岛屿和福建省所属港口。在该区域内原属于上海海事法院管辖的案件均不再由上海海事法院管辖。

根据《1992 年决定》，宁波海事法院管辖浙江省所属港口和水域（包括所辖岛屿、所属港口和通海的内河水域）内发生的海事海商方面的一审案件。在该区域内原属于上海海事法院管辖的案件均不再由上海海事法院管辖。

根据 2006 年 6 月 20 日最高人民法院发布的《2006 年通知》，洋山港及附近海域发生的海事、海商纠纷案件由上海海事法院管辖。

另外，根据 2005 年 5 月 27 日最高人民法院发布的《最高人民法院关于指定上海市海事法院管辖与中国海事仲裁委员会上海市分会相关的海事仲裁司法审查案件的通知》，上海海事法院管辖涉及中国海事仲裁委员会上海分会的海事仲裁协议效力的案件和申请撤销其海事仲裁裁决的案件。

5. 武汉海事法院

武汉海事法院是由最高人民法院和交通部于 1984 年 5 月设立的，是我国首批设立的海事法院之一。根据《1987 年通知》，武汉海事法院管辖区域为：自四川兰家沱至江苏浏河口的长江干线，包括重庆、涪陵、万县、宜昌、枝江、沙市、城陵矶、武汉、黄石、九江、安庆、铜陵、芜湖、马鞍山、南京、镇江、江阴、张家港、南通等主要港口；浏河口以下区域，仍归上海海事法院管辖。

根据《2002 年通知》的规定，武汉海事法院的管辖区域范围：自四川省宜宾市合江门至江苏省浏河口之间与海相通的可航水域、港口发生的海事、海商案件。武汉海事法院还管辖发生在长江支流水域的船舶碰撞、共同海损、海南救助、船舶污染、船舶扣押和拍卖案件，涉外海事、海商案件。发生在长江支流水域的其他海事、海商案件，由地方人民法院管辖。

根据《2016 年规定》，武汉海事法院管辖下列区域：自四川省宜宾市合江门至江苏省浏河口之间长江干线及支线水域，包括宜宾、泸州、重庆、涪陵、万州、宜昌、荆州、城陵矶、武汉、九江、安庆、芜湖、马鞍山、南京、扬州、镇江、江阴、张家港、南通等主要港口。

值得注意的是，武汉海事法院对长江支流水域发生的海事、海商案件全面行使管辖权，不再受《2002 年通知》中列举的只能对发生在长江支流水域的船舶碰撞、共同海损、海南救助、船舶污染、船舶扣押和拍卖案件，以及涉外海事、海商案件等案件进行管辖的限制。

6. 宁波海事法院

宁波海事法院是我国第三批设立的海事法院，根据《1992 年决定》成立。根据该决定，宁波海事法院管辖浙江省所属港口和水域（包括所辖岛屿、所属港口和通海的内河水域）内发生的海事海商方面的一审案件。

根据《2006 年通知》，洋山港及附近海域发生的海事、海商纠纷案件由上海海事法院管辖。

7. 厦门海事法院

厦门海事法院是我国第二批设立的两个海事法院之一，根据《1990 年决定》成立，根据该规定，厦门海事法院管辖下列区域内发生的一审海事、海商案件：南自福建省与广东省交界处、北至福建省与浙江省交界处的延伸海域，其中包括东海南部、台湾省、海上岛屿和福建省所属港口。

8. 广州海事法院

广州海事法院是我国第一批设立的海事法院之一，根据《1984 年最高院决定》成立，根据该规定，广州海事法院管辖下列区域内发生的海事案件和海商案件：西自广西壮族自治区的北仑河口（东兴）、东至广东省与福建省交界处的延伸海域和珠江口至广州港一段水域，其中包括南海、海南岛、南澳岛、南海诸岛（东沙、西沙、中沙、南沙、黄岩岛等岛屿）和防城、北海、海口、三亚、八所、湛江、黄埔、广州、蛇口、汕头等主要港口。

根据《1990 年决定》，海口海事法院管辖海南省所属港口和水域以及西沙、中沙、南沙、黄岩岛等岛屿和水域内发生的一审海事、海商案件。厦门海事法院管辖下列区域内发生的一审海事、海商案件：南自福建省与广东省交界处、北至福建省与浙江省交界处的延伸海域，其中包括东海南部、台湾省、海上岛屿和福建省所属港口。在该区域内原属于广州海事法院管辖的案件均不再由广州海事法院管辖。

根据《1999 年通知》，北海海事法院管辖广西壮族自治区所属港口和水域以及北部湾海域及其岛屿和水域内发生的一审海事、海商案件，与广州海事法院的管辖区域以英罗湾河道中心线为界，河道中心线及其延伸海域以东由广州海事法院管辖，河道中心线及其延伸海域以西，包括乌泥岛、涠洲岛、斜阳岛，属北海海事法院管辖，不服北海海事法院一审判决的上诉案件由广西壮族自治区高级人民法院管辖。

9. 北海海事法院

北海海事法院是根据《1999 年通知》设立的，根据该通知，北海海事法院管辖广西壮族自治区所属港口和水域以及北部湾海域及其岛屿和水域内发生的一审海事、海商案件，与广州海事法院的管辖区域以英罗湾河道中心线为界，河道中心线及其延伸海域以东由广州海事法院管辖，河道中心线及其延伸海域以西，包括乌泥岛、涠洲岛、斜阳岛，属北海海事法院管辖，不服北海海事法院一审判决的上诉案件由广西壮族自治区高级人民法院管辖。

根据《2002 年通知》，北海海事法院的管辖区域范围包括广西壮族自治区所属港口、水域、北部湾海域及其岛屿和水域，以及云南省的澜沧江至湄公河等与海相通的可航水域发生的海事、海商案件。北海海事法院与广州海事法院的管辖区域以英罗湾河道中心线为界，河道中心线及其延伸海域以东由广州海事法院管辖，河道中心线及其延伸海域以西，包括乌泥岛、涠洲岛、斜阳岛等水域由北海海事法院管辖。

同时，北海海事法院还管辖上述发生在云南省水域内的船舶碰撞、共同海损、海难救助、船舶污染、船舶扣押和拍卖案件和涉外海事、海商案件。发生在云南省水域内的其他海事、海商案件，由地方人民法院管辖。

10. 海口海事法院

海口海事法院是国家第二批设立的两个海事法院之一，根据《1990 年决定》设立，根据该决定，海口海事法院管辖海南省所属港口和水域以及西沙、中沙、南沙、黄岩岛等岛屿和水域内发生的一审海事、海商案件。

（三）海事诉讼的特殊地域管辖

特殊地域管辖是指以诉讼标的所在地或海事事实发生地为标准，同时考虑被告住所地而确定的管辖。

特殊地域管辖具有下述两个特点。

第一，所有特殊地域管辖都是法定的共同管辖，即法律对每一种特殊地域管辖案件都直接规定由两个或两个以上的海事法院管辖。

第二，海事诉讼的特殊地域管辖基本上吸收了"原告就被告"的一般地域管辖原则，除共同海损、救助报酬等个别类型案件外，大多数特殊地域管辖的案件，均可由被告住所地海事法院管辖。

海事案件所具有的涉外因素多、涉及范围广、专业技术性强、诉讼标的流动性强等特点，决定了只有对大多数海事案件采用特殊地域管辖，才能更加科学、高效地解决海事纠纷，保护各方当事人的合法权益。鉴于此，我国《海事诉讼特别程序法》第 6 条对海事案件的特殊地域管辖作出了较《民事诉讼法》更为详尽的规定，改变了《民事诉讼法》仅对船舶碰撞、海难救助及共同海损等几类案件作出特殊地域管辖规定的立法状况。

根据《民事诉讼法》第 29～32 条、《海事诉讼特别程序法》第 6 条规定，我国海事案件的特殊地域管辖包括以下内容。

1. 因船舶碰撞或者其他海事损害事故请求损害赔偿提起的诉讼

根据《民事诉讼法》第 30 条、《海事诉讼特别程序法》第 6 条第 2 款规定，因船舶碰撞或者其他海事损害事故请求损害赔偿提起的诉讼，由碰撞发生地、碰撞船舶最先到达地、加害船舶被扣留地、船籍港所在地或者被告住所地海事法院管辖。

就各国法律和国际公约有关船舶碰撞管辖的规定而言，鉴于船舶碰撞具有突发性，从而导致管辖权的不稳定性，各国法律都从维护本国主权、保护当事人利益出发，对碰撞案件管辖权的范围作出了较为广泛的规定。有关船舶碰撞的管辖权的国际立法也从多样化管辖的趋势进行立法。

根据《海商法》第 165 条第 1 款，船舶碰撞，是指船舶在海上或者与海相通的可航水域发生接触造成损害的事故。《海商法》意义上的船舶碰撞主体强调的是《海商法》意义上的船舶与其他非军事的或政府公务的船舶之间的碰撞。广义上的船舶碰撞包括没有实际接触的碰撞，即间接碰撞、浪损造成的碰撞等情况。

根据 1952 年《船舶碰撞中民事管辖权方面某些规定的国际公约》第 1 条的规定，海船与海船或海船与内河船舶发生的碰撞，只能向下列法院提起诉讼：被告经常居住地或营业所在地的法院；扣留过失船舶或依法扣留的属于被告的任何其他船舶的法院，或本可进行扣留并已提出保证金或其他保全的地点的法院；碰撞发生于港口或内河水域以内时，为碰撞发生地的法院。比较而言，我国《民事诉讼法》就船舶碰撞案件管辖的规定在许多方面与上述国际公约的规定相同。依据《民事诉讼法》第 30 条的规定，因船舶碰撞或者其他海事损害事故请求损害赔偿提起的诉讼，由碰撞发生地、碰撞船舶最先到达地、加害船舶被扣留地或者被告住所地人民法院管辖。

上述第 30 条规定的"其他海事损害事故"应特指船舶侵权所引发的海事损害事故，非以船舶作为侵权物引发的海损事故不能适用这一定。例如，船载危险货及船舶触礁、搁浅、沉没、火灾等引起的海事事故便不能适用这一规定。具体而言，"其他海事损害事故"包括船舶触碰码头，触碰海上、海底、空中、通海水域、港口的设施或者其他财产的损害事故，船舶损害捕捞，养殖设施，水产养殖物的损害事故等。

《海诉法解释》第 4 条规定，海事诉讼特别程序法第 6 条第 2 款第 1 项规定的船籍港指被告船舶的船籍港。被告船舶的船籍港不在中华人民共和国领域内，原告船舶的船籍港在中华人民共和国领域内的，由原告船舶的船籍港所在地的海事法院管辖。《海事诉讼特别程序法》第 6 条第 2 款第 1 项在《民事诉讼法》规定的基础上增加了船籍港所在地法院对船舶碰撞案件具有管辖权的规定。这一增加规定具有以下重大意义。

第一，中国作为航运大国，拥有众多船舶，规定船籍港作为地域管辖的一个联结点，无疑可以扩大我国海事法院行使海事诉讼管辖权的范围。依据这一规定，拥有我国船籍的船舶在公海或其他国家海域发生海事侵权案时，我国当事人便可在我国提起诉讼，保障自己的合法权益。

第二，这一规定更加方便受害方提起民事诉讼以获得赔偿。尤其在船籍港与被告住所地不一致的情况下，受害方可根据实际情况选择两者中经济发展水平及司法保障程度较高地区的法院提起诉讼。

第三，这一规定具有积极的法律前瞻性。我国作为世界海运大国，但中资船舶船籍外移的现象非常普遍，对我国综合海运实力影响很大。随着我国船舶登记制度的改革，尤其是随着上海自由贸易区的设立，我国创新性地进行中资方便旗船特案免税登记政策，并开放了对于外国船舶在我国的沿海捎带业务，在一些自贸区港口试行国际船舶登记制度，我国船舶登记制度逐渐脱离传统模式，向开放式模式发展。因此，赋予船籍港所在地海事法院对船舶碰撞案件的管辖权，我国海事法院便可适时对未来加入我国国籍的外国船公司的船舶行使海事诉讼管辖权。

2. 因海上事故请求损害赔偿提起的诉讼

因海上事故请求损害赔偿提起的诉讼，根据《民事诉讼法》第 29 条规定、《海事诉讼特别程序法》第 6 条第 2 款规定，由事故发生地、船舶最先到达地、船籍港所在地或者被告住所地海事法院管辖。

《民事诉讼法》第 29 条规定，因铁路、公路、水上和航空事故请求损害赔偿提起的诉讼，由事故发生地或者车辆、船舶最先到达地、航空器最先降落地或者被告住所地人民法院管辖。这一规定涉及包括船舶在内的几种交通工具发生事故的案件的管辖。为便于理解及行文上的一致，这里将《民事诉讼法》第 29 条使用的"水上事故"改为"海上事故"，特指在海上或与海相通的可航水域发生的事故。具体而言，上述"海上事故"是指船舶在海上发生的除船舶侵权行为以外的原因导致的灭失或损害事故，如船舶触礁、沉没、搁浅、火灾、爆炸等。海难救助和共同海损引起的纠纷不适用上述规定。

"海上事故发生地"是指发生船舶碰撞或者其他与船舶有关的海上事故的具体海域。海上事故发生地包括事故发生地、事故连续进行地和事故损害后果发生地。具体的海域只要不是公海，都是在一定国家的某个法院的管辖范围内。船舶最先到达地，一般情况下是指与海上事故有关的船舶，在海上事故发生以后，第一个到达并停留的港口区域。船舶最先到达地包括加害船舶最先到达地和被害船舶最先到达地。适用海上事故发生地、船舶最先到达地和被告住所地为联结点，可以解决一般情况下的管辖问题。考虑到海上事故的复杂性和处理海上事故的困难，《海事诉讼特别程序法》补充规定船籍港可以作为联结点之一确定案件的管辖法院，更便于当事人诉讼和海事法院行使管辖权。这是实践经验的总结，具有重要的实践意义。

3. 因上述 1、2 项之外的其他海事侵权行为提起的诉讼

《海事诉讼特别程序法》第 6 条第 2 款第 1 项的规定是对上述 1、2 项规定的补充，

主要适用于非船舶侵权行为和非重大海事事故引起的损害赔偿纠纷案件。这类案件主要包括船员打架斗殴致使旅客人身伤亡及财产损失引起的损害赔偿案件，船载货物发生火灾，待运货物在码头发生爆炸致使他人人身或财产损失引起的损害赔偿案件及建造、修理船舶过程中发生侵权事故引起的损害赔偿案件和海事欺诈损害赔偿案件等。

《民事诉讼法》第 28 条规定，因侵权行为提起的诉讼，由侵权行为地或者被告住所地人民法院管辖。海事侵权行为当然包括在侵权行为之中，一般的海事侵权行为也可以适用侵权行为地或者被告住所地作为联结点确定管辖法院。

根据《民诉法解释》第 24 条规定，《民事诉讼法》第 28 条规定的侵权行为地，包括侵权行为实施地、侵权结果发生地。侵权行为实施地又包括侵权行为发生地和侵权行为连续进行地。一般情况下，侵权行为是一次性完成的，侵权行为实施地和损害结果发生地是统一的。但在海事领域，由于船舶及其他海上生产作业空间具有流动性，侵权行为在地域空间上常常表现出连续性，以致出现侵权行为实施地和损害结果发生地不一致的情况。因此，由侵权行为实施地或者损害结果发生地的海事法院对海事侵权案件行使管辖权，固然有利于查明案件事实，方便当事人诉讼，但在某些情况下（如海上侵权行为和损害结果都是发生在公海）按照侵权行为实施地和损害结果发生地确定管辖法院势必非常困难。《海事诉讼特别程序法》补充船籍港作为确定管辖法院的联结点就比较好地解决了这一问题。

4. 因海上运输合同纠纷提起的诉讼

因上运输合同纠纷提起的诉讼，根据《民事诉讼法》第 27 条、《海事诉讼特别程序法》第 6 条第 2 款规定，由运输始发地、目的地、转运港所在地或者被告住所地海事法院管辖。

《民事诉讼法》第 27 条规定，因铁路、公路、水上、航空运输和联合运输合同纠纷诉讼，由运输始发地，目的地或者被告住所地人民法院管辖。除上述规定外，《海事诉讼特别程序法》第 6 条第 2 款第 2 项新增加"转运港所在地"作为联结点确定管辖法院。

海上运输合同，是指承运人将旅客或者货物经海路由一港运到另一港，旅客、托运人或者收货人支付运输费用的合同。海上运输合同包括海上货物运输合同和海上旅客运输合同。海上运输始发地通常也称起运港，是船舶承载货物或者旅客并开始航程的港口。目的地通常也称到达港，是所运输的货物或者旅客的到达地，也是运输合同约定的航程终止地。一般情况下，运输合同中对运输行为的始发地和目的地会进行明确的约定，而运输始发地和目的地又是运输合同履行的重要联结点，所以因运输合同的履行发生纠纷，以运输行为始发地或者目的地作为确定处理纠纷的管辖联结点既符合合同的约定，也与合同争议具有较为密切的联系。

《海诉法解释》第 5 条规定，《海事诉讼特别程序法》第 6 条第 2 款第 2 项规定的起运港、转运港和到达港指合同约定的或者实际履行的起运港、转运港和到达港。合同约定的起运港、转运港和到达港与实际履行的起运港、转运港和到达港不一致的，以实际履行的地点确定案件管辖。

海上货物运输中的联运方式比较多，具体有水水联运、海陆（铁路、公路）联运、海空联运等。在诸多的联运方式中，通常会以港口作为转运地。作为转运地的港口也称转运港。转运港作为联运合同履行过程的重要场所，合同中通常会有明确约定。《海事诉讼特别程序法》增加"转运港"为确定管辖法院的联结点之一，符合海上联运合同的特点。而且，货物转载可能发生货损，增加"转运港"作为管辖联结点，有利于当事人根据货物运输和受损情况选择适当的海事法院提起诉讼。

5. 因海船租用合同纠纷提起的诉讼

因海船租用合同纠纷提起的诉讼，根据《海事诉讼特别程序法》第 6 条第 2 款第 3 项规定，由交船港、还船港、船籍港所在地、被告住所地海事法院管辖。

根据《海诉法解释》第 3 条规定，《海事诉讼特别程序法》第 6 条规定的海船指适合航行于海上或者通海水域的船舶。这里"海船"的概念的外延应大于我国《海商法》第 3 条规定的船舶概念的外延范围。《海商法》第 3 条意义上的船舶是指海船和其他海上移动式装置，包括船舶属具，但是用于军事的、政府公务的船舶和 20 总吨以下的小型船艇除外。可见，程序法中"海船"符合实体法船舶的范围，但并未对船舶进行吨位和用途的限制。

海船租用合同应当符合《海商法》中租船合同的分类，包括定期租船合同和光船租赁合同。有教材将航次租船合同纳入租船合同范畴，其实从本质上讲，航次租船合同是运输合同，而非租船合同。

租船合同的权利属性的表现形式是船舶的所有权与占有权和使用权相分离，交船与还船也履行合同的重要步骤。交船港是指开始履行合同的地点。还船港是指履行合同最后行为的地点。船籍港是指作为合同标的物——船舶的注册地。交船港、还船港和船籍港所在地对船舶租用合同具有重要意义，因此以其作为确定管辖的联结点科学合理，具有可操作性。

6. 因海上保险合同纠纷提起的诉讼

因海上保险合同纠纷提起的诉讼，根据《民事诉讼法》第 24 条规定，由被告住所地或者海上保险标的物所在地海事法院管辖。

依据《海商法》第 216 条的规定："海上保险合同，是指保险人按照约定，对被保险人遭受保险事故造成保险标的的损失和产生的责任负责赔偿，而由被保险人支付保险费的合同。"这里的保险事故，是指保险人与被保险人约定的任何海事事故，包括与海上航行有关的发生于内河或者陆上的事故。根据《民事诉讼法》第 24 条的规定，因保险合同纠纷提起的诉讼，由被告住所地或者保险标的物所在地人民法院管辖。根据《民诉法解释》第 21 条的规定，因财产保险合同纠纷提起的诉讼，如果保险标的物是运输工具或者运输中的货物，可以由运输工具登记注册地、运输目的地、保险事故发生地的海事法院管辖。如果运输工具是船舶，船籍港所在地即是船舶登记注册地。

7. 因海上保赔合同纠纷提起的诉讼

《民事诉讼法》第 24 条对保险合同纠纷管辖作了一般规定。《民诉法解释》第 21 条对保险标的物是船舶等运输工具的保险合同纠纷提起的诉讼的管辖进行了规定。鉴于《民事诉讼法》及其司法解释未对保赔合同产生的纠纷的管辖问题作出规定，《海事诉讼特别程序法》第 6 条第 2 款第 4 项对海上保赔合同纠纷的管辖进行了规定，因海上保赔合同纠纷提起的诉讼，由保赔标的物所在地、事故发生地、被告住所地海事法院管辖。《海诉法解释》第 6 条规定，《海事诉讼特别程序法》第 6 条第 2 款第 4 项的保赔标的物所在地指保赔船舶的所在地。

"海上保赔合同"是海上保险合同的一种特殊类型，也叫海上保赔保险合同，具体指保险人承保船舶所有人在船舶营运过程中，由保险事故引起的又不包括在船舶保险之承保范围内的损失的保险。它是海上船舶保险的特殊形式，保赔保险一般是由保赔协会（也叫互保协会）办理的。"保险标的物所在地"是指加入互保协会的船舶所在的地点，通常是指参加互保协会的船舶发生海事事故以后，船舶所有人对互保协会提起诉讼时，该船舶所在的地点。"事故发生地"是指加入互保协会的船舶发生海事事故的地点。"被告住所地"是指作为被告的互保协会或被保险人所在的地点。

互保协会包括船东互保协会、租船人互保协会、联运互保协会等。传统商业保险公司不予承保的损失或责任包括船舶油污、船员人身伤亡或疾病、沉船沉物的打捞费用、偷渡等引起的损失或责任。互保协会也并非对所有传统商业保险公司不予承保的损失或责任予以承保，如船东互保协会通常不承保租金、船舶滞期费或迟延交付等引起的损失。海事事故发生后，如果互保协会未能及时地按照章程的约定履行义务，造成船舶所有人的损失和困难，船舶所有人则可以依据互保合同的约定对互保协会提起诉讼。

与海上保险合同管辖的联结点相比较，海上保赔合同管辖的联结点多一个"事故发生地"。这是由于事故发生后，保赔标的物通常也会发生地域上的变化，出现事故发生地与保赔标的物所在地相分离的情况。将事故发生地和保赔标的物所在地同列为管辖联结点更方便当事人行使诉讼权利，保障自身的合法权益。

8. 因海船的船员劳务合同纠纷提起的诉讼

因海船的船员劳务合同纠纷提起的诉讼，根据《海事诉讼特别程序法》第 6 条第 2 款第 5 项规定，由原告住所地、合同签订地、船员登船港或者离船港所在地、被告住所地海事法院管辖。

这里"海船的船员"的概念应作扩大性解释，不仅包括受雇用而在航行于海上的船舶上工作的人员，还应包括受雇用而在与海相通且属于海事法院管辖的可航水域中航行的船上工作的人员。《民事诉讼法》第 23 条规定，因合同纠纷提起的诉讼，由被告住所地或者合同履行地人民法院管辖。《海事诉讼特别程序法》第 6 条第 2 款第 5 项规定，因海船的船员劳务合同纠纷提起的诉讼，由原告住所地、合同签订地、船员登船港或者离船港所在地、被告住所地海事法院管辖。与《民事诉讼法》规定的一般合同纠纷适用的联结点相比，《海事诉讼特别程序法》规定的船员劳务合同纠纷适用的联结点有新发展，具有鲜明的特点。

（1）确立了原告住所地作为法院行使管辖权的联结点之一，以尽可能为利益受损的船员，尤其是中国船员提供法律保障。中国作为船员劳务的输出国，每年都有大量的船员以劳务输出的方式在外籍船舶上工作。中国籍船员完成外籍船舶的工作后，由于各种原因有时会出现拿不到工资及其他劳务费的情况。如果不确立原告住所地作为确定法院管辖权的联结点，这些利益受损的船员如欲主张权利，需到中国境外打官司。将原告住所地确定为管辖联结点，可以方便中国船员通过诉讼方式解决劳务合同纠纷，维护合法权益。

（2）考虑到国际通常做法及一般的合同管辖规定，保留了合同签订地和被告住所地作为确定管辖权的联结点。合同签订地是指签订船员劳务合同的地点，通常是指船员劳务合同中所载明的合同签订地。被告住所地通常是指租用船员的船舶所有人、光船承租人或者是与船员签订劳务合同的人所在的地点。被告住所地原则是一般地域管辖原则。

（3）新增了船员登船港、离船港作为确定管辖权的联结点。船员登船港、离船港是履行船员劳务合同的实际地点，是船员劳务合同履行地的具体化和特定化。船员登船港和离船港作为船员劳务合同的履行地十分明确，便于当事人和海事法院的实际操作，规定登船港、离船港作为确定船员劳务合同纠纷管辖权的联结点是审判实践的经验总结。

《海事诉讼特别程序法》仅就船员劳务合同纠纷的特殊地域管辖作出规定，并未规定该类纠纷是否应当适用国内劳动争议解决的仲裁前置原则。《海诉法解释》第 8 条规定，因船员劳务合同纠纷直接向海事法院提起的诉讼，海事法院应当受理。船员劳务合同纠纷有别于其他类型的劳务合同纠纷。该类纠纷解决不仅具有较强的专业性，而且船员为了保障最终债权的实现，常常会申请海事法院采取扣押船舶等保全措施。基于这种情况，如强制适用仲裁前置原则，极有可能妨碍船员工资等船舶优先权的行使或拖延其他债权的实现。同时，船员工作流动性大及缺乏固定工会组织等原因，又使得仲裁前置原则缺乏现实基础。因此，为节约诉讼成本，更好地保护船员利益，船员劳务合同纠纷可直接通过向海事法院起诉，适用司法程序以解决。

9. 因海事担保纠纷提起的诉讼

因海事担保纠纷提起的诉讼，根据《海事诉讼特别程序法》第 6 条第 2 款第 6 项规定，由担保物所在地、被告住所地海事法院管辖；因船舶抵押纠纷提起的诉讼，还可以由船籍港所在地海事法院管辖。

海商法中以船舶为标的的的担保物权主要包括船舶抵押权、船舶留置权和船舶优先权。在海上运输、船舶买卖、建造、修理及其他海上经济活动中，债务人需要以担保方式保障其债务履行的，可以依法设定海事担保物权。因为船舶是动产，所以除了传统的被告住所地法院外，担保物所在地海事法院可以作为物之所在地法院管辖纠纷。另外，船舶抵押后，为了对抗第三人，船舶抵押合同的双方一般会约定由某一方到船籍港所在地的船舶登记主管机关进行船舶抵押登记。因此，规定船籍港所在地海事法院对船舶抵押纠纷具有管辖权，更有利于查清事实和解决纠纷。据此，《海事诉讼特别程序法》规定的船舶抵押纠纷的管辖比货物抵押、建造中船舶抵押纠纷等的管辖多出了一个联结点——船籍港所在地。1986 年《最高人民法院关于涉外海事诉讼管辖的具体规定》中所规定的船舶抵押权纠纷管辖的联结点只有船舶抵押权的设定地、船舶到达地[①]，与此相比，《海事诉讼特别程序法》对船舶抵押权纠纷管辖的规范更科学明确。

另外，《海诉法解释》第 10 条又增加了合同履行地法院可以作为管辖法院，规定与船舶担保或者船舶优先权有关的借款合同纠纷，由被告住所地、合同履行地、船舶的船籍港、船舶所在地的海事法院管辖。

---

① 参见 1986 年最高人民法院发布的《最高人民法院关于涉外海事诉讼管辖的具体规定》第 15 项规定。

《海事诉讼特别程序法》第六章规定的海事担保是基于海事请求权而由被请求人向请求人提供的海事担保和海事请求人向法院提供的反担保，是在海事请求人基于一定的海事请求向海事法院申请海事强制执行过程中为了担保海事强制执行程序而根据法律规定提供的担保。这两类海事担保均是通过经申请采取海事强制执行程序的海事法院提供的，因此申请人和被申请人如果日后对海事担保发生争议，可以由接受海事担保的海事法院对海事担保纠纷引起的诉讼进行管辖。

10. 因海难救助费用提起的诉讼

因海难救助费用提起的诉讼，根据《民事诉讼法》第 31 条、《海诉法解释》第 9 条的规定，由救助地、被救助船舶最先到达地或者被救船舶以外的其他获救财产所在地的海事法院管辖。

根据《民事诉讼法》第 31 条规定，因海难救助费用提起的诉讼，由救助地或者被救助船舶最先到达地人民法院管辖。《海诉法解释》第 9 条规定，因海难救助费用提起的诉讼，除依照《民事诉讼法》第 31 条的规定确定管辖外，还可以由被救助的船舶以外的其他获救财产所在地的海事法院管辖。

海难救助费用是指专业救助人或来往船舶对遭遇海难的船舶、货物和客货运费的全部或部分进行救助所产生的费用。《民事诉讼法》第 31 条规定，救助地海事法院有权管辖因海难救助费用提起的诉讼，这有利于在查明船舶遇难原因、损害程度、遇难时紧急状况、整个救助情况及遇难水域的水文地理情况的基础上，对救助费用数额作出公正认定，保护各方当事人的合法权益。

值得注意的是，海难救助费用纠纷与海难救助纠纷并不完全相同。前者的范围较小，后者还包括海难救助过程中因救助方的过失导致被救助船舶及所载货物发生损失引起的纠纷和救助过程中的人员伤亡损害赔偿纠纷、救助方的财产损害赔偿纠纷，以及因救助造成第三方人身伤亡、财产损害赔偿纠纷等。

《海事诉讼特别程序法》未对海难救助费用纠纷的管辖在《民事诉讼法》的基础上进行进一步细化补充，司法解释又进一步增加了获救船舶以外的其他财产所在地海事法院对案件的管辖权。因为海难救助中获救的不只有船舶本身，还有船载货物及其他船上财产，增加船舶以外的其他获救财产所在地作为联结点，有利于更加充分地保障海难救助人救助费用的请求权的实现。

11. 因共同海损纠纷提起的诉讼

因共同海损纠纷提起的诉讼，根据《民事诉讼法》第 32 条规定，由船舶最先到达地、共同海损理算地或者航程终止地的人民法院管辖。

根据《海商法》第 193 条第 1 款，共同海损，是指在同一海上航程中，船舶、货物和其他财产遭遇共同危险，为了共同安全，有意地合理地采取措施所直接造成的特殊牺牲、支付的特殊费用。共同海损应当由受益方按照各自分摊价值的比例进行分摊。

共同海损发生后，船舶往往需要在避难港进行维修。当船舶不能续航时，还需将货物进行转运。此时，将船舶最先到达地作为管辖共同海损案件的一个联结点，最有利于查清共同海损是否确实存在，共同海损的损失数额和费用，以及共同海损的分摊价值等情况。因此，《民事诉讼法》规定航程终止地的海事法院同样具有对共同海损案件的管辖权。

共同海损理算是指由国家认可的具有一定资格和经验的理算机构按照理算规则对海损事故的损失和费用、各收益方的分摊价值及各方应分摊共同海损的数额所进行的计算工作。共同海损的理算工作相当复杂，一般由专门的理算机构的理算师完成。将共同海损理算地作为管辖案件的联结点之一，有利于公正解决纠纷。

我国的共同海损理算机构是中国国际贸易促进委员会下属的海损理算处，位于北京。发生共同海损事故后，如果当事人将共同海损提交给北京理算机构进行理算，即使船舶的最先到达地和航程终止地不在我国境内，我国海事法院对相关案件也具有管辖权。

12. 因海船的船舶所有权、占有权、使用权、优先权纠纷提起的诉讼

因海船的船舶所有权、占有权、使用权、优先权纠纷提起的诉讼，根据《海事诉讼特别程序法》第 6 条第 2 款第 7 项的规定，由船舶所在地、船籍港所在地、被告住所地海事法院管辖。

作为船舶物权，船舶所有权、占有权、使用权和优先权等权利的行使均以船舶作为客体，而且具有极强的依附性，因此，船舶灭失会导致船舶物权的消灭。所以，以船舶所在地作为管辖的联结点比较合理，符合物权的特点。根据民法中物的分类，船舶属于动产，但是作为海商法律制度中的重要载体，船舶具有不动产性，需要以登记作为对抗善意第三人的要件。因此，将船籍港所在地作为管辖的联结点也符合船舶登记制度的功能。

13. 因其他海商合同纠纷提起的诉讼

因其他海商合同纠纷提起的诉讼，根据《民事诉讼法》第 23 条规定，由被告住所地或者合同履行地海事法院管辖。

其他海商合同主要包括船舶建造、修理、买卖、拆解合同，以及船舶属具和海运集装箱租赁、保管合同；码头、港口仓库、港口设施租用合同船舶代理、与海上运输有关的货运代理合同；船舶物料供应合同；与船舶营运有关的借贷合同海上打捞、拖航合同等。

合同履行地是指合同中约定的履行义务和接受履行的地点，是合同标的物交接的地点，包括交货地点、付款地点、施工地点、运输地点等。因合同纠纷提起的诉讼，如果合同没有实际履行，当事人双方住所地又均不在合同约定的履行地的，应由被告住所地人民法院管辖。

船舶买卖合同的双方当事人在合同中对交货地点有约定的，以约定的交货地点为合同履行地；没有约定的，依交货方式确定合同履行地。船舶买卖合同的实际履行地点与合同中约定的交货地点不一致的，以实际履行地点为合同履行地。船舶建造、修理、拆解等合同，以加工行为地为合同履行地，但合同中对履行地有约定的除外。船舶抵押合同，船舶属具、海运集装箱租赁、保管合同，以租赁物使用地、保管地为合同履行地，但合同中对履行地有约定的除外[①]。

---

① 金正佳：《海事诉讼法论》，大连海事大学出版社，2001 年，第 55-69 页。

三、海事诉讼的专属管辖

在我国民事诉讼法中，专属管辖的规定有不动产诉讼、港口作业纠纷和遗产继承纠纷。《民事诉讼法》第 33 条规定，因不动产纠纷提起的诉讼，由不动产所在地人民法院管辖；因港口作业中发生纠纷提起的诉讼，由港口所在地人民法院管辖；因继承遗产纠纷提起的诉讼，由被继承人死亡时住所地或者主要遗产所在地人民法院管辖。涉及海事方面的就只有港口作业发生纠纷这一项，这不能满足海事诉讼的需要。参照国内外的规定，结合我国海事审判的实践，我国《海事诉讼特别程序法》第 7 条对我国海事诉讼的专属管辖作了如下规定。

（1）因沿海港口作业纠纷提起的诉讼，由港口所在地海事法院管辖。这里的港口作业应理解为在沿海港口和与海相通的可航水域的港口进行的测量、勘探、建港、疏浚、爆破、打捞、救助、拖带、水上水下施工、港口装卸、驳运、仓储、保管和理货等生产经营活动。在上述活动中产生的合同纠纷和侵权纠纷，都是港口作业纠纷，都由港口所在地的海事法院管辖。

（2）因船舶排放、泄漏、倾倒油类或者其他有害物质，海上生产、作业或者拆船、修船作业造成海域污染损害提起的诉讼，由污染发生地、损害结果地或者采取预防污染措施地海事法院管辖。海域污染案件的污染源包括：在海上航行或者停泊的船舶所排放、泄漏、倾倒的油类或者其他有害物质，在海上生产、作业过程中产生的油类或其他有害物质，在拆船和修船作业过程中所产生的油类或其他有害物质。污染发生地，是指发生污染事故的地域。船舶是在海上航行的，而油污及其他有害物质，在水体上也具有流动性，所以污染的发生地，有时会出现连续的现象，有时会跨越多个海事法院的辖区。为了方便诉讼，这些地域的海事法院都对此有管辖权。同样，由于船舶的流动性和海水的流动性，海域污染损害结果地往往也不是同一地点。船舶和海上漂浮物自身具有流动性；海洋中的生物是自由运动着的；海水的质量受到影响时往往波及其他区域……所有这一切都造成一个后果，就是损害结果地可能也在多地，因此，这些地方的海事法院也应当都有管辖权。在某些海域污染案件中，如果不采取预防措施将可能造成更为严重的损害后果。法律规定采取预防措施地的海事法院有专属管辖权，符合方便诉讼和审理的原则。

（3）因在中华人民共和国领域和有管辖权的海域履行的海洋勘探开发合同纠纷提起的诉讼，由合同履行地海事法院管辖。海洋勘探开发活动是在我国领海和有管辖权的海域进行的。《海诉法解释》第 11 条规定："海事诉讼特别程序法第七条（三）项规定的有管辖权的海域指中华人民共和国的毗连区、专属经济区、大陆架以及有管辖权的其他海域。"我国是 1982 年《联合国海洋法公约》的缔约国，根据该公约规定，领海是指从直线基线起宽度 12 海里的海域；毗连区是领海以外 12 海里的海域；专属经济区是指领海以外不超过 200 海里的海域；大陆架是包括领海以外依其陆地领土的全部自然延伸，扩展到大陆边外缘的海底区域的海床和底土。我国对以上海域均享有管辖权。《海事诉讼特别程序法》也确定了我国海事法院对这些海域内进行勘探开发活动发生的纠纷享有海事诉讼管辖权。

《海诉法解释》第 12 条规定："海事诉讼特别程序法第七条（三）项规定的合同履

行地指合同的实际履行地；合同未实际履行的，为合同约定的履行地。"该条对合同履行地进行了明确，避免实践中由于合同未实际履行而发生履行地无法确认的情况。

《民事诉讼法》第 266 条规定，因在中华人民共和国履行中外合资经营企业合同、中外合作经营企业合同、中外合作勘探开发自然资源合同发生纠纷提起的诉讼，由中华人民共和国人民法院管辖。这一条款可以看作我国海事法院对于我国领域和有管辖权海域从事的海洋勘探开发合同行使海事诉讼管辖权的来源和依据。

四、海事诉讼的协议管辖

（一）协议管辖的含义及特点

协议管辖，是指当事人在法律规定的范围内自行约定由某一法院对其争议案件进行审判，从而达到排除其他法院管辖并且方便当事人诉讼目的的一种管辖方式。协议管辖体现了法律对当事人意思自治原则的尊重，有利于克服地方保护主义，减少管辖权争议现象的发生。协议管辖主要适用于合同争议解决。《民事诉讼法》第 34 条规定："合同或者其他财产权益纠纷的当事人可以书面协议选择被告住所地、合同履行地、合同签订地、原告住所地、标的物所在地等与争议有实际联系的地点的人民法院管辖，但不得违反本法对级别管辖和专属管辖的规定。"《民诉法解释》第 531 条规定："涉外合同或者其他财产权益纠纷的当事人，可以书面协议选择被告住所地、合同履行地、合同签订地、原告住所地、标的物所在地、侵权行为地等与争议有实际联系地点的外国法院管辖。根据民事诉讼法第三十四条和第二百六十六条规定，属于中华人民共和国法院专属管辖的案件，当事人不得协议选择外国法院管辖，但协议选择仲裁的除外。"《海事诉讼特别程序法》第 8 条规定："海事纠纷的当事人都是外国人、无国籍人、外国企业或者组织，当事人书面协议选择中华人民共和国海事法院管辖的，即使与纠纷有实际联系的地点不在中华人民共和国领域内，中华人民共和国海事法院对该纠纷也具有管辖权。"

协议管辖的特点如下。

（1）协议管辖当事人只能约定第一审案件的管辖法院，二审案件当事人不得以协议方式选择管辖法院。

（2）协议应采用书面的方式。合同中的协议管辖条款或者诉讼前达成的选择管辖的协议属于民事诉讼法中规定的书面合同的协议，必须采用书面形式。行为当事人可以在订立合同时约定管辖，将协议管辖作为合同的内容之一，也可以在合同订立后、诉讼发生前以书面形式约定协议管辖，合同中约定协议管辖的条款应视为独立的条款，即使合同被确认为无效，协议管辖条款的效力也不受影响。

（3）原则上应当在法律规定的范围内选择管辖法院。根据《民事诉讼法》第 34 条的规定，法律规定的可供当事人选择的法院是被告住所地、合同履行地、合同签订地、原告住所地、标的物所在地等与争议有实际联系的地点的人民法院。协议选择法院时，不能超出法律规定的范围。协议管辖时必须非常明确地选择某一法院，选择两个或两个以上的法院，或者选择不明确都将导致管辖协议无效，法院将以合同纠纷的管辖规定确定受案法院，即被告住所地或合同履行地的法院具有管辖权。但是根据《海事诉讼特别程序法》第 8 条的规定，为了扩大我国海事法院对涉外案件的管辖权，即使外国当事人选择的法院与我国没有实际联系，我国海事法院仍可以行使管辖权。

（4）不得违反级别管辖和专属管辖规定。我国民事诉讼法虽然尊重合同当事人具有意思自治的权利，但是其权利仍然是有限制的，即协议管辖不能协议级别管辖和专属管辖。协议时只能变更第一审的地域管辖，不得变更级别管辖，同时，专属管辖是强制性管辖，也不允许当事人通过协议加以改变。

（二）一般协议管辖

一般协议管辖要求协议选择的法院必须是与争议发生有实际联系的法院，即协议选择的法院与案件之间需要有联结因素，包括被告住所地、合同履行地、合同签订地、原告住所地、标的物所在地等。《民诉法解释》第 29 条规定："民事诉讼法第三十四条规定的书面协议，包括书面合同中的协议管辖条款或者诉讼前以书面形式达成的选择管辖的协议。"第 30 条规定："根据管辖协议，起诉时能够确定管辖法院的，从其约定；不能确定的，依照民事诉讼法的相关规定确定管辖。管辖协议约定两个以上与争议有实际联系的地点的人民法院管辖，原告可以向其中一个人民法院起诉。"

一般协议管辖具有以下特征。

（1）一般协议管辖所涉及的纠纷应当是合同或者财产权益类纠纷。海事诉讼中的协议管辖是海商合同和与海事有关的财产权益类纠纷。

（2）一般协议管辖所约定的管辖法院应当是第一审案件的管辖法院，并且该协议不能改变级别管辖和专属管辖的规定。

（3）当事人必须在法律规定允许协议的范围内协议选择海事法院进行管辖。即当事人协议选择的海事法院应当是与争议有实际联系的地点的法院，如被告住所地、合同履行地、合同签订地、原告住所地、标的物所在地等。

（4）一般协议管辖必须采用书面形式。当事人在约定管辖法院时若只是口头表示争议事项由某海事法院管辖，则此口头形式的海事诉讼管辖协议无效。

（三）特殊协议管辖

《海事诉讼特别程序法》第 8 条规定，海事纠纷的当事人都是外国人、无国籍人、外国企业或者组织，当事人书面协议选择中华人民共和国海事法院管辖的，即使与纠纷有实际联系的地点不在中华人民共和国领域内，中华人民共和国海事法院对该纠纷也具有管辖权。本条款是关于海事诉讼特殊协议管辖的规定，打破了当事人意思自治原则在合同纠纷诉讼管辖权中的适用。

从构成要件来看，特殊协议管辖相较于一般协议管辖有以下特别之处。

（1）海事纠纷的当事人都是外国人、无国籍人、外国企业或组织。如果有一方当事人是我国公民或我国公司，则不属于特殊协议管辖，可能是一般协议管辖。

（2）受诉的海事法院未必是与争议有实际联系的海事法院。

（3）当事人书面的形式表示是由我国海事法院管辖发生的海事纠纷。如果当事人没有书面协议，有一方当事人向我国海事法院起诉而对方应诉答辩时，则为默示协议管辖。

（四）默示协议管辖

海事诉讼中的默示协议管辖，又称推定管辖，是指在涉外海事诉讼中，原告向一国法院起诉后，被告对该国法院的管辖不提出异议，并应诉答辩的，法律即推定其默示承认该国法院享有管辖权的制度。

默示协议管辖的构成要件如下。

（1）海事诉讼关系必须具有涉外因素。当事人一方或双方是外国人、无国籍人、外国企业或组织，或者当事人之间民事法律关系的设立、变更、终止的法律事实在外国，或者诉讼标的物在外国的海事案件，为涉外海事案件。

（2）受诉的海事法院未必是与争议有实际联系地点的海事法院。因为不存在是否违反级别管辖和专属管辖的问题。

（3）争议不限于合同纠纷或者涉外财产权益纠纷，与协议管辖相比，其适用范围更为广泛。

（4）双方当事人没有明示提交给受诉法院的合意，被告对海事法院的管辖权以默示方式表示并应诉答辩。在多数情况下，原告是国内当事人，其向受诉法院起诉并没有经对方当事人同意。被告承认海事法院的管辖权虽非其主动行为，但从其行为中也可推定其有接受管辖的意愿。

我国2007年《民事诉讼法》第243条曾规定，涉外民事诉讼的被告对人民法院的管辖不提出异议，并应诉答辩的，视为承认该人民法院为有管辖权的法院。2012年修正后的《民事诉讼法》删除了该条，在第127条第2款规定，当事人未提出管辖异议，并应诉答辩的，视为受诉人民法院有管辖权，但违反级别管辖和专属管辖规定的除外。这意味着不论国内或涉外民事诉讼，均可以实行默示协议管辖。这样规定的目的是提高审判效率。[①]

五、管辖权异议、移送管辖及指定管辖

（一）管辖权异议

1.管辖权异议的含义及情形

管辖权异议，在海事诉讼中指的是海事法院、高级人民法院、最高人民法院在受理海事案件后，当事人提出的受诉人民法院没有管辖权的主张。

在海事案件中的管辖权异议，主要有以下几种情形。

（1）就案件是否属于海事法院专门管辖权提出的异议。这又分两种情况：一是海事法院受理的案件，当事人认为不属于海事法院而属于普通法院管辖；二是地方人民法院受理海商合同纠纷案件后，当事人提出异议，认为应将案件移送海事法院管辖。

（2）就协议管辖的有效性提出的异议。在国际航运实践中，协议管辖通常是在合同中约定管辖条款。如提单中约定了管辖权条款，可避免事后诉讼时因船舶或货物流动性引起的管辖权不确定。

---

① 袁发强：《海事诉讼法学》，北京大学出版社，2014年，第43页。

（3）以存在合法有效的仲裁协议为由提起的异议。当运输合同中约定有仲裁条款或订有单独的仲裁协议时，仲裁的约定就可以排除诉讼优先适用。所以主张仲裁条款有效是管辖权异议的重要情形。仲裁条款的效力又能直接影响法院的管辖权。

2.管辖权异议的条件

海事诉讼管辖权异议的条件与一般民事诉讼无异，一般包括：法院已经受理了案件；提出异议的是案件的当事人而不是案外人；当事人只能针对一审法院提出异议；当事人应在提交答辩状期间提出异议。

（二）移送管辖

移送管辖，是指当海事法院或其他管辖海事案件的人民法院，在受理了案件后，发现因为法定的原因不具有管辖权，应将案件移送有管辖权的海事法院或人民法院。

《民事诉讼法》第36条规定，人民法院发现受理的案件不属于本院管辖的，应当移送有管辖权的人民法院，受移送的人民法院应当受理。受移送的人民法院认为受移送的案件依照规定不属于本院管辖的，应当报请上级人民法院指定管辖，不得再自行移送。《民诉法解释》第36条规定，两个以上人民法院都有管辖权的诉讼，先立案的人民法院不得将案件移送给另一个有管辖权的人民法院。人民法院在立案前发现其他有管辖权的人民法院已先立案的，不得重复立案；立案后发现其他有管辖权的人民法院已先立案的，裁定将案件移送给先立案的人民法院。司法实践中这种情况经常发生。同时，有些情形下两个以上海事法院都有管辖权，一个海事法院先立案，后立案的海事法院受理后发现这一问题，也要将海事案件移送先立案的海事法院。特殊情况下，受移送的海事法院也对该案不享有管辖权。这种情形下受移送的人民法院不能将案件再次移送，只能报请上级人民法院处理。这么做是为了防止法院之间都不愿管辖而相互推诿。受诉人民法院移送时要依据法定程序。作出移送裁定后，要将全部案卷材料一并移送。如已收取了诉讼费，还应将诉讼费一并移交给受诉的海事法院。

（三）指定管辖

指定管辖，是指上级人民法院以裁定方式，指定下级人民法院对某一案件行使管辖权。指定管辖的实质是法律赋予上级人民法院在特殊情况下有权变更和确定案件管辖法院，以适应审判实践的需要，保证案件及时正确地裁判。《民事诉讼法》第37条规定，有管辖权的人民法院由于特殊原因，不能行使管辖权的，由上级人民法院指定管辖。人民法院之间因管辖权发生争议，由争议双方协商解决；协商解决不了的，报请它们的共同上级人民法院指定管辖。海事诉讼中的指定管辖发生的情形包括海事法院与地方人民法院之间就管辖权发生争议和海事法院之间就案件管辖发生争议。而且，与民事诉讼指定管辖主要发生在地方人民法院之间不同，《海事诉讼特别程序法》第10条规定，海事法院与地方人民法院之间因管辖权发生争议，由争议双方协商解决；协商解决不了的，报请它们的共同上级人民法院指定管辖。《海诉法解释》第17条规定，海事法院之间因管辖权发生争议，由争议双方协商解决；协商解决不了的，报请最高人民法院指定管辖。根据法律规定，海事法院与海事法院之间就同一海事案件的管辖权发生争议，首先双方应当协商解决，协商不成，报请最高人民法院指定管辖。如果管辖权争议发生在海事法院与地方人民法院之间，也是先协商解决，协商不成，报请它们共同的上级人民法院指定管辖，因为海事法院与中级人民法院同级，所以，海事法院与地方人民法院发生管辖权争议，它们共同的上级人民法院应当是各省、自治区和直辖市的高级人民法院。

根据《民事诉讼法》和《海事诉讼特别程序法》的规定，海事诉讼案件的指定管辖分为两种情况。

第一，有管辖权的法院因为特殊原因不能行使管辖权。所谓特殊原因，包括事实上的原因和法律上的原因。事实上的原因，如有管辖权的人民法院遇到了不可抗力的事由，即地震、水灾等无法行使管辖权。法律上的原因，如受诉法院的审判人员，因当事人申请回避或者审判人员自行回避，无法组成合议庭对案件进行审理。出现上述情况之一的，应由上级人民法院在其辖区内，指定其他适宜的人民法院管辖。

第二，海事法院之间或海事法院和地方人民法院之间发生了管辖权的争议，双方协商不成时，报请其共同的上级人民法院指定管辖。所谓争议，包括相互推诿或者相互争夺。通常是因为法院之间辖区界限不明，或者对法律的规定理解不一致，也有因地方保护主义为其局部经济利益争先立案。不论属于哪种原因引起的争议，应由双方协商解决，协商不成时应报请它们的共同上级人民法院指定管辖。上级人民法院指定管辖时，应书面通知报送的人民法院和被指定的人民法院。报送的人民法院接到通知后，应及时告知当事人。

海事案件共同的上级人民法院级别较高。因为海事法院与中级人民法院同级，因此海事法院和地方人民法院之间的管辖权争议，应当报请省各、自治区和直辖市的高级人民法院指定管辖；海事法院之间共同的上级人民法院是最高人民法院，因为在同一个省、自治区、直辖市不存在两个以上海事法院，仅有一个海事法院与地方人民法院共同的上级人民法院是最高人民法院或高级人民法院。

第三节　涉外海事诉讼管辖权的冲突

一、涉外海事诉讼管辖权冲突概述

在海事诉讼制度中，海事诉讼管辖权分为国内海事诉讼管辖权和涉外海事诉讼管辖权。由于海事争议的涉外性强的特点，大部分海事争议含有涉外因素。海事诉讼是民事诉讼的重要组成部分，我国《海事诉讼特别程序法》是《民事诉讼法》的特别法，因此《海诉法解释》第97条规定，在中华人民共和国领域内进行海事诉讼，适用《海事诉讼特别程序法》的规定。《海事诉讼特别程序法》没有规定的，适用《民事诉讼法》的有关规定。认定哪些海事诉讼案件属于涉外海事诉讼案件，可以依据《民诉法解释》第522

条列举的条件，该条规定，当事人一方或者双方是外国人、无国籍人、外国企业或者组织的；当事人一方或者双方的经常居所地在中华人民共和国领域外的；标的物在中华人民共和国领域外的；产生、变更或者消灭民事关系的法律事实发生在中华人民共和国领域外的；以及其他可以认定为涉外民事案件的情形，人民法院可以认定为涉外民事案件。因此，在海事争议中，只要争议主体、标的物、法律行为等有一个因素具有涉外性，该海事争议就可以认定为涉外海事争议，就会有多个判断案件管辖权的联结点，从而会有两个以上国家对该海事案件具有管辖权，产生涉外海事案件管辖权的冲突问题。

涉外海事诉讼是涉外民事诉讼的一种类型，具有与涉外民事诉讼相同的一般特性，涉外海事诉讼管辖权冲突符合涉外民事诉讼管辖权冲突的内容。涉外海事诉讼管辖权冲突有积极冲突和消极冲突之分。前者是指多国法院对同一海事案件基于不同联结因素而享有或行使管辖权的现象，或者说，相同当事人就同一争议基于相同事实及相同目的在两个或两个以上国家的法院进行诉讼的现象，即所谓的"平行诉讼"或"一事两诉"；后者则是指没有一个国家的法院对某海事案件具有管辖权的情况。管辖权的积极冲突在数个国家对相同案件均主张专属管辖权的场合则会产生特殊的消极效力，即一般国家的法院都不愿承认由他国法院作出的判决。而管辖权的消极冲突则导致对请求权人的"司法拒绝"。积极冲突与消极冲突作为国际海事管辖权冲突的两种类型，是国家之间利益冲突与当事人之间利益冲突的外在表现。在涉外民商事案件管辖权冲突中，国家利益的冲突主要体现的是各国司法主权利益的冲突，在涉外民商事争议解决过程中，国家的利益即是通过其本国法院来保护和维护的，在涉及管辖权冲突时这种利益保护的必要性更加明显。因而，当有关国家对某种类型的案件认为无利益时，其则对此类案件不行使管辖权，从而出现管辖权的消极冲突；当有关国家对有关案件均声称有利益时，其必然主张对此类案件的管辖权，甚至专属管辖权，从而出现管辖权的积极冲突。当事人之间利益的冲突主要体现在当事人都希望通过选择一个有利于自己的利益保护的国家的法院行使管辖权，从而选择适用对自己有利的法律作为准据法，进而实现自己的诉讼利益。原告对管辖权的利益表现为寻求一个能够适用对其有利的法律，或者位于其住所或居所所在地国家等。相反，被告则并不希望在外国国家法院或者对其语言、司法体制或功能一无所知的国家的法院应诉抗辩，当原告对其选择不同国家进行诉讼有利益时，被告则希望依赖禁止在本国之外的国家法院进行诉讼的例外规则。总之，不同当事人的不同利益追求构成了国际海事管辖权冲突从潜在状态变为实在状态的最根本条件。

涉外海事诉讼管辖权的冲突可分为积极冲突和消极冲突，其中积极冲突又分为专属管辖权冲突、任意管辖权冲突。

（一）专属管辖权冲突

海事案件专属管辖权的冲突是指对某些具有特别性质的海事案件，有两个或两个以上的国家主张只能由自己国家的法院行使独占的、排他的管辖权，而不承认其他任何国家的法院对这些案件的管辖权而引发的冲突。由于专属管辖具有绝对的排他性质，与国际礼让原则相对立，因而各国只对极少数类型的案件主张自己的专属管辖权[①]。如我国《海事诉讼特别程序法》中，仅对港口作业纠纷、船舶污染纠纷和在我国领域或我国有管辖权的海域履行的海洋勘探开发合同纠纷三类案件规定了专属管辖。因一国主张专属管辖的海事案件往往与该国的主权和重要利益相关，当几个国家对同一涉外民事案件都主张自己享有独占的管辖权时，没有一个国家是愿意承认别国的判决的。这就势必造成竭力争夺管辖权的现象[①]。正因为海事专属管辖的独占性、排他性，如果当事人一方或双方就同一海事案件在两个以上国家或地区的法院提出起诉，其中之一的法院主张专属管辖权，另一法院也主张管辖权时，管辖冲突便产生了。确定专属管辖的一般依据是案件标的物所在地，如我国《海事诉讼特别程序法》规定，因港口作业纠纷提起诉讼，由港口所在地海事法院管辖。但标的物所在地并非一定是将来用以执行裁判的财产所在地。一旦船舶在承担港口作业过程中对港口当局造成了损害，港口所在地海事法院所作出的判决仍需得到船舶所在国的承认和执行。因此，海事专属管辖的冲突既是关于管辖权的直接冲突，也可能是裁判承认与执行的冲突。

（二）任意管辖权冲突

任意管辖权也称平行管辖权，它是指国家在主张对某类海事案件具有管辖权的同时，也不否认外国法院的管辖权。平行管辖权有两种具体形态：一种是一方当事人作为原告就同一诉讼在两个以上国家的法院提起诉讼；另一种是一方当事人作为原告在甲国以对方当事人为被告提起诉讼，而对方当事人又在乙国作为原告以该当事人为被告提起诉讼[②]。在国际民事诉讼的实践中，有关平行管辖的冲突规范中客观关联因素较为复杂，而且各国确立平行管辖权的依据和范围不尽相同，加之当事人基于自身利益考虑选择法院进行重复诉讼，这就必然导致在国际民事诉讼中常常出现平行管辖权的冲突。由于海事法律关系中船舶的流动性、海上运输的跨国性等特点，在涉外海事诉讼中，除几种专属管辖的案件外，几乎所有案件，原告都可以在几个法院中选择其一进行诉讼，从而使该法院获得对案件的管辖权。例如，我国海事法院的受案范围及管辖规定是很广泛的。一些国际公约对于海事诉讼管辖的规定也是较广泛的。例如，根据1978年《汉堡规则》第21条规定，原告有权起诉的法院有被告住所地、合同订立地、装货港或卸货港、中转港、扣船地或提供担保地等。可见，涉外海事诉讼管辖权具有灵活性和扩大性，造成了多国法院对同一海事案件共同管辖的局面。

（三）管辖权的消极冲突

管辖权的消极冲突是那些依据国际条约与内国法院无关的案件和与内国国家的领土或公民或其实体法不存在任何属地联系或属人联系的案件，都排除内国法院的管辖。与专属管辖权冲突和平行管辖权冲突相反，管辖权的消极冲突导致的不是各国之间争夺管辖权，而是各国法院均不愿行使管辖权，即产生管辖权的消极冲突。

---

① 李先波：《国际民事管辖权的协调》，《法学研究》，2002年第2期，第114-126页。

② 刘萍：《国际平行诉讼的成因与对策分析》，《河北法学》，2004年第11期，第84-87页。

二、涉外海事诉讼管辖权冲突产生的原因

根据我国《民事诉讼法》第34条规定，合同或其他财产权益纠纷的双方当事人可以在书面合同中协议选择被告住所地、合同履行地、合同签订地、原告住所地、标的物所在地等与争议有实际联系的地点的人民法院管辖。据此，海事合同纠纷的当事人有权书面协议选择由被告住所地、海商合同履行地、海商合同签订地、原告住所地、标的物所在地等地点的法院进行管辖。协议选择我国法院管辖的，不得违反我国法律关于专属管辖和专门管辖的规定。从国内方面来看，如果海事法院之间对案件管辖发生争议的，应当协商解决；经过协商不成的，报请共同的上级人民法院，由上级人民法院指定管辖。海事法院与地方人民法院对案件管辖权发生争议的，应当协商解决，协商不成的，报请共同的上级人民法院指定管辖。有涉外因素的司法实践相对而言就复杂得多，同一起海事争议，可以具有多个管辖依据，而使多个国家对该项争议享有管辖权，当事人一方或双方就同一个海事纠纷在两个以上国家或地区的法院提起诉讼，并且这些法院均受理了案件时，就会产生海事诉讼管辖权的冲突问题。

具体来看，涉外海事案件管辖权冲突的产生主要包括以下原因。

第一，世界各国均从维护各自的国家主权和经济利益的角度出发，竭力扩大自己对涉外民商事案件的立法和司法管辖权。而涉外海事案件通常金额较大，对一国的国际贸易和海运事业的发展具有影响，所以各国从维护国家主权和经济利益出发，倾向于积极扩张本国的海事诉讼管辖权。[①]

第二，船舶是海事法律关系最重要的载体，船舶在海上运输中始终处于移动状态，会航行于不同国家的水域及公海，所运载的货物也可能属于不同国家的主体，在海运中会发生跨国位移，因此海上运输中发生的合同、侵权等法律事实可能也是多样化的。所以，一般每一起涉外海事争议中可能都具有两个或两个以上的确定管辖依据的联结点，势必会产生管辖权冲突。

第三，各国海事程序法普遍规定，法院可以通过扣押船舶这种海事强制措施而获得海事案件的管辖权，这也使得涉外海事案件管辖权的冲突进一步加剧。[②]

三、解决涉外海事诉讼管辖权冲突的原则

我国海事法院遇到涉外海事诉讼管辖权冲突时，应根据《民事诉讼法》关于管辖权的一般原则、国际私法中的有关国际民事诉讼管辖权和法律适用原则及《海事诉讼特别程序法》的有关规定，遵循下列指导原则。

（一）维护国家主权原则

国家司法机关对案件的司法管辖权是一国国家主权的重要组成部分，有效地行使管

---

① 金彭年、董玉鹏：《海事诉讼特别程序与海事仲裁规则》，法律出版社，2015年，第21页。
② 杨树明：《民事诉讼法：海事诉讼特别程序篇》，厦门大学出版社，2008年，第23页。

辖权是国家主权在司法领域的具体体现。原则上，只要我国法律规定人民法院对该案件有管辖权，人民法院就不应当放弃管辖。但是，这并不等于人民法院应无条件地坚持管辖。有时候一国法院放弃对某一涉外民商事案件的管辖权，并不是放弃本国法院对该案行使司法主权，而是出于更好地保护案件当事人合法利益、方便诉讼等考虑。我国法院可以根据不方便法院原则，放弃我国对案件的管辖权。我国《民诉法解释》第 532 条规定："涉外民事案件同时符合下列情形的，人民法院可以裁定驳回原告的起诉，告知其向更方便的外国法院提起诉讼：（一）被告提出案件应由更方便外国法院管辖的请求，或者提出管辖异议；（二）当事人之间不存在选择中华人民共和国法院管辖的协议；（三）案件不属于中华人民共和国法院专属管辖；（四）案件不涉及中华人民共和国国家、公民、法人或者其他组织的利益；（五）案件争议的主要事实不是发生在中华人民共和国境内，且案件不适用中华人民共和国法律，人民法院审理案件在认定事实和适用法律方面存在重大困难；（六）外国法院对案件享有管辖权，且审理该案件更加方便。"

（二）有效管辖原则

海事纠纷案件的有效管辖原则，是指我国法院只有在对当事人及其财产实行有效控制，审理结果能够在我国实现，或者本国法院的生效判决能够为当事人请求的其他国家所承认和执行时，才主张对该海事案件的管辖权。这里的有效管辖原则和英国和美国等国的有效原则或实际控制原则是根本不同的。有效管辖原则是为了保证我国海事法院对涉外海事案件的管辖权，英国和美国等国的有效原则或实际控制原则是片面强调扩张自己的管辖权。[①]

（三）方便诉讼原则

海事纠纷案件的方便诉讼原则，是指法院对海事案件的管辖应当以便于行使审判权、便于调查、便于审理、便于执行为出发点，同时还应当考虑利于当事人举证、出庭等。从海事诉讼的涉外性前提出发，方便诉讼原则要求国家在管辖权、期间、司法协助等方面充分考虑海事纠纷当事人的利益和法院审理和执行的方便程度。从全世界范围来看，为了方便外国海事纠纷当事人进行诉讼，各国一般对涉外海事诉讼的诉讼时效和期间加以延长，有管辖权的法院还可以根据该法院对于当事人而言是不公平或不方便的地点而在其权限内放弃管辖权。[②]

四、涉外海事诉讼管辖权冲突的解决

从上述涉外海事诉讼管辖权冲突产生的原因分析，既有各主权国家行使本国司法主权的冲突，也有涉外民商事纠纷解决国际协调与合作的困境。因此，解决涉外海事诉讼管辖权冲突也可以从国内法和国际法两方面采取措施。

[①] 杨树明：《民事诉讼法：海事诉讼特别程序篇》，厦门大学出版社，2008 年，第 23-24 页。

[②] 金彭年、董玉鹏：《海事诉讼特别程序与海事仲裁规则》，法律出版社，2015 年，第 21-22 页。

（一）国内法方法

各主权国家应当从本国立法和司法实践出发解决管辖权冲突问题。具体有以下几种办法。

1. 承认当事人协议管辖的效力

承认当事人协议管辖的效力，是当事人意思自治原则在民事诉讼管辖中的体现，实际上就是允许当事人选择他们认为最合适、最方便的法院来处理他们之间的纠纷，这就排除了与案件有关的其他国家的法院的管辖权，从而解决了管辖权的冲突问题。但因世界各国大都对协议管辖设置了相应限制，特别是对交由外国法院管辖的协议进行了较为严格的限制，如我国《民事诉讼法》第34条规定，合同或者其他财产权益纠纷的当事人可以书面协议选择被告住所地、合同履行地、合同签订地、原告住所地、标的物所在地等与争议有实际联系的地点的人民法院管辖，但不得违反本法对级别管辖和专属管辖的规定。可见，当事人必须协议选择与争议有实际联系的地点的法院管辖。

2. 运用方便诉讼的原则或不方便法院原则的方法

我国2015年生效的《民诉法解释》首次以立法的形式承认了涉外民事诉讼管辖中的不方便法院原则的地位，第532条规定："涉外民事案件同时符合下列情形的，人民法院可以裁定驳回原告的起诉，告知其向更方便的外国法院提起诉讼：（一）被告提出案件应由更方便外国法院管辖的请求，或者提出管辖异议；（二）当事人之间不存在选择中华人民共和国法院管辖的协议；（三）案件不属于中华人民共和国法院专属管辖；（四）案件不涉及中华人民共和国国家、公民、法人或者其他组织的利益；（五）案件争议的主要事实不是发生在中华人民共和国境内，且案件不适用中华人民共和国法律，人民法院审理案件在认定事实和适用法律方面存在重大困难；（六）外国法院对案件享有管辖权，且审理该案件更加方便。"作为涉外民事诉讼的重要类型，涉外海事诉讼案件的管辖权发生冲突，在坚持国家对涉外案件的司法管辖权的基础上，应当从方便当事人诉讼、方便法院审理、方便判决承认与执行等角度出发，综合考虑涉外海事案件管辖权的特殊性，灵活运用不方便法院原则，适时地协调与其他与海事案件有联系的国家的管辖权。

3. 运用"一事不再理"的原则

"一事不再理"原则，就是对判决、裁定已经发生法律效力的案件，当事人不得再次起诉，法院不得受理。在民事诉讼中，"一事不再理"包括两个方面的含义：第一，当事人不得就已经向法院起诉的案件重新起诉；第二，一案在判决生效之后，产生既判力，当事人不得就双方争议的法律关系，再行起诉。从法院角度讲，就是不得再受理。所谓"一事"是指同一当事人就同一法律关系而为同一的诉讼请求。因为这个同一事件已在法院受理中或者已被法院裁判，当然就不得再起诉，法院也不应再受理，避免作出相互矛盾的裁判，也避免当事人纠缠不清，造成讼累。

我国《民诉法解释》第533条规定："中华人民共和国法院和外国法院都有管辖权的案件，一方当事人向外国法院起诉，而另一方当事人向中华人民共和国法院起诉的，人民法院可予受理。判决后，外国法院申请或者当事人请求人民法院承认和执行外国法院对本案作出的判决、裁定的,不予准许;但双方共同缔结或者参加的国际条约另有规定的除外。外国法院判决、裁定已经被人民法院承认,当事人就同一争议向人民法院起诉的,人民法院不予受理。"该条是对"一事不再理"原则的表述。在涉外海事诉讼案件管辖过程中,如果出现同一当事人分别就同一案件向两个以上国家法院起诉的,就构成平行诉讼,原则上,从尊重各国独立司法主权和管辖权的角度,各国均不应放弃自己对该案件的管辖权,除非一国法院受理案件时另一国法院已就同一案件作出了生效判决或裁定。该原则是对一国对涉外海事案件管辖权行使的限制,目的在于协调不同国家法院对涉外海事案件管辖权的冲突、避免重复诉讼、节约诉讼成本、减轻当事人的诉讼负担等。

（二）国际法方法

通过国际法方法解决涉外海事诉讼管辖权冲突的方法,是通过国际合作,即通过完善关于国际海事诉讼程序的国际立法来防止和减少海事诉讼管辖权冲突。

在海事国际私法中,统一的国际海事条约扮演了重要角色,在涉外民商事争议解决中确实起到了一定的作用,这在其他部门法中是少见的,如1952年《统一扣押海运船舶若干规定的国际公约》、1952年《统一船舶碰撞或其他航行事故中民事管辖权方面若干规定的国际公约》、1977年《统一船舶碰撞中有关民事管辖权、法律选择、判决的承认和执行方面若干规则的国际公约》、1978年《汉堡规则》等。然而,大多数国际公约仅涉及个别领域涉外海事争议解决的管辖权问题,其作用范围有限。在国际民商事争议解决的国际立法领域,由于各国对本国司法主权和国家利益的维护,并未在各个领域达成争议解决的一致做法。关于许多领域的争端解决,区域性国际立法和国家之间的多边、双边司法协助协定或者涉外民事诉讼管辖权方面的协议的作用范围更加广泛。

第四节　海事法院的受案范围

一、海事法院的受案范围概述

海事法院的受案范围是指海事法院受理并审理海事诉讼争议的范围。《海事诉讼特别程序法》第4条对海事法院的受案范围作了明确规定:"海事法院受理当事人因海事侵权纠纷、海商合同纠纷以及法律规定的其他海事纠纷提起的诉讼。"2001年9月11日,最高人民法院发布《关于海事法院受理案件范围的若干规定》,规定海事法院受案范围具体包括海事侵权纠纷案件、海商合同纠纷案件、其他海事海商纠纷案件、海事执行案件等。随后,根据2003年8月1日最高人民法院下发的《关于海事行政案件管辖问题的通知》,海事法院不审理行政案件、行政赔偿案件,亦不审查和执行行政机关申请执行其具体行政行为的案件,海事行政案件不属于海事法院的受案范围。2016年2月24日最高人民法院颁布的《关于海事法院受理案件范围的规定》对海事法院的受案范围又作了进一步澄清。

二、传统海事法院的受案范围

根据 2001 年 9 月 18 日实施的《最高人民法院关于海事法院受理案件范围的若干规定》的规定，海事案件共分为四大类。

（一）海事侵权纠纷案件

这类案件是指在海上或者通海水域发生的，涉及船舶的，或者在航运、生产、作业过程中发生的非合同关系的人身、财产权益损害所引起的民事纠纷。

（二）海商合同纠纷案件

海商合同指当事人之间达成的在海上或者通海水域及其港口进行民商事活动的权利义务关系的协议。基于海商合同法律关系发生争议提起的诉讼请求即为海商合同纠纷案件。

（三）其他海事海商纠纷案件

这类案件是指不易简单地分别归类于海事侵权纠纷或者海商合同纠纷的案件，案件存在责任竞合现象，根据当事人的诉由请求，可以分别归类成海事侵权纠纷或者海商合同纠纷案件。

（四）海事执行案件

这类案件主要指申请执行海事法院及其上诉审高级人民法院和最高人民法院就海事请求作出的生效法律文书的案件。其他案件还有申请执行海事仲裁裁决书、海事行政处罚决定书以及与船舶和船舶营运有关的公证债权文书等的案件。

三、当前我国海事法院的受案范围

2016 年 2 月 24 日最高人民法院颁布的《最高人民法院关于海事法院受理案件范围的规定》基于 2001 年的《最高人民法院关于海事法院受理案件范围的若干规定》的主体框架，对原受案范围作了一些调整，在司法解释架构方面进行了调整：一是将"海洋及通海可航水域开发利用与环境保护相关纠纷案件"从原来的"其他海事海商纠纷案件"部分单列出来作为一大类案件，以突出海事法院规范海洋及通海可航水域开发利用秩序和环境保护的职能；二是将"海事行政案件"从原规定中的"其他海事海商纠纷案件"部分和"海事执行案件"部分单列出来作为一大类案件，具体明确其类型；三是将 2001 年规定的第四部分"海事执行案件"中第 59、61、62、63 项内容调整至第六部分"海事特别程序案件"中，不再将海事执行案件作为一大类单列。

对于案件类型，新的受案范围对 2001 年的规定作了两个方面的修改：一是对 2001

年规定的 63 项海事案件类型作少量适当调整；二是重点在原有规定的 63 项海事案件类型基础上增加 45 项案件类型，将海事案件类型增加至 108 项。增加的案件类型主要是四类：一是传统航运贸易中新出现的民商事纠纷案件，具体增加为港口货物质押监管合同纠纷等 28 项；二是海洋开发利用和海洋生态环境保护类民商事纠纷案件，具体增加为污染海洋环境、破坏海洋生态责任纠纷案件等 9 项；三是《民事诉讼法》修订后和海事诉讼实践中新出现的程序性案件，具体增加为就海事纠纷申请司法确认调解协议案件等 3 项；四是具体细化海事行政案件类型，2001 年的规定仅在第 40、41 项与第 60 项笼统规定海事行政案件、海事行政赔偿案件和海洋、通海水域行政主管机关依法申请强制执行案件，新的受案范围具体细化为 7 项。

2016 年规定的海事法院受案范围具体划分为七大类。

（一）海事侵权纠纷案件（第 1～10 项）

海事侵权纠纷案件包括：船舶碰撞损害责任纠纷案件；船舶触碰海上、通海可航水域、港口及其岸上的设施或者其他财产的损害责任纠纷案件；船舶损坏在空中架设或者在海底、通海可航水域敷设的设施或者其他财产的损害责任纠纷案件；船舶排放、泄漏、倾倒油类、污水或者其他有害物质，造成水域污染或者他船、货物及其他财产损失的损害责任纠纷案件；船舶的航行或者作业损害捕捞、养殖设施及水产养殖物的责任纠纷案件；航道中的沉船沉物及其残骸、废弃物，海上或者通海可航水域的临时或者永久性设施、装置，影响船舶航行，造成船舶、货物及其他财产损失和人身损害的责任纠纷案件；船舶航行、营运、作业等活动侵害他人人身权益的责任纠纷案件；非法留置或者扣留船舶、船载货物和船舶物料、燃油、备品的责任纠纷案件；为船舶工程提供的船舶关键部件和专用物品存在缺陷而引起的产品质量责任纠纷案件及其他海事侵权纠纷案件。

（二）海商合同纠纷案件（第 11～52 项）

海商合同纠纷案件包括：船舶买卖合同纠纷案件；船舶工程合同纠纷案件、船舶关键部件和专用物品的分包施工、委托建造、订制、买卖等合同纠纷案件；船舶工程经营合同（含挂靠、合伙、承包等形式）纠纷案件、船舶检验合同纠纷案件；船舶工程场地租用合同纠纷案件；船舶经营管理合同（含挂靠、合伙、承包等形式）、航线合作经营合同纠纷案件；与特定船舶营运相关的物料、燃油、备品供应合同纠纷案件；船舶代理合同纠纷案件；船舶引航合同纠纷案件；船舶抵押合同纠纷案件；船舶租用合同（含定期租船合同、光船租赁合同等）纠纷案件；船舶融资租赁合同纠纷案件；船员劳动合同、劳务合同（含船员劳务派遣协议）项下与船员登船、在船服务、离船遣返相关的报酬给付及人身伤亡赔偿纠纷案件；海上、通海可航水域货物运输合同纠纷案件，包括含有海运区段的国际多式联运、水陆联运等货物运输合同纠纷案件；海上、通海可航水域旅客和行李运输合同纠纷案件；海上、通海可航水域货运代理合同纠纷案件；海上、通海可航水域运输集装箱租用合同纠纷案件；海上、通海可航水域运输理货合同纠纷案件；海上、通海可航水域拖航合同纠纷案件；轮渡运输合同纠纷案件；港口货物堆存、保管、仓储合同纠纷案件；港口货物抵押、质押等担保合同纠纷案件；港口货物质押监管合同纠纷案件；海运集装箱仓储、堆存、保管合同纠纷案件；海运集装箱抵押、质押等担保合同纠纷案件；海运集装箱融资租赁合同纠纷案件；港口或者码头租赁合同纠纷案件；港口或者码头经营管理合同纠纷案件；海上保险、保赔合同纠纷案件；以通海可航水域运输船舶及其营运收入、货物及其预期利润、船员工资和其他报酬、对第三人责任等为保险标的的保险合同、保赔合同纠纷案件；以船舶工程的设备设施以及预期收益、对第三人责任为保险标的的保险合同纠纷案件；以港口生产经营的设备设施以及预期收益、对第三人责任为保险标的的保险合同纠纷案件；以海洋渔业、海洋开发利用、海洋工程建设等活动所用的设备设施以及预期收益、对第三人的责任为保险标的的保险合同纠纷案件；以通海可航水域工程建设所用的设备设施以及预期收益、对第三人的责任为保险标的的保险合同纠纷案件；港航设备设施融资租赁合同纠纷案件；港航设备设施抵押、质押等担保合同纠纷案件；以船舶、海运集装箱、港航设备设施设定担保的借款合同纠纷案件，但当事人仅就借款合同纠纷起诉的案件除外；为购买、建造、经营特定船舶而发生的借款合同纠纷案件；为担保海上运输、船舶买卖、船舶工程、港口生产经营相关债权实现而发生的担保、独立保函、信用证等纠纷案件；与上述第 11 项至第 50 项规定的合同或者行为相关的居间、委托合同纠纷案件；其他海商合同纠纷案件。

（三）海洋及通海可航水域开发利用与环境保护相关纠纷案件（第 53～67 项）

海洋及通海可航水域开发利用与环境保护相关纠纷案件包括：海洋、通海可航水域能源和矿产资源勘探、开发、输送纠纷案件；海水淡化和综合利用纠纷案件；海洋、通海可航水域工程建设（含水下疏浚、围海造地、电缆或者管道敷设以及码头、船坞、钻井平台、人工岛、隧道、大桥等建设）纠纷案件；海岸带开发利用相关纠纷案件；海洋科学考察相关纠纷案件；海洋、通海可航水域渔业经营（含捕捞、养殖等）合同纠纷案件；海洋开发利用设备设施融资租赁合同纠纷案件；海洋开发利用设备设施抵押、质押等担保合同纠纷案件；以海洋开发利用设备设施设定担保的借款合同纠纷案件，但当事人仅就借款合同纠纷起诉的案件除外；为担保海洋及通海可航水域工程建设、海洋开发利用等海上生产经营相关债权实现而发生的担保、独立保函、信用证等纠纷案件；海域使用权纠纷（含承包、转让、抵押等合同纠纷及相关侵权纠纷）案件，但因申请海域使用权引起的确权纠纷案件除外；与上述第 53 项至 63 项规定的合同或者行为相关的居间、委托合同纠纷案件；污染海洋环境、破坏海洋生态责任纠纷案件；污染通海可航水域环境、破坏通海可航水域生态责任纠纷案件；海洋或者通海可航水域开发利用、工程建设引起的其他侵权责任纠纷及相邻关系纠纷案件。

（四）其他海事海商纠纷案件（第 68～78 项）

其他海事海商纠纷案件包括：船舶所有权、船舶优先权、船舶留置权、船舶抵押权等船舶物权纠纷案件；港口货物、海运集装箱及港航设备设施的所有权、留置权、抵押权等物权纠纷案件；海洋、通海可航水域开发利用设备设施等财产的所有权、留置权、抵押权等物权纠纷案件；提单转让、质押所引起的纠纷案件；海难救助纠纷案件；海上、通海可航水域打捞清除纠纷案件；共同海损纠纷案件；港口作业纠纷案件；海上、通海可航水域财产无因管理纠纷案件；海运欺诈纠纷案件；与航运经纪及航运衍生品交易相关的纠纷案件。

（五）海事行政案件（第79～85项）

海事行政案件包括：因不服海事行政机关作出的涉及海上、通海可航水域或者港口内的船舶、货物、设备设施、海运集装箱等财产的行政行为而提起的行政诉讼案件；因不服海事行政机关作出的涉及海上、通海可航水域运输经营及相关辅助性经营、货运代理、船员适任与上船服务等方面资质资格与合法性事项的行政行为而提起的行政诉讼案件；因不服海事行政机关作出的涉及海洋、通海可航水域开发利用、渔业、环境与生态资源保护等活动的行政行为而提起的行政诉讼案件；以有关海事行政机关拒绝履行上述第79项至第81项所涉行政管理职责或者不予答复而提起的行政诉讼案件；以有关海事行政机关及其工作人员作出上述第79项至第81项行政行为或者行使相关行政管理职权损害合法权益为由，请求有关行政机关承担国家赔偿责任的案件；以有关海事行政机关及其工作人员作出上述第79项至第81项行政行为或者行使相关行政管理职权影响合法权益为由，请求有关行政机关承担国家补偿责任的案件；有关海事行政机关作出上述第79项至第81项行政行为而依法申请强制执行的案件。

（六）海事特别程序案件（第86～108项）

海事特别程序案件包括：申请认定海事仲裁协议效力的案件；申请承认、执行外国海事仲裁裁决，申请认可、执行香港特别行政区、澳门特别行政区、台湾地区海事仲裁裁决，申请执行或者撤销国内海事仲裁裁决的案件；申请承认、执行外国法院海事裁判文书，申请认可、执行香港特别行政区、澳门特别行政区、台湾地区法院海事裁判文书的案件；申请认定海上、通海可航水域财产无主的案件；申请无因管理海上、通海可航水域财产的案件；因海上、通海可航水域活动或者事故申请宣告失踪、宣告死亡的案件；起诉前就海事纠纷申请扣押船舶、船载货物、船用物料、船用燃油或者申请保全其他财产的案件；海事请求人申请财产保全错误或者请求担保数额过高引起的责任纠纷案件；申请海事强制令案件；申请海事证据保全案件；因错误申请海事强制令、海事证据保全引起的责任纠纷案件；就海事纠纷申请支付令案件；就海事纠纷申请公示催告案件；申请设立海事赔偿责任限制基金（含油污损害赔偿责任限制基金）案件；与拍卖船舶或者设立海事赔偿责任限制基金（含油污损害赔偿责任限制基金）相关的债权登记与受偿案件；与拍卖船舶或者设立海事赔偿责任限制基金（含油污损害赔偿责任限制基金）相关的确权诉讼案件；申请从油污损害赔偿责任限制基金中代位受偿案件；船舶优先权催告案件；就海事纠纷申请司法确认调解协议案件；申请实现以船舶、船载货物、船用物料、海运集装箱、港航设备设施、海洋开发利用设备设施等财产为担保物的担保物权案件；地方人民法院为执行生效法律文书委托扣押、拍卖船舶案件；申请执行海事法院及其上诉审高级人民法院和最高人民法院就海事纠纷作出的生效法律文书案件；申请执行与海事纠纷有关的公证债权文书案件。

（七）其他规定（第 109～114 项）

其中，第一至第六部分具体规定案件类型；在第七部分"其他规定"中增加"船舶工程"等术语的解释，并对海事纠纷案件与其他纠纷案件的重叠交叉、诉由选择对管辖的影响等问题作出规定。具体内容包括：本规定中的船舶工程系指船舶的建造、修理、改建、拆解等工程及相关的工程监理，本规定中的船舶关键部件和专用物品，系指舱盖板、船壳、龙骨、甲板、救生艇、船用主机、船用辅机、船用钢板、船用油漆等船舶主体结构、重要标志性部件以及专供船舶或者船舶工程使用的设备和材料；当事人提起的民商事诉讼、行政诉讼包含本规定所涉海事纠纷的，由海事法院受理；当事人就本规定中有关合同所涉事由引起的纠纷，以侵权等非合同诉由提起诉讼的，由海事法院受理；法律、司法解释规定或者上级人民法院指定海事法院管辖其他案件的，从其规定或者指定；本规定自 2016 年 3 月 1 日起施行。最高人民法院于 2001 年 9 月 11 日公布的《关于海事法院受理案件范围的若干规定》（法释〔2001〕27 号）同时废止；最高人民法院以前作出的有关规定与本规定不一致的，以本规定为准。

第五章　海事诉讼中的强制措施

【内容摘要】 本章主要介绍海事诉讼中的强制措施，包括海事请求保全、海事强制令、海事证据保全等海事诉讼中的强制措施，通过本章学习，使学生了解海事诉讼中的各类强制措施的概念、构成要件、程序等内容。

第一节　海事请求保全

一、海事请求保全概述

（一）海事请求保全的概念

我国《海事诉讼特别程序法》第 12 条规定，海事请求保全是指海事法院根据海事请求人的申请，为保障其海事请求的实现，对被请求人的财产所采取的强制措施。《海诉法解释》第 18 条规定，《海事诉讼特别程序法》第 12 条规定的被请求人的财产包括船舶、船载货物、船用燃油及船用物料。对其他财产的海事请求保全适用《民事诉讼法》有关财产保全的规定。

《海事诉讼特别程序法》是《民事诉讼法》的特别法[①]，海事请求保全属于财产保全的范畴。但是两者也存在区别。

1. 保全的依据不同

根据《民事诉讼法》第 100 条和第 101 条的规定，诉讼中的财产保全，人民法院可以根据当事人的申请作出裁定，也可以依职权主动作出裁定；诉讼前的财产保全必须由当事人申请。而海事请求保全，根据《海事诉讼特别程序法》第 12 条和第 16 条的规定，不论是诉讼前还是诉讼中，都必须由海事请求权人提出申请，海事法院不得依职权主动采取海事请求保全措施。

2. 保全的条件不同

根据《民事诉讼法》第 101 条规定，诉讼前财产保全的条件是"利害关系人因情况

---

① 《海事诉讼特别程序法》第 2 条规定，在中华人民共和国领域内进行海事诉讼，适用《中华人民共和国民事诉讼法》和本法。本法有规定的，依照其规定。

紧急，不立即申请保全将会使其合法权益受到难以弥补的损害"，这样，利害关系人可以在提起诉讼或者申请仲裁前向被保全财产所在地、被申请人住所地或者对案件有管辖权的人民法院申请采取保全措施。而海事请求保全只有当事人之间存在法律所规定的海事索赔关系，申请人才有权向有管辖权的海事法院提出申请。

3. 保全的范围不同

《民事诉讼法》第102条规定："保全限于请求的范围，或者与本案有关的财物。"所以，被保全的财产必须是本案的诉讼标的物，或是属于被申请人所有并与本案有牵连的财物。但在海事请求保全中，尤其是在船舶扣押中，并不强调被保全的财产与所诉海事请求案件的牵连性，只要求为被申请人所有即可。

海事请求保全制度是适应海上运输特点而建立的一项合理制度，海事请求权人按照有关法律规定，及时申请海事请求保全，获得被申请人提供的充分而可靠的担保，为执行受理法院对该案实体问题可能作出的判决创造了条件；与民事诉讼中的财产保全一样，设立海事请求保全制度的目的也是保证将来依法作出的生效判决能够全面地、顺利地得到执行，从而维护生效判决的严肃性和权威性，真正地保护胜诉一方当事人的合法权益。

（二）海事请求保全的特点

海事请求保全与一般的民事诉讼保全，二者都是法院依法定程序对被申请人的财产所进行的强制性措施。但是二者也有明显的区别：一般的民事诉讼中的财产保全，是为了保证诉讼的顺利进行和裁判的实际执行，在当事人起诉时、案件受理后直到判决前，都可以提出申请，根据《民事诉讼法》第103条、第107条规定，其保全措施主要有查封、扣押、冻结，以及提供担保金、担保函等，而且只能向受理案件的有管辖权的法院提出。而海事请求保全的直接目的是保障其海事请求的实现，对被请求人的财产所采取的强制措施[①]，而并非一定要通过扣船使被扣船舶成为之后执行法院判决的对象。海事请求保全措施的实施，一般是在诉讼前，而且采取该项措施后，也不一定提起诉讼。具有海事请求权的当事人可以在自己认为最合适的地方申请扣船乃至进行诉讼，从而使对案件无管辖权的法院取得管辖权。

（三）海事请求保全的分类

海事请求保全根据请求强制执行的对象不同，可以分为：扣押船舶、扣押船载货物、扣押与海事请求有关的船用物料、冻结运费或租金及其他保全措施等。另外，根据海事法院或者仲裁机构是否受理案件的不同，海事请求保全又可分为诉前保全和诉中保全或者仲裁前保全和仲裁中保全。海事请求保全可以在诉讼之前或之中进行。如果海事请求人因情况紧急，不立即申请海事请求保全将会使其合法权益受到难以弥补的损害的，可在起诉或仲裁前向海事法院申请海事保全。

---

① 参见《海事诉讼特别程序法》第12条规定。

二、船舶扣押

（一）船舶扣押概述

船舶扣押，简称"扣船"，是指根据当事人的申请，由特定机构通过法定程序对船舶进行"扣留"的行为。扣船是海事请求保全的最主要的措施，是民事意义上的司法措施，是处理海事纠纷中常用的一种行之有效的强制手段。其目的在于为海事请求权的实现和行使，提供财产保证，保障海事诉讼的顺利进行和判决的最终执行。船舶扣押作为海事司法实践中惯常采用的海事请求保全方式，在维护海事请求人的合法权益，保障海事经济秩序的稳定等方面发挥着举足轻重的作用。

船舶被扣押后，申请人一旦提起诉讼，则扣船措施的性质即由诉前保全转入诉中保全，且诉讼保全受诉前扣船期限的限制。船舶的所有权人在法律规定期限届满前如果没有提供充分的担保，或者是由于被扣船舶本身的原因而不适合继续扣押的，海事法院可以根据申请人的申请拍卖所扣押的船舶。被拍卖的所有人必须是被告，并且应对该项海事请求确实负有责任。

对于海事请求的范围，各国法律规定不同。总的来说，承认船舶优先权的国家的法律几乎都允许船舶优先权人向法院申请扣押产生优先权的船舶，对其中大多数国家而言，可以要求法院扣船的海事请求并不限于船舶优先权。

目前，国际上调整扣船关系的公约主要是1952年《扣船公约》，该公约第1条第1款规定，"海事请求"是指由于下列一个或一个以上的原因引起的请求。

（1）发生碰撞或出于其他状态下的船舶所造成的损害。

（2）由于任何船舶造成的或因任何船舶的操纵而造成的人身伤亡。

（3）海难救助。

（4）关于使用或租赁任何船舶的协议，不论是以租船契约或以其他形式出现。

（5）关于在任何船舶上运输货物的协议，不论是以租船契约或以其他形式出现。

（6）任何船舶所载货物包括行李的灭失或损害。

（7）共同海损。

（8）船舶抵押借款。

（9）拖带。

（10）引航。

（11）在任何地方供应船舶营运或日常维护所需要的物品或材料。

（12）任何船舶的建造、修理或装备，或船坞费用及规费。

（13）船长、高级船员或一般船员的工资。

（14）船长所支付的费用，包括托运人、承租人或代理人代表船舶或其所有人支付的费用。

（15）对任何船舶的权利和所有权方面的争议。

（16）任何船舶的共有人之间对该船所有权、占有权、运营或收入方面的争议。

（17）任何船舶的抵押权或质权。

1952 年《扣船公约》同时规定，悬挂任一缔约国旗帜的船舶，得因任何海事请求而在任何缔约国管辖区域内被扣押，但不得因其他请求而被扣押。

1952 年《扣船公约》没有明确规范"海事请求"的定义，只是以详尽的目录列举了 17 项引起海事争议的原因。

1999 年《扣船公约》同样采取了这种封闭式的定义方式，列举了 22 项海事请求的范围，但是在具体项目的规定上，与 1952 年《扣船公约》的规定有所不同。《海事诉讼法》与 1999 年《扣船公约》的规定基本一致，规定下列海事请求，可以申请扣押船舶。

（1）船舶营运造成的财产灭失或损坏。

（2）与船舶营运直接有关的人身伤亡。

（3）海难救助。

（4）船舶对环境、海岸或者有关利益方造成的损害或者损害威胁；为预防、减少或者消除此种损害而采取的措施；为此种损害而支付的赔偿；为恢复环境而实际采取或者准备采取的合理措施的费用；第三方因此种损害而蒙受或者可能蒙受的损失；以及与本项所指的性质类似的损害、费用或者损失。

（5）与起浮、清除、回收或者摧毁沉船、残骸、搁浅船、被弃船或者使其无害有关的费用，包括与起浮、清除、回收或者摧毁仍在或者曾在该船上的物件或者使其无害的费用，以及与维护放弃的船舶和维持其船员有关的费用。

（6）船舶的适用或者租用的协议。

（7）货物运输或者旅客运输的协议。

（8）船载货物（包括行李）或者与其有关的灭失或者损坏。

（9）共同海损。

（10）拖航。

（11）引航。

（12）为船舶营运、管理、维护、维修提供物资或者服务。

（13）船舶的建造、改建、修理、改装或者装备。

（14）港口、运河、码头、港湾及其他水道规费和费用。

（15）船员的工资和其他条款，包括应当为船员支付的遣返费和社会保险费。

（16）为船舶或者船舶所有人支付的费用。

（17）船舶所有人或者光船承租人应当支付或者他人为其支付的与船舶有关的船舶保险费（包括互保会费）。

（18）船舶所有人或者光船承租人应当支付或者他人为其支付的与船舶有关的佣金、经纪费或者代理费。

（19）有关船舶所有权或者占有的纠纷。

（20）船舶共有人之间有关船舶的使用或者收益的纠纷。

（21）船舶抵押权或者同样性质的权利。

（22）因船舶买卖合同产生的纠纷。

可以看出，在我国允许扣船的海事请求的范围是相当广泛的，几乎包括了海事法院受理的全部民事争议。《海事诉讼法》又明确规定：除为了执行或满足某项判决外，不得因非海事请求申请扣押船舶。表明除非为了执行法院生效判决或其他生效的法律文书，一般债权人可以申请法院通过船舶扣押来实现自己的合法权利外，作为船舶的保全应严格控制在海事请求保全的范围之内。

（二）船舶扣押的分类

无论是我国目前的《海事诉讼特别程序法》还是《民事诉讼法》，都没有对船舶扣押的分类作出具体规定，但我们海事法院的法官们在长期的司法实践中摸索出了一条具有中国特色的扣船方式，即"死扣押"与"活扣押"。

"死扣押"是指海事法院依法指令涉案当事船舶在特定的港口停泊，不允许其随意移动，也不允许所有权人或被申请人、被执行人继续对该船舶占有、使用、经营、收益，同时扣押与该船舶有关的所有证件，并通知船籍管理机关的海事部门或者渔港监督部门不予办理该船舶的买卖、赠予等所有权转移手续，不予办理在该船舶上设立抵押权或者其他限制船舶所有权等权利的手续的一种海事请求保全措施或者强制执行措施。"死扣押"是传统的扣船方式，保全效果佳，船舶灭失、损坏或产生具有船舶优先权的债权的可能性较小，同时也可迫使船东尽快提供担保。但是，"死扣押"也有其弊端，船舶被"死扣押"后便不能发挥其自身的经济价值，需要耗费大笔的管理经费开支，不利于商事流转。

依照《海事诉讼特别程序法》第 27 条和《最高人民法院关于人民法院执行工作若干问题的规定（试行）》第 42 条的规定，"活扣押"是指只限制对被扣船舶的买卖、赠予等转移所有权或设置抵押权等处分行为，但允许所有权人或被申请人、被执行人对被扣船舶占有、使用、经营、收益。相对于"死扣押"，"活扣押"是一种较为温和的处分措施，不仅可以避免扣押期间的营运收入损失，还可以避免因扣押产生的费用损失，而且"活扣押"使申请人的责任风险降到最低，因而受到广泛认可。审判实践中，"活扣押"较多运用于国内沿海运输船舶。

（三）船舶扣押的条件

1. 诉讼前扣押船舶的形式要件

诉讼前扣押船舶必须具备一定的形式条件，主要包括以下内容。

（1）申请人应提交书面申请，并提供证据。诉讼前扣押船舶是诉前保全形式，按照《民事诉讼法》的规定，法院采取诉前保全措施，只能依据当事人的申请，这一点有别于诉讼中保全（诉讼中保全，法院既可以依当事人的申请，又可以依职权）。可见，提出申请是诉讼前扣押船舶的一个必要的形式要件。诉讼前扣押船舶的申请必须以书面形式提出。申请人在提出申请的同时，应提供相关的证据材料，通常包括：证明申请人具有海事请求权的证据、证明被申请人对海事请求负有责任的证据、证明申请扣押的船舶属于可扣押船舶范围的证据等。

（2）提供担保。根据《民事诉讼法》第 231 条和 2015 年《最高人民法院关于扣押与拍卖船舶适用法律若干问题的规定》第 4 条规定，申请人申请诉前扣船，应当提供担保，以备赔偿因申请错误造成被申请人的经济损失。但前述法律和规定并未对担保的种类、方式作出具体的规定。审判实践中，海事法院接受担保的种类，以担保具有可兑性为原则，既有现金担保，也有信誉担保、实物担保等。担保方式一般要求是连带责任担保。关于担保的金额，《民事诉讼法》没有具体规定，《民诉法解释》和《海诉法解释》不一致。《民诉法解释》第 152 条规定："人民法院依照《民事诉讼法》第一百条、第一百零一条规定，在采取诉前保全、诉讼保全时，责令利害关系人或职责当事人提供担保的，应当书面通知。利害关系人申请诉前保全的，应当提供担保。申请诉前财产保全的，应当提供相当于请求保全数额的担保；情况特殊的，人民法院可以酌情处理。申请诉前行为保全的，担保的数额由人民法院根据案件的具体情况决定。"《海诉法解释》第 24 条规定："申请扣押船舶错误造成的损失，包括因船舶被扣押在停泊期间产生的各项维持费用与支出、船舶被扣押造成的船期损失和被申请人为使船舶解除扣押而提供担保所支出的费用。"

实践中，海事法院较多地按 2015 年最高人民法院颁布的《最高人民法院关于扣押与拍卖船舶适用法律若干问题的规定》要求申请人提供反担保，以船舶扣押期间的船期损失作为计算反担保数额的依据。

（3）交纳申请费。申请诉讼前扣押船舶应向海事法院交纳申请费。申请人未在海事法院通知的期限内交纳申请费的，按照放弃申请处理。按 2007 年国务院发布的《人民法院诉讼收费办法》的规定，扣船申请费为人民币 1000～5000 元。

2. 诉讼前扣押船舶的实质要件

海事法院在审查申请人的申请时，所依据的法律制度是《海事诉讼特别程序法》和《民事诉讼法》有关诉讼前保全的规定。从这些规定中可以看出，诉讼前扣押船舶包括以下实质要件。

（1）申请人具有海事请求权。海事请求权是指涉及或发生于船舶所有、建造、占有、营运、买卖、救助和抵押及船舶优先权有关的海事争议所发生的索赔请求权。现行的《民事诉讼法》和《海事诉讼特别程序法》虽然没有明确海事请求是扣船的唯一依据，但作为海事请求保全措施，其依据只能是海事请求权。没有海事请求权，扣船便缺乏制度基础。

（2）被申请人对海事请求负有相关法律责任。根据《海事诉讼特别程序法》第 23 条规定[①]，在扣船的相对人主体要求上，被申请人可以是船舶的所有人，也可以是船舶的经营人或者光船承租人，这些主体成为被申请人必须对海事请求相关事项负有相关的法律责任。也就是说，一方面，被申请人必须是海事请求所涉及的法律关系适格主体，即或者是合同关系的当事人之一，或者是实施了侵权行为的人；另一方面，根据法律规定或者合同约定，被申请人应该对相关海事请求承担一定的后果，需要海事法院结合不

---

① 《海事诉讼特别程序法》第 23 条规定："有下列情形之一的，海事法院可以扣押当事船舶：（一）船舶所有人对海事请求负有责任，并且在实施扣押时是该船的所有人；（二）船舶的光船承租人对海事请求负有责任，并且在实施扣押时是该船的光船承租人或者所有人；（三）具有船舶抵押权或者同样性质的权利的海事请求；（四）有关船舶所有权或者占有的海事请求；（五）具有船舶优先权的海事请求。海事法院可以扣押对海事请求负有责任的船舶所有人、光船承租人、定期租船人或者航次租船人在实施扣押时所有的其他船舶，但与船舶所有权或者占有有关的请求除外。从事军事、政府公务的船舶不得被扣押。"

同案件的实际情况和相关当事人陈述进行初步分析与判断。至于被申请人最终是否应负责任及要负多少责任，则需要经过海事法院审理确定。

3. 船舶扣押程序

船舶扣押，首先必须明确可扣押船舶的范围，即可以作为海事请求保全的对象加以扣押的船舶的范围，这也是扣押船舶的核心问题。1952 年《扣船公约》规定，"请求人得扣押引起海事请求的当事船舶"，其范围规定较宽。1985 年《关于统一扣押海船若干规定的国际公约修订草案》对 1952 年《扣船公约》进行了修改，规定了扣押船舶的条件：第一，如果产生海事请求，船舶的所有人或光船承租人对该海事请求负有责任；第二，在进行扣船的时候，被扣船舶的所有人或光船租船人仍然对该船享有所有权或承租权。1999 年《扣船公约》规定了对海事请求负有责任的人的任何船舶均可以被扣押，扩大了扣押船舶的范围。我国规定的可申请扣押船舶的范围前述已经提及。船舶扣押程序如下。

1）申请人向法院提交书面申请

根据《海事诉讼特别程序法》第 15 条规定，申请人申请海事请求保全，应当向海事法院提交书面申请。申请书应当载明海事请求事项、申请理由、保全的标的物以及要求提供担保的数额，并附有相关证据。

《海事诉讼特别程序法》第 25 条规定，海事请求人申请扣押当事船舶，不能立即查明被请求人名称的，不影响申请的提出。

2）提供担保

海事法院扣押船舶申请，可以责令海事请求人提供担保。海事请求人不提供的，驳回其申请。

3）法院审查和裁定

海事法院接受申请后，应当在 48 小时内作出裁定。裁定采取海事请求保全措施的，应当立即执行；对不符合海事请求保全条件的，裁定驳回其申请。当事人对裁定不服的，可以在收到裁定书之日起 5 日内申请复议一次。海事法院应当在收到复议申请之日起 5 日内作出复议决定。复议期间不停止裁定的执行。利害关系人对海事请求保全提出异议，海事法院经审查，认为理由成立的，应当解除对其财产的保全。

4）执行

海事法院在发布或者解除扣押船舶命令的同时，可以向有关部门发出协助执行通知书，通知书应当载明协助执行的范围和内容，有关部门有义务协助执行。海事法院认为必要，可以直接派员登轮监护。

5）扣押的解除

船舶扣押的解除条件主要有四种情形：一是利害关系人对海事请求保全提出异议，海事法院经审查，认为理由成立的，应当解除对其财产的保全；二是被请求人提供担保，或者当事人有正当理由申请解除海事请求保全的，海事法院应当及时解除保全；三是诉前扣押船舶的情形下，海事请求人在法律规定的期间内，未提起诉讼或者未按照仲裁协议申请仲裁的，海事法院应当及时解除保全或者返还担保；四是申请人为申请扣押船舶提供限额担保，在扣押船舶期限届满时，未按照海事法院的通知追加担保的，海事法院可以解除扣押。

三、强制拍卖船舶

申请人申请拍卖船舶，应向实施船舶扣押的海事法院提起诉讼，并提交拍卖船舶申请书。海事法院收到拍卖船舶申请后，应认真进行审查，及时作出准予或不准予拍卖的裁定。裁定书由院长批准。当事人对裁定不服的，可以申请复议一次，复议期间，不停止裁定的执行。拍卖船舶因申请错误造成损失的，由申请人负责赔偿。在提交拍卖船舶申请后，申请人又提请终止拍卖船舶的，是否准许，由海事法院裁定。准予终止申请的，申请人应当承担在拍卖船舶准备阶段所发生的一切费用。不予准许的，裁定驳回申请。拍卖船舶费用由被申请人支付。申请人申请拍卖船舶应预付拍卖船舶费用，不预付的，其申请不予准许。

根据我国《海事诉讼特别程序法》第 29 条规定，船舶扣押期间届满，被请求人不提供担保，而且船舶不宜继续扣押的，海事请求人可以在提起诉讼或者申请仲裁后，向扣押船舶的海事法院申请拍卖船舶。海事法院收到拍卖船舶的申请后，应当进行审查，作出准予或者不准予拍卖船舶的裁定。当事人对裁定不服的，可以在收到裁定书之日起 5 日内申请复议一次。海事法院应当在收到复议申请之日起 5 日内作出复议决定。复议期间停止裁定的执行。

《海事诉讼特别程序法》第 33 条规定，海事法院应当在拍卖船舶三十日前，向被拍卖船舶登记国的登记机关和已知的船舶优先权人、抵押权人和船舶所有人发出通知。通知内容包括被拍卖船舶的名称、拍卖船舶的时间和地点、拍卖船舶的理由和依据以及债权登记等。通知方式包括书面方式和能够确认收悉的其他适当方式。

海事法院拍卖船舶，应在我国对外发行的主要报刊和当地报刊上连续公告 3 日。公告应包括以下内容：①拍卖船舶的理由和依据；②成立拍卖船舶委员会负责卖船事宜；③拍卖的时间、地点和联系办法；④办理债权登记事项等。

根据 2015 年《最高人民法院关于扣押与拍卖船舶适用法律若干问题的规定》第 16 条规定，与拍卖船舶有关的债权人，应在公告之日起 60 日内向海事法院办理债权登记。逾期不登记的，视为放弃在本次拍卖中受偿的权利。债权人登记债权，应提交书面申请和享有债权的证据，以及个人或企业法定代表人身份证明书和其他有关文件。买船人应在规定的期限内向拍卖船舶委员会登记，并在拍卖前交验本人或者本企业法定代表人身份证明、委托代理人的授权委托书和支付能力的银行证明。拍卖船舶委员会对拍卖船舶的底价在估价的基础上提出建议，由海事法院确定，底价不得公开。拍卖船舶以低价以上最高报价成交。如报价低于底价，可再次拍卖或者以其他形式变卖。拍卖成功之后，由拍卖船舶委员会与买方签署买卖成交确认书。买方必须当即交付相当于船价 25% 的定金，并在成交之次日起 7 日内支付完毕全部价款。买方如果反悔，则定金不返还。7 日内没有付清拍卖价款的，视为反悔。拍卖船舶委员会与买方另有约定的除外。买方支付完价款后，拍卖船舶委员会应在规定的期限内办理移交手续并交付船舶。海事法院在移交船舶的同时，发布解除扣押船舶命令。拍卖船舶结束后，海事法院应在前述报刊上刊登公告，说明船舶业已公开拍卖给买方，船舶所有权及其风险自移交时起已经转移，买方对船舶在移交以前所负的债务不承担任何责任，船舶原所有人应向原登记机关办理注销登记。海事法院应对起诉的案件及时审理，确认原告的债权及数额，审查已登记的债权，确定参加债务清偿的债权人，并发出通知书，确定债权人清偿顺序。

四、扣押船载货物

（一）扣押船载货物的概念

扣押船载货物，是指海事法院在海事请求人提出申请的前提下，为保全海事请求人合法权益，扣押特定船舶所运载货物的强制措施。在我国，扣押船载货物制度最初来源于1989年最高人民法院发布的《最高人民法院关于海事法院收案范围的规定》，之后根据形势发展和实践需要先后于1989年、2001年两次充实修改，2016年重新制定颁布《最高人民法院关于海事法院受理案件范围的规定》。根据该规定，海事法院可以受理海事请求权人依合同规定，在诉前申请扣押船载货物或者船用燃油的案件。海事请求人非依合同约定产生的海事请求申请扣押货物，海事请求人在诉中申请扣押货物，海事法院均可依据《海事诉讼特别程序法》的规定，作出扣押船舶所载货物的裁定。

（二）申请扣押船载货物的条件

1. 申请人具有海事请求

扣押船载货物是海事请求权的实现方式之一。申请人具有海事请求权是申请扣押船载货物的权利基础。扣押船载货物的申请人为海事争议法律关系的主体，包括承运人、出租人、船舶经营人和其他海事请求权人。关于请求的具体范围，最高人民法院相关司法解释规定的海事法院受理案件范围内纠纷所涉及的请求均应纳入海事请求的范围内。

2. 被申请人为海事请求中的被请求人

申请扣押船载货物的被请求主体应与该船载货物有一定的法律关联。也就是说，被申请人应该是争议法律关系的另一方当事人，或者被申请人应承担支付海事费用的相关义务。

3. 被扣押货物属于被请求人所有

海事请求保全的目的是保障海事请求的实现，因此，海事请求保全下扣押的货物或者拍卖、变卖货物的价款应当能够清偿被请求人对海事请求人的债务，而显然是只属于债务人所有的财产才能用以清偿其债务。

《海事诉讼特别程序法》第44条第2款明确规定："申请扣押的船载货物，应当属于被请求人所有。"但是实践中却经常发生被扣押货物的所有人不是被请求人的情况。这主要是随着国际贸易和海上货物运输的迅猛发展，运输过程中货物所有权移转及所有关系变得越来越复杂，货物所有权人往往与运输费用支付的义务人不是同一主体。在这种情况下，如果要求被扣押货物属于被请求人所有，就会增加扣押货物难度。实际上，在海事请求人提出扣押货物申请和海事法院作出扣押货物裁定时，不可能也没必要确切证明或判定被扣押货物属于被请求人所有，货物所有权归属只有经海事法院审理之后才能够确定。

4. 被扣押货物的价值应与债权数额相当

我国《海事诉讼特别程序法》第 45 条规定："海事请求人申请扣押船载货物的价值，应当与其债权数额相当。"在实践中，在船载货物为可分物的情况下，只允许扣押价值与债权数额相当的货物；在船载货物为不可分物的情况下，可以扣押全部船载货物。

五、强制拍卖船载货物

（一）申请拍卖船载货物

申请人申请海事法院拍卖诉讼前扣押的船载货物，必须以提起诉讼作为前提。《海事诉讼特别程序法》第 46 条规定："海事请求保全扣押船载货物的期限为十五日，海事请求人在十五日内提起诉讼或者申请仲裁以及在诉讼或者仲裁过程中申请扣押船载货物，扣押船载货物不受前款规定期限的限制。"

《海事诉讼特别程序法》第 47 条规定："船载货物扣押期间届满，被请求人不提供担保，而且货物不宜继续扣押的，海事请求人可以在提起诉讼或者申请仲裁后，向扣押船载货物的海事法院申请拍卖货物。对无法保管、不易保管或者保管费用可能超过其价值的物品，海事请求人可以申请提前拍卖。"该条法律明确规定了强制拍卖货物的前提条件，是被申请人不提供担保。不提供担保，在实践中包括"不按期提供担保"和"所提供的担保不符合要求"两种情况。被申请人"不按期提供担保"，是指被申请人与被申请人对提供担保的时间协商一致的，法院应允许被申请人在协商的时间段内提供相应的担保。"所提供的担保不符合要求"是指担保物存在实体或在法律上的瑕疵。"货物不宜继续扣押"包括两种情况：一是货物本身的属性不宜继续扣押；二是扣押货物所产生的保管费用过大，即产生的保管费用接近或者大于货物本身的价值。

在某些情况下，海事纠纷当事人可以不经过申请扣押程序，直接申请法院拍卖货物。《海商法》第 88 条第 1 款规定："承运人根据本法第八十七条规定留置的货物，自船舶抵达卸货港的次日起满六十日无人提取的，承运人可以申请法院裁定拍卖。货物极易腐烂变质或者货物的保管费用可能超过其价值的，可以申请提前拍卖。"《海商法》第 190 条第 1 款规定："对于获救满九十日的船舶和其他财产，如果被救助方不支付救助款项也不提供满意的担保，救助方可以申请法院强制拍卖；对于无法保管、不易保管或者保管费用可能超过其价值的获救的船舶和其他财产，可以申请提前拍卖。"对于以上两条规定的不经过扣押程序而直接申请强制拍卖的货物，必须是经过当事人合法留置的。法院在接受申请人对留置的货物强制拍卖时，应先审查申请人的留置权是否正当，然后才能裁定是否拍卖。

（二）拍卖船载货物的程序

《海事诉讼特别程序法》第三章"海事请求保全"的有关规定提及了强制拍卖货物的程序。《海事诉讼特别程序法》没有规定的，参照《中华人民共和国拍卖法》有关规定执行。拍卖船载货物一般需要进行以下五个步骤。

1. 申请人提出拍卖船载货物的申请

无论拍卖被扣押的货物还是拍卖被留置的货物，申请人均需向海事法院提交拍卖货物申请书。申请书应当说明申请拍卖货物的理由，并附有关证据。

2. 海事法院对当事人的申请进行审查

《海事诉讼特别程序法》第 48 条规定："海事法院收到拍卖船载货物的申请后，应当进行审查，在七日内作出准予或者不准予拍卖船载货物的裁定。当事人对裁定不服的，可以在收到裁定书之日起五日内申请复议一次。海事法院应当在收到复议申请之日起五日内作出复议决定。复议期间停止裁定的执行。"法院对当事人申请的审查主要围绕申请人申请拍卖货物的条件进行。海事法院经过审查，认为申请拍卖货物不符合法定条件，应裁定驳回申请；认为申请拍卖货物符合法定条件的，应准许申请，裁定拍卖船载货物。

3. 安排拍卖船载货物的组织机构

我国《海事诉讼特别程序法》第 49 条规定："拍卖船载货物由海事法院指定的本院执行人员和聘请的拍卖师组成的拍卖组织实施，或者由海事法院委托的机构实施。"海事法院如果决定自己拍卖，应成立拍卖委员会，负责拍卖事宜；如决定委托拍卖机构拍卖的，由海事法院向拍卖机构出具授权委托书。

4. 公告拍卖信息

为体现拍卖货物的公开性，同时为了在较大范围吸引竞买人，应公告拍卖货物事宜。公告内容包括：被拍卖货物的品名和数量、拍卖缘由、拍卖时间和地点、竞买登记和联系办法等。公告应刊登在公开出版的报刊上。

5. 完成船载货物的拍卖

拍卖货物的方式一般采用低价拍卖，由拍卖委员会定出低价，以超出底价的最高报价成交。拍卖成交后，拍卖委员会或拍卖机构与买受人签署拍卖成交确认书。买受人必须预交部分价款，余款在规定的期限内付清。

第二节　海事强制令

一、海事强制令概述

海事强制令制度是我国海商法专家在总结以往海事诉讼司法实践经验的基础上，并在参考借鉴其他国家相关法律制度的前提下而创设的一种全新的海事诉讼法律制度。我国《海事诉讼特别程序法》第 51 条规定："海事强制令是指海事法院根据海事请求人的申请，为使其合法权益免受侵害，责令被请求人作为或者不作为的强制措施。"显然，《海事诉讼特别程序法》的这一规定明确表明了以下几点内容。

第一，海事强制令的申请主体是海事请求人。这就决定了并非任何人都可以申请海事强制令，而只有对被请求人有具体、明确海事请求的人才有权提出海事强制令申请。

第二，有权受理海事强制令申请并相应地作出海事强制令的机构是海事法院；同时，海事法院只能应海事请求人的申请作出海事强制令的裁定，而无权主动依职权作出海事强制令的裁定。显然，这一制度与海事请求保全制度一样，同我国《民事诉讼法》中关于财产保全的规定存在明显不同。

第三，海事强制令这一特殊海事诉讼法律制度的根本目的是保障海事请求人的合法权益免受侵害或在已遭受侵害时尽量减少损失。

第四，海事强制令裁定的内容是责令被请求人作为或不作为，其针对的对象是被请求人的行为。而正是在这个意义上，海事强制令常常被认为是一种行为保全措施，从而区别于一般的保全。

第五，海事强制令是一种强制性措施，这就要求海事法院针对当事人的申请，只能作出是否准予签发海事强制令的裁定，而不能够在请求人与被请求人之间进行调解。

可见，海事强制令制度作为一种全新的海事诉讼法律制度，将诉讼保全的对象从一般的财产扩及当事人的行为，这对及时有效地保障海事请求人的权利不受或者少受侵害、暂时性地平息当事人之间的争议从而避免损害进一步扩大等都会起到相当积极的作用，而且在一定程度上弥补了我国传统民事诉讼保全对象范围过于狭窄的缺陷。

二、海事强制令的条件

海事强制令是在情况紧急的情况下，经海事请求人的申请，由海事法院作出裁定强制被请求人作为或者不作为的制度，海事法院的裁定一经作出即得以执行。在这种情况下，由于时间紧迫、证据缺乏及被请求人不能抗辩等多方面的原因，海事法院事实上很难就整个海事纠纷的发生过程加以详细调查分析，而只能根据海事请求人提供的有限证据材料作出裁定。如果海事法院不能严格把关，很容易作出错误的裁定。而海事强制令裁定的即时执行性、海事纠纷的特殊性又导致了海事强制令一旦错误执行，很难执行回转。这就要求海事法院在作出海事强制令的裁定之前，必须非常慎重。《海事诉讼特别程序法》对此问题进行了规范，其中第56条详细规定了海事强制令的审查标准，即作出海事强制令应当具备的条件。

（一）请求人有具体的海事请求

海事请求人有具体的海事请求是海事法院作出海事强制令裁定的首要条件。海事请求人提出海事强制令申请的目的是请求海事法院强制要求被请求人作为或者不作为，从而避免或者减少损失的产生。海事强制令是基于一定的海事纠纷而引起的，必须是被请求人的行为导致了请求人权益受到损害或者受到损害的威胁。如果没有被请求人可能或者已经导致请求人权益受到损害的行为，请求人当然没有必要也没有理由向海事法院请求强制被请求人作为或者不作为一定行为。如果海事请求人仅仅向法院提出抽象的海事请求，即请求海事法院维护其某种抽象的权利，其请求显然是不恰当的。

（二）需要纠正被请求人违反法律规定或者合同约定的行为

在合同争议中，作出海事强制令，必须符合《海事诉讼特别程序法》第 56 条规定的条件。如果确认当事人之间的纠纷关系到合同是否成立或者是否生效，或确认当事人之间的合同尚未成立或生效，则被申请人根本不存在违反合同约定的行为，不符合申请强制令的条件。

在全面履行和实际履行为首要救济的理论前提下，我国民法对"有效益违约"持反对态度。与此原则相应，在海事强制令案件中，应该考虑采用海事强制令等强制性方式来保证合同的完全与继续履行，不应该考虑中止或终止履行合同可能会带来的"效益"①。

（三）情况紧急，不立即作出海事强制令将造成损害或者使损害扩大

海事强制令是海事法院尚未最终确定海事请求人具有相应的海事请求时所作出的裁定，并通过强制被请求人作为或者不作为来实现，其后果具有不可逆转性，很难进行执行回转，即使能够回转也会带来大量的损失，因此必须在情况紧急的特殊情况下，才有作出海事强制令的必要。

"情况紧急"是个事实问题，没有统一的标准，需要在海事司法实践中由海事法院按照个案情况具体判定。我们认为，"情况紧急"和"不立即作出海事强制令将造成损害或者使损害扩大"存在逻辑上的联系。海事强制令的最终目的是避免或者减少海事请求人的损失，所谓"情况紧急"必然是"不立即作出海事强制令将造成损害或者使损害扩大"；而"不立即作出海事强制令将造成损害或者使损害扩大"必然显示"情况紧急"。显然，判定是否"情况紧急"，需要以"不立即作出海事强制令将造成损害或者使损害扩大"为标准。如果从初步证据来看，被请求人的行为虽然违反了法律的规定或者合同的约定，但是尚不至于马上给海事请求人造成损失或者导致损失进一步扩大，则海事法院不宜作出海事强制令，而需等待证据调查清楚，事实清晰明了之后再作出裁判，从而避免作出错误裁决。

通过以上三个条件可以看出，作出海事强制令裁决有严格的条件限制。作为一项全新的海事诉讼法律制度，我们必须在实践中严格执行这些标准，以防止海事强制令被滥用，从而导致海事司法实践的混乱。同时，我们也必须注意到，如果对海事强制令课以过分严格的条件，又会导致这一制度难以实现其立法的意图。毕竟，海事法院在进行实体案件审理以前，很难要求海事请求人完全证明被请求人行为的违法或者违约性，实际上往往只能得出一个初步结论。显然这可能作出错误的海事强制令，因此，《海事诉讼特别程序法》第 60 条还规定了责令海事请求人提供担保的制度及申请错误的赔偿机制。

三、海事强制令的程序

（一）提出申请

我国《海事诉讼特别程序法》第 51 条规定，"海事强制令是指海事法院根据海事

---

① 杨树明：《民事诉讼法·海事诉讼特别程序篇》，厦门大学出版社，2008 年，第 103 页。

请求人的申请，为使其合法权益免受侵害，责令被请求人作为或者不作为的强制措施。"根据该规定，海事强制令必须由海事请求人申请后才能由海事法院作出，海事法院不能依据职权主动作出海事强制令的裁定。该法第 54 条进一步规定，"海事请求人申请海事强制令，应当向海事法院提交书面申请，且申请书中应载明申请的理由，并附有关证据"。

对于海事强制令申请，无需像海事请求保全申请一样包含诸多内容。一般认为，海事强制令申请书需要包括请求人和被请求人的名称、请求的具体事项及具体的理由等内容。请求人所提出证据主要是证明海事强制令的申请符合《海事诉讼特别程序法》第 56 条规定的三个条件。

（二）担保

无论是在诉讼中的海事强制令还是诉讼前的海事强制令，都同海事请求保全一样，是在海事请求人和被请求人之间具体权利义务关系尚未最终判定的情况下作出的，而该裁定一经作出，即得以立即执行。由于证据材料的限制，海事法院难免会作出错误的裁定，这样就很容易给被请求人带来损失。为了避免错误的海事强制令给被请求人造成的损失不能得到赔偿，同海事请求保全的反担保制度相近，《海事诉讼特别程序法》第 55 条规定："海事法院受理海事强制令申请，可以责令海事请求人提供担保。海事请求人不提供的，驳回其申请。"

（三）审查与裁定

海事法院对请求人的申请进行审查，主要看其是否满足申请海事强制令的三个必要条件。此外，对请求人的申请书、请求人提供的担保等问题也需要一并进行审查。但我国海事强制令的庭前审查只宜限定为程序性审查。海事法院接受申请后，经审查，如果请求人的申请符合条件，海事法院应当在 48 小时内作出裁定，责令被请求人在限定期限内为一定行为或不为一定行为；如果申请不符合条件，或者经海事法院责令提供担保而不提供或者提供的担保不符合要求的，应裁定驳回其申请。

（四）执行海事强制令

海事强制令由海事法院发出，被申请人应当执行。被申请人拒不执行的，依照《海事诉讼特别程序法》的规定，海事法院将根据情节轻重给予下列制裁：一是处以罚款。对个人的罚款金额为 1000 元以上 30 000 元以下，对单位的罚款为 30 000 元以上 100 000 元以下。二是予以拘留。拘留的期限为 15 日以下，若单位拒绝履行海事强制令的，可以对单位的主要负责人或主要行为人或责任人予以拘留。三是依法追究刑事责任。《中华人民共和国刑法》第 313 条第 1 款规定："对人民法院的判决、裁定有能力执行而拒不执行，情节严重的，处三年以下有期徒刑、拘役或者罚金；情节特别严重的，处三年以上七年以下有期徒刑，并处罚金。"

（五）复议与异议

海事请求人、被请求人及其他利害关系人可能对海事法院作出的准予海事强制令与否的裁定不服。《海事诉讼特别程序法》及其司法解释相应地规定了海事强制令复议与异议制度。

《海事诉讼特别程序法》第 58 条规定，如果是海事纠纷当事人，即请求人和被请求人不服，他们可以在收到裁定书之日起 5 日内申请复议一次。海事法院应当在收到复议申请之日起 5 日内作出复议决定。复议期间不停止裁定的执行。需要注意的是，当事人提出异议，只能申请复议而不能提出上诉。这主要是考虑到海事强制令仅仅是一种程序上的制度，而非解决实体争议的制度。即使海事强制令裁定错误，最终也可以通过实体诉讼加以纠正。如果针对海事强制令本身提起上诉的话，反倒可能要花费大量的人力、物力，而且在证据材料不充分的情况下未必会得到真正正确的裁定。而根据我国《民事诉讼法》同样可以看出，只有不予受理、对管辖权有异议和驳回起诉的裁定可以上诉，而与海事强制令类似的诉讼保全和先予执行的裁定只能申请复议，不得上诉。

如果是其他利害关系人不服，利害关系人可以提出异议。其他利害关系人不服，可能是因为海事强制令裁定的执行会影响到其利益，从而向海事法院提出异议。利害关系人对海事强制令提出异议，海事法院经审查，认为理由成立的，应当裁定撤销海事强制令。海事法院经审查认为理由不成立的，应当书面通知利害关系人。如果利害关系人仍对审查后的裁定不服，应当如何处理，对这个问题《海事诉讼特别程序法》及其司法解释都没有明确作出规定。我们认为，利害关系人此时只能向作出海事强制令的法院或其他有管辖权的法院提起实体诉讼。

（六）申请海事强制令错误的责任

被请求人或者利害关系人由于海事请求人申请海事强制令错误而遭受损害的，可以向海事法院提起诉讼索赔因此造成的损失。海事法院因为申请海事强制令确有错误的，应当判决海事请求人赔偿被请求人或者利害关系人因此遭受的损失。被请求人依据《海事诉讼特别程序法》第 60 条的规定要求海事请求人赔偿损失的，由发布海事强制令的海事法院受理。

但是，《海事诉讼特别程序法》规定的救济措施较为单一，只有损失赔偿，因海事强制令是强制被请求人作为或不作为，因此错误海事强制令最首要的救济方式应是行为给付的方式，如恢复原状、返还财产等，而《海事诉讼特别程序法》所规定的金钱赔偿应当属于次要救济的方式，即当首要救济不能满足被请求人或利害关系人的损失时，才考虑赔偿损失。

第三节　海事证据保全

一、海事证据保全概述

（一）海事证据保全的概念

海事证据保全，是指海事法院根据海事请求权人的申请，在海事诉讼程序中依法采取保全证据的强制措施。海事证据保全既可以在诉前进行，也可以在诉讼中进行。海事证据保全制度在我国《海事诉讼特别程序法》中得以明确规定，突破了以往我国只能在诉讼进行过程中采取证据保全措施的规定。相对于一般意义上的民事诉讼证据来说，海事纠纷诉讼的证据往往比较复杂，专业性较强，调查难度有时也比较大。海事诉讼实践中，对海事纠纷事实的认定一直是案件审理的重点和难点所在。在《海事诉讼特别程序法》颁布之前，由于没有完备的海事诉讼证据保全制度，在很大程度上限制了海事纠纷案件事实的查明，直接影响了法院对案件的公正裁判。

海事证据保全制度与《民事诉讼法》上的证据保全制度有较大区别。

第一，在证据保全适用过程方面的区别。海事证据保全不仅包括诉讼中的证据保全，还包括诉前证据保全的内容。海事证据保全制度是在审判实践中探索出的海事诉讼程序的一个全新内容，而我国《民事诉讼法》上的证据保全制度只是一种诉讼证据保全制度。

第二，在是否可以创设管辖权方面的区别。我国《民事诉讼法》上的证据保全制度其目的是保证证据的客观、真实，保障诉讼程序的顺利进行，而从我国《海事诉讼特别程序法》的规定来看，采取海事证据保全的法院可以因此而取得对案件的管辖权，海事证据保全成为创设管辖权的法律依据。

第三，在程序的独立性方面的区别。关于是否可以与审理程序分离，海事证据保全与一般民事案件也是不一样的。海事证据保全程序的独立性较强，其与海事请求保全程序一样，都可以与案件实体审理程序相分离，分别在不同的海事法院进行。而一般的民事诉讼的证据保全和案件审理程序不能在不同的法院进行。

（二）海事证据保全的特征

第一，海事证据保全因海事请求人的申请而提起，海事法院不能主动依职权采取证据保全措施。《海事诉讼特别程序法》第 62 条规定："海事证据保全是指海事法院根据海事请求人的申请，对有关海事请求的证据予以提取、保存或者封存的强制措施"。这一规定与《民事诉讼法》第 81 条第 1 款的规定不同。《民事诉讼法》第 81 条第 1 款规定，"在证据可能灭失或者以后难以取得的情况下，当事人可以在提起诉讼或者申请仲裁前向证据所在地、被申请人住所地或者对案件有管辖权的人民法院申请保全证据。"根据该规定，保全既可以因诉讼当事人提出申请而采取，也可以由法院依职权主动采取。海事证据保全取消了海事法院主动依职权采取证据保全的规定，从而减少了法院对当事人诉讼行为的干预，保证了法院在诉讼中的中立地位，符合民事审判方式改革的要求。

第二，加以保全的证据是有关海事请求的证据。所谓"有关海事请求的证据"是指能够证明海事请求存在与否的证据，即所保全的证据应当与海事请求具有关联性，这种关联性可以表现为直接的关联，也可以表现为间接的关联。只有加以保全的证据同海事请求存在一定程度的关联，才有进行保全的必要。

第三，证据保全既可以发生在诉讼过程中，也可以发生在提起诉讼之前。《海事诉讼特别程序法》第 63 条明确规定了当事人可以在诉讼前提起证据保全。这一规定与现行《民事诉讼法》的立法一致，充分考虑到海事证据的特殊性和复杂性，有利于增强海事请求人搜集证据的能力，从而保护其合法权益。同时，海事证据保全除了包括诉讼中和诉讼前的证据保全外，还包括仲裁中和仲裁前的证据保全。

第四，海事证据保全的具体措施为提取、保存或者封存。海事法院采取证据保全措施，可以根据具体情况对证据予以封存，也可以提取复制件、副本，或者进行拍照、录像，制作节录本、调查笔录等，确有必要的，也可以提取证据原件。在海事司法实践中，还出现了公正性检验的保全方法。无论采取哪一种方法，应当做到客观、真实地反映证据情况，达到证明案件事实的目的。

二、海事证据保全的条件

我国《海事诉讼特别程序法》第65～67条是关于申请要件的规定，其中第65条、第66条是形式要件，第67条是实质要件。《海事诉讼特别程序法》第67条从申请人的主体、申请保全的对象、与被请求人的关系及所要求的特定情形几个方面，对实质要件作出如下规范："采取海事证据保全，应当具备下列条件：（一）请求人是海事请求的当事人；（二）海事请求保全的证据对该海事请求具有证明作用；（三）被请求人是与请求保全的证据有关的人；（四）情况紧急，不立即采取证据保全就会使海事请求的证据灭失或者难以取得。"另外，一方当事人申请保全可能给相对方当事人或者其他利害关系人的财产权益带来损害，所以《海事诉讼特别程序法》第66条规定："海事法院受理海事证据保全申请，可以责令海事请求人提供担保，海事请求人不提供的，驳回其申请。"

《海事诉讼特别程序法》的上述规定显示出，因海事证据保全（无论是诉讼前还是诉讼中）属于司法行为，故应具备一定条件，法院在立案时应依法予以严格审查。

（一）主体资格——请求人是海事请求的当事人

海事证据保全只能依据海事请求人的申请而采取，海事法院不能依职权采取海事证据保全措施。并非任何人都有资格申请海事证据保全并得到批准，只有同时具备确属海事请求且为该海事请求的当事人两个要素，才符合申请证据保全的主体条件[①]。

申请人是海事请求的当事人，即指申请人必须与海事请求有直接的利害关系。在诉前证据保全中，海事请求的当事人往往表现为争议的实体法律关系的双方主体；在诉讼中的证据保全中，海事请求的当事人表现为诉讼中的原告、被告和第三人。海事请求是由于某种法定的海事事由而产生的实体请求，所谓海事事由，即申请人与被请求人之间在海上运输、生产和作业中，或者在与船舶有关的经营活动中存在的法律关系，海事事由的范围与我国海事法院受理海事案件的范围应当是一致的。

由此，海事证据保全申请人的范围不仅包括海事请求中的权利主体，也包括海事请求中的义务主体。只要证据存在着灭失或难以取得的可能，与争讼的民事权益有利害关系的任何一方均有权申请证据保全，以证明海事请求的存在与否。

---

① 张湘兰、郭漪：《诉讼海事证据保全制度浅析》，《法学评论》，2005年第1期，第121-126页。

（二）客观标准——请求保全的证据对该海事请求具有证明作用

请求人申请证据保全的目的是证明其海事请求的存在与否，因此，请求保全的证据应对海事请求具有证明作用。这实际上包括以下两层含义。

第一，请求保全的证据与海事请求之间具有关联性。关联性是诉讼证据的重要法律属性。凡是能够成为认定案件事实的证据，应当与待证事实之间存在内在的必然联系，否则便不具有诉讼价值。

第二，请求保全的证据能够证明该海事请求。请求保全的证据还必须对海事请求具有证明作用。这种证明作用可能是直接的证明，即保全的证据与海事请求之间具有直接联系，能够单独证明海事请求存在与否；也可能是间接的证明，即保全的证据与海事请求之间具有间接联系，不能单独证明海事请求，需要与其他证据相结合来加以证明。

当然，与案件有关联性的证据在个案中可能很多，只有那些对案件的真实情况能够起到证明作用的证据才具有保全价值。同一证据在不同案件中，因具体情况各异，对案件事实的证明作用也不尽相同。某一请求保全的证据对该海事请求是否具有证明作用，需视该海事请求的具体情况而定。[1]

（三）对象要求——被请求人是与请求保全的证据有关的人

海事证据保全的被请求人范围比海事请求的当事人的范围更为广泛。《海事诉讼程序法》中要求被请求人是与请求保全的证据有关的人，这将直接影响诉前海事证据保全的成立与否。

首先，《民事诉讼法》第67条规定："人民法院有权向有关单位和个人调查取证，有关单位和个人不得拒绝。"据此规定，凡是知道或掌握与海事请求有关证据的单位和个人都应当如实提供。在诉前海事证据保全这一特定环境下，有些证人虽然与证据保全的请求人没有任何法律上的关系，但这些证人所掌握的材料很有可能会对海事请求争议的真实情况有所证明，也有利于将来案件的查明，因此有必要对证人掌握的这些证据材料进行保全[2]。

其次，从《海事诉讼特别程序法》第67条对海事证据保全的条件所作规定来看，"请求人是海事请求的当事人"，"被请求人是与请求保全的证据有关的人"。显然，"当事人"与"有关的人"并不是同一个概念，"有关的人"的外延当然要比"当事人"的外延广泛，除了包括当事人外，还包括其他与海事请求没有利害关系，但与请求保全的证据有关的人，如目睹某海域甲乙两船发生碰撞过程的丙船有关人员。这样，甲船或乙船当然可以对丙船目睹碰撞发生经过的船员申请诉前证据保全，他们就是此案中与请求保全的证据有关的人。[3]由此，依据《民事诉讼法》和《海事诉讼特别程序法》的规定，"与海事证据保全的证据有关的人"应解释为：被请求人只要与请求保全的证据有关即可，而不必与海事请求有直接利害关系。

---

① 杨树明：《民事诉讼法·海事诉讼特别程序篇》，厦门大学出版社，2008年，第127页。
② 杨树明：《民事诉讼法·海事诉讼特别程序篇》，厦门大学出版社，2008年，第128页。
③ 张湘兰、郭潇：《诉讼海事证据保全制度浅析》，《法学评论》，2005年第1期，第121-126页。

（四）适用情形——情况紧急，不立即采取证据保全就会使海事请求的证据灭失或者难以取得

证据灭失或者难以取得，在时间上有紧急、不紧急之分。海事证据保全应在情况紧急的条件下作出。情况紧急，是指在某些情况下，不立即采取证据保全，就可能会使该海事请求的证据灭失或之后难以取得，或因客观原因自己无法取得。海事证据有以下特殊性。

首先，因为海事纠纷多涉及不同国家的当事人，所以时常会碰到外籍船舶依有关规定拒绝申请人对其进行调查取证或者不配合申请人调查取证，致使相关海事请求证据无法提取。

其次，受客观条件限制，因情况紧急，请求人不能控制或掌握调查取证时机。例如，外籍船方的航行资料、货物装卸记录、通信记录等证据，请求人不可能在外籍船上调取；船舶触碰水上设施留下的痕迹，如不进行保全将会被水淹没；等等。又如，因船舶漏油对海域所造成的污染、船舶碰撞后在船舶上留下的碰撞痕迹、船舶触碰港口设施留下的痕迹、共同海损发生地的海况和天气情况等。当然，倘若并非紧急情况，证据没有灭失的危险或难以取得的可能，则无需采取诉前和诉讼中的证据保全。当事人可以在进入诉讼后自行收集，或由海事法院调查收集。

三、海事证据保全的程序

（一）海事证据保全的管辖法院

海事证据保全的管辖法院是指海事请求保全的申请人应向哪一个海事法院申请海事证据保全。海事证据保全是一个独立的程序，申请人可以在诉讼前、诉讼中或者仲裁前后申请海事证据保全。

1. 诉讼前海事证据保全的管辖法院

依照《海事诉讼特别程序法》第 63 条的规定，当事人在起诉前申请海事证据保全，应当向被保全的证据所在地海事法院提出。这一规定有利于海事法院及时采取证据保全措施。同时，诉讼前海事证据保全不受当事人之间关于该海事请求的诉讼管辖协议或者仲裁协议的约束，在当事人之间存在诉讼管辖协议或仲裁协议的情形下，被保全证据所在地海事法院仍是唯一的诉讼前海事证据保全的管辖法院。

2. 诉讼中海事证据保全的管辖法院

对于诉讼中的海事证据保全法院，《海事诉讼法》没有作出明确规定。由于诉讼中的海事证据保全是在提起诉讼的同时或在海事法院受理诉讼后提出的，此时，受诉海事法院负有查明案件事实的法定责任，证据保全是其诉讼过程中采取的一种强制措施。因此，诉讼中的证据保全法院应为本案的受诉海事法院。

3. 仲裁证据保全的管辖法院

《中华人民共和国仲裁法》（以下简称《仲裁法》）第 46 条规定，当事人申请证据

保全的,仲裁委员会应当将当事人的申请提交证据所在地的基层人民法院。第 68 条规定,涉外仲裁的当事人申请证据保全的,涉外仲裁委员会应当将当事人的申请提交证据所在地的中级人民法院。这里规定的证据保全均指仲裁中的证据保全,《仲裁法》没有就仲裁前的证据保全问题作出规定。

2015 年《中国海事仲裁委员会仲裁规则》第 24 条规定,当事人申请证据保全,仲裁委员会应当将当事人的申请提交证据所在地的海事法院;当事人在仲裁程序开始前申请证据保全的,应当依照《海事诉讼特别程序法》第五章的规定,直接向被保全证据所在地海事法院提出。由此,无论仲裁前还是仲裁后的证据保全,其管辖法院均为被保全证据所在地的海事法院,但关于申请人申请程序的规定有所不同。

此外,对于涉外海事案件,如果外国法院已受理相关海事案件或者有关纠纷已经提交仲裁,当事人向中华人民共和国的海事法院提出海事证据保全申请,并提供被保全的证据在中华人民共和国领域内的相关证据的,海事法院应当受理。

通过诉讼前证据保全行为,对案件原本并无管辖权的被保全证据所在地的海事法院取得对该海事请求的管辖权,海事证据保全成为确定案件实体管辖权的因素。在海事证据保全后,有关海事纠纷未进入诉讼或者仲裁程序的,当事人就该海事请求,可以向采取证据保全的海事法院或者其他有管辖权的海事法院形成对案件的共同管辖,当事人可以选择其中任何一个法院提起诉讼。但当事人之间订有诉讼管辖协议或者仲裁协议的除外,即在当事人之间订有诉讼管辖协议或者仲裁协议的情况下,仍由协议选择的法院或仲裁机构处理该海事纠纷,不因诉前证据保全行为而影响协议的效力。

(二)海事证据保全的具体程序

1. 申请的提出

依照《海事诉讼特别程序法》的规定,海事诉讼证据保全措施只能依申请人的申请而采取,法院不能主动依职权启动该程序。海事请求人申请海事证据保全,应当向海事法院提交书面申请。

申请书应当载明以下内容。

(1)请求保全的证据,如申请保全航海日志、轮机日志,还有保全海图等。

(2)该证据与海事请求的联系,即被请求保全的证据对海事请求的证明作用。

(3)申请理由。申请理由中应当写明有关海事请求的基本情况,申请人应当提出初步证据证明自己是海事请求的当事人,被请求人是与请求保全的证据有关的人,并应当说明证据保全的必要性,即情况紧急,不立即采取证据保全就会使该海事请求的证据灭失或难以取得。

此外,申请书中还应当载明证据搜集、调取的有关线索。

2. 担保

海事法院受理海事证据保全申请,可以责令海事请求人提供担保,请求人的担保应当提交给海事法院。

海事证据保全中,海事法院责令海事请求人提供担保的目的是赔偿被请求人可能因请求人的错误所遭受的损失。《海事诉讼特别程序法》第 71 条明确规定，海事请求人申请海事证据保全错误的，应当赔偿被请求人或者利害关系人因此所遭受的损失。为了能够保证请求人及时赔偿因证据保全错误而给被请求人造成的损失，该法规定海事法院"可以责令"海事请求人提供担保，即请求人在提出海事证据保全时，是否提供担保取决于海事法院的决定。如果海事法院要求被请求人提供担保，则提供担保成为海事证据保全的要件之一，请求人必须提供，海事请求人不提供担保的，海事法院将驳回其证据保全的申请。

海事请求人提供的担保，其方式、数额由海事法院决定。担保的方式包括提供现金、设置抵押或者质押。担保的数额应当相当于因其申请可能给被请求人造成的损失。

3. 审查和裁定

海事法院接受申请后，应当进行审查。审查的内容主要是海事证据保全的条件、管辖以及在海事法院责令请求人提供担保的情况下，对请求人提供的担保进行审查。经过审查，认为申请符合《海事诉讼特别程序法》所规定的证据保全的条件，属于本院管辖及提供的担保符合要求的，应当在 48 小时内作出采取海事证据保全措施的裁定并应当立即执行；对不符合海事证据保全条件，不属于本院管辖或在海事法院责令提供担保的情况下，不提供担保或提供的担保不符合要求的，应当在 48 小时内作出驳回申请的裁定。

4. 复议和异议

对于海事法院作出的裁定，当事人不服的不能提起上诉，只能通过复议程序来实现对自己权利的救济。这里所指的当事人应当包括海事请求人和被请求人。当事人对裁定不服的，可以在收到裁定书之日起 5 日内申请复议一次，海事法院应当在收到复议申请之日起 5 日内作出复议决定，复议期间不停止裁定的执行。裁定正确的，通知驳回当事人的申请；裁定不当的，作出新的裁定以变更或撤销原裁定。被请求人申请复议的理由成立的，应当将保全的证据返还被请求人。

而利害关系人对于海事法院作出的海事证据保全的裁定如果有不同意见，则是通过异议程序进行救济。利害关系人指海事请求人和被请求人以外的对保全的证据主张权利的人，主要是指除海事被请求人以外的但与被保全证据有关的人。在海事法院作出采取海事证据保全措施的裁定后，利害关系人对海事证据保全提出异议，海事法院经审查，认为理由成立的，应当裁定撤销海事证据保全；已经执行的，应当将与利害关系人有关的证据返还利害关系人；认为理由不成立的，应当书面通知利害关系人。

5. 执行及证据的适用

海事法院进行海事证据保全，根据具体情况，可以对证据予以封存，也可以提取复制件、副本，或者进行拍照、录像，制作节录本、调查笔录等。确有必要的，可以提取证据原件。

2000 年，最高人民法院副院长李国光在全国民事审判工作会议上讲话指出，根据《海事诉讼特别程序法》采取证据保全后，所提取的证据材料应当由海事法院负责保存。海事请求人在向海事法院起诉后，可以申请复制。与海事证据保全有关的纠纷由仲裁机构处理的，仲裁机构可以向海事法院申请复制该证据材料。

《海诉法解释》第 49 条进一步明确规定，海事请求人在采取海事证据保全的海事法院提起诉讼后，可以申请复制保全的证据材料；相关海事纠纷在中华人民共和国领域内的其他海事法院或者仲裁机构受理的，受诉法院或者仲裁机构应海事请求人的申请可以申请复制保全的证据材料。

上述讲话及规定表明，在采取证据保全措施后，所提取的证据材料由采取措施的海事法院保存。海事请求人复制证据的前提是向采取海事证据保全的海事法院起诉，或者中国的其他海事法院或者仲裁机构已经受理相关海事纠纷。

（三）申请错误的损失赔偿

证据保全不同于财产保全，不以财产为保全对象，因而由于申请错误而给被请求人的财产造成直接损害的可能性较小。但是，由于证据保全发生在实体判决作出之前，甚至起诉前，证据保全措施仍然有可能使被请求人受到一定的经济损失。因此，《海事诉讼特别程序法》第 71 条规定，海事请求人申请海事证据保全错误的，应当赔偿被请求人或者利害关系人因此所遭受的损失。对于海事请求人申请海事证据保全是否错误的判定标准，应当是海事证据保全的条件，即请求人是否是海事请求的当事人；被请求人是否是与请求保全的证据有关的人；请求保全的证据对该海事请求有无证明作用；是否具备证据保全的必要性；等等。

被请求人要求海事请求人赔偿损失案件的管辖法院为采取海事证据保全的海事法院。

第六章　海事担保制度

【内容摘要】 本章主要介绍海事诉讼中的海事担保制度，包括海事担保的概念、特点、种类、程序等内容。通过学习，使学生了解和掌握海事诉讼中的海事担保的一般理论与实践，理解该海事担保与船舶担保物权的区别。

第一节　海事担保制度概述

一、海事担保的概念

海事诉讼中的海事担保是指在海事诉讼及相关活动中，为保障当事人的海事诉讼请求得以实现而提供的担保。海事领域所涉及的担保包括两种：一种是海商事领域中的一般债权担保；另一种是海事诉讼及相关活动所涉及的担保。上述两种担保的性质不完全相同，《海事诉讼特别程序法》所规定的海事担保仅指后者，即在海事诉讼及其相关活动中，依照法律规定或当事人约定，为保障当事人的海事诉讼请求得以实现而提供的担保。按照《海事诉讼特别程序法》第73条和第79条的规定，海事担保包括海事请求保全、海事强制令、海事证据保全及海事赔偿责任限制基金和先予执行等程序中所涉及的担保。

海事担保是海事诉讼程序过程中的法律责任担保，是海事损害赔偿责任或给付责任的特殊保障，突破了民法担保制度的附随性原则，具有相对独立性。海事担保属于一种程序上的担保而非实体法上的债的担保。从字面上理解，广义上的海事担保包括海事诉讼担保和海商事领域中涉及的各类采取保全措施和执行措施所涉及的担保，即为一切海商事活动提供的担保的总称。其中既包括海商事活动中带有合约性质的担保，也包括海事诉讼及海事仲裁活动带有纠纷色彩的担保。狭义的海事担保仅指采取保全措施所涉及的担保。我国《海事诉讼诉讼特别程序》第73条规定："海事担保包括本法规定的海事请求保全、海事强制令、海事证据保全等程序中所涉及的担保。" 该法第79条进一步规定："设立海事赔偿责任限制基金和先予执行等程序所涉及的担保，可以参照本章规定。"另根据《海事诉讼特别程序法》第18条第1款规定："被请求人提供担保，或者当事人有正当理由申请解除海事请求保全的，海事法院应当及时解除保全。"由此推知，《海事诉讼特别程序法》所指的海事担保为狭义的、诉讼意义上的担保，即主要是保全程序，如海事请求保全、海事强制令和海事证据保全中所涉及的担保，以及其他海事诉讼程序中涉及的担保。

二、海事担保的特点

海事担保最大的特征是能够保障海事请求人的海事请求得以最终实现。最初的体现是通过获得担保而对海事请求人提供一种保障，其后是通过这种保障来实现其海事请求或"索赔权"。当海事请求人不能获得海事担保时，其海事请求权的实现将处于一个不稳定的状态，因此研究海事担保的特征对于海事请求人实现其海事请求权具有重要作用。

（一）海事担保通常具有不确定性

《海事诉讼特别程序法》所规定的海事担保与我国《民法通则》及《中华人民共和国担保法》（以下简称《担保法》）所规定的民事债权担保相比有共通之处，都是对主债权的保障措施，且都具有从属性、相对独立性和补充性等担保的本质属性。但是，因海事担保与海事诉讼程序密切相关，与民事债权担保相比较，在担保的设定、方式等方面都有着明显的不同之处。民事债权担保主债权通常表现为既存的、确定的债权，这是由债的担保从属性决定的。在海事担保中，担保的设定并不以被担保债权现实存在为必要条件，只要可能存在或者在将来有可能发生债权债务关系即可，所以海事担保所依附的主债权通常是不确定的债权。

（二）海事担保具有法定性

债权担保，一般是由当事人通过合意约定成立。在我国《民法通则》《担保法》《物权法》规定的保证、抵押、质押、留置及定金诸种担保方式中，只有留置是依照《物权法》的规定直接成立并发生法律效力的，属于法定担保范畴；其他几种担保方式依据当事人意思自治成立并发生相应的法律效力，属于意定担保。《海事诉讼特别程序法》第16 条规定，海事法院受理海事请求保全申请，可以责令海事请求人提供担保。海事请求人不提供的，驳回其申请。所以法院要求请求人提交担保时，这就是请求人的强制性义务，相当于请求人得到司法救济而应付出的对价。《海事诉讼特别程序法》第75 条还规定，海事请求人提供的担保，其方式、数额由海事法院决定。被请求人提供的担保，其方式、数额由海事请求人和被请求人协商；协商不成的，由海事法院决定。也就是说，海事担保是否设立及如何设立等事项不仅都是由法律明文规定的，而且法院对这类事项还有一定的自由裁量权。

（三）海事担保具有较强的程序性意义

普通债权担保的目的，主要是督促债务人及时履行义务，具有保障主债权实现的意义；而海事担保，则是在海事诉讼活动中设立的担保，与海事诉讼保全等程序关系密切。海事诉讼中，双方当事人均可以提供担保，在海事法院责令海事请求人提供担保时，担保的提交与否关系到法院是否同意采取保全措施或先予执行等；被请求人提供担保，其主要目的是解除海事法院对财产的扣押，从某种意义上来讲是保全措施的延续。此外，在当事人间的主债权经审理确定后，海事担保随即转化为执行担保，担保确定债权的履行。所以，海事担保更具有程序化的意义。

（四）海事担保方式具有特定性

一般债权担保的方式有多种，除我国《担保法》《物权法》等法律规定的典型担保形式，如保证、定金、抵押、质押、留置之外，还有让与担保、所有权保留等非典型担保形式。《海事诉讼特别程序法》仅仅规定了海事担保的四种担保方式，即现金担保、保证担保、抵押担保或者质押担保；在海事请求保全司法实践中，用得比较多的担保方式是现金担保和保证担保。

三、海事担保的种类

（一）按提供担保的主体和目的分类

基于提供担保的主体和目的的不同，海事担保通常分为两种：其一，申请海事请求保全的海事请求人因请求可能不当而造成被请求人损失，向法院所提供的担保。其二，被请求人为解除强制措施所提供的担保，即法院准予请求人海事请求保全后，以裁定的方式，责令被请求人向请求人或扣押船舶的法院提供的担保。

1. 请求人提供的担保

请求人提供的担保即海事请求人申请海事请求保全时向法院提交的担保，旨在为可能出现的申请错误或担保数额要求过高造成的损失提供赔偿保障。实践中，由海事请求人提供的担保也叫反担保。其中，海事保全申请错误和担保数额要求过高这两种情形，可以被统称为海事保全"申请不当"。《海事诉讼特别程序法》第 16 条规定："海事法院受理海事请求保全申请，可以责令海事请求人提供担保。海事请求人不提供的，驳回其申请。"第 55 条规定："海事法院受理海事强制令申请，可以责令海事请求人提供担保。海事请求人不提供的，驳回其申请。"第 66 条规定："海事法院受理海事证据保全申请，可以责令海事请求人提供担保。海事请求人不提供的，驳回其申请。"这几条分别规定了海事法院受理海事请求保全、海事强制令、海事证据保全申请，"可以责令海事请求人提供担保。海事请求人不提供的，驳回其申请"。同时，该法第 20 条规定："海事请求人申请海事请求保全错误的，应当赔偿被请求人或者利害关系人因此所遭受的损失。"第 78 条规定："海事请求人请求担保的数额过高，造成被请求人损失的，应当承担赔偿责任。"第 74 条规定："海事请求人的担保应当提交给海事法院。"为了便于将来处理可能出现的海事保全申请错误或要求担保数额过高等问题，且"提供给被申请人在实际操作上不可行"，海事请求人是否提供担保，提供何种方式及何等数量的担保，也由法院决定。请求人担保在海事保全法律关系中处于从属地位，而"主角"则为被请求人提供的担保。请求人担保由请求人随海事保全申请一道提交给法院，所以，请求人担保是"实然性"的担保。

2. 被请求人提供的担保

这是被请求人为解除对其财产的保全而以其财产或第三财产或信用提供担保，目的是"旨在替代海事法院保全的标的物"。当然，我们亦可将其称之为：海事法院据请求人申请责令被请求人提供的担保，这两种提法只是表达了提供担保的主动性不同，其实质意义并无二致。在被请求人实际提供担保之前，"被请求人提供的担保"赋有"应然性"，只有在被请求人实际提供具体担保后，才转换为具有实质内容的担保。根据《海事诉讼特别程序法》第 74 条规定，"被请求人的担保可以提交给海事法院，也可以提供给海事请求人"，担保的方式和数额先由请求人和被请求人协商，协商不成则由法院决定，数额应与海事请求人的债权数额相当，且不得超过被保全财产的价值。

请求人担保和被请求人担保都可采取《海事诉讼特别程序法》所规定的提供现金、保证或设置抵押、质押的方式。从两种担保的目的来看，二者在一定意义上存在相对性，且互为保证。

（二）按担保方式分类

根据担保方式来划分，可将海事担保分为现金担保（金钱担保）、保证担保（人的担保）、实物担保（如抵押担保和质押担保）三种。司法实践中，应用较多的是现金担保和保证担保，实物担保方式则较少采用。《海事诉讼特别程序法》第 73 条第 2 款明确规定，"担保的方式为提供现金或者保证、设置抵押或者质押"，即海事法院只能接受现金、保证、抵押和质押四种形式的担保，且有关保证、抵押和质押也需符合《担保法》的规定。

1. 现金担保

现金担保，是指一方向法院或者对方预交一定数额的现金以保证履行确定债务的担保方式[①]。它是一种金钱担保。设定现金担保要求转移标的物的占有权，由法院或担保权利人取得对现金的占有。

在海事担保实践中，现金担保是最为直观、最为可靠、最为方便的担保方式。对请求人而言，一旦其主张的债权成立，即可获赔偿。对被请求人而言，通过提交现金担保可以有效地避免因法院扣押其巨额财产而导致影响其正常的生产经营活动。但是，由于现金担保存在资金占用，会阻碍资金正常流转，从而产生影响被请求人正常使用的问题，具体操作时，设定现金担保是将现金直接提交法院或对方当事人，或划入被担保的债权人的账户或法院的指定账户。当事人是否已得到担保及海事法院对现金担保的审查均简化为只需要查看现金是否已经到账即可。

由于海事请求保全的标的一般都较大，要求被请求人提供的担保数额很高，动辄几十万元或者上百万元。所以，使用现金担保尚需慎重。根据司法实践的经验，海事诉讼中的现金担保仅适用于以下情况[②]：第一，小额担保；第二，债务人或担保人资信较差

---

① 杨树明：《民事诉讼法·海事诉讼特别程序篇》，厦门大学出版社，2008 年，第 153 页。

② 沈满堂：《海事担保的理论与实践（1）》，《中国对外贸易》，2001 年第 6 期，第 23-25 页。

或情况不明，且时间紧迫，一时无法寻得其他担保方式的，如境外海事请求人申请扣船，或被请求人为方便快捷，避免因小额海事请求而被扣押自营大船的。

2. 保证担保

保证是指保证人的承诺，当被保证人所负的债务或者责任明确时，保证人按照自己的承诺履行债务或者责任的行为。以保证的方式提供担保，保证人应当出具保证书。保证书的内容包括保证担保受益人、事件性质、保证担保的数额、保证的方式、保证担保的事由、保证担保的责任、保证担保的履行条件和其他需要承诺的事项。保证担保操作简单、手续简单、保管容易、运用灵活，是海事司法实践中应用频率最高、使用领域最广泛的一种担保形式。

1）保证担保受益人

保证担保受益人一般是指索赔方，所以申请人和被申请人都可能成为受益人。

2）事件性质

事件性质指当事船的名称及事件发生时间、地点等。

3）保证担保的数额

这是保证人索赔责任的最高限额。因为只有当被保证人所负的债务或责任明确时，保证人才按自己的承诺履行债务，而在保证合同成立时，案件的实体处理还未开始，即具体的责任及赔偿数额还未确定，所以保证金额只能是估算的，但应存在一个合理的范围以确保当事人双方的利益。

4）保证的方式

保证的方式有一般保证和连带责任保证。二者最主要的区别在于保证人是否享有检索抗辩权，即先诉抗辩权。如果保证合同中约定的是一般保证，那么只有在作为被担保的债权人经强制执行，确实没有履行抗辩能力的情况下，保证人才有义务履行保证义务，即在一般保证下，保证人享有先诉抗辩权；如果约定的保证方式是连带责任保证，那么债务人在主合同规定的债务履行期限届满没有履行债务的，债权人既可以要求债务人履行债务，也可以直接要求保证人在保证范围内承担保证责任，此时保证人不享有先诉抗辩权。

实践中，一般多采用连带责任保证方式。首先，海事担保是在诉讼中提供的担保，一般来说，债权人已采取了自力救济的手段，而债务人没有履行能力或存在履行困难，否则也不会诉诸法院。要求保证人提供连带责任的担保，可以保护债权人的利益。其次，从效率原则出发，执行连带责任保证程序简单，只要债务人到期不履行债务，债权人就可直接要求保证人在保证范围内履行；而一般保证的最大特点是保证人享有先诉抗辩权，所以债权人应证明债务人不能履行债务这一情况。一旦涉及举证，程序就会比较烦琐。

保证人的确定在海事担保中是一个关键问题。保证作为一种信誉担保，它不仅要求保证人是第三人而且要求他们必须有良好的资信能力。对于境外保证人提供的担保，通常要求国内的保证人加保，以确认保证的可靠性。保证人的资格与保证的可兑性是紧密相连的，在实践中主要有以下几类保证人。

（1）保险公司或互保协会。在涉及对物诉讼并扣船或威胁扣船的案件中，最多发生的类别应是货损货差赔偿，而这是船东在互保协会获得保赔最多的一项。为承保人提供担保是保险人的义务，因此它不涉及费用，只要是互保协会保赔的范围，如货损货差索赔，这种保证是不另向船东收费的。[①]

（2）银行。有些国家或地区对这种担保比较重视。例如，在南非，如果双方不能就担保的形式和内容达成一致，法院将接受南非银行的担保或者在南非可执行的外国银行的担保[②]。我国台湾地区规定，船舶扣押后，只接受台湾地区银行所提供的担保，即使是外国的担保也要通过我国台湾地区银行来担保[③]。银行担保的弊端是手续费和每年征收的担保费用较为昂贵。

（3）资信好的大公司。其所提供的担保又称保释担保。保释担保提交的对象是法院而非对方当事人。在英国，法院管辖区内的任何自然人和法人，只要有财力支付诉前保全金额，都可以提供保释担保。目前，这种担保仍然存在，却很少见。杨良宜先生以英国法为背景分析其原因，除程序上烦琐外，如果原告律师质疑担保人的财力，会延误船舶的释放，而且对于船东而言，会被视作主动接受英国法院的管辖权。

3. 抵押担保

抵押属于"物的担保"。海事担保的抵押，其含义和运作机制是指在海事保全程序中由海事请求人、被请求人或第三人以提供的特定财产作为抵押物，即将该财产作为请求人正确申请海事保全或实现请求人海事请求权的保障，当请求人海事保全申请不当或被申请人不履行法定义务时，债权人从抵押物折价或拍卖、变卖的价款中得到优先受偿的一种担保方式。设定抵押债权担保不需要转移标的物的占有权，使抵押人既能设定抵押，又能实现抵押物的使用价值。《海事诉讼特别程序法》所涉抵押同我国《担保法》所规定的一致，是广义的抵押，抵押物包括不动产与动产。[④]其中，船舶、车辆、设备、房屋、土地使用权、有价证券等，是较为常见的抵押物。而按照相关规定，以不动产进行抵押的，需在职能部门办理登记手续。抵押结束后，还需要履行注销手续。

《海事诉讼特别程序法》所涉及的抵押担保，其设立、效力及实现等规范基本依照我国《担保法》的相关规定。虽然抵押担保程序较为复杂，提供期限较长，但鉴于当今社会市场风险较大，故抵押担保仍不失为一种较为可靠的方式。

4. 质押担保

质押，是指债务人或第三人将其动产或财产权利移交给债权人占有，并以该动产或财产权利作为债权的担保，债务人不履行债务时，债权人有权以该动产或财产权利合法出售的款项优先受偿的一种担保方式。抵押和质押的根本区别就在于抵押物不需要转移占有，而出质的财产必须转移占有。

质押包括动产质押和财产权利质押。动产是可以交付而转移占有的有体物。船舶虽属特殊动产，由于其无法交付转移占有，故不能设立质押，只能进行抵押。财产权利既可以是汇票、本票、债券、存款单、仓单、提单等证券权利，也可以包括股票、著作权、

---

① 杨良宜：《海事法》，大连海事大学出版社，1999 年，第 97 页。

② 吴佳贵：《南非扣船法律制度和船东的风险规制》，《海商法研究》，2000 年第 2 辑（总第 3 辑），法律出版社，2000 年，第 14-37 页。

③ 司玉琢：《海商法详论》，大连海事大学出版社，1995 年，第 514-515 页。

④ 沈满堂：《海事担保的理论与实践（2）》，《中国对外贸易》，2001 年第 8 期，第 24-27 页。

专利权、商标权中的财产权。

质押担保的缺陷在于质押中的财产权利无法符合担保所要求的可靠性，有时即使拥有提单的权利，也会面临无单放货的风险。此外，由于质押需要转移对财产的占有，可能会产生一系列的问题，如质权人难以保管质押财产、出质人因丧失对财产的使用权而有所不便等。基于上述原因，实践中很少采用质押作为海事担保。

第二节　海事担保的程序

一、海事担保的提交与接受

（一）申请人提供的担保

1. 申请人提供担保的类型

申请人提供的担保也称反担保，要求申请人提供担保的目的在于保证赔偿因申请扣船错误可能造成被申请人的经济损失。当被申请人最终被判定对海事请求负有责任时，申请扣船正确；当被申请人最终被判定对海事请求不负责任时，申请扣船是错误的，申请人相应应承担申请扣船错误的责任。可见，反担保的提供与错误扣船是相关的。

申请人提出申请扣船，一般是在情况紧急的情况下提出的。此时提出的证据未必全面、确凿，而法院又必须在48小时内作出是否准予扣船的裁定。在如此短的时间对申请人提交的证据不一定能进行全面核对。法律是公平的，为了使申请人与被申请人的利益都得到充分保护，一旦法院裁定准予扣船应当立即执行，同时为了保护被申请人的利益，使其因船舶被错误扣押而造成的损失得以补偿，即为使被申请人的反索赔权利得到保护，有必要要求申请人提供担保。但立法是受多种因素制约的，各国的具体情况不同，反映在是否要求申请人提供反担保上也就有差异。目前主要有三种类型。

第一，宽松型，即申请人无需提供担保。这主要是英美法系国家的做法。英美法系国家由于实行对物诉讼制度，将船舶比拟成有责任的当事人，予以扣押并以船为被告进行诉讼，所以一般不需要申请人提供反担保。在英国，据以扣船的请求被证明证据不足，不构成对错误扣船损害赔偿的请求理由，唯有恶意扣船，才可提出损害赔偿请求。美国法律认为，申请人提出请求时，除需对法院费用、为扣押船舶并安排看守员、接管船舶的执行官的开支提供担保外，无需提供赔偿被扣船所有人所受损失的担保。英美法系国家的这种做法对申请人较为有利，可以省去提供担保的麻烦，同时也可以不必过多地担心申请扣船错误。此外，新加坡、澳大利亚、加拿大、荷兰也采用这种做法。

第二，严格型，即申请人必须提供担保。例如，北欧国家中的挪威、瑞典、芬兰。芬兰法律规定，在扣船后或实施扣船前，申请扣船的一方必须对遭受的损害提供担保。如果证明扣船是违法的，申请方还必须对可能因扣船行为而引起的全部损失负责。

第三，折中型，即申请人提供担保的金额、方式由法官依自由裁量权决定。典型国家有德国、法国、日本、丹麦。法国法律规定，法院院长可以要求债权人在法院颁发扣船令以前证明其具有清偿债务的能力，如不能证明，应向登记处或受托人提供保证书或担保，但未规定担保金额或限额。丹麦法律规定，请求人必须提供担保，以保证赔偿最后认定扣船错误而使债务人遭受的损失。但是，如果债务人承认请求和扣船的正当性，或法院认为请求有偿，则无需提供担保。

我国关于申请人是否提供担保的规定体现在民事诉讼法中。《民事诉讼法》第 101 条规定："利害关系人因情况紧急，不立即申请保全将会使其合法权益受到难以弥补的损害的，可以在提起诉讼或者申请仲裁前向被保全财产所在地、被申请人住所地或者对案件有管辖权的人民法院申请采取保全措施。申请人应当提供担保，不提供担保的，裁定驳回申请。人民法院接受申请后，必须在四十八小时内作出裁定；裁定采取保全措施的，应当立即开始执行。申请人在人民法院采取保全措施后三十日内不依法提起诉讼或者申请仲裁的，人民法院应当解除保全。"对于扣船申请人而言，《海事诉讼特别程序法》第 16 条规定："海事法院受理海事请求保全申请，可以责令海事人提供担保。海事请求人不提供的，驳回其申请。"这种做法符合现实的需要，体现了较强的灵活性，留给法官一定的自由裁量的余地，有助于对弱者利益的保护。

2. 申请人提供担保的金额

在要求申请人提供担保的情况下，确定其反担保的金额是首要问题。

在 1999 年《海事诉讼特别程序法》出台之前，海事法院处理海事案件的主要依据是 1991 年《民事诉讼法》，但 1991 年《民事诉讼法》对此问题没有规定。现行《民事诉讼法》第九章"保全和先予执行"中对此做了规定，第 100 条第 2 款规定："人民法院采取保全措施，可以责令申请人提供担保，申请人不提供担保的，裁定驳回申请。"第 101 条规定："利害关系人因情况紧急，不立即申请保全将会使其合法权益受到难以弥补的损害的，可以在提起诉讼或者申请仲裁前向被保全财产所在地、被申请人住所地或者对案件有管辖权的人民法院申请采取保全措施。申请人应当提供担保，不提供担保的，裁定驳回申请。人民法院接受申请后，必须在四十八小时内作出裁定；裁定采取保全措施的，应当立即开始执行。"2015 年《民诉法解释》第 152 条规定："人民法院依照民事诉讼法第一百条、第一百零一条规定，在采取诉前保全、诉讼保全措施时，责令利害关系人或者当事人提供担保的，应当书面通知。利害关系人申请诉前保全的，应当提供担保。申请诉前财产保全的，应当提供相当于请求保全数额的担保；情况特殊的，人民法院可以酌情处理。申请诉前行为保全的，担保的数额由人民法院根据案件的具体情况决定。在诉讼中，人民法院依申请或者依职权采取保全措施的，应当根据案件的具体情况，决定当事人是否应当提供担保以及担保的数额。"

根据《民诉法解释》第 152 条的规定，申请人申请诉前财产保全提供的担保数额应相当于请求保全的数额。但这种做法在诉前扣船担保中并不适用，可以说，在海事请求保全中也不适用。因为扣船不同于一般的财产保全，其所涉及标的之大是其他财产保全所不能比拟的，让扣船申请人提供相当于请求保全数额的担保比较困难。事实上，反担保的目的决定了反担保的金额应如何确定，要求申请人提供反担保的目的在于保证赔偿因申请错误造成被申请人的经济损失，所以，其担保金额也应依这一原则确定。而根据《民诉法解释》

规定的提供反担保的数额，并不能体现海事诉讼强制措施中要求的反担保的目的。

在我国海事诉讼程序性规定中，《海事诉讼特别程序法》第 16 条规定："海事法院受理海事请求保全申请，可以责令海事请求人提供担保，海事请求人不提供的，驳回其申请。"第 20 条规定："海事请求人申请海事请求保全错误的，应当赔偿被请求人或者利害关系人因此所遭受的损失。"第 76 条第 2 款规定："海事请求人提供担保的数额，应当相当于因其申请可能给被请求人造成的损失。具体数额由海事法院决定。"可见，关于海事请求人提供反担保的目的及数额，海事诉讼程序法与民事诉讼法的立法精神不同，重在保护由于海事请求人申请保全错误而给被请求人造成的损失，符合海事诉讼强制措施的特点和海事争议解决的特殊性。因此，按照特别法优于普通法、后法优于先法的原则，扣船申请人提供反担保的数额应按照《海事诉讼特别程序法》及其司法解释的规定处理。具体反担保数额的计算，根据《海诉法解释》第 24 条规定，申请扣押船舶错误造成的损失，包括因船舶被扣押在停泊期间产生的各项维持费用与支出、船舶被扣押造成的船期损失和被申请人为使船舶解除扣押而提供担保所支出的费用。

申请扣船错误的损失主要是船期损失，包括船舶被扣期间的成本支出和可预见的利润收入，如不能执行下一个预定航次所产生的损失，船期损失根据扣押的期限和船舶吨位大小而定。《海事诉讼特别程序法》第 28 条第 1 款规定："海事请求保全扣押的船期为三十日。"因此，考虑申请人担保金额时，通常以拟合扣押船舶 30 天的船期损失为准，每天的船期损失以同类船型当日的市场日期租金价格来计算。如果超出上述期间船舶仍然在继续扣押，海事法院就会责令申请人及时追加一定数量的担保。司法实践中，海事法院可以根据申请人提供反担保类型灵活处理。当申请人以现金形式提供反担保时，考虑到申请人拿出大笔资金较为困难，法院一般可以准许申请人分期提供。例如，可以要求申请人先提供 1/2 或 1/3 的反担保金额，如果实际扣船期间超出这一比例时，再要求申请人追加。实践中，反担保的具体数额由扣押法官决定。扣押法官确定反担保数额的基本原则是使被申请人因错误扣押所遭受的损失受到赔偿。这方面没有具体的法律规定，由各法院自己掌握。

（二）被申请人提供的担保

1. 被申请人提供担保的目的

一般情况下，当被申请人提供了充分可靠的担保后，海事法院应当解除扣押船舶。这是被申请人提供担保的目的，也是其提供担保的法律后果。扣船作为一项海事请求保全措施，目的是保全海事请求得以实现，是通过法律程序暂时将船舶强制地作为保全海事请求的担保物。如果被申请人为了减少损失提供了担保，就可以将扣押船舶这种强制措施转化为其他一般形式的担保。这样既可以达到保全海事请求的目的，也可将扣押的船舶释放使其继续运营。可以说，大陆法系和英美法系在申请人提供担保解除船舶扣押这一点上是一致的，不同之处在于前者扣船和放船的理论基础是财产保全制度，而后者以对物诉讼为根据实行扣船。《海事诉讼特别程序法》第 18 条第 1 款也规定："被请求人提供担保，或者当事人有正当理由申请解除海事请求保全的，海事法院应当及时解除保全。"当然，被申请人提供担保并不等于责任的承认和责任限制的放弃，即提供担保仅仅是程序上的要求，并不对被请求人实体权利产生影响，被请求人仍可在案件审理中就事实和法律问题进行抗辩。

2. 被申请人提供担保的金额

《海事诉讼特别程序法》第 75 条规定："被请求人提供的担保，其方式、数额由海事请求人和被请求人协商；协商不成的，由海事法院决定。"《海事诉讼特别程序法》第 76 条第 1 款规定："海事请求人要求被请求人就海事请求保全提供担保的数额，应当与其债权数额相当，但不得超过被保全的财产价值。"

3. 担保提交的对象

担保提交的对象即被申请人提供担保的接受问题。在海事请求保全程序中，被请求人提供担保的，海事法院应当及时解除保全。对于担保的提交对象，《海事诉讼特别程序法》第 74 条规定，被请求人的担保可以提交给海事法院，也可以提供给海事请求人。担保提交给海事法院的，海事法院应审查其可靠性和充分性。以抵押或质押方式提交担保，还应要求登记。海事法院通过审查认为可以接受的，应及时作出解除保全的裁定。担保提交给海事请求人的，可以由请求人向海事法院提出解除保全的申请，并附上已经设定有效担保的相应证据，海事法院经核实后应准许其申请，及时裁定解除保全措施。

二、海事担保的返还、减少、变更和消灭

（一）海事担保的返还

海事担保的返还是指在一定的条件下将担保人所提供的担保返还给担保人。当申请人或被申请人自己提供担保时，则返还给他们自身。如被申请人没有对申请人提起诉讼，或者虽被申请人提起诉讼但被驳回的，海事法院应当将担保发还给申请人或担保人。申请人就扣船所依据的海事请求对被申请人提起诉讼，海事法院审理判决被申请人不承担责任，海事法院或申请人应将被申请人的担保发还被申请人或担保人。[1]如果申请人未在规定的期限内提起诉讼或提交仲裁，担保是否应当发还？

一种观点认为，这种做法是必要的、合理的。因为如果允许海事请求人迟迟不提起诉讼或申请仲裁而保持被请求人提供的担保，不仅不能促使纠纷早日解决，而且容易使扣船这种手段被滥用以致损害船舶所有人的利益。[2]另一种观点认为，1999 年《扣船公约》的规定是与立法宗旨及司法实践相违背的。[3]本书认为这种观点是正确的。这主要是因为提供担保的最终目的是保证将来判决或裁决得以执行，释放船舶并不是最终的目的。实践中经常存在被申请人提供担保后，申请人与被申请人双方和解的情况。因为和解无强制力，所以一旦因申请人未在规定的期限内起诉或仲裁便将担保释放，此时若被申请人不履行债务，而船舶已经被释放，担保也被发还，被申请人利益无法保护。故未

---

① 金正佳、翁子明：《海事请求保全专论》，大连海事大学出版社，1996 年，第 97-98 页。

② 翁子明：《粗评我国扣船制度的变化——兼评对扣船公约的借鉴》，《海商法研究》，2000 年第 1 辑（总第 2 辑），法律出版社，2000 年，第 45-56 页。

③ 邬先江：《论 99 国际扣船公约对我国的影响》，《中国海商法年刊》，1999 年，第 172-181 页。

在规定期限内起诉或仲裁的，应解除扣押船舶。

（二）海事担保的减少、变更和消灭

一定的法律事实的出现会导致特定法律关系的产生、变更和消灭。《海事诉讼特别程序法》第 77 条规定："担保提供后，提供担保的人有正当理由的，可以向海事法院申请减少、变更或者取消该担保。"《海诉法解释》第 52 条对该条规定进行了进一步补充规定，《海事诉讼特别程序法》第 77 条规定的正当理由指：①海事请求人请求担保的数额过高；②被请求人已采取其他有效的担保方式；③海事请求人的请求权消灭。这样的规定是符合公平正义要求的，同样，这一规定既适用于被申请人，也适用于申请人。

三、海事担保的执行

担保的执行是指案件的实体问题进行审理和裁判后，债务人到期不履行债务，而以担保的财产或担保人的财产清偿债务。海事担保的执行，是指海事法院就海事请求人与被请求人（或第三人）之间的纠纷经过实体审理后作出的判决发生法律效力，确定被担保人的债务，但被担保人在履行期限届满后不履行债务，从而执行海事担保。可见只有在海事法院裁判被担保人承担责任且被担保人到期不履行其责任的情况下，才必须执行担保。

对申请人而言，当法院判决其申请扣船错误，应当赔偿被申请人因此而遭受的损失，而申请人未在判决规定的履行期届满前履行的，才会执行申请人的担保；就被申请人而言，当申请人依海事请求提起诉讼，法院最终判决被申请人承担责任，而被申请人未在履行期满前履行的，这时才会执行被申请人的担保。可见担保的执行不是一个必经程序。问题是在存在执行担保情况下，如何实现担保的可执行性？这是海事司法实践中需要解决的问题。

第三节　海事担保的种类

一、海事请求保全中的担保

（一）海事请求保全担保的概念

《海事诉讼特别程序法》第 16 条规定："海事法院受理海事请求保全申请，可以责令海事请求人提供担保。海事请求人不提供的，驳回其申请。"从该条规定可以看出，《海事诉讼特别程序法》并不要求海事请求保全的申请人必须提供担保。《民事诉讼法》第 100 条第 2 款规定："人民法院采取保全措施，可以责令申请人提供担保，申请人不提供担保的，裁定驳回申请。"《民事诉讼法》第 101 条第 1 款规定："利害关系人因情况紧急，不立即申请保全将会使其合法权益受到难以弥补的损害的，可以在提起诉讼

或者申请仲裁前向被保全财产所在地、被申请人住所地或者对案件有管辖权的人民法院申请采取保全措施。申请人应当提供担保，不提供担保的，裁定驳回申请。"在这一点上，《海事诉讼特别程序法》与《民事诉讼法》相比是放宽了条件。

一般来说，申请人申请海事请求保全的目的并非为扣押财产，而是获得担保，《海事诉讼特别程序法》规定，申请人在海事请求保全申请书中必须写明要求提供担保的数额，海事法院也应在裁定书中裁定被申请人提供担保。《海事诉讼特别程序法》相关制度设计倾向于为解除财产扣押而提供担保。

（二）海事请求保全担保的方式

根据《海事诉讼特别程序法》第 73 条规定："海事担保包括本法规定的海事请求保全、海事强制令、海事证据保全等程序中涉及的担保。担保的方式为提供现金或者保证、设置抵押或者质押。"所以，海事诉讼保全担保的方式主要有以下几种。

（1）现金担保，指担保人以现金或其他可以流通的有价证券为表现形式的担保。

（2）信用担保，指银行或者其他具有担保资格的组织以其商业信用所出具的担保函。实践中常见的方式有：①保险人提供担保函；②银行担保；③资信担保。

（3）实物担保，是指担保人以其所有的财产进行担保。

如果担保的方式为现金担保、实物担保，在实践中一般不会出现问题。但是如果为信用担保，《海事诉讼特别程序法》对于担保人是否适格、法院应如何审查担保人资格等问题未作规定，实践中往往会出现担保行为过于随意、担保人资格有瑕疵等方面的问题。所以，对于法院对担保人的审查及出现担保人主体不适格时应如何处理等问题，应作出统一规定。

（三）海事请求保全担保的基本程序

1. 申请

海事请求人为获得海事担保而向海事法院申请海事请求保全时，应当在提交的申请书中载明尽可能详细的请求人和被请求人的基本情况，海事请求保全请求事项，提出申请的事实和理由，并附相关证据。

"保全请求事项"包括：①请求海事法院采取的保全措施。海事请求保全措施有扣押船舶、扣押船载货物、船用燃油、物料，以及在诉前查封、冻结财产等。②要求责令被请求人提供担保的方式和数额。

"事实和理由"包括：①案件基本事实，即当事人之间的基础法律关系；②纠纷起因、过程及对请求人造成的损害；③申请理由，即需要借助司法手段来弥补损害造成的损失。海事请求保全申请获准后，请求人应按照规定向海事法院预交保全申请费及法院执行保全可能发生的其他费用。

2. 审查

海事法院对海事请求保全案件的立案审查，主要围绕以下六个方面进行：第一，案件是否应由海事法院管辖；第二，主体是否适格；第三，是否属于海事请求；第四，证据是否达到足以证明基本事实的程度；第五，请求人是否已提供充分有效的反担保；第六，申请事项是否合法和合理，即不能违反法律规定或损害社会及其他人的合法权益。

如果符合上述条件，法院将准许海事请求人的海事请求保全申请，海事请求人也就有了获得其所企求的海事担保的机会。如果不符合条件，法院将不予受理，并发出不予受理通知书。当事人对此不服的可以向上级法院提出上诉。

在司法实践中，海事法院对海事请求人的保全申请，有时并不直接作出书面的不予受理通知，而是口头告知其不予受理、退回材料，由其重新考虑或进行修改补充后再作决定。法院的审查是初步的审查，具体事实和实体责任留待诉讼阶段进行审理。

3. 执行

根据《海事诉讼特别程序法》第 17 条第 1 款的规定，海事法院接受（海事请求保全）申请后，应当在四十八小时内作出裁定。裁定采取海事请求保全措施的，应当立即执行；对不符合海事请求保全条件的，裁定驳回其申请。

4. 被请求人提供担保

海事请求保全执行之后，被请求人为了解除保全程序，可以提供担保。被请求人提供的担保，其方式、数额由海事请求人和被请求人协商。能够被海事法院和海事请求人接受的担保，应当是可靠、充分的担保，而担保的方式和数额则是担保是否可靠充分的主要指标。海事请求人在申请海事请求保全的时候会写明要求被请求人提供担保的数额，这种担保的数额一般是初步估计的所有损失再进行一定的加成，以保证被请求人提供的担保能够充分保障海事请求的实现。如果双方当事人能够相互妥协，就担保数额达成一致，担保就可以顺利提供，有时候法院还会作为中间人参加这种谈判。如果双方就担保数额无法达成一致的话，则由海事法院决定。

5. 被请求人担保的返还

《海事诉讼特别程序法》第 18 条第 2 款规定，海事请求人在规定的期间内未提起或者未按仲裁协议申请仲裁的，海事法院应当及时解除保全或者返还担保。由于《海事诉讼特别程序法》第 74 条规定被请求人的担保既可以提交给海事法院，也可以提交给海事请求人，如系后者，海事请求人负有返还担保的义务，海事请求人不返还担保的，法院应当责令其返还。

6. 海事担保的救济

《海事诉讼特别程序法》第 20 条规定，海事请求人申请海事请求保全错误的，应当赔偿被请求人或利害关系人因此所遭受的损失；同时，第 78 条规定，海事请求人请求担保的数额过高造成被请求人损失的，应当承担赔偿责任。

二、海事强制令中的担保

与海事请求保全一样，海事强制令也是在当事人之间权利义务关系尚未明确的情况下，即常是在实体判决之前作出的，最终可能会因判决被请求人没有作为或不作为义务而证明申请海事请求权错误。无论是诉前还是诉讼中的海事强制令都有要求请求人提供担保的必要，以备赔偿因申请强制令错误而造成被请求人的经济损失。[①]《海事诉讼特别程序法》第 55 条规定："海事法院受理海事强制令申请，可以责令海事请求人提供担保。海事请求人不提供的，驳回其申请。"从法律条文上看，采用了"可以"责令提供担保的词语，说明请求人是否提供担保，海事法院具有自由裁量权，即存在不责令提供担保的情况。海事强制令中的担保适用《海事诉讼特别程序法》第 6 章"海事担保"的规定。

（一）请求人提供担保

无论诉前申请海事强制令，还是诉讼中申请海事强制令，请求人都应提供担保，除非当事人之间的权利义务关系比较明确，且请求人没有提供担保的能力。《海事诉讼特别程序法》第 55 条规定："海事法院受理海事强制令申请，可以责令海事请求人提供担保。海事请求人不提供的，驳回其申请。"可见，海事法院具有自由裁量权，决定是否要求海事请求人提供担保。若海事法院责令海事请求人提供担保，请求人不提供的，海事法院将责令驳回其申请。

海事强制令担保数额原则上应当与海事强制令可能造成被请求人的经济损失相当。例如，承运人因滞期费留置货物，而收货人申请法院强制承运人交付货物，则收货人必须提供与承运人主张的滞期费相当的担保。海事强制令属于行为保全措施，与财产保全相比，其担保数额的确定难度较大，必须根据案件的具体情况而定，有时还需要当事人追加担保金额。[②]

（二）被请求人提供担保

《海事诉讼特别程序法》第 73 条规定："海事担保包括本法规定的海事请求保全、海事强制令、海事证据保全等程序中所涉及的担保。担保的方式为提供现金或者保证、设置抵押或者质押。"第 75 条规定："海事请求人提供的担保，其方式、数额由海事法院决定。被请求人提供的担保，其方式、数额由海事请求人和被请求人协商；协商不成的，由海事法院决定。"

从上述关于海事担保的规定中可以看出，该法并没有明确否认在海事强制令中也可以存在被请求人的担保。海事强制令所依据的海事请求不是给付请求，因此，原则上不允许被请求人提供担保代替其为一定行为或不为一定行为。但在被请求人继续行为或不行为可能造成的损害可以用金钱计算时，经被请求人申请，请求人同意，海事法院也可以接受被请求人的担保，解除保全措施。确定争议法律关系目前状态的裁定，则不得以担保代替实际执行。就被请求人而言，从担保的角度，被请求人一旦提供了担保，请求人的海事请求权就有了较为可靠的保证，从而达到了谨慎使用海事强制令的目的。然而，在海事强制令中，被请求人提供的担保实际上是被请求人变更海事法院的海事强制令内容的一种方式，对它的作用应根据具体情况具体分析：倘若请求人的请求可以用金钱替

---

① 郑培华：《中国海事强制令制度创新与完善的若干问题研究》，上海海事大学硕士学位论文，2005 年，第 39 页。
② 刑海宝：《海事诉讼特别程序研究》，法律出版社，2002 年，第 354 页。

代，但请求人不同意被申请人通过提供担保而撤销海事强制令的，海事法院均不得因被请求人提供担保而撤销海事强制令。但若海事法院认为被请求人提供的担保能够避免请求人的损失，或者担保的提供确使海事强制令的签发成为不必要的，海事法院可以不采用海事强制令转而由被申请人提供担保。①

三、海事证据保全中的担保

《海事诉讼特别程序法》第 62 条规定："海事证据保全是指海事法院根据海事请求人的申请，对有关海事请求的证据予以提取、保存或者封存的强制措施。"证据保全一般是在海事请求人认为证据可能灭失、毁损或者以后难以取得的情况下申请的。它不同于财产保全，不以当事人的财产为保全对象，因而不会直接给被请求人的财产造成损失。

但由于证据保全为强制措施，一方当事人申请保全可能给相对一方当事人或其他利害关系人的财产权益带来损害，即该强制措施的施行仍会给被请求人带来损失。例如，对船上的航行资料等证据进行复印、照相、拍摄，可能导致船舶一定时间内的滞期②，故请求人在申请海事证据保全时应视保全的内容提供一定数额的担保，这种担保的数额原则上应相当于执行保全时预见的被申请人可能受到的损失。基于这种考虑，我国《海事诉讼特别程序法》第 66 条规定："海事法院受理海事证据保全申请，可以责令海事请求人提供担保。海事请求人不提供的，驳回其申请。"《最高人民法院关于民事诉讼证据的若干规定》第 23 条第 2 款规定："当事人申请保全证据的，人民法院可以要求其提供相应的担保。"在此，担保所涉及的事项与《最高人民法院关于民事诉讼证据的若干规定》第 24 条第 1 款所列的证据保全方法具有密切的关联性，无需对证据保全提供担保，直接取决于保全方式。例如，一般采取拍照、录像、录音、复制、制作笔录等方法进行证据保全的，其明显不会对他人造成损害，可不必要求申请人提供相应的担保，而对涉及建筑物、交通工具（船舶）、货物、鲜活商品、名贵物品予以查封、扣押，有可能对这些证据造成直接损害或者妨害其正常使用而造成损失的，法院则要求提供相应的担保。

在实务中，凡是法院要求申请人提供相应担保的，其担保方式采用《担保法》中规定的，如保证、抵押、留置、质押等法定方式。海事证据保全是不能以提供担保的方式来免除强制措施的，因为很可能拟保全的证据就是确定被请求人在整个案件中应否承担责任的证据。而对于前述的海事强制令来说，在某些情况下，可以以提供担保的方式免除强制措施。

---

① 刘康奇：《中国海事强制令制度研究》，西北大学硕士学位论文，2004 年，第 51 页。
② 刑海宝：《海事诉讼特别程序研究》，法律出版社，2002 年，第 354-355 页。

第七章 海事送达制度

【内容摘要】本章主要介绍了海事送达法律制度的基本内容，包括海事送达的概念和特点、一般原则和送达的方式等。

第一节 海事送达概述

一、海事送达的概念和特点

（一）海事送达的概念

民事诉讼中的送达，是指人民法院依照法定程序和方式，将诉讼文书送交当事人和其他诉讼参与人的诉讼行为。在理论上，人们往往把法院负责送达事务的人称为送达人，将接受诉讼文书的人称为受送达人。

送达的意义在于：首先，送达可以使当事人及其他诉讼参与人及时知晓诉讼中的有关信息，为行使诉讼权利，履行诉讼义务做好准备。如诉状副本送达后，被告人就可以知道原告的主张、要求和事实理由，以便及时做好准备，积极应诉；当事人接到送达的判决书后，才可以根据判决书的内容决定是否上诉和拟定上诉内容等。因此，送达是保障当事人及其他诉讼参与人充分行使诉讼权利，履行诉讼义务的重要的诉讼活动。其次，送达是一定诉讼活动开始的前提。诉讼文书送达后会产生一定的法律后果，也为人民法院进一步推进诉讼程序提供了合法前提。如诉状只有送达被告人后，人民法院才可能开始审判活动，否则就是违法的；判决书送达后才会有其生效的问题，没有送达便不存在执行问题等。

海事送达是民事送达的特殊类型，是指海事法院按照法定的方式和程序，将诉讼文书递交给诉讼当事人或者其他诉讼参与人的行为。送达是海事诉讼中的一项重要制度。通过海事法院的送达行为，将诉讼文书递交给受送达人，可以使其了解诉讼文书的有关内容，在诉讼文书规定的期间内行使权利、履行义务。同时，送达行为本身包括一定的法律后果，送达能够发生程序上的效力或实体上的效力。

（二）海事送达的特点

送达是人民法院的一种重要的诉讼行为，具有以下特点。

第一，送达的主体只能是人民法院。当事人及其他诉讼参与人不是送达的主体。虽然当事人或其他诉讼参与人也要向人民法院呈交诉讼文书或相互之间递交其他文书，但这种行为不能称为送达，因此不适用有关送达的规定。

第二，送达是一种特定的诉讼行为。法院在诉讼中的行为是多种多样的。但送达这种行为具有一定的特定性。

第三，送达的文书是法律文书和诉讼文书。例如，判决书、裁定书、调解书、支付令、决定书、起诉状副本、答辩状副本、传票、通知书等。

第四，送达必须依法定程序和方式进行。《民事诉讼法》对送达的程序和方式有比较具体的规定，人民法院实施送达行为时必须依照规定办理。违法的送达不能产生相应的法律后果。

第五，送达具有强制性。送达和受送达人的态度无关，受送达人是否接受送达文书都不影响送达这种诉讼行为的效力。只要按照法律规定的程序和方式进行并完成送达，即发生相应的法律后果。如起诉书副本的送达一旦完成，不管受送达人接受还是不接受送达的文书，都不能改变他作为被告人的诉讼地位；一审判决书送达时不论受送达人是否接受判决结果，如果受送达人在法定的期间内不上诉的，就会发生法律效力等。

而由于海事诉讼具有涉外性，海事诉讼文书的送达程序也相对较为复杂，除了民事诉讼文书送达的一般共性之外，还具有其他一些特点，主要表现在以下几个方面。

第一，海事送达诉讼文书具有多样性。海事法院除了送达一般诉讼文书之外，还送达其他民事诉讼中不曾出现的特种文书，如海事强制令申请书、海事请求保全申请书、扣押船舶的命令、协助执行的通知书等。

第二，海事送达具有两难性。一方面，由于海事案件大多涉及域外因素，船舶流动性强、送达难度大、各国立法对涉外文书送达方式有不同规定，这些直接导致海事诉讼文书的送达难度往往要大于一般民事诉讼，送达方式的可行性也经常因某些国家的不同规定受到阻碍。很多情况下，倘若海事案件一方当事人是国外的公司或个人，并且在国内没有办事机构或常见居所地，诉讼文书要有效送达当事人就必须寄到国外。因此，相较于国内送达，域外送达往往耗时久并且送达效果不理想。实践中，被送达人不知所踪的情况也并不少见，很大程度上增加了域外送达的难度。

另一方面，由于船舶流动性大，调查船舶所处的具体位置通常非常困难。有时即使费尽周折打探到船舶及国外当事人所在何处，也可能出现船舶已经离港或即将离港的情况。可见，海事诉讼文书的送达往往比一般民事送达更为紧迫。

第三，海事送达多涉及域外送达。海事案件涉外因素复杂，经常涉及多方当事人。对于涉外案件而言，只能通过域外送达的方式向当事人送达文书，即一般根据我国参加的国际公约或双边条约规定或是通过外交途径送达。随着经济全球化，航运企业经营方式也越发灵活，一般在世界各国设有分支机构。[1]海事诉讼文书可以直接向受送达人在中华人民共和国领域内设立的代表机构、分支机构、业务代办人送达[2]。

第四，扣船文书送达有特殊性。在海事诉讼过程中，海事请求人可以选择在不同国

---

[1] 韩立新、袁绍春、尹伟民：《海事诉讼与仲裁》，大连海事大学出版社，2016年，第115页。
[2] 参见《海事诉讼特别程序法》第80条第1款第2项。

家申请扣押船舶，由于实践中船舶经营人或船舶所有人不容易查明，很难向其送达诉讼文书。所以，大部分国家的法律基本上都允许受理法院在除船长为一方当事人的情况外，可以直接将扣押船舶的诉讼文书送达给船长或拟人化的船舶。

二、海事送达的一般原则

我国的司法实践中，送达的主体一般是法院。法律文书是否有效及时地送达当事人，关系到诉讼当事人是否有权参与诉讼、如何参与诉讼、判决何时生效及生效判决能否得到外国法院的承认与执行。海事送达原则是送达的标准和依据，对规范送达行为、完善送达程序、督促审判机关依法送达，有着重要意义。

（一）合法性原则

合法性原则是文书送达的最根本原则。这一原则要求海事法院在送达文书时，应当严格按照法律规定进行。此原则包括以下两项基本内容。

第一，选择送达的方式要依法进行。直接送达有困难时，如果能采取委托送达的方式，则不宜采取邮寄送达；送达调解协议书，就要完全排除留置送达的方式。此外，对于受送达人下落不明，只有在采取其他方式均无法送达的情况下，才可采用公告送达的方式。因为公告送达是一种推定送达的形式，受送达人很有可能在公告期内事实上并不知公告内容，而法律仍将其视为送达。因此，公告送达方式的选择，必须符合法律规定的条件。

第二，送达程序要符合法律规定。如委托送达的，委托法院应当出具委托函，并附需要送达的诉讼文书、送达回证。受委托法院送达后，应将送达回证再发回委托法院。

根据有关国际公约和大多数国家的司法实践，倘若没有按照受送达国规定的送达方式送达文书，即使一国作出有效判决，该判决也很难在受送达国得到承认和执行。因此，域外送达不仅需要遵守国内法的规定，同时应该遵守受送达国所规定的特殊要求。

（二）引起受送达人注意原则

向当事人送达诉讼文书的目的在于引起受送达人的注意，使其可以按照文书中的要求行使权利、履行义务。如果文书的送达方式足以引起受送达人的注意，使其知悉自己的权利和义务，则送达方式可视为有效。引起受送达人注意原则是确立送达方式的重要立法原则之一。

具体来说，如果是直接送达或委托送达，受送达人或被委托人签收并接受送达文书，则可视为受送达人知悉其内容。在诉讼当事人明知道文书的内容仍然拒绝接受文书的情况下，如送达人采用留置送达的方式即可视为受送达人已经接受文书并知晓相关文书的内容。在其他方式都不能成功送达文书的情况下，可采用公告送达，而公告送达的目的也是引起受送达人的注意。

（三）文书代收人的义务性原则

根据代收人接受受送达人文书义务的性质不同，可将义务分为两种。

第一，若受送达人是自然人，其同住成年家属就有义务接受文书。如果受送达人是法人或其他组织的，其负责收件的人就有义务接受文书，此种义务属于法定义务。

第二，有权接受送达的诉讼代理人、受送达人的代表机构，或者有权接受送达的分支机构、业务代办人机构也有义务接受受送达人的文书，而此种义务属于约定义务。

（四）送达方式的适当性原则

送达的合法性是送达方式适当性的前提。只有送达方式符合合法性，才可考虑送达方式的适当性。送达方式的适当性是指海事法院在送达文书的过程中，应当根据法律的规定或是当事人的约定，考虑案情，选择符合实际的、公平的、合理的送达方式。

我国《海事诉讼特别程序法》第 80 条在一般民事送达方式之外，还规定了特别的三种送达方式，包括向受送达人委托的诉讼代理人送达，向受送达人在中华人民共和国领域内设立的代表机构、分支机构或者业务代办人送达，以及通过能够确认收悉的其他适当方式送达[①]。而第三种方式目前已被 2012 年和 2017 年修订的《民事诉讼法》所采用。

第二节　海事诉讼文书的送达

一、《民事诉讼法》关于诉讼文书送达的方式

海事诉讼法律文书的送达适用《民事诉讼法》的一般规定，《民事诉讼法》在第七章第二节和第二十五章分别对国内民事案件和涉外民事案件规定了不同的送达方式。对于国内民事案件的送达规定了七种送达方式。

（1）直接送达。直接送达是指人民法院直接向受送达人本人的送达。《民事诉讼法》第 85 条第 1 款规定，"送达诉讼文书，应当直接送交受送达人。受送达人是公民的，本人不在交他的同住成年家属签收；受送达人是法人或者其他组织的，应当由法人的法定代表人、其他组织的主要负责人或者该法人、组织负责收件的人签收；受送达人有诉讼代理人的，可以送交其代理人签收；受送达人已向人民法院指定代收人的，送交代收人签收"。根据该规定，受送达人是公民的，本人不在，其成年家属应当签收；受送达人是法人或者其他组织的，应当由法人的法定代表人、其他组织的主要负责人或者该法人、组织负责收件的人签收；受送达人有诉讼代理人的，可以送交其代理人签收；受送达人已向人民法院指定代收人的，递交代收人签收。

---

① 《海事诉讼特别程序法》第 80 条规定："海事诉讼法律文书的送达，适用《中华人民共和国民事诉讼法》的有关规定，还可以采用下列方式：（一）向受送达人委托的诉讼代理人送达；（二）向受送达人在中华人民共和国领域内设立的代表机构、分支机构或者业务代办人送达；（三）通过能够确认收悉的其他适当方式送达。有关扣押船舶的法律文书也可以向当事船舶的船长送达。"

（2）留置送达。受送达人或者他的同住成年家属无理拒绝接受诉讼文书的，送达人依法将诉讼文书留在受送达人的住所，即视为合法送达。《民事诉讼法》第86条规定："受送达人或者他的同住成年家属拒绝接收诉讼文书的，送达人可以邀请有关基层组织或者所在单位的代表到场，说明情况，在送达回证上记明拒收事由和日期，由送达人、见证人签名或者盖章，把诉讼文书留在受送达人的住所；也可以把诉讼文书留在受送达人的住所，并采用拍照、录像等方式记录送达过程，即视为送达。"

（3）电子送达。人民法院可以采用传真、电子邮件等能够确认受送达人收悉的方式送达诉讼文书。其适用有两个条件：一是要经过受送达人同意；二是能够采用电子方式送达的诉讼文书不包括判决书、裁定书和调解书。《民事诉讼法》第87条第1款规定，"经受送达人同意，人民法院可以采用传真、电子邮件等能够确认其收悉的方式送达诉讼文书，但判决书、裁定书、调解书除外"。

（4）委托送达。委托送达是人民法院直接送达诉讼文书有困难时，委托受送达人所在地的人民法院代为送达。《民事诉讼法》第88条规定："直接送达诉讼文书有困难的，可以委托其他人民法院代为送达，或者邮寄送达。邮寄送达的，以回执上注明的收件日期为送达日期。"

（5）邮寄送达。邮寄送达是人民法院将诉讼文书通过邮局，挂号寄给受送达人。

（6）转交送达。转交送达是人民法院将诉讼文书交给受送达人所在单位代收后转交给受送达人。依据《民事诉讼法》的规定，此种送达针对的对象为军人、被监禁和被采取强制性教育措施的人。《民事诉讼法》第89条规定："受送达人是军人的，通过其所在部队团以上单位的政治机关转交。"《民事诉讼法》第90条规定："受送达人被监禁的，通过其所在监所转交。受送达人被采取强制性教育措施的，通过其所在强制性教育机构转交。"

（7）公告送达。受送达人下落不明或采用上述六种方法无法送达时，人民法院将诉讼文书向社会公示，经过一段时间，在法律上即视为送达。我国法律规定，公告的期间为60日。《民事诉讼法》第92条第1款规定，"受送达人下落不明，或者用本节规定的其他方式无法送达的，公告送达。自发出公告之日起，经过六十日，即视为送达"。

二、《海事诉讼特别程序法》中关于送达规定的新发展

海事诉讼文书的送达，适用上述《民事诉讼法》规定的送达方式。同时，根据海事诉讼的特点，并借鉴其他国家的立法，《海事诉讼特别程序法》关于送达的规定不同于普通的民事诉讼程序，主要表现在其第80条的规定中，该条规定，海事诉讼法律文书的送达适用《中华人民共和国民事诉讼法》的有关规定，还可以采用下列方式：①向受送达人委托的诉讼代理人送达；②向受送达人在中华人民共和国领域内设立的代表机构、分支机构或者业务代办人送达；③通过能够确认收悉的其他适当方式送达。有关扣押船舶的法律文书也可以向当事船舶的船长送达。

1. 向受送达人委托的诉讼代理人送达

关于此种送达方式，《民事诉讼法》第85条和第267条均作出规定，但两者的规

定有所不同。依照《民事诉讼法》第 85 条的规定，对于国内民事案件的送达，受送达人有诉讼代理人的，可以递交给其代理人签收①。这一规定表明，只要当事人委托了代理人，人民法院就可以向该代理人送达诉讼文书，该代理人就负有接受送达的义务。

对于涉外民事诉讼送达，《民事诉讼法》第 267 条第 4 项规定，人民法院对在中华人民共和国领域内没有住所的当事人送达诉讼文书，可以"向送达人委托的有权代其接受送达的诉讼代理人送达"②。这里强调接受送达的诉讼代理人必须"有权代其接受送达"。依此规定，境外当事人委托诉讼代理人代理诉讼，委托全权代理的，即为有权代其接受送达；委托部分代理诉讼事项的，只要没有明确约定不得代为接受送达法律文书，亦为有权代其接受送达。1995 年 8 月 3 日最高人民法院在其作出的《最高人民法院关于能否向境外当事人的诉讼代理人直接送达法律文书问题的答复》③中指出，诉讼代理人代委托人接受送达法律文书是代理诉讼的一般权限。因此，境外当事人授权的中国律师或依法委托的其他诉讼代理人，如在授权委托书中对代为接受诉讼文书没有限制性约定，就有义务代其当事人接受法院送达的诉讼文书。由此可见，诉讼代理人是否有权接受送达仍然取决于当事人的授权，如果当事人没有在授权中对诉讼代理人代为接受送达诉讼文书作出否定，诉讼代理人就"有权代其接受"。对此，2006 年 7 月 17 日最高人民法院在其发布的《最高人民法院关于涉外民事或商事案件司法文书送达问题若干规定》④中予以明确，第 4 条规定："除受送达人在授权委托书中明确表明诉讼代理人无权代为接收有关司法文书外，其委托的诉讼代理人为民事诉讼法第二百四十七条第四项规定的有权代其接受送达的诉讼代理人，人民法院可以向该诉讼代理人送达。"

而《海事诉讼特别程序法》第 80 条第 1 款第 1 项将诉讼代理人接受诉讼文书的义务法定化，无论是国内海事案件的送达，还是涉外海事案件的送达，只要当事人委托了

---

① 《民事诉讼法》第 85 条规定：送达诉讼文书，应当直接送交受送达人。受送达人是公民的，本人不在交他的同住成年家属签收；受送达人是法人或者其他组织的，应当由法人的法定代表人、其他组织的主要负责人或者该法人、组织负责收件的人签收；受送达人有诉讼代理人的，可以送交其代理人签收；受送达人已向人民法院指定代收人的，送交代收人签收。

受送达人的同住成年家属，法人或者其他组织的负责收件的人，诉讼代理人或者代收人在送达回证上签收的日期为送达日期。

② 《民事诉讼法》第 267 条规定：人民法院对在中华人民共和国领域内没有住所的当事人送达诉讼文书，可以采用下列方式：

（一）依照受送达人所在国与中华人民共和国缔结或者共同参加的国际条约中规定的方式送达；

（二）通过外交途径送达；

（三）对具有中华人民共和国国籍的受送达人，可以委托中华人民共和国驻受送达人所在国的使领馆代为送达；

（四）向受送达人委托的有权代其接受送达的诉讼代理人送达；

（五）向受送达人在中华人民共和国领域内设立的代表机构或者有权接受送达的分支机构、业务代办人送达；

（六）受送达人所在国的法律允许邮寄送达的，可以邮寄送达，自邮寄之日起满三个月，送达回证没有退回，但根据各种情况足以认定已经送达的，期间届满之日视为送达；

（七）采用传真、电子邮件等能够确认受送达人收悉的方式送达；

（八）不能用上述方式送达的，公告送达，自公告之日起满三个月，即视为送达。

③ 1995 年 8 月 3 日，最高人民法院就上海市高级人民法院（1995）沪高经复字第 58 号"关于能否向境外当事人的诉讼代理人直接送达法律文书的请示"的答复（法函〔1995〕104 号）。该答复已经于 2013 年 1 月 18 日被废止。

④ 2006 年 7 月 17 日，最高人民法院审判委员会第 1394 次会议通过，自 2006 年 8 月 22 日起施行（法释〔2006〕5 号）。

诉讼代理人，无论当事人是否授权诉讼代理人接受诉讼文书，也无论当事人是否限制诉讼代理人接受诉讼文书的权利，海事法院都可以向该代理人送达诉讼文书，该代理人负有接受送达的义务。

2. 向受送达人在中华人民共和国领域内设立的代表机构、分支机构或者业务代办人送达

《民事诉讼法》第 267 条第 5 项规定，人民法院可以向受送达人在中华人民共和国领域内设立的代表机构或者有权接受送达的分支机构、业务代办人送达。这一规定表明，我国《民事诉讼法》规定的代表机构受送达时的地位区别于分支机构，向代表机构送达无需考量其是否有权授权。代表机构得到的授权是一种概括授权，自然包括了基于相关业务所生诉讼之诉讼文书的接受与递转。

而向分支机构、业务代办人送达时，其必须"有权接受送达"，即受送达人在中国境内的分支机构或者业务代办人能否接受送达取决于受送达人是否授权。2002 年 6 月 11 日最高人民法院作出的《最高人民法院关于向外国公司送达司法文书能否向其驻华代表机构送达并适用留置送达问题的批复》[1]进一步指出，根据《民事诉讼法》[2]第 247 条的规定，人民法院对在中华人民共和国领域内没有住所的当事人送达诉讼文书，可以依照受送达人所在国与中华人民共和国缔结或者共同参加的国际条约中规定的方式送达；当受送达人在中华人民共和国领域内设有代表机构时，便不再属于《关于向国外送达民事或商事司法文书和司法外文书公约》（以下简称《海牙送达公约》）规定的"有须递送司法文书或司法外文书以便向国外送达的情形"。因此，人民法院可以根据《民事诉讼法》第 267 条第 5 项的规定向受送达人在中华人民共和国领域内设立的代表机构送达诉讼文书，而不必根据《海牙送达公约》向国外送达，同时规定，人民法院向外国公司的驻华代表机构送达诉讼文书时，可以采用留置送达的方式。

《海事诉讼特别程序法》第 80 条第 1 款第 2 项规定了人民法院可以向受送达人在中华人民共和国领域内设立的代表机构、分支机构或者业务代办人送达。可见，《海事诉讼特别程序法》规定的送达方法比普通民事诉讼更加灵活。对于向受送达人在中华人民共和国境内的分支机构或者业务代办人送达的方法，删除了《民事诉讼法》中"有权代收"的限制，将代表机构、分支机构和业务代办人的代收业务法定化。只要受送达人在中国境内有分支机构或业务代办人，不管其是否得到受送达人的授权代收司法文书，均可向其送达。

这里规定的"代表机构"是指外国企业在中华人民共和国境内设立的从事非直接经营性活动，代表该企业进行其经营范围内的业务联络、产品介绍、市场调研、技术交流等业务活动的机构。"分支机构"是指外国公司在中国境内设立的从事生产经营活动的机构，该分支机构不具有中国法人资格，外国公司对其分支机构在中国境内进行经营活动承担民事责任。"业务代办人"是指接受送达人的委托，代理其从事业务活动的人。

《海事诉讼特别程序法》之所以作出上述两项规定，原因在于上述代收人与受送达

---

[1] 2002 年 6 月 11 日由最高人民法院审判委员会第 1225 次会议通过，自 2002 年 6 月 22 日起施行。

[2] 指的是 1991 年《民事诉讼法》。

人有法律上的关系，代收人了解受送达人的有关情况并能够及时送达。

3. 通过能够确认收悉的其他适当方式送达

这里所指的"其他适当方式"包括传真、电子邮件（包括受送达人的专门网址）等送达方式。"能够确认收悉"是指能够有证据证明该送达方式能够引起受送达人的注意并使其了解诉讼文书的内容。

《民事诉讼法》第 87 条第 1 款规定，经受送达人同意，人民法院可以采用传真、电子邮件等能够确认其收悉的方式送达诉讼文书，但判决书、裁定书、调解书除外。《民诉法解释》第 135 条第 1 款进一步规定，电子送达可以采用传真、电子邮件、移动通信等即时收悉的特定系统作为送达媒介。受送达人同意采用电子方式送达的，应当在送达地址确认书中予以确认。《海事诉讼特别程序法》第 80 条第 1 款第 3 项规定了法院可以采用能够确认收悉的其他适当方式送达。

由于电子邮件的传输依赖于网络系统的运行，一般情况下网络性能比较稳定，但是邮件发出后可能发生发送邮件的服务器出现故障，发出的邮件信息成为垃圾数据；传输网络出现故障，邮件数据丢失；对方接收邮件服务器出现故障导致邮件丢失等情况。因此，实践中为确保受送达人收悉，可以利用电子信箱的回执功能，受送达人的计算机在收到法院的送达信息时自动发出反馈信息，确认收到电子邮件。

4. 向当事船舶的船长送达

向当事船舶的船长送达的诉讼文书包括有关扣押船舶的法律文书，有关海事强制令、海事证据保全的法律文书，此外，应当向被告送达的开庭传票等法律文书，也可以向被扣押的被告船舶的船长送达，但船长作为原告的除外。

船长是船舶所有人的代表，许多国家的法律规定船长有权代表船舶所有人进行诉讼活动、接受法律文书的送达。在海事诉讼中，由于当事人可以选择在不同的国家扣押船舶，可能会造成有关扣船的法律文书送达困难的情形；同时，在法律允许海事请求人扣押当事船舶，可以不提供被请求人名称，所以有些时候，海事法院根本不了解被扣押船舶所有人的名称、住址、联系方式等，扣船文书无法送达。《海事诉讼特别程序法》第 80 条第 2 款的规定就为海事法院向被扣押船舶的船长送达提供了法律依据，有利于保证扣船程序的顺利进行。

此外，《海事诉讼特别程序法》第 57 条和第 68 条还规定，海事法院接受申请人海事强制令或证据保全的申请后，应当在 48 小时内作出裁定，裁定作出海事强制令或采取证据保全措施的，应当立即执行。海事强制令和证据保全裁定执行的紧迫性要求该裁定能够向船长送达以立即启动送达程序。同时，按照《海事诉讼特别程序法》的规定，船长被视为船舶所有人的当然代收人。因此，除有关扣押船舶的法律文书、海事强制令、海事证据保全等文书外，应当向被告送达的开庭传票等其他法律文书，也可以向被扣押的被告船舶的船长送达，但船长作为原告的除外。

5. 留置送达

《民事诉讼法》第 86 条规定，受送达人或者他的同住成年家属拒绝接收诉讼文书的，送达人可以邀请有关基层组织或者所在单位的代表到场，说明情况，在送达回证上记明拒收事由和日期，由送达人、见证人签名或者盖章，把诉讼文书留在受送达人的住所；也可以把诉讼文书留在受送达人的住所，并采用拍照、录像等方式记录送达过程，即视为送达。

留置送达的时候，送达人可以邀请有关基层组织或者受送达人所在单位的代表到场作为见证人，也可以把诉讼文书留在受送达人的住所，并采用拍照、录像等方式记录送达过程。而随着社会发展、生产、生活模式发生了变化，当事人可能已经脱离基层组织和工作单位，所以《海事诉讼特别程序法》删掉了这一规定，只强调如果有义务接受法律文书的人拒绝签收，送达人只需在送达回证上记明情况，经送达人、见证人签名或者盖章，将法律文书留在其住所或者办公处所的，便视为已经送达。这一规定，使海事诉讼中的留置送达更为简便易行。

三、海事案件法律文书的涉外送达

（一）海事诉讼法律文书的涉外送达适用《民事诉讼法》关于涉外案件文书送达的一般规定

《民事诉讼法》第267条规定，人民法院对在中华人民共和国领域内没有住所的当事人送达诉讼文书，可以采用下列方式。

（1）依照受送达人所在国与中华人民共和国缔结或者共同参加的国际条约中规定的方式送达。

（2）通过外交途径送达。

（3）对具有中华人民共和国国籍的受送达人，可以委托中华人民共和国驻受送达人所在国的使领馆代为送达。

（4）向受送达人委托的有权代其接受送达的诉讼代理人送达。

（5）向受送达人在中华人民共和国领域内设立的代表机构或者有权接受送达的分支机构、业务代办人送达。

（6）受送达人所在国的法律允许邮寄送达的，可以邮寄送达，自邮寄之日起满3个月，送达回证没有退回，但根据各种情况足以认定已经送达的，期间届满之日视为送达。

（7）采用传真、电子邮件等能够确认受送达人收悉的方式送达。

（8）不能用上述方式送达的，公告送达，自公告之日起满3个月，即视为送达。

该规定对在中国领域内没有住所的当事人进行的涉外民事诉讼送达规定了八种送达方式。

（1）条约送达。依照受送达人所在国与中华人民共和国缔结或者共同参加的国际条约中规定的方式送达。我国于1991年3月2日参加了在海牙订立的《海牙送达公约》，该公约于1992年1月1日对我国生效。

（2）外交送达。通过外交途径送达，1986年8月14日最高人民法院、外交部、司法部作出的《最高人民法院外交部司法部关于我国法院和外国法院通过外交途径相互委托送达法律文书若干问题的通知》中对我国法院和外国法院通过外交途径相互委托送达法律文书做了规定。

（3）使领馆送达。对具有中华人民共和国国籍的受送达人，可以委托中华人民共和国驻受送达人所在国的使领馆代为送达。

（4）代理人送达。向受送达人委托的有权代其接受送达的诉讼代理人送达。

（5）分支机构、业务代办人送达。向受送达人在中华人民共和国领域内设立的代表机构或者有权接受送达的分支机构、业务代办人送达。

（6）邮寄送达。受送达人所在国的法律允许邮寄送达的，可以邮寄送达。自邮寄之日起满3个月，送达回证没有退回，但根据各种情况足以认定已经送达的，期间届满之日视为送达。

（7）电子送达。采用传真、电子邮件等能够确认受送达人收悉的方式送达。

（8）不能用上述方式送达的，公告送达，自公告之日起满3个月，即视为送达。

同时，按照2006年7月最高人民法院发布的《最高人民法院关于涉外民事或商事案件司法文书送达问题若干规定》第13条的规定，受送达人未对人民法院送达的司法文书履行签收手续，但存在以下情形之一的，视为送达：①受送达人书面向人民法院提及了所送达司法文书的内容；②受送达人已经按照所送达司法文书的内容履行；③其他可以视为已经送达的情形。

（二）《海事诉讼特别程序法》关于海事法律文书涉外送达的规定

在我国《海事诉讼特别程序法》和《海诉法解释》中，关于海事法律文书涉外送达的规定，主要体现在《海事诉讼特别程序法》第80条和《海诉法解释》第53条至第55条的规定中。

《海事诉讼特别程序法》第80条规定，海事诉讼法律文书的送达，适用《中华人民共和国民事诉讼法》的有关规定，还可以采用下列方式：①向受送达人委托的诉讼代理人送达；②向受送达人在中华人民共和国领域内设立的代表机构、分支机构或者业务代办人送达；③通过能够确认收悉的其他适当方式送达。

有关扣押船舶的法律文书也可以向当事船舶的船长送达。

《海诉法解释》第53条规定，有关海事强制令、海事证据保全的法律文书可以向当事船舶的船长送达。

《海诉法解释》第54条规定，应当向被告送达的开庭传票等法律文书，可以向被扣押的被告船舶的船长送达，但船长作为原告的除外。

《海诉法解释》第55条规定，《海事诉讼特别程序法》第80条第1款第3项规定的其他适当方式包括传真、电子邮件（包括受送达人的专门网址）等送达方式。通过以上方式送达的，应确认受送达人确已收悉。

根据上述法律规定，海事法律文书的涉外送达可以适用以下几种方式。

一是向船长送达。依据《海事诉讼特别程序法》第80条规定，法院在诉前或诉讼扣押船舶时，可向船长送达法律文书。尤其是采取诉前扣船措施后，被申请人（船东或光船承租人）向法院或申请人提供担保申请法院解除扣押船舶时，可提醒或建议申请人及时提起诉讼。法院向船长送达解除船舶命令的同时送达一套应诉法律文书，船长一般都会很配合地接受法院的送达。

二是向业务代办人或代理人送达。《海事诉讼特别程序法》第 80 条的规定与《民事诉讼法》第 267 条的规定基本相同，但对于"业务代办人或代理人"的含义，应当作广义的理解。

（1）向互保协会送达。建议船东在授权出具保函时，明确授权互保协会接受法院法律文书送达。不少协会在国内设有办事处，可以将互保协会在国内办事处的职员识别为有权代理船东签收法院法律文书的人。因为互保协会国内办事处的职员也是协会的职员，其行为应视为代表协会代理船东签收法律书。如果不能作此理解，建议船东直接授权互保协会国内办事处某职员接受法院送达法律文书。

（2）通过互保协会国内通信代理向船东送达。建议船东通过互保协会授权上述代理人接受送达。《民事诉讼法》第 264 条的规定，在中华人民共和国领域内没有住所的外国人、无国籍人、外国企业和组织委托中华人民共和国律师或者其他人代理诉讼，从中华人民共和国领域外寄交或者托交的授权委托书，应当经所在国公证机关证明，并经中华人民共和国驻该国使领馆认证，或者履行中华人民共和国与该所在国订立的有关条约中规定的证明手续后，才具有效力。外国企业和组织委托中国律师或其他人代理诉讼的，其授权委托书须办理公证、认证手续。尽管办理公证、认证手续耗时较长，但毕竟解决了法院的送达难题。

（3）通过有关专业律师送达。有些律师长期代理涉外案件，与国外、境外的当事人也常有代理关系，通过这些代理涉外案件的律师可以进行涉外法律文书的送达。只要这种尝试能达到实际送达效果，就应该予以支持和推广。

三是采用电子通信方式送达。随着电子计算机技术和国际互联网业务迅速发展并普及到日常交流中，通过电子邮件（E-mail）和电子公告牌系统（bulletin board system，BBS）传送信息日趋普遍。互联网技术的高速发展，使人民法院已具备通过国际互联网送达民事诉讼文书的物质条件，而且《海诉法解释》第 55 条对此也作了明确规定。

（1）采用传真方式送达。法院立案受理涉外海事案件后，可以要求原告及代理人查询被告的联系方式，包括传真号码，因为国外为数不少的船东一般都有自己的互保协会，或有自己的网站，从其互保协会或网站可以查到有关联系方式，包括传真号码，然后法院可根据该号码向被告船东传真送达应诉法律文书及送达回证（中英文）。为确保原告所提供的被告传真号码的准确性，法官可与船东所在互保协会中国通信代理联系，确定该传真号码的真实性和准确性。

（2）采用电子邮件方式送达。若通过上述传真方式无法送达，但在知悉被告电子邮件地址前提下，可以尝试将应诉法律文书（中英文）发送被告，以完成域外送达。

（三）关于涉外送达的国际立法

《民事诉讼法》第 276 条规定，根据中华人民共和国缔结或者参加的国际条约，或者按照互惠原则，人民法院和外国法院可以相互请求，代为送达文书、调查取证以及进行其他诉讼行为。外国法院请求协助的事项有损于中华人民共和国的主权、安全或者社会公共利益的，人民法院不予执行。

关于我国与其他国家之间的海事司法协助，如有双边司法协助条约，优先适用双边条约，没有双边条约关系的，则按共同参加的国际公约处理。关于涉外送达的国际立法最主要的有 1965 年在海牙订立的《海牙送达公约》及各国间缔结的大量的双边司法协助条约和领事条约。《海牙送达公约》第 1 条规定，"在所有民事或商事案件中，如有须递送司法文书或司法外文书以便向国外送达的情形，均应适用本公约。在文书的受送达人地址不明的情况下，本公约不予适用"。该公约适用于在所有民事或商事案件中，存在递送司法文书或司法外文书以便向国外送达的情形，但公约没有明确规定哪些情形下应视为文书必须向域外送达。每一缔约国应指定一个中央机关，负责接收来自其他缔约国的送达请求书，并予以转递。每一缔约国应以其本国法律组建中央机关。依文书发出国法律有权主管的当局或司法协助人员应将符合本公约要求的请求书送交文书发往国中央机关，无需认证或其他类似手续。

《海牙送达公约》第 5 条第 1 款规定，文书发往国中央机关按照下列方法之一，自行送达该文书，或安排经由一适当机构使之得以送达：按照其国内法规定的在国内诉讼中对在其境内的人员送达文书的方法，或按照申请者所请求采用的特定方法，除非这一方法与文书发往国法律相抵触。根据该公约，被请求国中央机关需自行或由其适当代理机构代为送达或通知收件人；或者根据被请求国法律规定向在其境内的人送达或通知；或根据请求人要求的特殊方式（不得与被请求国法律相抵触）送达或通知。同时，公约肯定每个缔约国有权不受拘束通过其外交或领事将文件送达或通知其在外国的人；而且只要不为目的国所反对，公约不妨碍通过邮寄直接将司法文书寄交给在国外的人；或由请求国的主管司法人员、官员或其他人员直接向对方上述人员送达和通知有关司法文书；诉讼上有利害关系的人也可以直接通过目的地的上述人员直接送达和通知。

依据我国在批准加入该公约时作出的声明和保留，我国指定中华人民共和国司法部为中央机关和有权接受外国通过领事途径转递的文书的机关；同时，我国仅允许外国的外交或领事代表机构向其在中国境内的本国国民送达。而反对邮寄送达，直接通过送达目的地国的司法人员、官员或其他主管人员完成司法文书的送达，诉讼上有利害关系的人也可以直接通过目的地国的司法人员、官员或其他主管人员送达。

为了更好地贯彻执行该公约，1992 年 3 月 4 日最高人民法院、外交部、司法部作出了《关于执行〈关于向国外送达民事或商事司法文书和司法外文书公约〉有关程序的通知》，1992 年 9 月 19 日司法部、最高人民法院、外交部联合发布了《关于执行海牙送达公约的实施办法》。

第八章 海事审判程序

【内容摘要】本章系统介绍了海事审判程序，包括海事审判程序的基本体系和各类海事案件的审判程序。通过本章学习，使学生掌握海事审判程序与一般民事诉讼程序的区别，了解船舶碰撞案件、共同海损案件、海上保险人行使代位求偿权案件的具体审判程序，以及简易程序、督促程序和公示催告程序的内容。

第一节 海事审判程序概述

一、审判程序概述

"程序"，按照辞海中的解释，意为"按时间先后或依次安排的工作步骤"[1]。在这一意义上形成的是广义的"程序"概念，它是人们在社会生活中，为追求一定的结果或状态，所自觉或不自觉地形成的随时间而发展的活动过程。而法律程序，或者本书所要讨论的海事审判程序，则是广义的程序概念在法律领域及海商法领域的特殊展现。在法律领域，法有实体法与程序法之分。实体法从常识来讲就是以"应当如此"的法律关系为内容，提示什么是实体正义的规范；与此相对，程序法则被理解为如何实现实体法内容的手段性规范。[2]由于程序法所具有的手段性质，程序在法律中一直属于"附带性规范"，当事人实体权利义务的归属才是法律所关注的重心。反映到公正观念上，就是实体公正为主，程序公正为辅的倾向，在中国，这种观念也一度盛行，根据这一传统观点，程序正义依赖于实体正义，程序法的唯一正当目的，则为最大限度地实现"实体法"[3]，于是，程序被视为仅仅是在完美无缺的实体法前提下，以判决的方式产生出其结果的机械性过程或机械本身[2]。

然而，随着我国民事诉讼理论研究的深入，特别是受到英美法系"正当程序"思想的影响，诉讼程序，特别是审判程序的公正性问题越来越受到国内学界的重视，传统的"重实体、轻程序"观念的片面性与非科学性也逐渐为学者们所认识。在此背景下，程序

---

① 辞海编辑委员会：《辞海》（语词分册）（下），上海辞书出版社，1977年，第1875页。
② 谷口安平：《程序的正义与诉讼》（增补本），王亚新、刘荣军译，中国政法大学出版社，2002年，第6页。
③ 陈瑞华：《程序价值理论的四个模式》，《中外法学》，1996年第2期，第1-7页。

的地位得以大大提高。越来越多的观点认为程序有其自身的独立地位和内在价值，它不仅仅是为了实施实体法、实现实体正义的某种外在目的服务的手段，而且在某种意义上甚至是实体内容形成作用的必要前提——实体法上所规定的权利义务如果没有经过一定的程序过程，则只不过是一种主张或"权利义务的假象"。也就是说，只有在一定程序过程中产生出来的确定性判决中，权利义务才得以实现真正意义上的实体化。[1]因此，"没有程序正义就不可能有实体正义"[1]。

作为诉讼程序的重要组成部分，审判程序在适用法律解决社会冲突的活动中也同样具有重要的意义。这是因为，审判作为国家权力凭借法律适用形式以解决社会纠纷的一种活动，保持公正是其最重要的原则，也是其生命力所在。"任何社会冲突都包含着对某一社会公正原则的扭曲，因此，矫正这种现象必须有公正的意识、公正的评价和公正的力量。"[2]由于审判者也是人，在断案过程必然有可能受到各种各样的影响，存在着主观恣意，从而造成结果的不公及当事人内心的不信任。要最大限度地消除这种审判不公，除了在完善实体法、提高法官素质等方面采取措施外，保持审判程序的公正就成为实现审判公正的最重要手段。对于这一点，法国大革命时的罗伯斯庇尔曾说，"诉讼程序，一般来说，不过是法律对法官弱点和私欲所采取的预防措施而已"[3]。但实际上，审判程序的作用并不仅限于此，在公正的审判程序得到实施的前提下，程序过程本身能够使结果正当化，并且有吸收当事人不满的功能。这正是程序正义独立价值之所在。

二、海事审判程序与一般民事审判程序的关系

（一）设置海事审判程序的必要性

海事审判程序，是海事法院在审理海事案件所应适用的程序。在《海事诉讼特别程序法》颁布施行之前，我国海事法院在审理海事案件时主要依据《民事诉讼法》所规定的相关程序，但是海事审判作为一项特殊的诉讼活动，在许多程序方面都具有独特性，并非一般的民事诉讼程序所能涵盖。例如，在船舶碰撞案件中，因为碰撞发生于海上，碰撞船舶的航迹随即消失，并不像汽车碰撞的轨迹那样容易保留，而且，事发于茫茫大海之上，几乎不可能有无利害关系第三人目击碰撞过程，加上船舶如果因碰撞而沉没，相关海图、航海日志也随之灭失。所以，此类案件往往依赖于碰撞双方的海员所提供的言词证据和其他相关证据，这种证据的单一性导致当事人及相关利害关系证人往往在诉讼中篡改或伪造证据材料，以获得对己方有利的诉讼结果。这种特点决定了船舶碰撞案件必须在审理前对双方提出的证据实行保密制度，而不能适用一般《民事诉讼法》所规定的举证规则，如证据交换，其目的是防止任何一方当事人获得根据对方的证据而修改或伪造证据的机会，从而保证审判的公正进行。

类似的例子还有，我国海事法院级别属于中级人民法院，由于没有基层海事法院，

---

① 张卫平：《民事诉讼基本模式：转换与选择之根据》，《现代法学》，1996 年第 6 期，第 4-30 页。

② 顾培东：《社会冲突与诉讼机制》，四川人民出版社，1991 年，第 30 页。

③ 罗伯斯庇尔：《革命法制与审判》，赵函舆译，商务印书馆，1986 年，第 30 页。

直接受理第一审案件。根据我国《民事诉讼法》的规定，简易程序只能由基层人民法院及其派出法庭审理时适用，然而，一些海事案件在初审时往往是可以适用简易程序的，这样有利于案件高效、快速审结，也节省了成本。因此，硬性适用我国《民事诉讼法》显然不太合理。同样地，在督促程序及公示催告程序方面也都存在着这一问题。

由此可见，基于海事案件的特殊性，海事审判也具有自身的独特性，对程序的要求超出了一般《民事诉讼法》的范围，必须有专门的程序法规范予以调整，《海事诉讼特别程序法》发挥了这样的作用。

（二）与一般民事审判程序之间的关系

《海事诉讼特别程序法》在第八章分四节对海事审判程序进行了规定，包括船舶碰撞案件的审理、共同海损案件的审理、海上保险人行使代位请求赔偿权利案件的审理，以及简易程序、督促程序和公示催告程序。

应当认识到，海事审判虽然具有自身的独特性，但海事诉讼仍属于我国民事诉讼体系，海事审判也仍在民事审判的范畴之内。在一些根本的审判制度上，两者之间具有共性。我国《民事诉讼法》的许多规定，如庭审程序、调解制度、回避制度等，对海事案件审判都能起到很好的规制作用，仍然适用于海事审判。因此可以说，《海事诉讼特别程序法》有关审判程序的规定是建立在一般民事审判程序基础之上的补充性规定，两者是一般与特别、共性与特性的关系。《民事诉讼法》已有规定且能够适用于海事审判的，《海事诉讼特别程序法》不再做规定；而对于《民事诉讼法》没有规定，或者虽有规定但不宜适用于海事审判的，《海事诉讼特别程序法》才予以规定。

三、海事审判程序的基本体系

从基本原则看，海事审判程序与一般民事审判程序基本相同。许多一般民事审判中的基本制度，如庭审程序、调解制度、回避制度等，都同样适用于海事审判。然而，由于海事案件本身的特殊性及海事法院相当于中级人民法院的层级特性，海事审判也有一些自身的独特性。对此，《海事诉讼特别程序法》第八章专门对海事审判中不同于一般民事审判的特殊程序进行了规定。对于《海事诉讼特别程序法》没有规定的部分，则适用《民事诉讼法》的规定。

结合《海事诉讼特别程序法》和《民事诉讼法》中关于审判程序的规定，可以将海事审判程序分为三大类。

第一类是与一般民事审判程序相同的程序，包括第一审程序、第二审程序及审判监督程序。《海事诉讼特别程序法》对这一类程序没有进行规定，在海事审判实践中，这一类程序完全适用《民事诉讼法》的相关规定。

第二类是海事审判中特有的程序，包括船舶碰撞案件审理程序、共同海损案件审理程序及海上保险人行使代位请求权程序。这一类程序是专门针对特殊海事案件设立的审判程序，由《海事诉讼特别程序法》专门规定，《民事诉讼法》中没有对这一类程序的规定。

第三类是与一般民事审判程序规定有所不同的程序，包括简易程序、督促程序及公示催告程序。这一类程序在《民事诉讼法》中均有所规定，并非海事审判中特有的程序，但是《海事诉讼特别程序法》对其作了一些特别规定。因此，海事审判中的这一类程序优先适用《海事诉讼特别程序法》，《海事诉讼特别程序法》没有规定的则适用《民事诉讼法》。

第二节　船舶碰撞案件诉讼程序

鉴于查证碰撞案件在审判实践中存在的证据材料缺乏、当事人为减轻责任而篡改证据及船舶碰撞损失的认定标准不统一等问题，如果依据《民事诉讼法》的规定审理船舶碰撞案件，很难保证审理结果的公正性。为此，我国《海事诉讼特别程序法》制定了专门调整船舶碰撞案件的诉讼规则，发展并补充了《民事诉讼法》的相关规定。

一、船舶碰撞的含义和构成要件及船舶碰撞案件诉讼程序的适用范围

（一）船舶碰撞的含义和构成要件

1. 船舶碰撞的含义

船舶碰撞概念在不同的历史发展阶段，具有不同的外延与内涵。传统海商法认为，船舶碰撞有广义和狭义之分。广义概念上的船舶碰撞，是指两艘或两艘以上船舶的某一部分同时占据同一空间，致使一方或几方发生损害的物理状态；狭义的船舶碰撞，又称海商法意义上的船舶碰撞，是指对碰撞的船舶性质给予特别限定的碰撞。狭义概念上的船舶碰撞与广义概念上的船舶碰撞，在构成要件上没有根本的不同，区别在于狭义概念上的船舶碰撞对碰撞的船舶给予了特别限定，在限定的程度上，国际公约和各国海商法有所不同。

随着海上运输业的日益发展，船舶碰撞的概念也有了新的变化。国际海事委员会于1987年在里斯本拟订了《船舶碰撞损害赔偿国际公约草案》（以下简称《里斯本规则草案》）。《里斯本规则草案》对船舶碰撞草拟了两个新的定义。

（1）船舶碰撞系指船舶间，即使没有实际接触，发生的造成灭失或损害的任何事故。

（2）船舶碰撞系指一船或几船的过失造成两船或多船间的相互作用所引起的灭失或损害，而不论船舶间是否发生接触。同时还规定"船舶系指碰撞中所涉及到的不论是否可航行的船只、机器、井架或平台等，它们相互间发生的碰撞，均构成船舶碰撞"。

我国《海商法》第165条规定："船舶碰撞，是指船舶在海上或者与海相通的可航水域发生接触造成损害的事故。"所称船舶，"包括与本法第3条所致船舶碰撞的任何其他非用于军事或者政府公务的船舶"。

2. 船舶碰撞的构成要件

（1）船舶必须符合我国《海商法》的要求。我国《海商法》第3条规定："本法所

称船舶是指海船和其他海上移动式装置，但是用于军事的、政府公务的船舶和 20 总吨以下的小型船艇除外。前款所称船舶，包括船舶属具。"因此，碰撞仅限于海船和其他海上移动式装置，同时，排除用于军事的或者政府公务的船舶。所谓"用于"是指发生碰撞时该船艇正在为军事目的或履行政府公务而被使用。如果军事或政府公务船艇用于商业运输而发生碰撞，则同样适用《海商法》中船舶碰撞的规定。简言之，我国《海商法》意义上的船舶碰撞是指海船或者其他海上移动式装置相互之间或者与任何其他非用于军事或政府公务的船艇之间的碰撞。《最高人民法院关于审理船舶碰撞纠纷案件若干问题的规定》第 1 条规定，本规定所称船舶碰撞，是指《海商法》第 165 条所指的船舶碰撞，不包括内河船舶之间的碰撞。

（2）船舶碰撞必须发生在船舶之间。我国《海商法》规定，船舶碰撞是指船舶与船舶或其他海上移动式装置之间的相撞，因此，船舶与码头、灯塔、浮筒、防波堤及其他水上或水下固定物体相撞，不能构成《海商法》意义上的船舶碰撞。

（3）船舶之间有接触。所谓接触，是指两船或多船的某一部位同时占据同一空间而碰撞，因此，船舶碰撞指的是直接接触的碰撞。但根据我国《海商法》第 170 条的规定，船舶因操纵不当或者不遵守航行规章，虽然实际上没有同其他船舶发生碰撞，但是使其他船舶以及船上的人员、货物或者其他财产遭受损失的，有关责任问题仍适用《海商法》中船舶碰撞的有关规定来处理。

《最高人民法院关于审理船舶碰撞纠纷案件若干问题的规定》第 3 条也作了类似的规定，可见，间接碰撞造成的损害事故也受《海商法》第八章和司法解释的调整。

（4）必须有损害后果。船舶碰撞的损害包括一方或双方甚至几方船舶上的货物、人员或其他财产遭受到的损失或伤亡。损害后果是船舶碰撞损害赔偿的必要条件，有损害才有赔偿。碰撞法律之所以必要，最终就是为了解决损害赔偿同题，换言之，倘若任何一方都没有损害，也就不产生诉因，可见，如果只发生碰撞而没有产生损害，那么船舶碰撞法律关系仍不能成立。

（5）碰撞必须发生在海上或者与海相通的可航水域。"可航水域"是指事实上可供船舶航行的水域。在非与海相通的水域发生的船舶碰撞适用我国内河航运的有关规定。这既界定了船舶碰撞的地理区域，也明确了法院管辖的地域，便于当事人的诉讼。

（二）船舶碰撞案件诉讼程序的适用范围

明确船舶碰撞的概念有助于对船舶碰撞诉讼程序的适用范围的理解。我国《海商法》第 165 条规定："船舶碰撞是指船舶在海上或者与海相通的可航水域发生接触造成损害的事故。前款所称船舶，包括与本法第三条所指船舶碰撞的任何其他非用于军事的或政府公务的船艇。"该法第 170 条进一步规定："船舶因操作不当或者不遵守航行规章，虽然实际上没有同其他船舶发生碰撞，但是使其他船舶以及船上人员、货物或者其他财产遭受损失的，适用本章的规定。"尽管这一规定与有关国际公约，如 1910 年《统一船舶碰撞某些法律规定的国际公约》中的船舶碰撞概念不同，但法律意义上的船舶碰撞概念是指船舶之间即使没有实际接触，在海上或者与海相通的可航水域发生损害的任何事故，但碰撞船舶一方为军事的或政府公务船舶的除外。

与这一概念相一致，不应当适用船舶碰撞诉讼程序而应当适用普通程序审理的案件包括以下几种。

第一，船舶碰撞码头、灯塔、灯船、非可航的钻井平台或其他固定建筑物案件。码头、灯塔、非可航的钻井平台等不具备侵权行为物的特征，因此此类事故是船舶单方面行为引起的，一般情况下由船方承担全部责任，无需运用相应的程序性规定。

第二，在与海不相通的水域上发生的船舶碰撞事故。此类案件主要是指设备比较简单的内河船、湖泊船在内河上或湖泊上发生的碰撞案件。此类区域不属于海事法院的管辖范围，而是由当时人民法院管辖，不能运用船舶碰撞诉讼程序审理。

第三，碰撞双方或一方为政府公务船或军事船舶的船舶碰撞案件。根据我国《海商法》的规定，此类船舶不属于海商法意义上的船舶，因此即使发生了碰撞事故，也不能使用海商法关于船舶碰撞的规定及《海事诉讼特别程序法》规定的船舶碰撞诉讼程序。

但在司法实践中，需要注意的是锚泊船舶碰撞引起案件应当适用船舶碰撞诉讼程序进行审理。

二、船舶碰撞案件诉讼程序的特点

（一）船舶碰撞案件的特点

与其他案件相比，船舶碰撞案件具有下列特点。

1. 案件情况更为复杂，带有较强的技术性

实践中，船舶碰撞事故的发生不但可能受到水文天气、船舶机械缺陷等各种客观因素的影响，而且可能受到多种人为因素的影响。因此，多数情况下，船舶碰撞事故的发生是由多个因素引起的，案件具有相当的复杂性，同时又带有很强的技术性。相应地，司法实践中，如果要准确地判断船舶碰撞的起因，正确地认定碰撞各方责任的大小，无疑需要具有一定的航海经验和船舶驾驶技术的审判人员参与案件的审理工作。

2. 证据材料具有特殊性且难以留存

因为船舶是在大海上航行，船舶碰撞不像汽车相撞那样容易留下痕迹。当发生海上碰撞事故后，船舶留下的航迹很快就会消失。所以，船舶碰撞证据的取得难度较大。这在很大程度上造成船舶碰撞案件的证据材料较为缺乏。如果发生碰撞的船舶因受损严重而在大海中沉没，则有关的航海日志、海图等书证也极有可能随之灭失。因此，船舶碰撞案件的证据与其他案件的证据相比，更具有易失性。此外，由于船舶碰撞是突发事故，事故现场很难碰巧有与案件无利害关系的目击者。这使得有关方很难收集到除船员以外的证人证言或其他证人证言或其他类型的直接证据。船舶碰撞案件的证据单一性也在一定程度上导致了船舶碰撞案件证据材料的缺乏性。

3. 审理船舶碰撞案件需要运用事实推理的方法

实践中，船舶碰撞事故的发生大致包括碰撞前的船舶对遇状态、碰撞时的船舶相撞情况和碰撞后的船舶运动状况三个过程。随着发生时间的先后，各过程之间具有内在的逻辑因果顺序。每个过程的不同环节构成事故经过的原因链。由于上述的船舶碰撞案件的材料的缺乏性，在审理船舶碰撞案件时，常常需要运用事实推理方法，分析碰撞过程中的各个原因链。如果原因链可以环环相扣，则可以认定船舶发生了碰撞事故，并可根据碰撞的情况认定各方当事人的碰撞责任比例。反之，如果原因链中断，则不能认定船舶发生碰撞事故。

4. 多数情况的船舶碰撞各方互有过错和责任

这是船舶碰撞案件与一般民事或海事侵权案件的重要区别之一。船舶碰撞案件的这一特点要求立法设置一套具有较强操作性的、相对完善的、高效的司法程序，以保证法院公证地认定碰撞责任。

5. 当事人为减轻责任而篡改证据材料的情况屡见不鲜

由于船舶碰撞案件的证据材料较为缺乏，多数情况下，法院不得不依赖各方提供的船舶资料及船员证言来审理船舶碰撞案件。诉讼当事人及当时船舶的船员为减轻责任，常常在案件诉至法院时篡改证据材料，这增加了海事法院公正审理船舶碰撞案件的难度，导致判决结果的不公。

6. 海事行政机关对船舶碰撞事故有调查处理权

根据《中华人民共和国海上交通安全法》的规定，我国海事局对船舶碰撞事故具有调查权并可根据调查情况对责任人、责任船舶的船舶所有人行使行政处罚权。海事调查的直接目的是确定事故原因，最终目的是维护海上航行安全。此外，《中华人民共和国海上交通安全法》还授予海事局民事调解权，在当事人自愿的基础上，海事局可以对船舶碰撞的民事纠纷进行调解。这样的规定和当今世界海事立法趋势并不一致，在实践中易引起不利后果。相当一部分船舶碰撞引起的民事纠纷往往先由海事局主持调解，调解不成时，当事人才诉至法院，这增加了法院正确审理案件的难度。

（二）船舶碰撞案件审理程序的特点

船舶碰撞案件的上述特点，使得《民事诉讼法》规定的第一审普通程序在审理船舶碰撞案件中表现出了很大的不适应性，为此《海事诉讼特别程序法》第八章第一节专门就船舶碰撞诉讼程序作出了规定，该规定具有以下特点。

（1）程序规定具有很强的针对性。与《民事诉讼法》规定的普通程序相比，船舶碰撞诉讼程序主要是结合船舶碰撞案件的具体特点，对该类案件的公正审理作出具有针对性的规定。如果单就一个程序而言，《海事诉讼特别程序法》规定的船舶碰撞诉讼程序并不完整，实践中，运用《海事诉讼特别程序法》的规定审理船舶碰撞案件时，还需要援引普通程序的规定。

（2）限期申报事故情况。《海事诉讼特别程序法》第82条规定："原告在起诉时、被告在答辩时，应当如实填写《海事事故调查表》。"

（3）送状不附证。《海事诉讼特别程序法》第83条规定："海事法院在向当事人送达起诉状或者答辩状时，不附送有关证据材料。"

（4）先举证后阅卷。《海事诉讼特别程序法》第84条规定："当事人应当在开庭审理前完成举证。当事人完成举证并向海事法院出具完成举证说明书后，可以申请查阅有关船舶碰撞的事实证据材料。"

（5）规定举证期限并建立证据适时提出规则。第 85 条规定："当事人不能推翻其在《海事事故调查表》中的陈述和已经完成的举证。但有新的证据，并有充分的理由说明该证据不能在举证期间内提交的除外。"可见，除外情况仅限于有新的证据并有充分理由说明该证据不能在举证期限内提交。

（6）审限延长。《海事诉讼特别程序法》第 87 条规定："海事法院审理船舶碰撞案件，应当在立案后一年内审结。"这一规定比普通程序规定的国内案件 6 个月的审理期限相对延长，但这一规定没有因案件是否有涉外因素而对审限作出区分。

三、审理船舶碰撞案件的特别规定

（一）填写《海事事故调查表》

《海事诉讼特别程序法》第 82 条规定："原告在起诉时、被告在答辩时，应当如实填写《海事事故调查表》。"这一程序的设置参考了英美法系国家海事诉讼程序法关于初步文书的规定，与我国《民事诉讼法》关于起诉与答辩的规定不大相同。

填写《海事事故调查表》的主要目的是保密证据材料，因此当事人填写调查表时，法院的有关工作人员不应在场。此外《海事诉讼特别程序法》第 82 条规定的原告、被告，实践中应当作扩大性解释，包括诉讼各方当事人的律师和船员在内。

《海事诉讼特别程序法》第 82 条规定的"如实填写"，是指诉讼当事人应根据碰撞当时的实际情况，特别是根据值班船员反映的情况如实、客观填写《海事事故调查表》。填写人员不得为了减轻责任而编造虚假信息和数据。一旦查实当事人没有根据客观情况如实填写调查表甚至为了减轻责任而故意编造事实，则当事人应承担相应的法律责任。

（二）起诉状、答辩状的送达

《海事诉讼特别程序法》第 83 条规定："海事法院向当事人送达起诉状或答辩状时，不附送有关证据材料。"这一规定主要是为了避免司法实践中经常出现的一方当事人为逃避责任，根据对方提交的证据材料修改己方证据材料的情况，保证法院迅速、准确地查明案件事实，作出公正判决。而事实上，法院向当事人送达起诉状或答辩状副本时附送证据材料的情况也并不多见，《海事诉讼特别程序法》的这一规定，明确了"送状不附证"原则，完善了审理船舶碰撞案件的诉讼程序，有助于防止当事人篡改、伪造证据。

（三）举证规则

我国《民事诉讼法》没有对第一审普通程序中的举证时限作出规定。《海事诉讼特别程序法》突破性地以法律的形式规定了船舶碰撞案件审理的举证时限，并根据船舶碰撞案件的特点，明确规定"举证完成后才可阅卷"。《海事诉讼特别程序法》就船舶碰撞案件举证规定的具体内容如下。

1. 当事人完成举证的时限

当事人完成举证的时限为开庭审理前的一段时间，具体至何日则由受诉法院根据实际情况决定。原告、被告起诉或答辩，向法院提交证据材料后，还可以继续收集证据材料并向法院提供，直至法院确定的举证期间届满为止。为公平及防止假证，举证期限内当事人提交的证据材料应当密封保存。

2. 完成举证说明书

当事人完成举证后应当向法院出具完成举证说明书。当事人出具完成举证说明书产生如下法律后果：第一，当事人已经完成举证，一般情况下不得再向法院提交任何证据材料；第二，当事人可以申请查阅对方的证据材料；第三，禁止翻供。如果没有特殊事由，当事人不能推翻其在《海事事故调查表》中的陈述和已经完成的举证。

3. 查阅证据材料

一方当事人出具完成举证说明书后，可以申请查阅有关船舶碰撞的事实证据材料，包括对方已经提交的证据材料、日后可能提交的证据材料及法院收集的证据材料。查阅证据材料后，当事人不能根据对方的证据材料再提交证据材料，也不得以对方当事人仍在提交证据材料为由要求继续提交证据材料。

4. 禁止翻供及其例外原则

禁止翻供是指诉讼当事人不能以任何借口否定已经向法院作出的供述。在船舶碰撞案件的审理中，当事人出具完成举证说明书后，不能继续收集新的证据材料推翻其在《海事事故调查表》中的陈述和已经完成的举证。

禁止翻供在司法实践中存在例外的情况，即如果当事人能够有充分理由向法院说明其为何不能在举证期间内提交新的证据，法律允许其提交该证据以推翻其已经在诉讼文书及证据材料中作出的对自己不利的主张。船舶碰撞诉讼程序中的"新证据"与《民事诉讼法》规定的"新证据"不同，是指非当事人自己所有的（如卫星控制记录的数据、其他船舶的证据等）及当事人在出具完成举证说明书之前尚未掌握的证据，不包括能在举证期间内提交而不提交的证据。

对于这一例外，海事法院在司法实践中应当严格适用。当事人出具完成举证说明书并查阅对方当事人的证据材料后再提交的证据材料，不论提交的时间是在开庭前还是开庭后，均应当经过开庭质证，并注意查明其来源、取得时间、当事人取得该证据的积极程度（当事人是否可以在举证期间内取得而怠为取得）等。

（四）关于船舶检验、估价的规定

碰撞事故发生后，诉讼当事人通常会对损害船舶进行检验、估价和修理。实践中经常出现受损船舶的估价和修理费用与实际遭受的损害程度不符的情况。为了真实反映船舶的受损情况，避免当事人夸大船舶受损程度，维护诉讼各方当事人的合法权益，《海事诉讼特别程序法》第86条规定："船舶检验、估价应当由国家授权或者其他具有专业资格的机构或者个人承担。非经国家授权或者未取得专业资格的机构或者个人所作的检验或者估价结论，海事法院不予采纳。"对于已经取得专业资格的机构或者个人所作的检验或者估价结论，也需经过质证才能作为证据适用。

（五）关于审理期限的规定

《海事诉讼特别程序法》关于审理期限的规定与《民事诉讼法》不同。根据《海事诉讼特别程序法》第 87 条的规定，船舶碰撞案件的审理期限不区分是否具有涉外因素，一律为 1 年。有特殊情况需要延长的，由受诉法院的院长批准。这一规定既限制了具有涉外因素的船舶批准案件的审理期限，也给予了一定的弹性；既保证了海事法院审理涉外船舶批准案件的诉讼效率的要求，又兼顾了案件的审理质量。

第三节　共同海损案件诉讼程序

一、共同海损案件诉讼程序的特点

依据 2016 年最高人民法院颁布的《最高人民法院关于海事法院受理案件范围的规定》的规定，共同海损案件不属于列明的海事侵权案件或者海商合同案件，属于其他海事、海商案件，这类案件具有以下特点。

（一）案情复杂、专业性强、涉及共同海损理算问题

共同海损案件的诉讼当事人通常包括船方、货方、保险人、救助人等多方当事人，案件通常涉及共同海损是否成立、单独海损与共同海损事故的区分、共同海损费用与损失、共同海损分摊、当事各方提供担保的有效性等诸多问题。共同海损案件的复杂性及专业性决定了大多数案件在诉诸法院之前已经进行了共同海损理算。

（二）案件具有相对独立性

共同海损案件的相对独立性是指案件的提起不以同一事故的其他非共同海损案件已经协商解决或者已经诉至法院为前提。

（三）共同海损案件与非共同海损案件并存

共同海损多发生于单独海损之后。例如，船员管货过失导致货损，后为避免损失的进一步扩大而有意、合理地采取的措施直接导致特殊损失，支付特殊费用，发生了共同海损。多数情况下，区分某一损失属于共同海损还是单独海损较为困难。海损事故发生后，通常会出现追偿的情况，进而引发一系列案件，导致共同海损案件和非共同海损案件并存。

（四）案件的审理相对较长

共同海损案件的复杂性和专业性使得案件的审理相对较为困难，案件的审理期限需要作适当延长，与船舶碰撞案件类似，《海事诉讼特别程序法》规定共同海损案件的审

理期限为 1 年，有特殊情况需要延长的，由受诉法院院长批准。

二、审理共同海损案件的特别规定

（一）共同海损诉讼与共同海损理算的关系

发生共同海损事故后，通常情况下海损事故的利害关系人（通常是承运人）会在事故发生后或者船舶到达港口后宣布共同海损，并将损失提交共同海损理算机构进行理算，然而这一过程并不是所有共同海损案件的必经程序。在共同海损金额不大的情况下，也可以不进行理算。

司法实践中，海损事故的利害关系人提起共同海损事故，不以提单、租船合同中的共同海损格式条款或利害关系人签订的协议委托有关理算机构理算为前提，利害关系人可以根据实际情况将已经进行理算或者尚未进行理算的纠纷向海事法院提起诉讼。利害关系人将尚未理算的纠纷提交法院的情形大致包括以下两种：其一，海损事故各方利害关系人未能就选择共同海损理算机构或者海损理算规则达成协议，难以实现共同海损理算；其二，承运人虽然宣布共同海损，但其他利害关系人认为共同海损是由于承运人不可免责的过失导致，由于利害关系人之间就是否构成共同海损及责任分摊存在争议，难以达成合意提供担保。这种情况下，承运人可以向法院提起共同海损诉讼，申请法院对船载货物进行扣押、拍卖，以尽快解决争议。

承运人宣布共同海损后，如果利害关系人就事故不具备共同海损成立要件或者事故是由于要求分摊共同海损中的一方的不可免责的过失造成的原因为由提出抗辩，利害关系人最好先将纠纷向法院提起共同海损诉讼，待法院对共同海损及要求共同海损分摊是否成立等委托作出认定后，再进行共同海损理算，以避免造成不必要的浪费。

法院受理未经理算的共同海损纠纷后，可以根据实际情况，决定是否委托理算机构进行理算及委托哪一家理算机构理算。诉讼当事人也可以在起诉后，根据协议自行委托理算机构理算。

（二）共同海损理算报告的法律地位

《海事诉讼特别程序法》第 89 条规定："理算机构做出的共同海损理算报告，当事人没有提出异议的，可以作为分摊责任的依据；当事人提出异议的，由海事法院决定是否采纳。"从该条规定可以看出，共同海损理算报告能否作为分摊责任的依据，取决于诉讼当事人对理算报告是否有异议。如果没有异议，理算报告可以分为分摊责任的证据，海事法院无需对理算报告的合法性及合理性作出分析或定性；如果存在异议，则由海事法院决定是否采纳。若经过分析认为某项异议成立，需要变更理算结果，海事法院可以根据实际情况自行变更或交由理算机构变更。可见，在海事诉讼程序法律制度中，理算报告的法律地位相当于一份证据材料，其效力并不是绝对的，需要经过质证与认证才能够予以确定。值得注意的是，与船舶碰撞纠纷案件的船舶检验、估计不同，共同海损理算只能委托给理算机构而不能委托给个人进行，以个人名义出具的理算报告通常不具有法律效力。

（三）共同海损案件与同一事故其他相关案件的合并审理

共同海损案件与同一事故的其他相关案件之间具有相对的独立性，共同海损事故的利害关系人可以根据实际情况提起共同海损诉讼、非共同海损诉讼和共同海损追偿诉讼。为了更好地查明事实、确定损失及分清责任，海事法院在受理上述案件后，可以进行合并审理。对此，《海事诉讼特别程序法》确立了下述几个原则。

第一，就同一海损事故引起的共同海损诉讼与非海损诉讼可以向同一法院提起诉讼原则。即当事人可以不受因同一海损事故提起的共同海损诉讼程序的影响，就非共同海损损失向责任人提起诉讼。

第二，就同一海事事故引起的共同海损诉讼、非共同海损诉讼，以及对共同海损分摊向责任人提起的追偿诉讼，可以合并审理原则。即当事人就同一海损事故向受理共同海损案件的海事法院提起的非共同海损诉讼，以及对共同海损分摊责任人提起的追偿诉讼的，海事法院可以合并审理。

（四）共同海损案件的审限

《海事诉讼特别程序法》第92条规定，"海事法院审理共同海损案件，应当在立案后一年内审结。有特殊情况需要延长的，由本院院长批准"。可见，共同海损案件的审理期限为一年，自立案之日起算。这一规定并没有区分案件是否具有涉外因素，但规定有特殊情况需要延长的，由受案法院的院长批准。

对未经理算的共同海损案件，海事法院可以委托理算机构进行理算。对于理算期间是否应计入审理期间，法律没有作出规定。考虑到共同海损的理算比较复杂、烦琐，理算的期间也相对较长，为保证共同海损案件审理结果的公正性，一般认为共同海损案件的 1 年审理期限不包括共同海损理算的期间。

第四节　海上保险人行使代位请求赔偿权利的程序

一、海上保险人行使代位求偿权程序的适用范围

（一）海上保险代位求偿权的含义及构成要件

1. 海上保险代位求偿权的含义

海上保险合同，是一种赔偿合同（contract of indemnity），如果被保险人（受赔偿人）所遭受的损失，已通过海上保险合同（赔偿合同）得到赔偿，则被保险人因该损失而在法律上可获得的其他"利益"应归于保险人（赔偿人），否则被保险人可能获得"过量补偿"，进而诱发道德风险，并且对保险人不公[1]。例如，因承运人管货不当而引起

---

① 汪鹏南：《海上保险合同法详论》，大连海事大学出版社，1996 年，第 160 页。

货损货差，承运人应对这些损失向收货人承担赔偿责任，但往往保险人可能先行对收货人作出赔付。这样就有可能造成收货人获得两次赔偿，或者造成收货人没有动力去追究承运人的责任，这些都是不公平的。为解决这一问题，海上保险合同中就产生了代位求偿原则。代位原则有两方面的含义：一是债权代位原则；二是保险利益所有权代位原则。前者是指如果保险标的发生保险责任范围内的损失是由第三人造成的，被保险人向第三人要求赔偿的权利，保险人支付赔偿之日起，相应转移给保险人，这就是通常所称的代位求偿权（subrogation）。后者则是指保险人在赔付全损后，有权获得保险单所承保的被保险人对保险标的的保险利益的所有权。对于这两种不同的代位权利，英国是合并在一起，通称为代位求偿权，其《1906 年海上保险法》第 79 条规定："不论是整个标的物的全损还是货物可分割部分的全损，保险人在赔付全部损失后，有权取得被保险人在该已获赔付的保险标的上的任何权益，并取得被保险人自保险事故发生之日起在保险标的上的权利和救济……"而根据我国《海商法》、《保险法》和《海事诉讼特别程序法》的规定，海上保险代位求偿权仅特指债权代位，即由于第三人的过错，导致海上保险标的发生保险责任范围内的损失，保险人赔付了被保险人之后，有向第三人请求赔偿的权利。

2. 海上保险人行使代位求偿权的构成要件

《海事诉讼特别程序法》第 93 条规定："因第三人造成保险事故，保险人向被保险人支付保险赔偿后，在保险赔偿范围内可以代位行使被保险人对第三人请求赔偿的权利。"依据这一规定及我国《海商法》和《保险法》的有关规定，海上保险人行使代位求偿权的条件包括以下内容。

（1）被保险人因海上保险事故对第三人有损害赔偿请求权。这里特别强调发生的事故必须是海上保险事故，且因为由第三人行为引起，被保险人享有对第三人的赔偿请求权。

（2）海上保险人已经向被保险人实际支付了保险赔偿。继《海事诉讼特别程序法》第 93 条规定后，该法第 96 条又进一步规定，海上保险人依照该法第 94 条、第 95 条规定提起的诉讼或者申请参加诉讼的，应当向受理案件的海事法院提交保险人支付保险赔偿的凭证。这一规定明确了行使代位求偿权的海上保险人应当有实际支付保险赔偿的行为。

（3）海上保险人行使代位求偿权以保险赔偿范围为限。即保险人只能在保险赔偿范围内代位行使被保险人对第三人的赔偿请求权，海上保险人不能因行使代位求偿权而获得额外利益，其代位权利仅限于他实际支付给被保险人的数额。

（4）海上保险人应当在保险责任范围内赔偿被保险人的损失。对这一项内容是否构成海上保险人行使代位求偿权的条件，理论界有不同观点。本书认为，对于保险人超过保险合同约定的责任范围的赔偿是否可以行使代位求偿权的问题不应当一概而论，应具体情况具体分析。如果保险人超过责任范围的"自愿给付"行为非常明确具体，则其不应当对该"自愿给付"享有代位求偿权；如果保险人与被保险人之间对保险条款中保险责任的约定不明确，或者对保险事故是否为承保风险所引起的存在争议，只要上述不明确或者争议在保险人支付保险赔偿时就已经存在，保险人对其"自愿给付"可以行使代位求偿权。这种情况下，应当将保险人支付给被保险人的保险赔偿视为保险责任范围内的保险赔偿，以避免保险人与被保险人之间因保险合同纠纷引起不必要的诉讼，使保险人能够以自己的名义对第三人提起索赔。

（二）行使代位求偿权程序的适用范围

根据《海事诉讼特别程序法》第 93 条的规定，保险人在保险赔偿的范围内可以代位行使被保险人对第三人请求赔偿的权利。也就是说，海上保险人不能因行使代位求偿权而获得额外利益，其代位权利仅限在他实际给付被保险人的数额范围之内。这一规定与我国《保险法》第 60 条第 1 款的规定相符，后者规定："因第三者对保险标的损害而造成保险事故的，保险人自向被保险人赔偿保险金之日起，在赔偿金额范围内代位行使被保险人对第三者请求赔偿的权利。"

但是，我国《海商法》第 252 条第 1 款规定，"保险标的发生保险责任范围内的损失是由第三人造成的，被保险人向第三人要求赔偿的权利，自保险人支付赔偿之日起，相应转移给保险人"。该条款只规定了被保险人向保险人"相应转移"了对第三人要求赔偿的权利，而没有明确是否应限于保险赔偿金额的范围。同时《海商法》第 254 条第 2 款规定，"保险人从第三人取得的赔偿，超过其支付的保险赔偿的，超过部分应当退还给被保险人"。这说明《海商法》对于代位求偿的态度是，在海上保险代位求偿权的案件中，保险人的诉讼请求范围可以超过保险人对被保险人的实际赔偿范围。只不过保险人应当根据法律规定将超过部分退还给被保险人，否则，会损害被保险人的利益，构成不当得利。

因此，《保险法》《海事诉讼特别程序法》《海商法》在海上保险人行使代位求偿权的范围上存在着冲突。从法律适用的角度来分析，《保险法》第 182 条规定："海上保险适用《中华人民共和国海商法》的有关规定；《中华人民共和国海商法》未规定的，适用本法的有关规定。"由此，《海商法》应该优先适用。但是，正是基于海上保险代位求偿权在海事审判中出现的争议，我国《海事诉讼特别程序法》又专门在第八章第三节对海上保险代位求偿权行使程序问题作了规定，其中实际上也包含了实体法的内容。《海事诉讼特别程序法》第 93 条规定："因第三人造成保险事故，保险人向被保险人支付保险赔偿后，在保险赔偿范围内可以代位行使被保险人对第三人请求赔偿的权利。"该法第 93 条的规定其实在试图澄清《海商法》与《保险法》在保险代位求偿权行使范围规定上的差异，使得在海事审判实务中统一将海上保险代位求偿权的行使范围限定在保险赔偿金额范围内，明确体现了立法者的立法意图。因此，在海事审判中宜适用《海事诉讼特别程序法》的规定。

二、代位求偿权行使的程序

（一）海上保险人行使代位求偿权的方式

《海事诉讼特别程序法》第 94 条和第 95 条规定了海上保险人行使代位求偿权的三种方式。

（1）海上保险人得以自己的名义提起代位求偿诉讼。《海事诉讼特别程序法》第 94 条规定："保险人行使代位请求赔偿权利时，被保险人未向造成事故的第三人提起诉讼的，保险人应当以自己的名义向该第三人提起诉讼。"根据该规定，海上保险人作出实际赔付后，如果被保险人未向第三人提起索赔诉讼的，海上保险人应当以自己的名义向第三人提起代位求偿诉讼。

（2）海上保险人得以向法院提出变更当事人的请求，以自己的名义行使代位求偿权。《海事诉讼特别程序法》第95条第1款规定："保险人行使代位请求赔偿权利时，被保险人已经向造成保险事故的第三人提起诉讼的，保险人可以向受理该案的法院提出变更当事人的请求，代位行使被保险人对第三人请求赔偿的权利。"根据该规定，海上保险人作出实际赔付并取得代位求偿权之前，被保险人已经以自己的名义向第三人提起索赔诉讼的，海上保险人支付保险赔偿后可以向受理案件的法院提出变更当事人，进而以自己的名义行使代位求偿权。

值得一提的是，如果海上保险人已经向被保险人作出实际赔付，却未向受理被保险人对第三人提起索赔诉讼的法院提出变更当事人的请求的，海上保险人应被视为放弃了以代位求偿权人的身份对第三人提起索赔的权利。就被保险人而言，因为其已经接受了海上保险人的赔偿，被保险人针对第三人提起的受偿范围内的索赔将面临挑战，法院可能会以防止不当得利为由驳回被保险人向第三人提出的受偿范围内的索赔。

（3）海上保险人得以作为共同原告向第三人请求赔偿。《海事诉讼特别程序法》第95条第2款规定，"被保险人取得保险赔偿不能弥补第三人造成的全部损失的，保险人和被保险人可以作为共同原告向第三人请求赔偿"。根据该规定，被保险人如果因为投保不足额保险、协议取得的保险赔偿不足以弥补损失、保险合同约定有免配额等原因未能从保险人处取得足以弥补第三人造成的保险赔偿，保险人和被保险人可以作为共同原告向第三人请求赔偿。

依据这一规定，在保险人取得的保险赔偿不能弥补第三人造成的全部损失的情况下。如果出现《海事诉讼特别程序法》第95条第1款规定的海上保险人作出实际赔付取得代位求偿权之前，被保险人已经以自己的名义对第三人提起索赔诉讼的情形，海上保险人可以向受理案件的法院申请以共同原告的身份参加被保险人已经提起的诉讼。此种情况下，并不产生作为原告的被保险人可以被海上保险人替代的法律后果。如果出现了《海事诉讼特别程序法》第94条规定的海上保险人可以作出实际赔付时被保险人尚未向第三人提起诉讼的情形，被保险人和保险人可以作为共同原告向第三人提起诉讼。

《海事诉讼特别程序法》的这一规定，赋予了保险人与被保险人可以作为共同原告向第三人请求赔偿的权利，具有重大的现实意义。其一，它解决了司法实践中存在的保险人和被保险人需要凭借同一套索赔单证分别向第三人提起诉讼的矛盾；其二，从程序上确保了被保险人可以就未获得赔偿的部分损失继续向第三人行使索赔权；其三，解决了第三人的诉累问题。

（二）提起代位求偿权的文件及权属转让书

1. 海上保险人提起代位求偿诉讼的文件

《海事诉讼特别程序法》第96条规定："保险人依照本法第九十四条、第九十五条规定提起诉讼或者申请参加诉讼的，应当向受理该案的海事法院提交保险人支付保险赔偿的凭证，以及参加诉讼应当提交的其他文件。"根据这一规定，无论海上保险人是以自己的名义提起代位求偿诉讼，还是向法院申请变更当事人后以自己的名义继续对被保险人提起的诉讼，又或者是参加进被保险人已经提起的诉讼，均需要向法院提交下列文件。

（1）海上保险人已经作出实际赔付的凭证。这种凭证可以是银行转账单据，也可以是被保险人收取现金后出具的收据。当然，保险人还可以采用购置替代物、债权债务抵消的方式进行赔付。但无论赔付方式如何，海上保险人均应当收集有关实际赔付的证据材料。保险人向法院提交已经实际支付保险赔偿凭证的意义在于：第一，表明保险人符合行使代位求偿权所要求的初步证据；第二，明确海上保险人代位求偿权的索赔范围。

（2）参加诉讼应当提交的其他文件。这里的其他文件主要是指诉讼方面所需的文件，包括诉讼文书和诉讼证据材料等。

2. 权益转让书

《海事诉讼特别程序法》并没有规定要求向第三人提起代位求偿诉讼的保险人必须向法院提交被保险人出具的权益转让书，这与代位求偿权是一项海上保险人作出的实际赔付后才能享有的、不以当事人意志为转移的法定权利有关。

虽然，《海商法》《保险法》《海事诉讼特别程序法》均没有将保险人取得被保险人出具的权益转让书作为保险人取得代位求偿权的必要前提，但在实践中，海上保险人为了确保己方代位求偿权的实现，通常会在作出实际赔付后要求被保险人向其出具权益转让书，并在向第三人提起的追偿诉讼中将权益转让书作为重要的证据材料之一提交给法院，以求更为充分地说明自己确实已经在相关案件中取得了代位求偿权。因此，在司法实践中，权益转让书仍然具有重要的作用。

（三）船舶油污受害人请求赔偿权利的规定

随着人类社会工业化的发展，石油已替代煤炭成为主要能源。由于世界各国和地区间石油资源分布的不均衡，大量石油必须通过海上运输进行输送，船舶所载石油因各种事故所造成的污染损害也相伴而生。而且随着油轮载运量的急剧增加，油污事故所造成的损害显著加大，单一主体所能提供的赔偿数额远不能补偿石油泄漏所造成的污染损害。特别是自 20 世纪 60 年代以来，一起起灾难般的油轮泄漏事故震惊全球。海洋环境频频遭遇船舶石油污染，解决船舶油污损害赔偿问题迫在眉睫，客观上催促了相关国际公约、国内立法的出台。其中比较突出的是 1969 年《国际油污损害民事责任公约》及其 1992 年议定书，该公约主要建立了如下两个制度。

第一，船舶油污损害赔偿强制责任保险与财务保证制度。依照该公约，缔约国登记载运 2000 吨以上的散装油类货物的船舶所有人必须进行保险或取得其他财务保证，以便按公约规定承担其对油污损害应负的责任。否则，各缔约国不允许上述船舶营运。

第二，受害人对责任保险人的直接诉讼制度。依照公约的规定船舶造成油污损害的受害人可以直接向承保船舶所有人赔偿责任的保险人或其他财务保证人提起赔偿诉讼。受害人的这一直接求偿权不以被保险人基于保险合同或财产保证合同对责任保险人或财产保证人的权利依法转让受害人为条件，同时保险人或财务保证人也不得以与受害人没有合同关系，或者与油污侵权行为没有关系为由拒绝赔偿。此外，1992 年《国际油污损害民事责任公约》第 7 条第 8 款规定："对油污损害的任何索赔，可向承担船舶所有人油污损害责任的保险人或提供财务保证的其他人直接提出。在上述情况下，被告人可不问船舶所有人的实际过失或暗中参与而援用第五条第 1 款所规定的责任限制。被告人可进一步提出船舶所有人本人有权援引的抗辩（船舶所有人已告破产或关闭者不在此例）。除此以外，被告人可以提出抗辩，说明油污损害是由于船舶所有人的有意的不当行为所造成，但不得提出他有权在船舶所有人向他提出的诉讼中所援引的抗辩。在任何情况下，被告人有权要求船舶所有人参加诉讼。"

通过这两个制度，油污损害所造成的不利后果被社会集体共同分担，避免油污责任人不堪重负，从而影响海上运输等事业的发展。我国已经加入 1992 年《国际油污损害民事责任公约》，参照该公约的上述规定，我国《海事诉讼特别程序法》第 97 条规定："对船舶造成油污损害的赔偿请求，受损害人可以向造成油污损害的船舶所有人提出，也可以直接向承担船舶所有人油污损害责任的保险人或者提供财务保证的其他人提出。油污损害责任的保险人或者提供财务保证的其他人被起诉的，有权要求造成油污损害的船舶所有人参加诉讼。"

第五节　简　易　程　序

一、简易程序概述

（一）简易程序的概念

简易程序有广义和狭义之分。广义的简易程序是民事诉讼中所有简易化程序的总称，既包括通常程序中的简易程序，也包括特别程序中的简易程序；既包括一个整体的简易程序，也包括局部适用的简易程序。本章所阐述的简易程序取其狭义的概念，即指《民事诉讼法》第十三章规定的简易程序，不包括民事诉讼中的其他简易化程序，如督促程序、缺席判决程序等，而且不包括小额诉讼这种更为简易化的简易程序。

本章所称简易程序，是指海事法院审理事实清楚、权利义务关系明确、争议不大的简单民事案件所适用的审判程序。在我国民事审判程序体系中，简易程序与普通程序并列，独立存在，在审级上属于第一审程序，是我国民事诉讼程序的一个重要组成部分。简易程序是与普通程序、简易化程序、特别程序等完全不同的概念。

（二）简易程序的特点

根据我国《民事诉讼法》规定，与普通程序相比，简易程序具有以下几个方面的特点。

1. 起诉方式简便

适用简易程序的案件，原告起诉时不需要向人民法院递交起诉状和起诉状副本，可以采用口头方式起诉。简易程序无需受普通程序所要求的"原告本人不能书写起诉状，委托他人代写起诉状确有困难的，可以口头起诉"的限制，更加方便了当事人提起诉讼。

2. 受理案件的程序简便

适用简易程序审理的案件，当事人双方可以同时到海事法院请求解决纠纷。海事法院可以当即审理，也可以另定日期审理。当即审理，可将起诉、审查起诉、受理和审理案件一并进行。而适用普通程序审理的案件，必须按照法定的程序和方式进行。人民法院必须在法定期限内立案、送达起诉状副本等。适用简易程序受理案件的程序简便，有利于及时审结简单的民事案件。

3. 传唤当事人和通知其他诉讼参与人的方式简便

适用简易程序审理案件时，海事法院可以用简便的方式传唤当事人和通知其他诉讼参与人。既可以口头传唤和通知，也可以采取捎口信、电话、传真、电子邮件等简便方式随时传唤双方当事人、证人。不受普通程序要求的开庭前 3 日通知当事人和其他诉讼参与人规定的限制，可以随时传唤当事人和通知其他诉讼参与人。

4. 实行独任制审判

按照简易程序审理简单的民事案件，由审判员一人独任审理，书记员担任记录。而适用普通程序审理案件时，要采用合议制的审判组织形式审理。

5. 开庭审理的程序简便

适用简易程序审理案件，也应当开庭审理。但是，法庭审理的方式和步骤比普通程序简便。而依照普通程序审理案件，必须按照法律规定的程序进行。按照简易程序审理案件的简便性主要体现在以下几个方面。

（1）公开审理的案件，不必在开庭前 3 日公布当事人姓名、案由和开庭的时间、地点，只需要在开庭时宣布公开审理并允许群众旁听即可。

（2）开庭前已经书面或者口头告知当事人诉讼权利义务，或者当事人各方均委托律师代理诉讼的，审判人员除告知当事人申请回避的权利外，可以不再告知当事人其他的诉讼权利义务。

（3）双方当事人到庭后，被告同意口头答辩的，人民法院可以当即开庭审理；被告要求书面答辩的，人民法院应当将提交答辩状的期限和开庭的具体日期告知各方当事人，并向当事人说明逾期举证及拒不到庭的法律后果，由各方当事人在笔录和开庭传票的送达回证上签名或者捺印。

（4）在庭审过程中，经双方当事人陈述，权利义务关系明确、事实清楚的，在征得双方同意后，可以直接进行调解而不必经过审前准备程序。

（5）庭审过程还不受普通程序中法庭调查和法庭辩论顺序的约束，可以合并进行，灵活掌握。适用简易程序审理的案件，可以不按照法庭调查和法庭辩论的顺序进行审理，法庭调查和法庭辩论两个阶段可以合并进行，也可以穿插进行，由独任审判员根据案件具体情况灵活掌握。

（6）简易程序判决书、调解书等法律文书的制作简化。裁判文书应当简明扼要，重点将判决书、调解书主文部分叙述准确、清楚、无误即可。

6. 举证期限和审结案件的期限较短

适用简易程序审理的案件是一些简单的民事案件，不需要做大量的调查取证工作，就能够查清事实、分清是非。加之当事人之间权利义务关系明确，争议不大，一般情况下，法院适用简易程序审理案件，应当在立案之日起 3 个月内审结。这一审理期限是法定期间，不得延长。而适用普通程序审结案件的期限为 6 个月，有特殊情况需要延长的，由本院院长或上级人民法院批准，可以延长。

二、简易程序的适用范围

根据《海事诉讼特别程序法》第 98 条的规定，简易程序仅适用于审理事实清楚、权利义务关系明确、争议不大的简单的海事案件。可见，海事法院适用简易程序审理案件的条件如下。

（1）案件的事实清楚。事实清楚是指当事人双方对争议的事实陈述基本一致，并能提供可靠的证据，无需海事法院调查收集证据即可判断事实、分清是非。

（2）权利义务关系明确。权利义务关系明确是指谁是责任的承担者，谁是权利的享有者，关系明确。

（3）当事人对案件的争议不大。争议不大是指当事人对案件的是非、责任及诉讼标的的争执无原则分歧。

上述三个条件缺一不可。海事法院应当严格审查，只有三个条件同时具备，才能适用简易程序审理案件。法律已经明确不能适用简易程序审理的案件有：起诉时被告下落不明的案件；已经按照普通程序审理的案件；发回重审的案件；共同诉讼中一方或者双方当事人人数众多的案件；法律规定应当适用特别程序、审判监督程序、督促程序、公示催告程序和企业法人破产还债程序的案件；人民法院认为不宜适用简易程序进行审理的案件。

第六节　督　促　程　序

一、督促程序概述

《海事诉讼特别程序法》第 99 条第 1 款规定："债权人基于海事事由请求债务人给付金钱或者有价证券，符合《中华人民共和国民事诉讼法》有关规定的，可以向有管辖权的海事法院申请支付令。"可见，督促程序指海事法院根据债权人要求债务人给付一定金钱或者有价证券的海事请求，以支付令的形式催促债务人限期履行义务的特殊程序。

督促程序的进行，是以债权债务关系明确、合法为基础的。"明确"是指除债务人迟延向债权人给付金钱或者有价证券外，债权人与债务人关系明确，没有其他债务纠纷；"合法"是指债权债务关系符合法律、法规等规范性文件的规定。如果是这样的债权债务关系，当事人即可申请，督促程序即可进行。督促程序旨在用简便、迅速的方法使债务人立即清偿债务，使债权人实现其债权。这既方便了当事人，也方便了人民法院，并有利于流动资金的周转和市场经济的正常运行。

《海事诉讼特别程序法》第99条明确规定了海事法院在审理案件时可以适用督促程序，突破了民事诉讼法作出的督促程序只能由基层人民法院适用及督促程序不适用于债务人不在我国境内情形的规定，更加方便当事人诉讼，有利于快捷、高效地解决海事债务纠纷。

督促程序的特点如下。

（1）程序的设定以债务人对债权人所主张的债权没有异议为前提，不会形成双方当事人在诉讼中的对抗状态，是一种非诉程序。

（2）程序的适用以特定的海事债务案件为前提。

（3）审判组织实行独任制，而不论案件的标的数额有多大。

（4）使用支付令。债权人向海事法院申请支付令的行为可以启动督促程序。债务人如果在法定期间内未以法定方式向海事法院就支付令提出异议，则支付令生效，其法律效力等同于已生效的给付判决，对债务人有强制力。

二、督促程序的适用条件

在社会生活中，经常会存在一些债权债务关系非常清楚的金钱和有价证券案件。对于这类案件，权利人可以向人民法院起诉，要求义务人履行支付义务，但是，起诉引起的诉讼程序通常较为烦琐，而且审级也较为复杂，不利于这类案件的尽快解决。因此，债权人可以采取督促程序，即向人民法院申请支付令，以支付令的方式督促义务人尽快履行支付金钱和有价证券的义务。在海事诉讼中也是如此，依据《海事诉讼特别程序法》第99条的规定，债权人基于海事事由请求债务人给付金钱或者有价证券，符合《民事诉讼法》有关规定的，可以向有管辖权的海事法院申请支付令。因此，适用督促程序，需具备下列条件。

（1）督促程序只能适用于债权债务关系清楚，并要求给付金钱和有价证券的案件。如果债务人的义务是交付一定的货物或者完成一定的行为，则不能适用督促程序。此外，债权人与债务人之间没有对待给付义务。对待给付，是指债权人须自己向债务人给付后，债务人才有给付的义务，或者债权人与债务人应同时给付的情形。如果债权人与债务人有其他债务纠纷的，那么不仅债权人与债务人之间的债权债务关系不易明确，比较复杂，并且多会发生争议，从而不适宜通过督促程序解决。而且，法院以支付令仅命令债务人向债权人为给付，而不考虑债务人对债权人也拥有的债权，则背离了法律平等保护原则。

（2）支付令能够送达债务人。督促程序的简捷性决定了在整个督促程序中，对债务人而言，唯一的权利就是对支付令的书面异议权，如果支付令未能送达债务人，则债务人无法行使其对支付令的异议权。因此，支付令能够送达债务人就成为适用督促程序的必要条件。为此，对下列两种人不得适用督促程序。

第一，不在我国领域内居住的人。对不在我国领域内居住的债务人送达诉讼文书，要么因无法送达而适用公告送达这种法律推定送达方式，要么可能送达起来所需要时间很长，因此，不符合督促程序简捷的特点。

第二，债务人下落不明的。因为对于下落不明人只能适用公告送达，公告送达属于法律推定送达方式，无法保证债务人异议权的行使。

（3）债权人必须向有管辖权的海事法院提出申请。申请支付令的案件属于债权债务纠纷，应当适用《民事诉讼法》中的"原告就被告"原则，由被告住所地的海事法院管辖。债务人是外国人、无国籍人、外国企业或者组织，但是在中华人民共和国领域内有住所、代表机构或者分支机构并能够送达支付令的，则可以由债务人的住所地、代表机构或者分支机构所在地的海事法院管辖。

三、支付令的申请程序

（一）支付令的申请和受理

债权人向海事法院申请支付令应当满足以下条件。

（1）债权人申请给付的范围仅限于金钱或者有价证券。其他财产的给付及行为的履行等，因所涉及情况较为复杂且不能立即以金钱或有价证券体现，故而不适于申请支付令。

（2）给付金钱或者有价证券的申请必须基于海事事由。基于非海事事由申请支付令的债权人，应当向地方基层人民法院申请支付令。

（3）债务人履行给付金钱或者有价证券的义务的期限已经届满且数额确定。

（4）债权人和债务人之间不存在对等的给付义务，即债权人和债务人之间没有其他的债权债务纠纷，不存在可以彼此抵消的债权债务关系。

（5）债权人必须向有管辖权的海事法院提出申请。

申请支付令的案件属于债权债务纠纷，应当适用《民事诉讼法》中的"原告就被告"原则，由被告所在地的海事法院管辖。如果债务人是外国人、无国籍人、外国企业或组织，但在我国有住所、代表机构或分支机构，则可以由债务人的住所、代表机构或分支机构所在地的海事法院管辖。

（6）支付令能够送达债务人。支付令送达，除直接送达给债务人外，对于外国人，还可以向其国内的住所、代表机构或者分支机构送达。如果当事人下落不明或者因其他原因无法送达支付令，则不适用督促程序。

债权人提出申请后，海事法院应当进行审查。符合受理条件的，在 5 日内通知受理，不符合条件的，通知不予受理，并说明理由。

（二）支付令的制作和发出

支付令由审判员、书记员署名，并加盖海事法院印章。支付令应当载明以下事项：①债权人、债务人姓名或名称等基本情况；②债务人应当给付的金钱、有价证券的种类、数量；③清偿债务或者提出异议的期限；④债务人在法定期间不提出异议的法律后果。海事法院受理申请人的支付令申请后，由审判员一人审查债权人提供的事实证据。对于债权债务关系明确、合法的，应当在受理之日起 15 日内向债务人发出支付令；申请不成立的，裁定予以驳回。

（三）支付令提出异议的条件和法律效力

1. 支付令提出异议的条件

债务人对支付令提出异议应当符合下列条件。

（1）异议必须在法定期限内提出。债务人应当在收到支付令之日起 15 日内向发出支付令的海事法院提出异议。逾期提出，不能构成有效异议。

（2）异议必须是针对支付令所记载的债务关系本身提出的。债务人的异议应当针对债务是否存在、明确、合法等提出。如果债务人对债务本身没有异议，只是提出缺乏清偿能力的，不影响支付令的效力。

（3）异议必须以书面形式提出。口头或者其他形式的异议无效。

2. 支付令的法律效力

不同情况下，支付令的法律效力不同：债务人收到法院的支付令后，如果认为债权债务关系存在，没有在法定期间内以书面形式提出异议的，支付令生效，债务人应当自收到支付令之日起 15 日内向债权人清偿债务；债务人在法定期间内对支付令提出有效异议的，支付令失效，债权人可以另行起诉；债务人自收到支付令之日起 15 日内既不履行支付令又不提出异议的，支付令生效，申请人可以申请海事法院强制执行。

第七节　公示催告程序

一、公示催告程序概述

公示催告程序，是指人民法院根据申请人的申请，以公示的方法，告知并催促不明确的利害关系人在一定期限内申报权利，到期无人申报权利的，则根据申请人的申请依法作出除权判决的程序。在海事诉讼中，公示催告程序通常适用于提单等提货凭证失控或者灭失的情形。因为提货凭证的遗失、被盗或者灭失等原因，提货凭证持有人无权向承运人、货物保管人等主张提取货物，承运人、货物保管人等也因此无法交付货物。公示催告案件并不表现为法律上有关权利的争议，它没有明确的对方当事人，而是因一些特殊的法律事实的发生而产生。根据《民事诉讼法》第十八章的规定，我国民事诉讼中的公示催告程序，主要指可以背书转让的票据持有人，因票据被盗、遗失或者灭失，而向人民法院提出申请，人民法院以公示的方法，催促利害关系人在一定期间内申报权利，如不申报权利，人民法院即作出判决，宣告票据无效的程序。因此，公示催告程序并不解决当事人之间的民事权利义务之争，而是以公示的方法从程序上解决票据被盗、遗失和灭失的有关问题及法律规定的其他问题。为此，《海事诉讼特别程序法》第100条规定："提单等提货凭证人，因提货凭证失控或者灭失，可以向货物所在地海事法院申请公示催告。"通过这一程序，丢失提货凭证人及相关利害关系人的合法权益得到维护，票据流通的安全性也得以增强。

与通常诉讼程序相比较而言，公示催告程序具有以下几个显著特征。

第一，程序的非讼性与特殊性。公示催告程序属于非讼程序。适用这一程序并不能解决当事人之间因民事权利义务关系发生的纠纷，而只能确认申请人申请公示催告但并在一定期限内无人申报权利这一事实。在公示催告程序中，申请人根本无法知道有无利害关系人，更不知道利害关系人是谁，因此，公示催告案件也就没有明确的被告或者被申请人，一旦明确了利害关系人，公示催告程序就因失去了存在的基础而必须终结，申请人可以向人民法院提起民事诉讼，通过诉讼程序解决纠纷。也正因为如此，公示催告程序具有与其他海事诉讼程序不同的特点：①公示催告程序由公示催告和除权判决两个阶段构成。②公示催告程序的两个阶段均由申请人申请启动。③公示催告程序的两个阶段可以由两个不同的审判组织进行审理。④公示催告程序主要适用书面审查和公告的方式进行审理。

第二，适用范围的特定性。我国《民事诉讼法》第218条第1款的规定，"按照规定可以背书转让的票据持有人，因票据被盗、遗失或者灭失，可以向票据支付地的基层人民法院申请公示催告。依照法律规定可以申请公示催告的其他事项，适用本章规定"。从案件范围来看，公示催告程序仅适用于可以背书转让的票据被盗、遗失或者灭失的案件以及法律规定可以申请公示催告的其他事项，如指示提单。而不能背书转让的票据被盗、遗失或者灭失的案件以及不属于法律规定可以申请公示催告的事项，都不能适用公示催告程序。

二、公示催告程序的适用范围

根据我国《民事诉讼法》第218条第1款的规定，我国公示催告程序的适用范围包括票据和其他事项两个方面：①可以背书转让的票据；②依法可以申请公示催告的其他事项，主要有股票和提单。而我国《海事诉讼特别程序法》没有对公示催告程序在海事诉讼中的适用范围进行具体的列明式规定，只是非列明地规定提单等提货凭证可以适用该程序，具有较大的弹性，实际将解释权限交给了各海事法院。如此处理的原因在于立法之时尚不能对除提单外的其他提货凭证能够作为申请公示催告的事项形成统一认识，有待在实践中进一步探索。

实践中，除提单外，海上货物运输中还常常涉及的单据主要包括海运单、仓单等。但这些单据能否适用公示催告程序，还需要分别考虑。

（1）海运单。海运单是指证明海上货物运输合同和承运人接收货物或者已将货物装船的不可转让的单证。海运单的正面内容与提单的基本一致，但是印有"不可转让"的字样。有的海运单在背面订有货方定义条款、承运人责任、义务与免责条款、装货、卸货与交货条款、运费及其他费用条款、留置权条款、共同海损条款、双方有责碰撞条款、首要条款、法律适用条款等内容。有的海运单没有背面条款，仅在海运单的正面或者背面载明参照何运输条件或者某种提单或其他文件中的规定。海运单不能背书转让，收货人无需凭海运单，只需出示适当的身份证明，就可以提取货物。因此，海运单迟延到达、灭失、失窃等均不影响收货人提货，这样可以有效地防止海运欺诈、错误交货的发生。

（2）仓单。仓单是仓储保管人给付给存货人的表明其收到仓储物的凭证，存货人与仓储保管人签订仓储合同后，仓储保管人在收到存货人交付的仓储物时，应向存货人开具仓单，存货人根据仓单记载的内容领取仓储物。存货人或者仓单持有人在仓单上背书并经保管人签字或者盖章的，可以转让提取仓储物的权利。因此，仓单上记载的内容是存货人与仓储保管人双方的权利和义务。

《合同法》第 386 条规定："保管人应当在仓单上签字或者盖章。仓单包括下列事项：（一）存货人的名称或者姓名和住所；（二）仓储物的品种、数量、质量、包装、件数和标记；（三）仓储物的损耗标准；（四）储存场所；（五）储存期间；（六）仓储费；（七）仓储物已经办理保险的，其保险金额、期间以及保险人的名称；（八）填发人、填发地和填发日期。"

可见，仓单应载明以下内容：存货人的名称或姓名、住所；仓储物的品种、数量、质量、包装、件数和标记；仓储物的损耗标准；储存场所；储存期间；仓储费；储存物已经办理保险的，其保险金额、期间及保险人的名称；填发人、填发地和填发日期等。

与提单相比，海运单不是物权凭证，不可转让，同时因为其具有强烈的身份专属性，即便遗失、被盗或灭失也不会影响收货人对货物的权益。所以，不存在公示催告程序上的问题。而仓单可以转让，实际上具有了物权凭证的性质，但是，必须经保管人签字或盖章，很难出现第三人侵占的情形，因此，公示催告程序也极少发挥作用。这也是《海事诉讼特别程序法》在制定之初没有采用列明式做法的原因。

三、公示催告的审理程序

（一）公示催告的申请

公示催告程序作为一种权利救济的制度与程序，只有权利人提出申请才能启动。人民法院不得依职权主动启动公示催告程序。申请公示催告必须符合下列条件。

（1）申请公示催告的主体必须是按照规定可以背书转让的票据持有人或法律规定可以申请公示催告的其他事项的拥有人。《民诉法解释》第 444 条规定，"《民事诉讼法》第二百一十八条规定的票据持有人，是指票据被盗、遗失或者灭失前的最后持有人"。因此，票据持有人是指票据被盗、遗失或者灭失前的最后持有人，即在票据流转过程中最后占有票据的人，也就是票据记载的最后被背书人。

（2）只有可以背书转让的票据被盗、遗失或者灭失时，失票人才能通过公示催告的程序实现票据与权利的分离，获得权利的救济；对于不可以背书转让的票据，失票人只能通过诉讼的方式寻求权利的救济。

（3）申请人申请公示催告的事由只能是票据被盗、遗失或者灭失，基于其他原因，如善意转让、涂改票据，均不能申请公示催告。因为只有票据被盗、遗失或者灭失时，才会发生利害关系人不明确的状况，才有必要通过公示催告程序实现票据与权利的分离，恢复失票人的权利。而善意转让、涂改票据则不会发生利害关系人不明确的状况，案件不符合公示催告程序的适用条件，申请人也就不可以申请公示催告。

《海事诉讼特别程序法》第 100 条规定："提单等提货凭证持有人，因提货凭证失控或者灭失，可以向货物所在地海事法院申请公示催告。"《海诉法解释》第 70 条规定："《海事诉讼特别程序法》第 100 条规定的失控指提单或者其他提货凭证被盗、遗失。"《海诉法解释》第 71 条规定："申请人依据《海事诉讼特别程序法》第 100 条的规定向海事法院申请公示催告的，应当递交申请书。申请书应当载明：提单等提货凭证的种类、编号、货物品名、数量、承运人、托运人、收货人、承运船舶名称、航次以及背书情况和申请的理由、事实等。有副本的应当附有单证的副本。"

（二）对公示催告申请的审查与受理

人民法院对申请人提出的公示催告申请，应当立即进行审查并决定是否受理。这种审查主要是程序性审查，而不是实质性审查，审查的内容主要包括：申请人是否具备主体资格，申请的对象是否属于公示催告程序的适用范围，申请的事由是否符合法律规定，受理申请的人民法院是否有管辖权，申请的形式是否合法完备，等等。

《民诉法解释》第 445 条规定："人民法院收到公示催告的申请后，应当立即审查，并决定是否受理。经审查认为符合受理条件的，通知予以受理，并同时通知支付人停止支付；认为不符合受理条件的，七日内裁定驳回申请。"

（三）发出停止支付通知

人民法院决定受理公示催告申请后，应当在 3 日内发出公示催告公告，并同时通知付款人停止支付。付款人受到停止支付通知后，应当停止支付。付款人拒不执行停止支付通知，致使票据被承兑的，付款人应承担由此带来的后果。但是，在收到停止支付通知之前，付款人不得以任何理由拒绝向票据持有人支付，付款人也不承担由此带来的后果。

《民事诉讼法》第 219 条规定："人民法院决定受理申请，应当同时通知支付人停止支付，并在 3 日内发出公告，催促利害关系人申报权利。公示催告的期间，由人民法院根据情况决定，但不得少于 60 日。"《民诉法解释》第 448 条规定："公告应当在有关报纸或者其他媒体上刊登，并于同日公布于人民法院公告栏内。人民法院所在地有证券交易所的，还应当同日在该交易所公布。"第 449 条规定："公告期间不得少于六十日，且公示催告期间届满日不得早于票据付款日后十五日。"

公示催告公告应当包括以下内容：公示催告申请人的姓名或名称，票据的种类、票面金额、发票人、持票人、背书人等，申报权利的期限，在公示催告期间内转让票据权利、利害关系人不申报权利的法律后果。公示催告的期间，由人民法院根据具体情况决定，但最短不得少于 60 日。公示催告的期间，其实就是等待利害关系人申报权利的期间。为了保证利害关系人有足够的时间知晓公示催告的内容，便于利害关系人申报权利，充分保护其合法权益，我国《民事诉讼法》规定了较长的公示催告期间。在公示催告期间，转让票据权利的行为无效。如果经过公示催告公告规定的申报权利的期间，仍无人申报权利的就可以推定本案所涉及的票据没有其他利害关系人存在,票据权利为申请人享有。

海事诉讼程序中，公示催告期间比民事诉讼程序中要求的短，《海诉法解释》第 72

条规定："海事法院决定受理公示催告申请的，应当同时通知承运人、承运人的代理人或者货物保管人停止交付货物，并于三日内发出公告，敦促利害关系人申报权利。公示催告的期间由海事法院根据情况决定，但不得少于三十日。"

（四）申报权利

申报权利，是指收到公示催告的利害关系人在公示催告期间内向人民法院主张票据权利的行为。申报权利是利害关系人防止自己的权利免受人民法院宣告票据无效损害的重要方式，是否有人申报权利也是人民法院查明票据有无利害关系人、是否应当作出宣告票据无效的除权判决的重要标准。

《民事诉讼法》第221条规定："利害关系人应当在公示催告期间向人民法院申报。人民法院收到利害关系人的申报后，应当裁定终结公示催告程序，并通知申请人和支付人。申请人或者申报人可以向人民法院起诉。"根据《民事诉讼法》的规定，利害关系人应当以书面形式向发出公示催告公告的人民法院申报权利，方能发生申报的法律后果，并且应当在公示催告期间内申报权利。《民诉法解释》第450条规定："在申报期届满后、判决作出之前，利害关系人申报权利的，应当适用民事诉讼法第二百二十一条第二款、第三款规定处理。"利害关系人在公示催告期间内向人民法院申报权利的，人民法院应当裁定终结公示催告程序，利害关系人在公示催告期间届满后，判决作出之前申报权利的，同样应当裁定终结公示催告程序。由此可见，利害关系人在公示催告期间及公示催告期间届满后，除权判决作出前申报权利都是可以的。利害关系人申报权利，人民法院应当通知其向法院出示票据，并通知公示催告申请人在指定的期间查看该票据。公示催告申请人申请公示催告的票据与利害关系人出事的票据不一致的，人民法院应当裁定驳回利害关系人的申报。倘若利害关系人出示的票据就是公示催告申请人申请公示催告的票据，人民法院应当裁定公示催告程序终结，并通知申请人和付款人。此时，票据的对方当事人已经明确，案件不再符合公示催告程序的适用条件，因此，公示催告程序应当终结。

《海诉法解释》第76条第1款规定，"公示催告期间，利害关系人可以向海事法院申报权利。海事法院收到利害关系人的申报后，应当裁定终结公示催告程序，并通知申请人和承运人、承运人的代理人或者货物保管人"。

（五）除权判决

公示催告期间届满后，无利害关系人申报权利，或者申报被依法驳回的，人民法院应根据申请人的申请，组建合议庭，同时作出宣告票据无效的判决。这种判决被称为除权判决。

申请除权判决，应当符合以下条件。

（1）申请人必须在法定期间内提出申请，即申报权利期间届满的次日起1个月。

（2）在公示催告期间无人申报权利，或申报被依法驳回，在公示催告期间，有人申报权利且申报成立的，人民法院应当裁定终结公示催告程序。

（3）申请人必须向原受理公示催告申请的人民法院提出。除权判决与公示催告的管辖法院是完全一致的。

《民事诉讼法》第 222 条规定："没有人申报的，人民法院应当根据申请人的申请，作出判决，宣告票据无效。判决应当公告，并通知支付人。自判决公告之日起，申请人有权向支付人请求支付。"《民诉法解释》第 452 条第 1 款规定："在申报权利的期间无人申报权利，或者申报被驳回的，申请人应当自公示催告期间届满之日起一个月内申请作出判决。逾期不申请判决的，终结公示催告程序。"

除权判决作出后的法律后果包括两个方面：一方面，原票据即告失效，票据的付款人可以拒绝向持票人支付；另一方面，公示催告申请人，即丧失票据的权利人恢复了对票据的权利，可以向票据付款人请求支付，票据付款人不得拒绝支付。但是，除权判决并不直接确认申请人享有票据权利，而是通过宣告票据无效的方式间接承认申请人享有票据权利。因此，在内容上，除权判决只是宣告票据无效，而不能确认申请人享有票据权利。它只是根据在公示催告期间无人申报权利这一事实，对票据权利人作出的一种推定，即推定票据的权利人就是公示催告的申请人。

由于除权判决这种推定可能与事实并不相符，该票据的真正持有人可能并不是公示催告的申请人，其真正持有人可能由于某种客观的正当理由未能在公示催告期间内申报权利，为了对利害关系人的权利进行救济，《民事诉讼法》规定，没有申报权利的利害关系人不服人民法院宣告票据无效的除权判决，在知道或应当知道判决公告之日起 1 年内，有权以公示催告申请人为被告，向作出除权判决的人民法院另行起诉。人民法院受理利害关系人的另行起诉后，经审理认为利害关系人的起诉理由成立的，应当判决撤销除权判决，并确认票据的权利人；认为利害关系人的另行起诉理由不成立的，应当判决驳回起诉。例如，《民事诉讼法》第 223 条规定："利害关系人因正当理由不能在判决前向人民法院申报的，自知道或者应当知道判决公告之日起一年内，可以向作出判决的人民法院起诉。"《海诉法解释》第 77 条规定："公示催告期间无人申报的，海事法院应当根据申请人的申请作出判决，宣告提单或者有关提货凭证无效。判决内容应当公告，并通知承运人、承运人的代理人或者货物保管人。自判决公告之日起，申请人有权请求承运人、承运人的代理人或者货物保管人交付货物。"《海诉法解释》第 78 条规定："利害关系人因正当理由不能在公示催告期间向海事法院申报的，自知道或者应当知道判决公告之日起一年内，可以向作出判决的海事法院起诉。"

第九章　其他海事诉讼程序

【内容摘要】本章是关于其他海事诉讼程序的规定，包括设立海事赔偿责任限制基金程序、债权登记与受偿程序和船舶优先权催告程序。通过学习，使学生了解几种海事诉讼特有的诉讼程序的内容。

第一节　设立海事赔偿责任限制基金程序

一、海事赔偿责任限制基金程序概述

（一）海事赔偿责任限制制度概述

海事赔偿责任限制（limitation of liability for maritime claims）是海商法特有的制度，是指船舶发生重大海难给货主带来损失时，对事故负有责任的船舶所有人、救助人、保险人或其他人，对受害人提出的损害赔偿责任，可根据法律将自己的赔偿责任限制在一定范围之内的一种法律规定。[①]

海事赔偿责任限制制度实际上是对船舶所有人、承租人、经营人、救助人和保险人的一种倾向性保护。基于海上风险的考虑，出于保护航运业发展的需要，该政策具有一定的现实意义。不同于民法中按照实际发生进行损失赔偿的民事损害赔偿制度，海事赔偿责任限制制度则将船舶所有人、救助人等的赔偿责任限制在一定的限额内。因此，该制度通过对船东、保险人及救助人损害赔偿的责任的限制，一定程度上减轻了航运风险和承运人负担。

经过长期实践，国际上基本形成了被世界主要航运国家普遍认可的海事赔偿责任限制法律制度。目前，国际上主要适用的关于海事赔偿责任限制的公约包括 1957 年《船舶所有人责任限制公约》和 1976 年《海事赔偿责任限制公约》。

我国也对海事赔偿责任限制作出了相关的法律规定，《海商法》充分吸收了 1976 年《海事赔偿责任限制公约》的相关内容，以专章形式规定了责任人根据法律可依法享受责任限制，并对海事赔偿责任限制的主体、海事赔偿责任限制的债权范围、责任限额及计

---

① 屈广清：《海事诉讼与海事仲裁法》，法律出版社，2007 年，第 113 页。

算方法、受偿顺序均作出比较详细的规定。

（二）海事赔偿责任限制基金概述

在责任限制程序中，法院对于当事人提交的责任限制申请只是进行初步的审查，因为对于申请人能否享受责任限制尚需经过有关当事人举证、反驳等辩论程序之后才能最终确定。所以，法院经过初步审查认为责任人提交的申请理由充分的，具备初步证据，就应予以立案，并限令申请人在限定的期间内向法院或法院指定的银行设立责任限制基金。

1976 年《海事赔偿责任限制公约》第 10 条第 1 款规定："尽管第十一条所述责任限制基金尚未设立，责任限制亦可援引。但是，缔约国可以按其国内法中规定，当其实施某一可限制责任的索赔而在其法院提起诉讼时，责任人只有在已按本公约规定设立责任限制基金，或在援用责任限制权利时正在设立该项基金的条件下，才能援引责任限制的权利。"由此可见，公约中明确规定了责任人是否设立责任限制基金并不影响其行使责任限制抗辩的权利，但同时又允许缔约国对此项权利予以限制。也就是说，目前这方面的规定，各国还不是很统一。我国《海事诉讼特别程序法》第 101 条规定："船舶所有人、承租人、经营人、救助人、保险人在发生海事事故后，依法申请责任限制，可以向海事法院申请设立海事赔偿责任限制基金。"

从公约的规定及多数国家的法律实践来看，海事赔偿责任限制的行使有两种途径：一种是起诉前或在诉讼过程中提出申请设立海事赔偿责任限制基金，按照我国《海事诉讼特别程序法》第 101 条的规定，至少要在一审判决之前提出。法院审查发出公告，如果公告期满相关利害关系人没有异议的，法院裁定准予设立。另一种则是在诉讼过程中，责任人以抗辩的方式不经设立基金而直接提出。这样能避免使其他索赔方丧失索赔的机会，并发挥责任限制基金的作用。因为赔偿责任限制本身就是对责任人的一种法律上的优惠，应该以基金的形式保证其能够支付。我国《海事诉讼特别程序法》也应该参照上述法律作出相应的规定，使得海事赔偿责任限制基金发挥其应有的作用。

二、我国关于海事赔偿责任限制基金程序的法律规定

《海事诉讼特别程序法》第九章第 101～110 条规定了我国海事法院设立海事赔偿责任限制基金的程序。

（一）程序的启动

《海事诉讼特别程序法》第 101 条规定："船舶所有人、承租人、经营人、救助人、保险人在发生海事事故后，依法申请责任限制的，可以向海事法院申请设立海事赔偿责任限制基金。船舶造成油污损害的，船舶所有人及其责任保险人或者提供财务保证的其他人为取得法律规定的责任限制的权利，应当向海事法院设立油污损害的海事赔偿责任限制基金。设立责任限制基金的申请在起诉前或者诉讼中提出，但最迟应该在一审判决作出前提出。"

海事赔偿责任限制权利作为一种海商法赋予责任人的法定权利，既可以作为抗辩权

在海事请求人提起的诉讼索赔中行使，也可以由责任人主动提起单独的海事赔偿责任限制申请，主动行使权利。只允许责任人在海事请求人的索赔诉讼中提出限制责任申请不利于对责任人权利的保护，也无法有效地实现海事赔偿责任限制制度及鼓励航运业发展的立法目的。海事赔偿责任限制程序应当是独立的程序，责任人的责任限制申请具备诉的要素，应构成独立的诉因。

（二）申请海事赔偿责任限制基金的管辖问题

毋庸置疑，设立海事赔偿责任限制基金所引起的管辖权，作为一种非实体管辖权，其意义在于使非实体管辖权与实体管辖权相分离，并能及时有效地保证审判的进行与裁决的执行，从而切实维护当事人的利益。我国《海商法》第 213 条规定，"责任人要求依照本法规定限制赔偿责任的，可以在有管辖权的法院设立责任限制基金。基金数额分别为本法第二百一十条、第二百一十一条规定的限额，加上自责任产生之日起至基金设立之日止的相应利息"。可见，海事赔偿责任限制基金的设立是一个法律问题，只有法院才有权利确定责任限制基金的设立。除海事法院以外的任何机构都不能对裁判申请人能否享受责任限制主张进行管辖。确认海事法院对责任限制案件的管辖权，是海事赔偿责任限制程序得以正当合法进行的必要前提。法院在海事赔偿责任限制程序中的职能，体现为国家审判机关对海事赔偿责任限制程序开始、进行及终结所实施的全程管理。[1]

《海事诉讼特别程序法》规定了责任限制基金设立的"地域管辖"（第 102 条）、"专属管辖"（第 103 条）和"合并管辖"（第 109 条）三原则。通常，在诉讼中申请设立责任限制基金的，必须向正在审理本案的有管辖权的海事法院提出。而在诉前申请的，则对申请进行审查并裁定准予设立责任限制基金的法院将获得对案件的优先管辖权。上述规定，明确了受理当事人设立责任限制基金的法院将获得对案件的优先管辖权。这一方面，使当事人确知应该向哪个法院提出设立责任限制基金的申请，便于当事人行使其权利；另一方面，也使法院相互之间明确了管辖原则，便于法院受理当事人所提出的设立海事赔偿责任限制基金的申请。[2]其中，《海事诉讼特别程序法》第 102 条涉及对当事人申请设立海事赔偿责任限制基金的地域管辖规定。海事事故发生地、合同履行地或者船舶扣押地，是与当事人申请海事赔偿责任限制，进而申请设立海事赔偿责任限制基金，具有最为紧密联系的连接点。需要进一步明确的是：对于事故发生地，不能把它狭义地理解为发生事故的具体地点[3]，因为海事事故的特殊性决定了该事故发生的具体地点可能不便于某一法院管辖。根据侵权行为地管辖原则，有必要规定海事事故当事船舶最先到达地（包括船舶因碰撞而沉没情况中的沉没地），即事故发生后船舶到达的第一个港口的海事法院也具有受理海事赔偿责任限制案件的管辖权。如此规定将有利于法院对当事船舶进行调查和采取扣押等必要的保全措施，尤其在涉外诉讼中，这种规定将更具有突出意义，进而确保将来裁判的执行。一言以蔽之，上述地域与案件具有密切联系，

---

① 雷霆：《海事赔偿责任限制程序制度研究》，大连海事大学硕士学位论文，2001 年，第 17 页。

② 李昭：《海事赔偿责任限制的程序保障》，《天津市政法管理干部学院学报》，2000 年第 4 期，第 9-11 页。

③ 梁文书等：《民事诉讼法及配套规定新释新解》，人民法院出版社，1996 年，第 87 页。

可以作为该类诉讼的管辖地。[①]另外《海事诉讼特别程序法》第 109 条规定，设立海事赔偿责任限制基金以后，当事人就有关海事纠纷应当向设立海事赔偿责任限制基金的海事法院提起诉讼，但当事人之间订有诉讼管辖协议或者仲裁协议的除外。《海诉法解释》第 80 条规定："海事事故发生在中华人民共和国领域外的，船舶发生事故后进入中华人民共和国领域内的第一到达港视为《海事诉讼特别程序法》第 102 条规定的事故发生地。"此外，《海诉法解释》第 81 条规定："当事人在诉讼中申请设立海事赔偿责任限制基金的，应当向受理相关海事纠纷案件的海事法院提出，但当事人之间订有有效诉讼管辖协议或者仲裁协议的除外。"此类规定即已清楚表明设立基金与案件管辖权之间的关系。本书认为，《海事诉讼特别程序法》为申请人究竟在哪一阶段提出设立基金的申请，留出了一定的选择余地，同时考虑到法院审理案件的需要，又对申请人作出必要的时限限制。这样一来，将既有利于保证责任人有效行使海事赔偿责任限制权利，也有利于法院工作的顺利进行。此外，《海事诉讼特别程序法》允许诉前设立基金对海事责任人和债权人均有益处，利于海事责任人主动选择法院，避免将要发生的扣船或使已经被扣的船舶获释，且可使海事债权人不必担心判明责任后的执行困难，从而有效维护其权益。

（三）设立海事赔偿责任限制基金的具体程序

按《海事诉讼特别程序法》第九章的规定，设立海事赔偿责任限制基金的程序主要由以下几个阶段组成。

第一，申请。《海事诉讼特别程序法》第 104 条规定："申请人向海事法院申请设立海事赔偿责任限制基金，应当提交书面申请。申请书应当载明申请设立海事赔偿责任限制基金的数额、理由，以及已知的利害关系人的名称、地址和通讯方法，并附有关证据。"申请人应当向有管辖权的海事法院提交书面的申请。申请书要载明的事项有：申请设立责任限制基金的理由、数额，以及已知的利害关系人的名称、地址、通信方法；附相关证据。

第二，通知与公告。《海事诉讼特别程序法》第 105 条规定："海事法院受理设立海事赔偿责任限制基金申请后，应当在七日内向已知的利害关系人发出通知，同时通过报纸或者其他新闻媒体发布公告。通知和公告包括下列内容：（一）申请人的名称；（二）申请的事实和理由；（三）设立海事赔偿责任限制基金事项；（四）办理债权登记事项；（五）需要告知的其他事项。"

因此，海事法院受理设立责任限制基金的申请后，应当在 7 日内向已知的利害关系人发出通知，同时要通过报纸或其他新闻媒体发出公告。通知公告应包括以下内容：①申请人的名称；②申请的事实和理由；③设立海事赔偿责任限制基金事项；④办理债权登记事项；⑤需要告知的其他事项。

第三，裁定和异议。《海事诉讼特别程序法》第 106 条规定："利害关系人对申请人申请设立海事赔偿责任限制基金有异议的，应当在收到通知之日起七日内或者未收到通知的在公告之日起三十日内，以书面形式向海事法院提出。海事法院收到利害关系人

---

① 雷霆：《海事赔偿责任限制程序制度研究》，大连海事大学硕士学位论文，2001 年，第 17-18 页。

提出的书面异议后，应当进行审查，在十五日内作出裁定。异议成立的，裁定驳回申请人的申请；异议不成立的，裁定准予申请人设立海事赔偿责任限制基金。当事人对裁定不服的，可以在收到裁定书之日起七日内提起上诉。第二审人民法院应当在收到上诉状之日起十五日内作出裁定。"

利害关系人在规定的期间内对申请人设立海事赔偿责任限制基金没有异议的，海事法院应当裁定准予申请人设立限制基金。

第四，基金的设立。《海事诉讼特别程序法》第 108 条规定："准予申请人设立海事赔偿责任限制基金的裁定生效后，申请人应当在海事法院设立海事赔偿责任限制基金。设立海事赔偿责任限制基金可以提供现金，也可以提供经海事法院认可的担保。海事赔偿责任限制基金的数额，为海事赔偿责任限额和自事故发生之日起至基金设立之日止的利息。以担保方式设立基金的，担保数额为基金数额及其在基金设立期间的利息。以现金设立基金的，基金到达海事法院指定帐户之日为基金设立之日。以担保设立基金的，海事法院接受担保之日为基金设立之日。"

海事法院准予申请人设立限制责任基金的裁定生效后，申请人应当在海事法院设立限制基金。设立的限制基金可以是现金形式，也可以是经海事法院认可的担保。限制基金的数额，为海事赔偿责任限额加上事故发生之日起至基金设立之日止的利息。以担保方式设立限制基金的，担保的数额是基金的数额加上基金设立期间的利息。

第五，申请设立限制基金错误的责任。《海事诉讼特别程序法》第 110 条规定："申请人申请设立海事赔偿责任限制基金错误的，应当赔偿利害关系人因此所遭受的损失。"

当海事债权人不提出异议，海事赔偿责任限制基金已经顺利设立，且同时存在海事债权不属于限制性债权、主体资格不符、基金数额不足等情况时，视为《海事诉讼特别程序法》中规定的申请人设立海事赔偿责任限制基金的错误。

设立海事赔偿责任限制基金的制度倾向于保护船舶所有人等海事责任人的利益，因此会对利害关系人的利益造成一定影响。为了平衡海事债权人的利益，海事赔偿责任限制基金的设立既成为申请人保障其获得责任限制的一项权利，又对申请人正确履行此项权利规定了相应义务，从而确保海事法院工作的正常进行，保障利害关系人的合法权益不受到损害。

设立海事赔偿责任限制基金能够使海事负责人避免遭受更大的损失。发生海上事故后，海事债权人可能申请法院扣船，或者法院已经扣押了船舶，海事责任人设立责任基金后，就可以避免扣船或使被扣船获释，从而，尽可能地减少海事责任人的损失。对此，我国《海商法》第 214 条有明确的规定，该条规定："责任人设立责任限制基金后，向责任人提出请求的任何人，不得对责任人的任何财产行使任何权利；已设立责任限制基金的责任人的船舶或者其他财产已经被扣押，或者基金设立人已经提交抵押物的，法院应当及时下令释放或者责令退还。"此外，设立责任限制基金可以限制责任人的赔偿数额，当海事责任人预计自己对事故的赔偿责任可能超过责任限额时，通过设定责任限制基金，就可以适用海事赔偿责任限制，从而承担受限制的责任。设立责任限制基金还可以使海事责任人主动选择法院。发生海上事故后，有管辖权的法院不止一个，海事责任人向某一有管辖权的法院提出责任限制申请，设立责任限制基金后，就可以避免海事债权人在其他法院申请扣押船或者诉讼。

有观点认为，在申请人申请设立海事赔偿责任限制基金错误的情况下，被扣押的船舶或其他财产因获得释放而使海事债权人无法主张自己的权利，无法获得全额赔偿，所以《海事诉讼特别程序法》第110条中所指的利害关系人所遭受的损失包括索赔全额与责任限额之间的差额。[①]

综上所述，《海事诉讼特别程序法》中设立海事赔偿责任限制基金程序的规定与《海商法》中规定的海事赔偿责任限制相对应，既体现了对责任人应有权利的保护，又注重保护利害关系人的合法权益[②]，足见我国海事海商立法在这一制度上逐步完善。

第二节　债权登记与受偿程序

《海事诉讼特别程序法》在第十章第111～119条规定了海事债权登记与受偿程序。

一、债权登记概述

（一）债权登记的概念

强制拍卖船舶和设立海事赔偿责任限制基金程序均涉及债权登记的问题。海事诉讼的债权登记，是指对被拍卖的船舶或海事赔偿责任限制基金享有海事债权的人，在公告规定的期间内，向有管辖权的海事法院进行登记的法律行为。债权登记是最终将拍卖船舶所得价款和责任限制基金按照实体法律规定的顺序进行清偿的前提条件。

《海事诉讼特别程序法》第111条规定，海事法院裁定强制拍卖船舶的公告发布后，债权人应当在公告期间，就与被拍卖船舶有关的债权申请登记。公告期间届满不登记的，视为放弃在本次拍卖船舶价款中受偿的权利。《海诉法解释》第87条规定："海事诉讼特别程序法第一百一十一条规定的与被拍卖船舶有关的债权指与被拍卖船舶有关的海事债权。"《海事诉讼特别程序法》第112条规定："海事法院受理设立海事赔偿责任限制基金的公告发布后，债权人应当在公告期间就与特定场合发生的海事事故有关的债权申请登记。公告期间届满不登记的，视为放弃债权。"

《海事诉讼特别程序法》第113条专门规定了债权人应在拍卖船舶公告或准予设立海事赔偿责任限制基金公告发布后的一定期间内，就相关债权证据向海事法院登记的内容。债权证据，包括证明债权的具有法律效力的判决书、裁定书、调解书、仲裁裁决书和公证债权文书，以及其他证明具有海事请求的证据材料。

关于强制拍卖船舶的债权登记，债权人应当在海事法院裁定强制拍卖船舶的公告发

---

① 雷霆：《论在我国援用海事赔偿责任限制的性质及其影响》，《中国海商法年刊》，2001年，第111-124页。

② 李昭：《海事赔偿责任限制的程序保障》，《天津市政法管理干部学院学报》，2000年第4期，第9-11页。

布后，在公告期间内，就与被拍卖船舶有关的债权申请登记。关于海事赔偿责任限制基金的债权登记，债权人应当在海事法院受理设立海事赔偿责任限制基金的公告发布后，在公告期间内，就与特定场合发生的海事事故有关的债权申请登记。

（二）债权登记的管辖

强制拍卖船舶的债权登记和设立海事赔偿责任限制基金的债权登记分别由实施强制拍卖船舶和受理设立海事赔偿责任限制基金申请的海事法院管辖。这是为了便于强制拍卖船舶的海事法院或受理设立基金的海事法院集中登记债权，统一确定各债权人的受偿顺序，公平保护各债权人的利益。债权人向强制拍卖船舶或设立基金以外的法院申请债权登记，该法院不应接受；如若接受，则应在接受后将申请移送强制拍卖船舶或受理设立基金的海事法院，由强制拍卖船舶或受理设立基金的海事法院按照法定程序统一处理。《海事诉讼特别程序法》第 116 条规定，债权人提供其他海事请求证据的，应当在办理债权登记以后，在受理债权登记的海事法院提起确权诉讼。当事人之间有仲裁协议的，应当及时申请仲裁。

（三）可登记的债权范围

可登记的债权范围包括强制拍卖船舶的债权登记和海事赔偿责任限制基金的债权登记。

1. 强制拍卖船舶的债权登记范围

海事法院在强制拍卖船舶之前会发布公告，要求相关的债权人就与船舶有关的债权进行登记。《海事诉讼特别程序法》第 112 条规定："海事法院受理设立海事赔偿责任限制基金的公告发布后，债权人应当在公告期间就与特定场合发生的海事事故有关的债权申请登记。公告期间届满不登记的，视为放弃债权。"该条仅明确了债权人是拍卖船舶登记的主体，对于债权人的范围只是原则性地规定为"与被拍卖船舶有关的债权"。对此，主要有以下几种理解。

第一，与被拍卖船舶有关的债权只包括船舶优先权、抵押权、留置权所担保的债权。这是因为船舶强制拍卖后，船舶优先权、抵押权、留置权随之消灭。如果船舶优先权、抵押权、留置权所担保的债权没有在拍卖船舶价款中受偿，即使债权依旧存在，却已丧失了其优先性。

第二，与被拍卖船舶有关的债权应当是与拍卖船舶有关的船舶优先权、抵押权、留置权及其他与船舶有关的特定的海事债权。

第三，与被拍卖船舶有关的债权应当根据申请拍卖船舶所依据的债权性质分别处理。依照"谁保全谁受益"的原则，从有利于保护申请人的利益出发，如果申请拍卖船舶所依据的是优先受偿性的债权，则只有优先性债权才能受偿，不允许一般债权登记与受偿；如果申请拍卖船舶所依据的是一般债权，则优先性债权和一般债权都可以登记。

第四，与被拍卖船舶有关的债权包括所有债权。登记与受偿是两个性质不同的环节，可登记的债权不一定能够得到受偿。所登记债权最终能否得到清偿，要视船舶拍卖价款、登记的债权性质、所登记债权的总额而定。例如，主要债权人申请即可登记，但清偿要之后才能确定。

现在比较主流的观点是将"与被拍卖船舶有关的债权"限定在以拍卖船舶为担保物的债权以及与船舶有关的特定海事债权。理由主要有以下两点。

第一，从《海事诉讼特别程序法》中独立设立债权登记的意义看，债权登记可以保证买受人取得船舶所有权的完整性及保护对拍卖船舶具有担保物权的债权人的合法权益。一方面，债权登记是船舶拍卖的必经程序。通过债权登记程序，能够确保船舶买受人所购买的船舶是"清洁船舶"[①]。另一方面，船舶经法院强制拍卖，会导致船舶优先权、留置权、抵押权的消灭。这类具有优先受偿性质的债权丧失其优先性，没有受偿或者不足清偿部分将沦为一般债权。对此类债权进行登记，允许其优先受偿，可以保护相关债权人的合法权益。

第二，拍卖船舶的前提是船舶已经被扣押，而扣押的前提是船舶发生了海事请求。《海事诉讼特别程序法》第 29 条规定："船舶扣押期间届满，被请求人不提供担保，而且船舶不宜继续扣押的，海事请求人可以在提起诉讼或者申请仲裁后，向扣押船舶的海事法院申请拍卖船舶。"

《海事诉讼特别程序法》第 21 条规定："下列海事请求，可以申请扣押船舶：（一）船舶营运造成的财产灭失或者损坏；（二）与船舶营运直接有关的人身伤亡；（三）海难救助；（四）船舶对环境、海岸或者有关利益方造成的损害或者损害威胁；为预防、减少或者消除此种损害而采取的措施；为此种损害而支付的赔偿；为恢复环境而实际采取或者准备采取的合理措施的费用；第三方因此种损害而蒙受或者可能蒙受的损失；以及与本项所指的性质类似的损害、费用或者损失；（五）与起浮、清除、回收或者摧毁沉船、残骸、搁浅船、被弃船或者使其无害有关的费用，包括与起浮、清除、回收或者摧毁仍在或者曾在该船上的物件或者使其无害的费用，以及与维护放弃的船舶和维持其船员有关的费用；（六）船舶的使用或者租用的协议；（七）货物运输或者旅客运输的协议；（八）船载货物（包括行李）或者与其有关的灭失或者损坏；（九）共同海损；（十）拖航；（十一）引航；（十二）为船舶营运、管理、维护、维修提供物资或者服务；（十三）船舶的建造、改建、修理、改装或者装备；（十四）港口、运河、码头、港湾以及其他水道规费和费用；（十五）船员的工资和其他款项，包括应当为船员支付的遣返费和社会保险费；（十六）为船舶或者船舶所有人支付的费用；（十七）船舶所有人或者光船承租人应当支付或者他人为其支付的船舶保险费（包括互保会费）；（十八）船舶所有人或者光船承租人应当支付的或者他人为其支付的与船舶有关的佣金、经纪费或者代理费；（十九）有关船舶所有权或者占有的纠纷；（二十）船舶共有人之间有关船舶的使用或者收益的纠纷；（二十一）船舶抵押权或者同样性质的权利；（二十二）因船舶买卖合同产生的纠纷。"

根据该条规定，能够申请扣押船舶的海事请求有 22 种。这 22 种海事请求并不局限于船舶优先权、船舶抵押权和船舶留置权，还包括其他海上运输交易中形成的普通债权。

[①] 李唯军、李道峰：《船舶拍卖中债权登记与受偿程序若干问题浅析》，载金正佳：《中国海事审判年刊》，人民交通出版社，2000 年。

例如，"因船舶买卖合同产生的纠纷"并不一定会形成优先权、抵押权或留置权，但属于《海事诉讼特别程序法》第 21 条中规定的 22 种海事请求之一。将从特定船舶拍卖款中清偿的债权限于船舶优先权、船舶抵押权和船舶留置权所担保的海事债权，确实过于狭窄，不符合立法本意。

综上所述，与被强制拍卖船舶有关的债权主要有以下几种。

（1）具有船舶优先权性质的债权。此类债权具体包括船长、船员和船上工作的其他在编人员根据劳动法律、行政法规或者劳动合同所产生的工资、其他劳动报酬、船员遣返费用和社会保险费用，在船舶营运中发生的人身伤亡损害赔偿，船舶吨税、引航费、港务费和其他港口规费，海难救助的救助款项，以及船舶在营运中因侵权行为产生的财产损害赔偿（但载运 2000 吨以上的散装货油的船舶，持有有效的证书证明已经进行油污损害民事责任保险或者具有相应的财产保证的，对其造成的油污损害的赔偿除外）。

（2）具有船舶留置权性质的债权。此类债权的债权人往往是诉前扣船的申请人或者是在诉讼过程中申请拍卖船舶的原告。

（3）具有船舶抵押权性质的债权。

（4）《海事诉讼特别程序法》第 21 条规定的其他海事请求所形成的海事债权。现行法律应该完善对可登记债权的规定，以便审判人员更好地执行法律，保护当事人的合法权益。

2. 海事赔偿责任限制基金的债权登记范围

特定海事责任主体在要求限制赔偿责任后，经过海事法院审查认可，即可向海事法院提交一笔相当于责任限制的款项，作为分配给有关债权人的基金。《海事诉讼特别程序法》第 112 条对债权有限制性规定，海事法院受理设立海事赔偿责任限制基金的公告发布后，债权人应当在公告期间就与特定场合发生的海事事故有关债权申请登记，故海事赔偿责任限制基金的登记债权限定为"与特定场合发生的海事事故有关的债权"。这意味着海事赔偿责任限制制度并不是适合用于所有的海事请求，而应当是责任主体根据海事赔偿责任限制相关法律，可以限制其赔偿责任的海事请求。这类海事请求属于限制性债权，至于哪些具体的海事请求属于限制性债权，取决于海商法或国际公约的规定。

我国《海商法》第 207 条规定："下列海事赔偿请求，除本法第二百零八条和第二百零九条另有规定外，无论赔偿责任的基础有何不同，责任人均可以依照本章规定限制赔偿责任：（一）在船上发生的或者与船舶营运、救助作业直接相关的人身伤亡或者财产的灭失、损坏，包括对港口工程、港池、航道和助航设施造成的损坏，以及由此引起的相应损失的赔偿请求；（二）海上货物运输因迟延交付或者旅客及其行李运输因迟延到达造成损失的赔偿请求；（三）与船舶营运或者救助作业直接相关的，侵犯非合同权利的行为造成其他损失的赔偿请求；（四）责任人以外的其他人，为避免或者减少责任人依照本章规定可以限制赔偿责任的损失而采取措施的赔偿请求，以及因此项措施造成进一步损失的赔偿请求。前款所列赔偿请求，无论提出的方式有何不同，均可以限制赔偿责任。但是，第（四）项涉及责任人以合同约定支付的报酬，责任人的支付责任不得援用本条赔偿责任限制的规定。"

根据该条规定，限制性债权有以下四类。

第一类，在船上发生或者与船舶营运、救助作业直接相关的人身伤亡或者财产的灭失、损坏，包括对港口工程、港地、航道和助航设施造成的损坏，以及由此引起的相应损失的赔偿请求。主要包括三个方面的责任：一是因为运输合同而产生的对货物的责任；二是因为侵权事故引起的对他人的赔偿责任；三是因救助他人在救助作业中的过失而造成被救助方人身或者财产损害的赔偿责任。

第二类，海上货物运输因迟延交付或者旅客及其行李运输因迟延到达造成损失的赔偿请求。当发生《海商法》第 50 条规定第 1 款规定[①]的迟延交付情况时，由迟延交付造成的货物的经济损失，承运人根据《海商法》第 57 条的规定[②]，对迟延交付而造成经济损失的赔偿责任，将限制在所迟延交付货物的 1 倍运费之内。如果迟延交付与货物的灭失或者损坏同时发生，其责任限额适用《海商法》第 56 条第 1 款的规定。[③]

第三类，与船舶营运或者救助作业直接相关的，侵犯非合同权利的行为造成其他损失的赔偿请求。此项请求与第（一）项的侵权赔偿的根本区别在于：第（一）项是侵权直接引起财产的物质损害，而本项则是指物质损害引起的不能使用的损失。例如，某轮船碰撞后沉没在苏伊士运河中，其他船舶不得不绕航好望角。沉船的损失是碰撞侵权行为直接造成的物质损害，而他船绕航好望角的损失则是因沉船而不能使用苏伊士运河的损失。此种损失归于本项"侵犯非合同权利的行为造成其他损失的赔偿请求"。

第四类，责任人以外的其他人，为避免或者减少责任人按照《海商法》关于海事赔偿责任限制的规定可以限制赔偿责任的损失而采取措施的赔偿请求，以及因此项措施造成进一步损失的赔偿请求。"责任人以外的其他人"即指责任限制主体以外的其他人，为了避免或者减轻责任人的责任而采取的善意措施造成的进一步损失，这类损失也属限制性债权。[④]

二、债权登记的申请条件

（一）申请债权登记的条件

1. 书面申请

债权人申请债权登记的，应向裁定强制拍卖船舶或受理设立海事赔偿责任限制基金的海事法院提交书面申请。书面申请是对债权申请人的法定要求，书面申请的形式有利于确定当事人及当事人之间的债权债务关系。申请书应当载明债权人和债务人的名称、地址，债权性质，债权的发生事由，债权数额等内容。

---

① 《海商法》第 50 条第 1 款规定："货物未能在明确约定的时间内，在约定的卸货港交付的，为迟延交付。"

② 《海商法》第 57 条规定："承运人对货物因迟延交付造成经济损失的赔偿限额，为所迟延交付的货物的运费数额。货物的灭失或者损坏和迟延交付同时发生的，承运人的赔偿责任限额适用本法第五十六条第一款规定的限额。"

③ 《海商法》第 56 条第 1 款规定："承运人对货物的灭失或者损坏的赔偿限额，按照货物件数或者其他货运单位数计算，每件或者每个其他货运单位为 666.67 计算单位，或者按照货物毛重计算，每公斤为 2 计算单位，以二者中赔偿限额较高的为准。但是托运人在货物装运前已经申报其性质和价值，并在提单中载明的，或者承运人与托运人已经另行约定高于本条规定的赔偿限额的除外。"

④ 司玉琢：《海商法》，中国人民大学出版社，2010 年，第 325 页。

2. 提供相关证据

债权人申请债权登记的，应当提供相应的证据予以证明。《海事诉讼特别程序法》第113条所规定的债权证据包括证明债权的具有法律效力的判决书、裁定书、调解书、仲裁裁决书和公证债权文书，以及其他证明具有海事请求的证据材料。从中可以得出，证明债权存在的证据包括两种：一种是具有法律效力的判决书、裁定书、调解书、仲裁裁决书和公证债权文书。这一类证据均属于具有法律效力的确权文书。另一种是其他证明有海事请求的证据材料。这类证据材料所证明的债权需由法院通过确权诉讼或者仲裁机构作出裁决后，才能确定其是否真实存在。

《海事诉讼特别程序法》第115条将生效的法律文书和其他海事请求证据材料并列为债权证据，表明生效的法律文书如果未经海事法院确认，不能直接作为参与受偿分配的依据。同时也表明，债权登记是程序性权利，是一种准诉权，这种权利的行使不以是否可以参加受偿为前提，只要未到期债权与船舶有关，符合债权登记的法律规定，都应当允许其申请债权登记后提起诉讼。《海诉法解释》第88条规定："《海事诉讼特别程序法》第115条规定的判决书、裁定书、调解书和仲裁裁决书指我国国内的判决书、裁定书、调解书和仲裁裁决书。对于债权人提供的国外的判决书、裁定书、调解书和仲裁裁决书，适用《民事诉讼法》第268条和第269条规定的程序审查。"

（二）债权登记的申请期限

这里的债权登记主要就是与拍卖船舶有关的债权登记和与海事赔偿责任限制基金有关的债权登记。相关债权人必须在海事法院强制拍卖船舶的公告期间或受理设立海事赔偿责任限制基金的公告期间内申请登记债权。

1. 强制拍卖船舶的债权登记期间

申请债权登记对于相关债权人来说是必须主动履行的程序，因为只有通过债权登记才能保证自己的债权顺利实现。债权登记有一定期限，该期限经过后，即使实际拥有债权，也无权再向法院主张。

《海事诉讼特别程序法》第113条规定："债权人向海事法院申请登记债权的，应当提交书面申请，并提供有关债权证据。债权证据，包括证明债权的具有法律效力的判决书、裁定书、调解书、仲裁裁决书和公证债权文书，以及其他证明具有海事请求的证据材料。"海事法院裁定强制拍卖船舶的公告发布后，债权人应当在公告期间，就与被拍卖船舶有关的债权申请登记。拍卖船舶公告期间不少于30日。所以，与拍卖船舶有关的债权登记期间至少为30日。拍卖船舶公告届满不登记的，视为放弃在本次拍卖船舶价款中受偿的权利。需要注意的是，债权人放弃的只是在本次拍卖船舶价款中受偿的权利，并没有放弃债权，仍可以通过其他方式求偿。

2. 海事赔偿责任限制基金的债权登记期间

《海事诉讼特别程序法》没有规定受理海事赔偿责任限制基金的具体公告期，但该法第106条为未收到海事法院受理设立基金申请通知的利害关系人规定了公告之日起30日内的异议期间。这30日异议期间应理解为海事法院受理海事赔偿限制基金申请的公告期，为固定期限。因此，与责任限制基金有关的债权人应当在海事法院发布受理设立海事赔偿责任限制基金申请的公告之日起 30 日内申请登记债权。

如果因不可抗力或其他障碍等正当理由造成债权人不能在公告期内提交证据材料的，在障碍消除后 10 日内，债权人可以申请顺延期限。是否准许由法院决定。一般来说，只要拍卖船舶的价款或基金还未分配，海事法院应当允许其顺延。责任人向海事法院申请设立海事赔偿责任限制基金后，该海事法院会发布公告，要求相关债权人向海事法院登记债权，债权人应当在公告期间就与特定场合发生的海事事故有关的债权登记申请。公告期间届满不登记的，视为放弃债权，不得再进行请求赔偿。

三、债权的审查与确认

（一）对由有效的法律文书证明的债权的审查与确认

《海事诉讼特别程序法》第 115 条规定："债权人提供证明债权的判决书、裁定书、调解书、仲裁裁决书或者公证债权文书的，海事法院经审查认定上述文书真实合法的，裁定予以确认。"可见债权人申请登记的，提供证明债权的判决书、裁定书、调解书、仲裁裁决书或者公证债权文书，海事法院应当进行审查。一要审查这些生效法律文书的真实性、合法性；二要审查这些生效法律文书确定的债权是否属于"与被拍卖船舶有关的债权"或"与特定场合发生的海事事故有关的债权"。但对于法律文书认定的事实或适用的法律，则不作审查。经审查符合上述要求的，海事法院裁定予以确认，否则裁定予以驳回。

（二）对登记债权的确权诉讼

《海事诉讼特别程序法》第 116 条规定："债权人提供其他海事请求证据的，应当在办理债权登记以后，在受理债权登记的海事法院提起确权诉讼。当事人之间有仲裁协议的，应当及时申请仲裁。"对此条的规定理解如下。

1. 确权诉讼的性质和内容

确权诉讼要明确以下内容：一是债权是否成立，以及债权的数额；二是债权的性质，即债权是否属于船舶优先权、留置权、抵押权或一般债权，是否为与特定的海事事故有关的限制性债权；三是该债权能否参加船舶价款或基金的分配。

确权诉讼可能为确认之诉，也可能为给付之诉，还可能是二者的结合。例如，某船员劳务报酬的请求，海事法院既要确认债务人的给付义务，又要确认该请求是否属于船舶优先权。

2. 确权诉讼的管辖

《海事诉讼特别程序法》第 116 条规定："债权人提供其他海事请求证据的，应当在办理债权登记以后，在受理债权登记的海事法院提起确权诉讼。当事人之间有仲裁协议的，应当及时申请仲裁。海事法院对确权诉讼作出的判决、裁定具有法律效力，当事人不得提起上诉。"确权诉讼的受理由债权登记的海事法院管辖，当事人之间订有仲裁协议的除外。这样便于按规定的程序一审终结，早日结案，并且便于基金或者船舶卖价款的分配。

3. 有关时限和审判组织

《海事诉讼特别程序法》对于确权诉讼的提起时间和审理期限都没有作出具体规定。为了保障债权人确权诉讼权利的行使，海事诉讼实践中，海事法院可以明确要求债权人在收到海事法院准予债权登记的裁定后的一定期限内提起确权诉讼。逾期不起诉的，债权人的债权将无法得到保护。

确权诉讼是一个相对独立的诉讼程序，应组成合议庭审理。

1）对外国公证债权文书的处理

由于我国民事诉讼法只规定承认外国法院判决、裁定和国外仲裁机构的裁决，对于外国公证机构所做的公证债权文书，不能直接审查，只能由债权人作为海事请求证据在受理债权登记的海事法院提起确权诉讼。

2）确权诉讼中的调解问题

调解是人民法院行使审判权的一种方式，是我国民事诉讼中一种有效的工作方法和重要的结算方式，不能一概否认确权诉讼中运用调解结案。如果调解是符合自愿、合法原则的，并且不损害国家、集体或第三人的利益，海事法院就可以运用调解结案。反之，则不能，而要作出裁判。

3）经确权诉讼确认的与被拍卖船舶有关的债权

在债权不足额清偿的情况下，债权人仍有权以该确权判决申请法院继续执行。确权判决已发生法律效力的情况下，如果卖船款项中不足额清偿的部分，债权人还要另行起诉，就意味着确权判决只能部分起效。判决发生法律效力，便具有执行力，不能因部分债权暂时未能执行，而反过来否认其法律效力。要求债权人另行起诉，既浪费审判资源，又违背"一事不再理"原则。因此，经确权诉讼确认的与被拍卖船舶有关的债权，在不能足额清偿的情况下，债权人可以直接请求负责分配船舶价款的海事法院继续执行。

四、债权受偿

所谓债权受偿，是指债权经审查确认后，海事法院依照商定的或者法定的受偿顺序和比例确定各债权的受偿数额，对船舶拍卖款项或海事赔偿责任限制基金进行分配。

（一）债权人会议协商受偿方案

《海事诉讼特别程序法》第117条规定："海事法院审理并确认债权后，应当向债权人发出债权人会议通知书，组织召开债权人会议。"非经债权人会议协商，海事法院不能直接裁定船舶价款或基金的分配方案。

债权人会议应当在海事法院审理并确认债权后召开。登记的债权必须经海事法院审查确认，才能参与船舶价款或基金的分配。债权经审查确认后，才能确定其债权人有资格参加债权人会议，协商船舶价款或基金的分配方案。

债权登记与受偿程序中的债权人会议，是由债权人组成的体现和表达债权人统一主张的债权人代表机构。对于基金的分配程序，债权人会议由已确权的限制性债权人组成；对于船舶拍卖价款和分配程序，债权人会议只能由船舶优先权人、船舶留置权人和船舶抵押权人组成。

债权人会议由海事法院召集并主持。分配方案由全体债权人协商达成一致意见后，共同签订受偿协议。仅多数债权人决议尚不具有约束所有债权人的法律效力。但是处于同一受偿顺序的债权人，如同种类的船舶优先权人或限制性债权人，在不影响其他债权人的前提下可以单独签署受偿协议。受偿协议经海事法院裁定认可后，具有法律效力。海事法院应按受偿协议确定的受偿顺序分配船舶价款或基金。

（二）海事法院裁定受偿方案

海事法院裁定受偿方案，用于债权人会议协商达不成协议的情况。海事法院不仅裁定受偿顺序，也裁定受偿数额。海事法院依法确定债权受偿方案的裁定，是终局的裁定，不可上诉。《海事诉讼特别程序法》第118条规定，债权人会议可以协商提出船舶价款或者海事赔偿责任限制基金的分配方案，签订受偿协议。受偿协议经海事法院裁定认可，具有法律效力。债权人会议协商不成的，由海事法院依照《海商法》及其他有关法律规定的受偿顺序，裁定船舶价款或者海事赔偿责任限制基金的分配方案。根据《海事诉讼特别程序法》第119条的规定，拍卖船舶所得价款及其利息，或者海事赔偿责任限制基金及其利息，应当一并予以分配。分配船舶价款时，应当由责任人承担的诉讼费用，为保存、拍卖船舶和分配船舶价款产生的费用，以及为债权人的共同利益支付的其他费用，应当从船舶价款中先行拨付。《海诉法解释》第91条规定，《海事诉讼特别程序法》第119条第2款规定的三项费用按顺序拨付。

1. 强制卖船款项的受偿顺序

根据我国《海商法》关于船舶优先权受偿顺序的规定，扣除先行拨付的费用后，参与船舶价款分配的有关债权受偿顺序依次为船舶优先权、船舶留置权、船舶抵押权。无担保的普通债权不在船舶登记与拍卖程序之内，对按程序清偿后的剩余价款，由普通债权人按照民事诉讼法规定的执行程序受偿。

第一，船舶优先权。船舶优先权受偿先后顺序如下：①船长、船员和船上工作的其他在编人员根据劳动法律、行政法规或者劳动合同所产生的工资、其他劳动报酬、船员遣返费用和社会保险费用的给付请求；②在船舶营运中发生的人身伤亡的赔偿请求；③船舶吨税、引航费、港务费和其他港口规费的缴付请求；④海难救助的救助款项的给付请求；⑤船舶在营运中因侵权行为产生的财产赔偿请求。但是，载运2000吨以上的散装货油的船舶，持有有效的证书，证明已经进行油污损害民事责任保险或者具有相应的财务保证的，对其造成的油污损害的赔偿请求，不属于该项规定的范围。

原则上，依照上述顺序受偿。当同一序位的船舶优先权中有数个独立的海事请求时，不分先后，同时受偿；不足受偿的按比例受偿。但在特定情况下，应适用倒序原则，后发生的海事请求优先于先发生的海事请求受偿。这些情形有：④优于①和③时，应先与①和③受偿；④有两个以上的海事请求的，后发生的优先受偿。这样的受偿顺序，体现了鼓励救助的原则和精神。

特别注意的是，当船舶优先权消灭时，由船舶优先权所担保的债权，只能作为一般债权受偿，而且在发生该项海事请求时，与拍卖的船舶所有人是同一人的条件下才能参与受偿。

第二，船舶留置权。《海商法》第 25 条第 2 款规定，"前款所称船舶留置权，是指造船人、修船人在合同另一方未履行合同时，可以留置所占有的船舶，以保证造船费用和修船费用得以偿还的权利"。《海商法》仅规定了上述为造船费和修船费而行使的船舶留置权优先于船舶抵押权受偿，对于在其他海上运输、作业中的一般意义上船舶留置权是否优先于抵押权受偿，目前法律规定还不明确。

第三，船舶抵押权。船舶抵押权，是指抵押权人对于抵押人提供的作为债务担保的船舶，在抵押人不履行债务时可以依法拍卖，从卖得的价款中优先受偿的权利。同一船舶设定两个以上抵押权的，按照抵押登记的先后顺序受偿。同日登记的抵押权，按照同一顺序受偿。未登记的船舶抵押权只能作为一般债权处理，待所有与船舶有关的债权清偿后，若船舶价款有剩余的，从剩余价款中清偿。

第四，先行拨付的费用。在清偿上述有担保的债权之前，海事法院应当首先从卖船款中拨付下列费用：①应当由责任人承担的诉讼费用；②为保存、拍卖船舶和分配船舶价款产生的费用；③为债权人的共同利益支付的其他费用。

第五，普通债权。根据《海商法》的规定，如果申请扣押和拍卖船舶的债权人为普通债权人，该普通债权人应优先于其他普通债权人受偿。如果引起船舶扣押和拍卖的债权是以船舶为担保物的债权，对有担保的债权清偿完毕后的余额，最先保全的普通债权人首先受偿。

2. 海事赔偿责任限制基金的受偿顺序

（1）人身伤亡赔偿请求与非人身伤亡赔偿请求原则上分别从人身伤亡赔偿基金和非人身伤亡赔偿基金中受偿。

（2）人身基金不足以清偿人身伤亡赔偿请求的，其差额与非人身伤亡赔偿请求并列按比例从财产基金（即非人身伤亡赔偿基金）中划拨部分基金作为对人身基金的补充，重新确认人身基金和财产基金的数额。

（3）各项人身伤亡赔偿请求按比例从人身基金受偿。

（4）港航设立损害赔偿请求从财产基金中优先受偿。

（5）港航设施损害赔偿请求受偿后，其他非人身伤亡赔偿请求从剩余的财产基金中按比例受偿。

3. 油污责任限制基金的受偿问题

1969 年《国际油污损害民事责任公约》第 1 条第 6 款规定："油污损害，是指由于船舶逸出或排放油类（不论这种逸出或排放发生在何处）后，在运油船舶本身以外因污染而产生的灭失或损害，并包括预防措施的费用以及由于采取预防措施而造成的进一步灭失或损害。"

该条款规定的油污责任限制基金可登记分配的债权限于以下三项。

（1）由于船舶逸出或排放油类后，在运油船本身以外因污染而产生的灭失或者损害。

（2）采取预防措施的费用。

（3）因采取预防措施而造成进一步灭失或者损害。

基金在索赔人中按固定的索赔比例分配。上述三项污染损害应同等地按比例从基金中受偿。

第三节　船舶优先权催告程序

《海事诉讼特别程序法》第十一章第120～126条规定了船舶优先权的催告程序。

一、船舶优先权概述

（一）船舶优先权概念和范围

我国《海商法》第21条规定："船舶优先权，是指海事请求人依照本法第二十二条的规定，向船舶所有人、光船承租人、船舶经营人提出海事请求，对产生该海事请求的船舶具有优先受偿的权利。"船舶优先权是海商法特有的一种制度。享有船舶优先权就是对船舶具有优先受偿的效力，船舶优先权是一项保护特殊海事债权人利益的法律制度，担保特定海事债权的实现。

《海商法》第22条规定："下列各项海事请求具有船舶优先权：（一）船长、船员和在船上工作的其他在编人员根据劳动法律、行政法规或者劳动合同所产生的工资、其他劳动报酬、船员遣返费用和社会保险费用的给付请求；（二）在船舶营运过程中发生的人身伤亡的赔偿请求；（三）船舶吨税、引航费、港务费和其他港口规费的缴付请求；（四）海难救助的救助款项的给付请求；（五）船舶在营运中因侵权行为产生的财产赔偿请求。载运2000吨以上的散装货油的船舶，持有有效的证书，证明已经进行油污损害民事责任保险或者具有相应的财务保证的，对其造成的油污损害的赔偿请求，不属于前款第（五）项规定的范围。"

船舶优先权是一种以船舶为标的物的担保物权，船舶优先权的行使，只能通过法院扣押产生优先权的船舶来实现，以满足特定海事赔偿请求人的海事请求。船舶优先权不因船舶所有权的转让而消灭，而我国《海商法》规定，法律所保护的五项海事请求权转移时，其船舶优先权也随之转移。

船舶优先权最重要的特点是具有附随性，会对买方的利益造成损害，我国《海商法》规定，当具有船舶优先权的海事请求，自优先权产生之日起满1年不行使，其间不得中止或中断，或船舶经法院强制出售，或船舶灭失时，船舶自身所产生的优先权也相应消灭。但船舶优先权的消灭，并不等于其保护的债权也随之消灭，丧失了优先权的债权，在时效规定期间，仍可以与没有优先权的债权一起行使其债权权利。

（二）船舶优先权的行使

船舶优先权的行使，是指享有优先权的海事请求人依照司法程序对船舶实施的法律行为。船舶优先权应该通过法定的程序行使，即海事请求人向法院提出申请，由法院根据法律规定，通过司法程序对船舶进行扣押、拍卖、债权人登记，按优先受偿顺序分配价款，从而实现其船舶优先权。我国船舶优先权通过法院扣押产生。《海事诉讼特别程序法》在第二章（管辖）、第三章（海事请求保全）、第六章（海事担保）和第十章（债权登记与受偿程序）中对船舶优先权的行使作了较为具体的规定。

船舶优先权的行使方式包括以下三种。

第一，通过扣押船舶的方式行使优先权。具有船舶优先权的海事请求人向有管辖权的法院申请扣押当事船舶，被请求人为释放船舶会提供相应担保。对当事方提供的合法有效的担保，海事请求人可以单独受偿，不足受偿的部分，船舶优先权人有权继续享有和行使船舶优先权。

第二，通过拍卖船舶的方式行使优先权。具有船舶优先权的海事请求人向有管辖权的海事法院申请扣押船舶之后，在责任人未提供满意担保的情况下，可以申请法院强制拍卖船舶，其就拍卖所得的价款优先受偿，不足受偿的部分，船舶优先权消灭。

第三，通过参与分配的方式行使优先权。在其他海事请求人已依法申请法院扣押当事船舶，并持有已经生效的法律文书申请法院强制执行该法律文书的情况下，船舶优先权人无需再次申请扣船或卖船，仅需要在法律规定的期限内，向法院申报优先权，参与船舶价款的分配。船舶优先权人依照法定程序优先得到受偿，不足受偿的部分，船舶优先权消灭。

（三）船舶优先权的标的

船舶优先权具有随附性，只能附于发生海事请求的船舶上。尽管权利人可以申请扣押当时船舶的姐妹船，但对这些姐妹船的船舶价款并不享有船舶优先权。所以，为实现船舶优先权，权利人只能向海事法院申请扣押当事船舶。

（四）船舶优先权的消灭

船舶优先权是一种担保物权，因此它的产生以一定的债权存在为前提。当债权得到清偿时，船舶优先权亦随之消灭。同时，船舶优先权作为一种相对独立的权利，在主债权尚未得到清偿时，也会由于法定事实的出现而归于消灭。船舶优先权的消灭一般包括以下几个原因。

1. 因债务人的支付、债权人的弃权及优先权人放弃优先权而消灭

船舶优先权是从属于债权的一种担保物权。因此，当债务人向债权人履行债务，或者债权人放弃债权的情况出现时，船舶优先权因债权的消灭而灭失。即使之后毁灭的船舶得到补偿或赔偿，海事请求人也不能就所取得的补偿或赔偿主张优先权。[①]

---

① 邢海宝：《海事诉讼特别程序研究》，法律出版社，2002年，第469页。

此外，基于优先权是一种权利，权利人完全可以以明示或默示的方式放弃船舶优先权，但债权仍然存在。因此，当债权人放弃优先权时，优先权也自始消灭。但船舶优先权人不可以通过事先约定放弃优先权，如果船长、船员及其他船上工作人员在劳动合同上约定放弃优先权，此种事先约定没有效力。

2. 因当事船舶的灭失而消灭

船舶优先权因船舶的存在而存在，在船舶灭失之后，相应的优先权随着客体的灭失而消灭。

3. 因船舶被法院强制拍卖出售而消灭

自船舶被法院强制拍卖出售之后，无论债权是否全部受偿，船舶优先权消灭，没有得到清偿的债权优先权消灭，但是债权仍然存在。债权人要实现自己的权利，只能通过司法程序，请求法院扣留以致拍卖或变卖船舶，从而使其担保的债权从所得价款中优先受偿。只要船舶优先权担保债权中的部分或全部得以受偿，船舶优先权消灭。

4. 因公示催告而消灭

《海商法》第26条规定："船舶优先权不因船舶所有权的转让而消灭。但是，船舶转让时，船舶优先权自法院应受让人申请予以公告之日起满六十日不行使的除外。"根据该规定，船舶优先权催告，是指海事法院应卖船人的申请，发布公告，催促船舶优先权人在催告期间主张船舶优先权，法院公告期满60日内船舶优先权人未主张权利的，可视为放弃对其权利的行使。

由于船舶优先权具有隐蔽性和随附性，不同于司法拍卖下取得的船舶，自行交易而购得船舶的善意买方可能面临该船已附有优先权的风险。为此，购船方可以通过船舶优先权催告程序，在催告期间内无人主张船舶优先权的，海事法院将根据当事人的申请作出除权判决，宣告该船舶不再附有船舶优先权，使得购船方可以尽早开始行使权利，而不必等待法定的1年优先权期限届满。

5. 因期限届满而消灭

船舶优先权具有隐蔽性和不公开性，倘若法律允许船舶优先权存续时间过长，会妨碍船舶正常的交易、租用秩序，也将对设定其上的其他担保物权人产生一定的威胁，不利于航运业的发展。因此，各国都无例外地对船舶优先权的存续期间规定了期限。大多数国家规定优先权期限为1年，有些国家则规定为6个月。

我国的船舶优先权，自产生之日起满1年不行使，船舶优先权消灭。这里所指的期间是除斥期间，不得中止或中断。1年时效经过之后，消灭的是实体上的权利。

二、申请船舶优先权催告的条件

船舶转让时，为减少船舶继受者的忧虑，法律允许受让人向海事法院申请船舶优先权催告。对此，《海事诉讼特别程序法》第122条规定："申请船舶优先权催告，应当向海事法院提交申请书、船舶转让合同、船舶技术资料等文件。申请书应当载明船舶的名称、申请船舶优先权催告的事实和理由。"该规定对申请船舶优先权催告的条件作出了规定，当事人只有符合法定条件才有权申请优先权催告，法院才能依法进行审理。申请船舶优先权催告程序的条件如下。

（一）申请人为船舶受让人

基于船舶优先权催告消除的是依附于受让人所欲购买的船舶上的优先权，其目的是保护受让人的利益，维护正常船舶买卖秩序。我国仅规定了受让人申请船舶优先权催告的权利，其他当事人，包括转让船舶的所有人、出让人、抵押权人、留置人均无权申请船舶优先权催告。原因是船舶优先权催告程序的受益者仅为受让人，与其他主体没有直接的利害关系。

买方因船上附有优先权所遭受的损失能否获得赔偿还需取决于卖方在船舶买卖交易结束后是否具有赔偿能力。因此，及早申请船舶优先权催告以确定所购买船舶的实际情况，对买方而言无疑是有利的。相较于实际受让人，船舶优先权催告程序更能维护意定受让人的利益。如果允许受让人申请优先权催告，在有人主张权利的情况下，受让人可以向海事法院申请除权判决，消灭附在所购船舶上的优先权。[1]

（二）申请应当在规定期限内提出

《海事诉讼特别程序法》第 120 条规定，船舶转让时，受让人可以向海事法院申请船舶优先权催告，催促船舶优先权人及时主张权利，消灭该船舶附有的船舶优先权。对于受让人申请船舶优先权催告的期间，我国《海事诉讼特别程序法》第 120 条限定在"船舶转让时"。船舶转让时，受让人可以向海事法院申请船舶优先权催告，催促船舶优先权人及时主张权利，消灭该船舶附有的船舶优先权。

由于该规定较为模糊，实践中不易操作。倘若把"船舶转让时"理解为转让当天，对于受让人来说未免过于牵强，并且实践中限定受让人在当日立即向法院提出申请较为困难。另外，除权判决并不当然消灭船舶转让后产生的船舶优先权，也不能无限延长受让人申请船舶优先催告的时限。对此，《海诉法解释》第 92 条确定了意定受让人申请船舶优先权催告的权利，船舶转让合同订立后船舶实际交付前，受让人即可申请船舶优先权催告。

（三）书面申请并提供相应的证据

申请船舶优先权催告必须采用书面形式，而非口头形式。此外，申请人还需向海事法院提交申请书、船舶转让合同、船舶技术资料等法定材料。然而，受让人不能提供原船舶证书的，并不影响提出船舶优先权催告申请。因此，即使在转让合同订立之后，受让人由于未交付船舶价款而无法取得船舶证书的，不应当影响申请的提出。《海事诉讼特别程序法》第122条规定，申请船舶优先权催告，应当向海事法院提交申请书、船舶转让合同、船舶技术资料等文件。申请书应当载明船舶的名称、申请船舶优先权催告的事实和理由。

---

[1] 杨树明：《民事诉讼法·海事诉讼特别程序篇》，厦门大学出版社，2008 年，第284页。

（四）按规定交纳申请费和公告费

受让人申请优先权催告应当按法律的规定交纳申请费和公告费。公告费由申请人预交，公告完毕后按时结算。

三、船舶优先权催告的程序

（一）受理

《海事诉讼特别程序法》第 123 条规定，海事法院在收到申请书以及有关文件后，应当进行审查，在 7 日内作出准予或者不准予申请的裁定。受让人对裁定不服的，可以申请复议一次。

对于海事法院审查的内容虽无明确的法律规定，但司法实践中，海事法院收到申请书和相关文件后，应当进行审查，主要包括以下内容。

（1）申请的主体是否合法并且善意。客观上船舶优先权催告程序的申请主体只限于船舶受让人；主观上，船舶继受人是善意的，若受让人带有不良企图，如为了消灭优先权恶意申请船舶优先权催告程序的，法院应不予受理。

（2）受让人就购买船舶向法院提出优先权催告程序仅限于海商法意义上的船舶，即海船和其他海上移动式装置，但是用于军事的、政府公务的船舶和 20 总吨以下的小型船艇除外。

（3）申请人是否提供了相应的证据，且提交的申请文件是否全面和真实。海事法院将对申请书、船舶转让合同、船舶技术资料等文件进行审查。

符合申请条件的船舶优先权催告，海事法院应当受理，并在 7 日内作出准予申请的裁定；对于不符合条件的，应当在 7 日内作出不准予申请的裁定。受让人对裁定不服的，可以申请复议一次。由于法律对于受让人申请复议的期限并无明确规定，实务中只能借鉴《海事诉讼特别程序法》第 106 条对其他裁定的复议期限规定，即当事人收到裁定书之日起 7 日内。

（二）公告

《海事诉讼特别程序法》第 124 条规定，海事法院在准予申请的裁定生效后，应当通过报纸或者其他新闻媒体发布公告，催促船舶优先权人在催告期间主张船舶优先权。船舶优先权催告期间为 60 日。《海诉法解释》第 95 条规定："海事法院准予船舶优先权催告申请的裁定生效后，应当通过报纸或者其他新闻媒体连续公告 3 日。优先权催告的船舶为可以航行于国际航线的，应当通过对外发行的报纸或者其他新闻媒体发布公告。"

受让人申请船舶优先权催告程序后，如果船舶优先权人未能在法定的期间内向海事法院申报优先债权，经过受让人的再次申请，法院作出除权判决之后，船舶优先权将不复存在。为了保障船舶优先权人的合法利益，在准予申请的裁定生效后，海事法院应当通过报纸或者其他新闻媒体连续公告 3 日，使优先权人知晓该程序，方便其及时在催告期间主张权利。船舶优先权催告期间为 60 日。优先权催告的船舶为可以航行于国际航线的，还应当通过对外发行的报纸或者其他新闻媒体发布公告。

船舶优先权催告的公告应载明以下内容。

（1）申请人的名称或姓名。

（2）申请人所受让的船舶名称、船籍，以及其他船舶基本情况。

（3）催告优先权人主张权利，在海事法院办理登记，并规定办理船舶优先权登记的期间和方式。

（4）在规定期间船舶优先权人不主张优先权的法律后果。

（三）登记与审查

《海事诉讼特别程序法》第 125 条规定，船舶优先权催告期间，船舶优先权人主张权利的，应当在海事法院办理登记；不主张权利的，视为放弃船舶优先权。

船舶优先权催告期间，船舶优先权人主张权利的，应当在海事法院办理登记；不主张权利的，视为放弃船舶优先权。当事人向海事法院办理船舶优先权登记，并不意味着其行使优先权，而只是向海事法院申报当事船舶附有优先权。办理登记之后，是否要行使优先权，由船舶优先权人自行决定。

不同于民事诉讼中的公示催告程序，《海事诉讼特别程序法》并未对船舶优先权的审查程序作出规定。借鉴《民事诉讼法》，海事法院应对船舶优先权主张进行表面审查，根据船舶优先权人提供的初步证据决定是否予以登记。倘若船舶优先权人不能提供相关证据或者是拒绝提供相关证据，海事法院应驳回优先权人的主张。

即使在准予登记的情况下，也不表明海事法院承认当事人享有优先权。若当事人对登记的优先权有争议，需另行起诉，请求法院确认。至于船舶优先权人对海事法院的裁定有异议的情况下，可否上诉，尚无明确的规定。

（四）除权判决

1. 除权判决的概念

船舶优先权催告的除权判决，是指海事法院在船舶优先权催告期间届满后，当无人主张优先权时，为提前消灭附在船舶的优先权债权，经由当事人申请而宣告该转让船舶不附有优先权的一种判决。

2. 除权判决的条件

法院作出除权判决必须具备三个条件。

第一，催告期间已经届满。

第二，无人主张优先权，否则法院不能作出除权判决。

第三，必须由催告申请人主动向法院提出申请，法院不能主动依职权作出除权判决。

3. 船舶优先权催告与除权判决的关系

受让人提出船舶优先权催告是法院作出除权判决的必经程序，但除权判决并不是船舶优先权催告的必然结果。是否申请除权判决，取决于受让人自身。法律之所以作出这样的规定，一方面是督促申请人及时行使权利，另一方面也是为了尽早结束船舶优先权催告程序。

4. 催告期间内申报权利的处理

在船舶优先权催告期间，如果有当事人向海事法院申报船舶优先权，海事法院是就此立即终结催告程序还是继续等待催告程序届满是海事诉讼实践中应当考虑的问题。

在民事诉讼中，若有当事人申报权利，人民法院应当裁定终结公示催告程序。民事诉讼中的公示催告更多考虑的是程序上的意义。不同于《民事诉讼法》中的公示催告程序，《海商法》中的船舶优先权不仅具有程序上的意义，还具有实体上的效果。如果允许一旦有当事人主张船舶优先权海事法院就终结催告程序，则意味着一人主张优先权，其他权利人均不能主张优先权。这就违背了《海商法》和《海事诉讼特别程序法》提前结束买受船舶上所附的船舶优先权、维护船舶买卖关系的立法初衷。因此，即使在船舶优先权催告期间有当事人主张船舶优先权，也不能在期间未届满的情况下终结公示催告，而应待催告期间届满，在受让人主动申请的情况下，对催告期间未主张的船舶优先权进行除权判决。

催告期间届满，只有部分优先权人向海事法院申请船舶优先权，其他不主张权利的优先权消灭。催告期间主张权利的优先权人，可继续行使优先权。

5. 证据的提交

虽然海事法院允许实际受让人和意定受让人提出船舶优先权催告，但是受让人申请海事法院作出除权判决时，必须提交其已经受让船舶的证据。《海诉法解释》第93条对此明确作出了规定。意定受让人在提出船舶优先权催告时可以不取得实际受让船舶的相关证据，但该证据必须在申请除权判决前取得，否则该受让人无权向海事法院申请除权判决。

6. 公告

除权判决在作出之后应当公告。公告的目的是宣告船舶优先权催告程序的结束，宣告未申请优先权的当事人丧失原有的权利，船舶不附有优先权，同时也令利害关系人知晓。海事法院作出的除权判决应当送达给申请人，作为受让船舶不附有优先权的依据。

7. 上诉

我国法律并没有明确规定海事法院作出的除权判决是否可以上诉。实践中，各国法律大多规定当事人对于除权判决没有上诉的权利。

（五）终结程序

《海事诉讼特别程序法》第126条规定，船舶优先权催告期间届满，无人主张船舶优先权的，海事法院应当根据当事人的申请作出判决，宣告该转让船舶不附有船舶优先权。判决内容应当公告。《海诉法解释》第96条规定："利害关系人在船舶优先权催告期间提出优先权主张的，海事法院应当裁定优先权催告程序终结。"

船舶优先权催告程序的终结一般分为以下两种情况。

第一，申请人在公示催告期届满前主动撤回催告申请。申请船舶优先权催告程序是受让人自身的权利，申请人可以自由处分其权利。申请人可以选择申请催告程序，也可以选择放弃，甚至可以在申请之后催告期间届满前主动撤回申请。

第二，公告期间届满，船舶优先权催告程序终结。无论是否收到利害关系人的申请，公告期间届满后，海事法院应当裁定终结船舶优先权催告程序。

受让人在催告期满后，逾期不向法院申请除权判决的，海事法院应终结催告程序。由于除权判决不能依法院的职权作出，需经由当事人主动申请作出，如果在优先权催告期间届满之后，无人主张船舶优先权，申请人也不主动向法院提出除权判决的请求，很可能导致与当事船舶相关的权利义务长时间内不能确定，不利于海事法院顺利结案，浪费了司法成本。我国目前并未规定船舶受让人在期满之后申请除权判决的期间，而《民诉法解释》第 452 条第 1 款规定，"对民事诉讼中公示催告程序在申报权利期间无人申报的，或者申报被驳回的，公示催告申请人应自申报期间届满的次日起 1 个月内申请人民法院作出判决。逾期不申请判决的，终结公示催告程序"。在没有特殊规定的情况下，海事法院可以适当借鉴该规定以督促受让人行使权利。

第三编　海事仲裁法

第十章　海事仲裁概述

【内容摘要】由于海事法律关系的复杂性，其不同于一般的民商事法律关系。所以，当事人在遇到海事纠纷时，选择仲裁解决方式可在较短时间内平和地解决争议。本章介绍了海事纠纷仲裁的概念、特点，比较分析了海事仲裁与海事诉讼，并概述了海事仲裁制度的历史，同时梳理了我国海事仲裁的产生和发展现状。

第一节　海事仲裁的概念和特点

一、海事仲裁的概念

仲裁也称公断，是当事人通过协议授权仲裁员解决争议的活动，仲裁制度是现代法治精神及市场经济中主体意思自治、行为自主、纠纷自决原则的体现。

国际商事仲裁是指国际民商事交往中不同国家的当事人通过协议自愿将他们之间的争议提交某一临时仲裁庭或某一涉外常设仲裁机构审理，由其依据有关法律或依据公平原则作出裁决，并约定自觉履行该裁决所确定的义务的一种制度。

海事仲裁是国际商事仲裁在海事海商领域的应用，是双方当事人约定以仲裁方式，处理海事、海商、物流争议及其他契约性或非契约性争议[1]。从定义中可以看出，海事仲裁的核心在于，双方当事人以订立仲裁协议的形式确定将争议提交仲裁，这是仲裁发生的基础和前提条件。

海事仲裁协议主要有两种形式。第一种是仲裁条款，是指双方当事人在争议发生之前，将有关仲裁的协议以合同条款的形式订立在合同中，以备将来发生争议时，作为提交仲裁机构解决的依据。仲裁条款出现于 19 世纪，由于其更符合交易的需要得到商业界的普遍运用，仲裁条款成为仲裁协议的最主要和最常见的方式。海事仲裁条款必须以海事合同为载体，所以其只能适用于契约性关系争议或者与契约有关的侵权争议。对于单纯因侵权引起的或者其他非合同财产权益争议，不可能以仲裁条款形式达成仲裁协议。第二种是仲裁协议，是指在争议发生之前或之后，双方当事人专门订立的将争议交付仲裁的一种单独协议。由此可见，与订立在合同中的仲裁条款相比，仲裁协议适用的范围更加广泛，在时间上适用于争议发生之前，也适用于争议发生之后；在内容上，不仅适用于契约性争议，也可适用于涉及侵权纠纷等非契约性争议。

---

① 韩立新、袁绍春、尹伟民：《海事诉讼与仲裁》（第二版），大连海事大学出版社，2016 年，第 207 页。

双方订立了有效的仲裁协议，在发生争议后，将会进入到海事仲裁程序中。海事仲裁审理程序是指海事仲裁机构受理、审理并裁决海事争议所依据的操作流程，也是当事人及其他仲裁参与人参加海事仲裁活动的基本行为规则。在经过一系列的仲裁程序后，最终仲裁机构会作出一个仲裁裁决。对于仲裁裁决，国际上并没有一个法定文件对此作出一个确切的定义，1958 年《纽约公约》第 1 条第 2 款规定，"'仲裁裁决'一词不仅指专案选派之仲裁员所作裁决，亦指当事人提请仲裁之常设仲裁机关所作裁决"。从这个定义分析，该公约仅是对仲裁裁决的范围作了规定。海事仲裁裁决是指海事仲裁机构就双方当事人提交仲裁的争议事项进行审理后作出的对双方当事人均具有约束力的终局性的决定。

二、海事仲裁的特点

海事仲裁作为广义的国际商事仲裁的组成部分，既具有一般商事仲裁的特点，也具有自己的特点。与海事诉讼相比其也具有明显的特点。

第一，海事仲裁强调专业性。海事仲裁是解决广义的海事争议的主要方式之一，仲裁员审理案件主要的法律依据就是各国的海商立法和国际海事公约及国际航运惯例。海商法具有极强的专业性，因此，海事仲裁与海事诉讼一样，在解决海事纠纷过程中也必须由具有专业知识的专业人士审理。几乎大部分海事案件都存在着对专业性问题的界定，如船舶碰撞损害赔偿案件中碰撞责任的划分及碰撞事实的认定，船舶污染案件中污染海域的位置、面积的确定及油污损失额度和范围的认定，海难救助纠纷救助人采取的救助措施是否合理和及时等，这些专业领域涉及国际贸易、海运专业知识，这也是海商法与其他部门法最主要的区别，因此海事仲裁案件解决过程中需要由具有较权威海事专业知识的仲裁员审理。

第二，海事仲裁具有较强的国际性[①]。海商法具有的国际性特点决定了海事争议的国际性，从而在海事争议解决中也具有较强的国际性。海事仲裁作为海事争议的主要解决方式之一，仲裁员应当对有关海商法和国际贸易方面的国内立法、国际条约、国际惯例非常熟悉。海商法与国内其他部门法相比，一个最显著的特点就是国际性强，我国现行《海商法》中很多内容都是参考有关海上运输、海难救助、海事赔偿责任限制、船舶碰撞、共同海损等国际公约和国际惯例的内容，如海上货物运输合同部分是在 1924 年《海牙规则》、1968 年《维斯比规则》和 1978 年《汉堡规则》的基础上制定的，海难救助部分是参考 1989 年《国际救助公约》制定的，海上旅客运输合同是参考 1974 年《海上旅客及其行李运输雅典公约》制定的等，具有较强的与国际立法接轨的特点。

第三，海事仲裁机构具有民间团体的性质且具有独立性。我国审理海事仲裁案件的机构是总部设在北京的中国海事仲裁委员会，其与国内其他仲裁机构之间是独立的，没有隶属关系，也不存在地域管辖的限制。这一点与海事法院不同，我国海事法院是国家司法机关的组成部分，与中级人民法院同级，与所在省、自治区和直辖市高级人民法院

---

① 屈广清：《海事诉讼与海事仲裁法》，法律出版社，2007 年，第 138-139 页。

之间具有上下级关系。海事仲裁机构与其他仲裁机构一样，性质上属于民间团体。[①]

第四，海事仲裁的管辖权具有非强制性。海事仲裁的核心在于，双方当事人以订立仲裁协议或合同中订立仲裁条款的形式确定将争议提交仲裁，这是仲裁发生的基础和前提条件。这是当事人意思自治原则在海事仲裁中的体现，当事人合意决定海事仲裁机构是否具有管辖权，因此纠纷当事人的仲裁协议或仲裁条款是海事仲裁机构行使海事案件管辖权的基础。

第五，海事仲裁实行一裁终局。就审级而言，海事仲裁与其他类型的仲裁一样，实行一裁终局制，当事人不得就已经生效的仲裁裁决海事案件再向海事法院提起诉讼。而海事法院的审级实行的是"三级两审终审制"。

三、与海事诉讼相比海事仲裁的优越性

海事诉讼是指国家司法机关按照一定的程序和方式解决纠纷的活动，主要特点在于参与解决纠纷的主体是具有国家强制力的司法机关，凭借审判权力进行争议解决，这一特点也决定了海事诉讼是各种争议解决机制中最正规、最权威和最严格的方式；海事仲裁是指双方当事人根据书面仲裁协议，将争议提交仲裁机构进行裁决。两者都是海事争议解决实践中常用的海事争议解决机制，海事仲裁相对于海事诉讼有以下几大优越性。

（一）与海事诉讼案件公开审理相比，海事仲裁程序具有相对的秘密性

就审理程序的公开性而言，海事仲裁一般都不公开审理，即使双方当事人要求公开审理，也仍然由仲裁庭作出是否公开审理的决定。而海事法院审理海事案件，除了极少数涉及国家利益及当事人隐私的情况，一般原则上必须公开审理。一般情况下，除了涉及国家秘密和当事人隐私的情况以外，海事诉讼案件的法院判决书将当事人双方所有信息都予以公开，而中国海事仲裁委员会的案例将相关信息都予以隐藏。

（二）与海事诉讼程序相比，海事仲裁程序更加灵活

海事诉讼的表现形式是海事诉讼制度和海事诉讼程序，海事诉讼制度决定海事诉讼程序，海事诉讼程序服务于海事诉讼制度，两者共同构成完整、统一的海事诉讼。而不论是海事诉讼制度还是海事诉讼程序，都是国家制定的当事人必须遵守的、没有任何商量余地的。海事仲裁，不像海事诉讼那样需要受到各种法律规范和程序的制约，不需要拘泥于任何法定的形式。海事仲裁当事人可以基于仲裁协议，自主选择仲裁员，约定仲裁程序，并约定适用法律，甚至仲裁庭会依据当事人授权采用公平原则对争议进行审理和作出裁决。而海事诉讼中，海事法院必须适用本国的诉讼程序法，当事人不得随意选择审理案件的法官，而且必须严格遵循本国诉讼程序法规定的程序。

（三）与海事诉讼费用相比，海事仲裁更具有经济性

我国海事法院实行的是"三级两审终审制"，虽然一审收取的诉讼费用低于仲裁费

---

① 金彭年、董玉鹏：《海事诉讼特别程序与海事仲裁规则》，法律出版社，2015年，第139-140页。

用，但仲裁实行一裁终局制，而诉讼是两审终审，加上再审费用，事实上仲裁与诉讼相比，费用相对低廉。海事仲裁实行一裁终局制，即经过一次裁决后，该裁决即为终局裁决，对双方当时人都具有约束力，任何一方当事人均不得向法院起诉，也不得向其他任何机构提出变更裁决的请求。此外，当事人可以按照其意思自治选择仲裁程序，这有利于仲裁效率的提高。因此，从仲裁程序开始至结束，时间较短，当事人可以节省大量的财力和人力，避免因时间的拖延而产生进一步的经济耗费。

（四）与海事诉讼相比，海事仲裁更具有专业性[1]

仲裁与诉讼相比，一个突出的好处就是可以找到专业性强的仲裁员，往往可以由专家来作出裁判，这种做法在海事仲裁中相当普遍。复杂的商事仲裁尤其是海事仲裁，许多案件涉及非常专业、复杂的知识，需要海事仲裁员具备海商海事、国际贸易、海运等方面的专业技能，以及较高的专业素质和良好的道德素质，只有这样才能够保证海事仲裁争议的公平和公正解决。

（五）与海事诉讼判决相比，海事仲裁裁决更易于在国外执行

与法院判决相比，国际海事仲裁裁决如需要在国外得到承认和执行，具有更大的优势。对于此点要一分为二地看待。虽然就理论而言，仲裁裁决一经作出，当事人便负有积极自觉履行仲裁裁决的义务，因为当事人双方协议提交仲裁时就已经约定应诚实有信地自觉执行裁决，但这种约定毕竟属于契约性质，而违约的情况则是常常发生的。因此，在当事人违背约定而拒不执行裁决时，胜诉方当事人谋求法院帮助提请法院强制执行仲裁裁决就势在必行了。从这一点看，仲裁对于仲裁裁决的强制执行没有保障。但是，因为海事仲裁具有涉外性，根据《纽约公约》的规定，缔约国作出的仲裁裁决将会得到执行。截至 2018 年 3 月，《纽约公约》缔约国已经达到 158 个[2]，覆盖了全球大多数国家。而对于法院判决来说，当前并没有普遍生效的关于相互承认与执行外国法院判决的国际公约，通常需要这两个国家或地区有关于承认和执行判决的双边或多边司法协助协定，世界范围内也未有类似内容的公约，因此法院作出的判决在国外获得承认与执行就显得尤其困难。因此，海事仲裁裁决的执行比诉讼判决的执行阻力更小一些。

第二节　海事仲裁制度的历史发展

一、海事仲裁制度的产生和发展

仲裁制度有着悠久的历史，最早起源于古罗马，形成发展于英国、瑞典等欧洲国家，

---

[1] 韩立新、袁绍春、尹伟民：《海事诉讼与仲裁》（第二版），大连海事大学出版社，2016 年，第 190-192 页。

[2] https://treaties.un.org/doc/publication/CN/2018/CN.154.2018-Eng.pdf，2018 年 5 月 10 日。

进而普及于世界各国[①]。而它开始运用于海事领域，最早可以追溯到 13 世纪至 14 世纪意大利各城邦林立的时候。当时地中海沿岸港口所采用的海事法典中已经出现了以仲裁方式解决海事争议的记载。海事仲裁以其专业性、技术性和国际性的独特优势，逐渐为广大经济贸易和海运界人士所接受。作为商事仲裁的重要组成部分，海事仲裁随着海上运输的发展而产生并逐步发展起来，反过来又促进了国际海运业的稳步发展。

从广义上来看，海事仲裁制度不仅包括各国关于海事仲裁的法律规范和海事仲裁机构根据本国海事仲裁法律制度制定的仲裁规则，还包括国家之间达成的及国际组织制定的有关仲裁和海事仲裁的国际公约。

自 14 世纪产生仲裁以来，各国的仲裁立法就向着规范化、条例化、法典化的方向发展。许多国家将仲裁立法从民商法中分离出来，形成了专门化的、系统化的仲裁法典，而且这些国家仲裁立法都普遍适用于海事仲裁，或者对海事仲裁进行专章规定。然而，由于各国都有自己的仲裁立法和仲裁规则，在仲裁程序、仲裁协议和仲裁裁决的效力及对外国仲裁裁决的承认与执行等方面存在较大的差异。20 世纪以来，随着国际经贸、海事案件的大量增加，国际社会通过了许多国际公约，试图尽可能统一国际商事仲裁的有关立法和仲裁规则，如 1923 年的《关于承认仲裁条款的日内瓦议定书》和 1927 年的《关于执行外国仲裁裁决的日内瓦公约》。但由于这两个条约存在明显缺陷，1958 年 6 月 10 日，联合国在纽约召开的联合国国际商事仲裁会议上通过了《纽约公约》，以替代前两个公约。该公约已成为国际民事诉讼与商事仲裁领域中参加国最多、适用范围最广、影响最大的国际性公约。此后，又出现了 1961 年《关于国际商事仲裁的欧洲公约》、1965 年《关于解决国家与其他国家国民之间投资争端公约》、1966 年《统一仲裁法的欧洲公约》、1975 年《美洲国家间关于国际商事仲裁的公约》、1976 年联合国国际贸易法委员会向各国推荐使用的《联合国国际贸易法委员会仲裁规则》等。1985 年 6 月 21 日联合国国际贸易法委员会制定并向世界各国推荐使用的《联合国国际商事仲裁示范法》是 20 世纪的另一个具有国际影响力的国际性规则。

除此之外，世界各国还制定了有关海事仲裁的国内立法。其中 1996 年英国《仲裁法》作为当今世界上最完备的仲裁法典之一，不仅具有深刻的理论基础，而且具有广泛、丰富的实践经验，它的出台是英国仲裁制度日益完善和成熟的标志[②]。

20 世纪初，海事仲裁还只是以租约、海上运输合同、保险合同等契约性纠纷为主要受案类型，现在已发展成为以租约为主，同时涉及船舶碰撞、海上救助、油污损害等非契约性争议，并且数量逐年增多。

英国的海事仲裁一直走在世界前列，伦敦作为海事仲裁中心的历史久远。但随着英国和世界各国经济的发展，尤其是第二次世界大战结束后，亚太地区航运力量得到显著增强，这时各国航运公司控制了世界上 40% 的船舶吨位，伦敦作为世界海事仲裁中心的地位略有削弱。伴随其他一些主要海运国家海事仲裁业的崛起，纽约、香港、汉堡正成为新的仲裁中心。前者主要仲裁油船租约争议，后两者则日益成为散货船租

---

① 中国海事仲裁委员会秘书处：《海事仲裁入门指南》，中国政法大学出版社，2001 年，第 7 页。

② 邓杰：《伦敦海事仲裁制度研究》，法律出版社，2002 年，第 32 页。

约争议的海事仲裁中心。目前国际海事仲裁业的竞争虽然日趋紧张和激烈，但伦敦作为世界上最重要的海事仲裁中心的地位仍然是不可撼动的。这一点仅从其每年受理的海事仲裁案件的数量就可见一斑。

二、我国海事仲裁制度的产生和发展现状

中国海事仲裁委员会是在周恩来同志的指示和邓小平同志的直接领导下，于 1959 年 1 月 22 日在北京成立的，其成立法律依据是 1958 年 11 月 21 日国务院全体会议第 82 次会议通过的《中华人民共和国国务院关于在中国国际贸易促进委员会内设立海事仲裁委员会的决定》，其成立目的是解决远洋、沿海及与海相通的水域的运输争议，是中国第一家仲裁机构，也是专业性最强的仲裁机构。

1984 年 11 月，全国人民代表大会常务委员会作出了《全国人民代表大会常务委员会关于在沿海港口城市设立海事法院的决定》，首次明确了海事法院的法律地位。最高人民法院根据这一决定，先后在广州、上海、青岛、天津、大连、武汉、海口、厦门、宁波、北海设立了 10 个专门审理海事海商纠纷案件的海事法院。

中国海事仲裁委员会比海事法院早成立了 25 年，历史更为久远，但是中国海事仲裁委员会受案量较我国的海事法院少很多。以中国海事仲裁委员会和上海海事法院相比较，据统计，2012 年，中国海事仲裁委员会受理各类海事案件总计 82 件，争议金额 14 亿元人民币，全年结案 57 件，受理案件数量与争议标的额均处于历史高位[①]。即使是仲裁案件数量较多的年份，也不及 2013 年初上海海事法院一个月受案量的零头。2013 年 1 月，上海海事法院共受理审判、执行各类案件 275 件，审结、执结案件 293 件[②]。 相比于国际主要海事仲裁机构，我国海事仲裁委员会受理的案件在数量和种类上相去甚远。我国海事仲裁委员会每年受案数量少，与我国作为航运大国的地位极不相称，而且由于我国海事仲裁制度起步较晚，有些制度不太成熟，以国际海事仲裁实践的要求和海事仲裁制度的国际发展趋势与动态来衡量，我国海事仲裁制度在很多方面还不够完善，甚至不能满足我国海事仲裁实践的需要，这在一定程度上阻碍了我国海事仲裁制度的国际化发展。

为充分发挥"民间调解"和"海事调解与仲裁相结合"解决海上事故纠纷的重要作用，以及在渔业争议和物流争议解决中推行仲裁制度，进一步扩大中国海事仲裁委员会的受理案件的范围，中国海事仲裁委员会下设海事调解中心、物流争议解决中心和渔业争议解决中心。

2006 年 8 月 22 日，中国海事仲裁委员会上海海事调解中心成立。 2012 年 8 月 3 日，中国海事仲裁委员会天津海事调解中心成立。2015 年 9 月 21 日，中国海事仲裁委员会长江海事调解中心在重庆成立。海事调解中心通过"海事调解"及"调解与仲裁相结合"的方式充分发挥海事调解的灵活性、独立性、公正性，突出一线专业人士办案

---

① 《2012 年中国海事仲裁委员会受理案件 82 件》，http://info.jctrans.com/news/hyxw/20131241765949.shtml，2013 年 12 月 4 日 。

② http://t.xinmin.cn/index.php?m=blog&uid=241888 ， 2013 年 2 月 21 日。

的技术性，鼓励当事人以仲裁裁决书的形式赋予海事调解以法律约束力，更快捷、方便、有效地解决争议，维持航运的正常秩序，为海上事故纠纷当事人提供了一种快速解决争议的新选择。为了在物流业推行仲裁制度，方便物流当事人采用仲裁方式解决物流争议，促进物流行业快速、规范发展，中国海事仲裁委员会于2004年2月1日成立物流争议解决中心。该中心是中国海事仲裁委员会解决物流争议的平台，向物流企业及行业内其他部门提供物流专业的仲裁、物流争议的协调、物流法律研究与咨询服务。为了便于以仲裁的方式，公正快速地解决渔业争议，促进渔业生产持续稳定发展，2003年1月，中国海事仲裁委员会成立了渔业争议解决中心，并陆续在福建、山东、浙江等地的渔政渔港监督管理机构设立中国海事仲裁委员会渔业争议解决中心（地方）办事处。

2017年5月3日，中国国际贸易促进委员会在北京举办中国海事仲裁委员会独立运营揭牌仪式，这也意味着原来与中国国际经济贸易仲裁委员会合署运营并实行一体化管理的中国海事仲裁委员会正式独立运营。

中国海事仲裁委员会在1959年成立之初就制定了暂行规则，在1988年更名时对仲裁规则进行了修订，而后随着《仲裁法》和《民事诉讼法》的制定，1995年9月修订并通过了《中国海事仲裁委员会仲裁规则》，此后，该规则在2001年和2004年被重新修订。2014年11月4日，中国海事仲裁委员会又修订了仲裁规则，并于2015年1月1日起实施。新规则规定的受案范围体现了航运实践发展所产生的新争议，如物流信息管理，仓储设施、物流中心、配送中心的建造、买卖或租赁，物流方案设计与咨询，与物流有关的保险，与物流有关的侵权争议，以及其他与物流有关的争议，海洋资源开发利用、海洋环境污染争议，渔业生产、渔业捕捞争议等。[①]在仲裁规则的选择方面，新规则一定程度上尊重了当事人的意思自治。意思自治是仲裁制度的灵魂，当事人本身是其利益的最佳判断者。任何一个再具有普适性的仲裁规则都不可能考虑到纷繁复杂的纠纷的各个方面，更不可能从具体当事人的具体利益出发维护其利益。允许当事人合意约定仲裁规则是仲裁追求效益的一个重要方面，也是尊重商事仲裁规则契约性本质的一个重要表现。新规则对于适用当事人约定规则还有一定的限制，仲裁庭采纳当事人约定规则的前提是必须征得仲裁委员会的同意。

由于中国海事仲裁委员会受案范围的限制及我国海事法院在处理海事争议中的重要地位，中国海事仲裁委员会实际受理的案件要比中国国际经济贸易仲裁委员会少得多。但是，和国际上其他一些受理海事案件的仲裁法机构相比，中国海事仲裁委员会的受案数量仍旧非常可观，在国际上具有一定的地位。

---

① 韩立新、袁绍春、尹伟民：《海事诉讼与仲裁》（第二版），大连海事大学出版社，2016年，第210-211页。

第十一章　国际海事仲裁机构

【内容摘要】本章主要介绍国际海事仲裁机构的含义及其分类、世界主要国家的海事仲裁机构及其仲裁规则，重点介绍了中国海事仲裁委员会及其仲裁规则。

第一节　国际海事仲裁机构概述

国际海事仲裁机构是专门为解决海事方面争议而设立的组织。采用仲裁方式解决海事争议，不仅历史悠久，而且被国际上普遍承认并采用。各主要航运国家有常设仲裁机构，如伦敦海事仲裁员协会、美国海事仲裁员协会等。这些海事仲裁机构几乎都有自己单独的仲裁规则，并备有仲裁员名单供当事人选用，不仅受理本国的各种海事海商争议案件，也受理大量的涉外仲裁案件。我国海事仲裁机构是全国性的常设仲裁机构，现名为中国海事仲裁委员会。

一、海事仲裁机构的含义及其分类

海事仲裁机构一般是依据有关的国际公约和国家的海事仲裁立法而设立的，与法院管辖权不同，海事仲裁机构之所以可以对海事案件行使管辖权是因为双方当事人的授权。只有存在有效的海事仲裁协议，并且在海事仲裁协议中约定了某个海事仲裁机构，该海事仲裁机构才可以取得管辖权。

海事仲裁机构包括两类。

（一）临时仲裁机构

1. 临时仲裁机构的含义

临时仲裁机构是根据当事双方的仲裁条款或仲裁协议，在争议发生后由双方当事人推荐的仲裁员临时组成的审理某一特定案件的仲裁机构，案件审理终结并作出裁决后，该仲裁机构即行解散。在19世纪中叶常设仲裁机构出现之前，临时仲裁机构一直是唯一的仲裁机构组织形式。临时仲裁机构没有固定的办公地点和仲裁规则，没有日常管理机构，收费低，凡是与仲裁审理有关的事项，包括仲裁地点、仲裁规则等，均由双方当事人自行协商确定。如果双方当事人在最初商定的仲裁条款中约定仲裁，但未提及任何特定的仲裁机构的仲裁规则，通常是要进行临时仲裁。

2. 临时仲裁机构的法律地位

在临时仲裁占主导地位的时代，仲裁员在实体裁决和仲裁程序两方面都拥有决定权并承担责任，当事人在仲裁争议中的命运，完全依赖于仲裁员对争议是非曲直的判断，仲裁员的立场、专业知识和道德水准成为决定仲裁好坏的关键。在我国，除了我国政府与其他国家在双边投资保护协定中有关于通过临时仲裁机构组成的仲裁庭解决有关争议的规定外，我国尚无临时仲裁解决争议的立法与实践。但是，否认临时仲裁的合法性与国际立法实践不一致。1958 年《纽约公约》中规定的承认与执行外国仲裁裁决，既包括常设仲裁机构作出的仲裁裁决，也包括临时仲裁机构作出的仲裁裁决。作为该公约参加国，我国法院执行的外国仲裁裁决，不仅包括常设仲裁机构作出的仲裁裁决，也包括临时仲裁机构作出的仲裁裁决。

无论是机构仲裁还是临时仲裁，实质上都是由仲裁庭独立地处理纠纷，而不是整个机构。"仲裁的全部价值在于仲裁员"，这是国际仲裁界广为人知的格言。事实上，仲裁的实质是仲裁员独立办案，只要遵循仲裁的基本原则和国家法律，尊重当事人的意思表示，临时仲裁与机构仲裁没有本质的不同。两种方式所作出的裁决均为一次性终局裁决，都具有强制拘束力，在执行时不应有权威性和可信性的差异。而关于仲裁员名册，事实上国际许多仲裁机构都没有强制性使用，因为基于人的理性，当事人对自己经济利益的深切关注保证了当事人在没有名册的情况下，一定会注重被选定的仲裁员的全面素质的考察，包括其对法律的掌握和理解力、人品、社会地位等，而绝非随意选定。而且，为弥补临时仲裁的程序规则不完善的缺陷，联合国国际贸易法委员会于 1976 年制定了可供临时仲裁庭采用的《联合国国际贸易法委员会仲裁规则》，对仲裁程序规则作了较为系统的规定，对于发挥临时仲裁的优势，具有不可忽略的借鉴作用。

（二）常设仲裁机构

1. 常设仲裁机构的含义

常设仲裁机构是指依据国际条约和一国国内立法成立的，拥有固定的组织、固定的地点和固定的仲裁程序规则的永久性机构。其一般都备有仲裁员名册供当事人选择。目前国际常设商事仲裁机构几乎遍及世界上所有国家，在业务范围方面也已涉及国际商事法律关系的各个领域。影响较大的常设商事仲裁机构主要有国际商会仲裁院、瑞典斯德哥尔摩商会仲裁院、英国伦敦海事仲裁员协会、美国海事仲裁员协会等。

2. 常设仲裁机构的优点

第一，便利海事交易当事人。因为每一个常设仲裁机构都有自己的仲裁规则，当事人只要在订立仲裁协议时写明将争议提交某仲裁机构并依据该仲裁机构仲裁即可。通过将仲裁机构的仲裁规则并入到仲裁协议中，当事人就可以完全依赖这套易于理解的且历经考验的条款，不必考虑仲裁地，同时可以减少不确定性的范围和拖延及损害仲裁程序的概率。

　　第二，办案质量较高。每个常设仲裁机构均设有仲裁员名册，双方当事人应当从仲裁员名册中选择仲裁员。列入仲裁员名册中的仲裁员都是来自各个领域的专家，并且具有审理仲裁案件的丰富经验。仲裁机构对于那些资格高且道德品质高的仲裁员均有详细了解，而且随时准备将其吸收进仲裁员名册。

　　第三，机构仲裁更易于得到法院认可。常设仲裁机构的仲裁规则能够有效地保证适当的仲裁程序，因而保证了仲裁裁决的质量和可执行性及仲裁程序的声誉。相对于临时仲裁而言，双方当事人和法院往往更尊重与信任主要常设仲裁机构监督下的仲裁，与常设仲裁机构仲裁有关的法院判决，通常都认可常设仲裁机构所起到的作用。

二、世界主要国际海事仲裁机构

（一）英国伦敦海事仲裁员协会

　　近年来，海事争议中 90% 左右在伦敦仲裁，其次在纽约仲裁，其余的则在汉堡、东京、北京、香港、新加坡等地仲裁。伦敦海事仲裁中心地位的形成与英国作为传统的航运大国，具有发达完备的海商法律体系是分不开的，英国海商法对世界各国的法律及国际公约、国际惯例产生了深远的影响。

　　伦敦海事仲裁员协会（London Maritime Arbitrators Association，LMAA）成立于 1960 年 2 月 12 日，成立的目的是将在伦敦从事海事仲裁的人士聚集在一起，交流经验，共同促进伦敦海事仲裁事业的发展。该协会不是常设仲裁机构，而是属于临时仲裁机构。这是英国航运界选择的结果。其历史可以追溯到 300 年前波罗的海交易所，当时就出现了一大批优秀的海事仲裁员，为租船、救捞、碰撞、保险、货损理赔等业务中发生的争议提供法律服务。随着航运经纪人团体的成立，伦敦海事仲裁员的队伍通过行业规范不断壮大，海事领域的临时仲裁进一步得到发展，大量海事合同中订明伦敦仲裁条款。英国航运事业的发达与海商法制度的完善促进了海事仲裁的日益成熟，在国际上产生重大影响，伦敦最终成为国际海事仲裁中心。

　　伦敦海事仲裁员协会一开始仅有一些全职仲裁员，到 1972 年才引入赞助仲裁员制度。现在的伦敦海事仲裁员协会会员包括全职会员、赞助会员及退休会员。该协会受理的海事仲裁案件数量一直居于世界第一。香港国际仲裁中心原主席杨良宜先生估计，现在伦敦仲裁的海事案件占全球海事仲裁案的 90%。伦敦海事仲裁员协会设立的委员会，由 9 名核心人员组成，主席 1 名，委员 8 人，每两年换选四分之一委员，主席任职两年。伦敦海事仲裁员协会委员会主要负责制定和修改仲裁规则，应当事人请求指定仲裁员或公断人，举办国内外海事仲裁研讨等活动。协会不进行仲裁员培训，该项工作由英国特许仲裁员协会负责，因此，申请伦敦海事仲裁员协会全职会员的条件之一是成为英国特许仲裁员协会会员。伦敦海事仲裁员协会的秘书处是义务性质的，聘请 1 名荣誉秘书长和 1 名助理，负责会员费收取、文件收发、联络等事务。伦敦海事仲裁员协会费用的主要来源是会员交纳的会费、小额索赔程序管理费及法律刊物的赞助费等，财务收支情况每年经会计事务所审查后，向全体会员报告。伦敦海事仲裁员协会在仲裁过程中对裁决没有实际控制权。临时仲裁的仲裁费由仲裁庭直接负责处理，与伦敦海事仲裁员协会费用无关。机构的设置完全适应临时仲裁的需要。

《伦敦海事仲裁员协会仲裁规则》（即 LMAA 条款）最初颁布于 1987 年，后经过多次修改，当前适用的版本是 2017 年最新修改的规则，已于 2017 年 5 月 1 日生效。

（二）美国海事仲裁员协会

自 19 世纪晚期，纽约就已经成为国际商事仲裁的中心，随着 1913 年纽约土产交易所期租合约的出现，租约和其他货运合同通常都选择纽约作为仲裁地。尽管成立于 1861 年的纽约土产交易所已经不存在了，但其租约格式仍然在世界范围内广为采用。

1963 年，美国海事仲裁员协会（American Maritime Arbitrator Association，AMAA）成立，这是一个专业的、非营利性的组织，其本身并不参与仲裁案件的管理，主要是为航运业提供可靠的仲裁服务和有经验的海事仲裁员。在纽约，绝大多数海事仲裁都是临时仲裁，只有少数交由美国海事仲裁员协会管理的海事仲裁是机构仲裁，美国海事仲裁员协会有一个由现职和退休的律师组成的海事仲裁员名单。在美国海事仲裁员协会进行仲裁，双方当事人需要按照请求和反请求的金额支付管理费。美国海事仲裁员协会还提供调解服务，并制定了调解规则。

为了在争议解决方面和选择仲裁员方面为海运业提供帮助，美国海事仲裁员协会出版了一个成员名册，名册中介绍了每一个成员的背景和专业特长。美国海事仲裁员协会的成员资格由成员委员会决定，并要得到理事会和成员大会的批准。成员主要来自下列领域：船舶管理、租船管理、经纪人业务、保赔俱乐部、保险、海事请求管理、装卸业、银行业、测量业、轮机、代理等。

（三）亚洲主要海事仲裁机构

1. 新加坡海事仲裁院

新加坡地理位置独特，位于世界上最繁忙的航运路线的交叉点。新加坡是一个中立的第三国，其有关国际商事仲裁的法律以联合国国际贸易法委员会《联合国国际商事仲裁示范法》为基础，新加坡是《纽约公约》的缔约国，在新加坡作出的仲裁裁决几乎可以在世界上任何国家得到执行。新加坡海事仲裁院（Singapore Committee of Maritime Arbitration, SCMA）成立于 2004 年，是新加坡国际仲裁中心的下属机构。2009 年，新加坡海事仲裁院改革重组为担保有限责任公司，独立于新加坡国际仲裁中心。其主要的改革方向是建立临时仲裁制度，同时借鉴了伦敦海事仲裁员协会的仲裁规则起草了新的仲裁规则，以促进新加坡海事仲裁制度的发展。作为一个常设仲裁机构，新加坡海事仲裁院提供机构监督措施和一套促进仲裁程序的服务，使得当事人和仲裁员集中精力处理争议的实体问题。

2. 中国香港国际仲裁中心

香港国际仲裁中心（Hong Kong International Arbitration Center, HKIAC）成立于 1985 年 9 月，由于地理优势，香港国际仲裁中心已发展成为主要的国际仲裁中心。香港国际仲裁中心实行临时仲裁制度，仲裁规则可以以《联合国国际贸易法委员会仲裁规则》为基础，也可以参照伦敦海事仲裁员协会的仲裁规则。同时，香港国际仲裁中心也可以采取机构仲裁,这样,更能够适应中国内地当事人的要求。香港国际仲裁中心设有海事仲裁组负责海事仲裁的相关事项处理。

香港国际仲裁中心有一个由经验丰富并负有声誉的海事仲裁委员组成的仲裁员名册,但是当事人也可以从仲裁员名册以外选择仲裁员,如果双方当事人没有就指定仲裁员的方法达成一致或者对约定的方法发生分歧,自 1997 年 6 月 27 日起,《香港仲裁条例》赋予香港国际仲裁中心排他的和法定的指定仲裁员的授权,这项权利意味着当事人不必通过冗长的、昂贵的法院程序组建仲裁庭。

第二节　中国海事仲裁委员会及其仲裁规则

一、中国海事仲裁委员会受案范围

中国海事仲裁委员会以仲裁的方式、独立、公正地解决海事、海商、物流争议及其他契约性或非契约性争议,以保护当事人的合法权益,促进国际、国内经济贸易和物流的发展。

中国海事仲裁委员会根据当事人的约定受理下列争议案件。

（1）租船合同、多式联运合同或者提单、运单等运输单证所涉及的海上货物运输、水上货物运输、旅客运输争议。

（2）船舶、其他海上移动式装置的买卖、建造、修理、租赁、融资、拖带、碰撞、救助、打捞或集装箱的买卖、建造、租赁、融资争议。

（3）海上保险、共同海损及船舶保赔争议。

（4）船上物料及燃油供应、担保、船舶代理、船员劳务、港口作业争议。

（5）海洋资源开发利用、海洋环境污染争议。

（6）货运代理,无船承运,公路、铁路、航空运输,集装箱的运输、拼箱和拆箱,快递,仓储,加工,配送,仓储分拨,物流信息管理,运输工具、搬运装卸工具、仓储设施、物流中心、配送中心的建造、买卖或租赁,物流方案设计与咨询,与物流有关的保险,与物流有关的侵权争议,以及其他与物流有关的争议。

（7）渔业生产、渔业捕捞争议。

（8）双方当事人协议由仲裁委员会仲裁的其他争议。

二、中国海事仲裁委员会的仲裁规则概述

《中国海事仲裁委员会仲裁规则》自 2004 年 10 月 1 日起施行以来,对改进仲裁程序和促进中国海事仲裁委员会仲裁的专业化、现代化和国际化发挥了积极的作用。为紧跟国际商事、海事仲裁发展的步伐,2014 年 9 月 26 日,中国海事仲裁委员会修订了 2004 年 10 月 1 日起实施的前述《中国海事仲裁委员会仲裁规则》,并于 2014 年 11 月 4 日经

中国国际商会（中国国际贸易促进委员会）核准，已于 2015 年 1 月 1 日正式实施。

《中国海事仲裁委员会仲裁规则》（2015 年）在体例上沿袭了国际知名仲裁规则所普遍采用的做法，并结合多年的海事仲裁实践对条文进行了系统修订，使其结构上更为清晰、内容上更具条理性和逻辑性。而且，《中国海事仲裁委员会仲裁规则》（2015 年）更着眼于实质内容上贴近国际仲裁习惯，如设立仲裁院专门对案件进行管理，增加仲裁费的计费方式，明确仲裁协议的书面形式要求，调整有关仲裁程序开始的规定，明确区分仲裁地和开庭地点，协调仲裁委员会与仲裁庭对管辖权的审理职权划分，完善送达方式等内容，扩大当事人对仲裁审理方式的选择权和仲裁庭适用程序的决定权，而且首次在仲裁规则中明确了当事人有权自行聘用专业记录人员和紧急仲裁员制度。这些内容体现了我国海事仲裁更加实用化的特点。

《中国海事仲裁委员会仲裁规则》（2015 年）进一步强化了当事人在仲裁中的意思自治，尊重当事人的意思自治并赋予当事人在仲裁程序中的充分自主权，这不但是仲裁程序正义的保证，而且是最大限度维护当事人权益的基本条件。《中国海事仲裁委员会仲裁规则》（2015 年）新增加和修订了大量内容以强化当事人在仲裁中的自主权，包括扩大仲裁案件的受理范围、赋予当事人在仲裁员名册之外指定仲裁员的权利、接受当事人选择多样化的仲裁审理程序、允许当事人约定仲裁员费用按小时计费收取、允许当事人自由约定仲裁地和开庭地、允许当事人聘用专业庭审速录人员等。这些扩大当事人在仲裁中意思自治的修改，不但有利于当事人接受中国海事仲裁委员会仲裁，也体现了中国海事仲裁委员会日益重视当事人权利的观念转变。

《中国海事仲裁委员会仲裁规则》（2015 年）与国际仲裁制度和实践接轨，而且体现了当今国际仲裁领域的最新发展趋势。例如，在规则中增加了追加当事人、合并审理、合并开庭等规定，这些制度体现了目前第三人仲裁、合并仲裁等仲裁实践的新发展，这些都是国际仲裁研究领域的热点问题。[①]

---

① 金彭年、董玉鹏：《海事诉讼特别程序与海事仲裁规则》，法律出版社，2015 年，第 155-157 页。

第十二章 海事仲裁协议

【内容摘要】本章主要介绍了海事仲裁协议的概念、特征、类型、内容、效力、性质等内容，通过本章学习，使学生掌握海事仲裁协议的独立性特点及其作为海事仲裁纠纷解决的基础和依据。

第一节 海事仲裁协议概述

我国《仲裁法》未就仲裁协议作出定义，2015 年《中国海事仲裁委员会仲裁规则》第 5 条第 1 款规定："仲裁协议指当事人在合同中订明的仲裁条款或以其他方式达成的提交仲裁的书面协议。"这一定义扩大了包含仲裁条款的合同范围，更加适应了航运业与其他涉海行业发展的需要，也符合《仲裁法》对仲裁协议的有关规定。但是，《中国海事仲裁委员会海仲规则》毕竟只是适用于海事仲裁机构的内部规则，其法律地位和效力尚不明确。

一、海事仲裁协议的概念

海事仲裁（maritime arbitration）作为仲裁的一种，是指海事仲裁员或海事仲裁机构根据当事人的仲裁协议，对当事人之间的海事纠纷进行审理并作出裁决的制度[1]。2017 年修订的《仲裁法》第 16 条第 1 款规定，仲裁协议包括合同中订立的仲裁条款和以其他书面方式在纠纷发生前或者纠纷发生后达成的请求仲裁的协议。2015 年《中国海事仲裁委员会仲裁规则》第 5 条第 1 款规定，仲裁协议指当事人在合同中订明的仲裁条款或以其他方式达成的提交仲裁的书面协议。这一规定符合《仲裁法》对仲裁协议的规定，同时强调了仲裁协议应当采取书面形式。

作为海事仲裁的基础，海事仲裁协议是指海事、海商案件当事人自愿将特定的海事、海商案件提交海事仲裁解决而不寻求法院管辖的意思表示。

海事仲裁协议在海事仲裁中发挥着十分重要的作用，它是海事仲裁的基础，是海事仲裁得以展开的前提条件，被视为仲裁员的权利来源之一，同时也是海事仲裁程序得以

---

[1] 於世成、杨召南、汪淮江编著：《海商法》，法律出版社，1997 年，第 486 页。

完成，海事案件当事人受海事仲裁约束的基础，是海事仲裁裁决得到法院承认和强制执行的依据。

我国对海事仲裁活动没有制定专门的海事仲裁法，因此，只能适用《仲裁法》及《中国海事仲裁委员会仲裁规则》对海事仲裁协议进行理解和认定，其中《仲裁法》中关于仲裁协议的规定属于权威性法律规定，对于是否属于海事仲裁协议的判定和理解必须适用《仲裁法》中与仲裁协议有关的法律规定。根据《仲裁法》的规定，虽然我国法院承认外国的海事临时仲裁裁决在我国具有可承认和执行的效力，但我国目前在立法及司法实践中排除了海事临时仲裁，只承认海事机构仲裁。

二、海事仲裁协议的特征

（一）海事仲裁协议是双方当事人的意思表示

仲裁协议是双方当事人共同的意思表示，因此，其必须建立在双方当事人自愿、平等和协商一致的基础上。海事仲裁协议属于仲裁协议的一种，同样是双方当事人意思自治的体现，这是其本质特征，没有任何变化。海事仲裁协议作为双方当事人同意将海事、海商争议提交海事仲裁的一种书面形式，性质上属于当事人意思自治下订立的合同，其必须体现双方当事人的真实意思表示。

（二）海事仲裁协议以书面形式存在

《联合国国际商事仲裁示范法》第 7 条第 2 款规定："仲裁协议应是书面的。"《纽约公约》第 2 条规定仲裁协议需采用书面形式。1996 年《英国仲裁法》同样要求以书面形式表现仲裁条款。根据我国《仲裁法》的规定，我国只承认书面仲裁协议的法律效力。因此，海事仲裁协议必须以书面形式存在，不存在双方当事人之间书面形式以外的海事仲裁协议形式。因此，多数国家和公约仲裁立法对仲裁协议要求必须具备书面形式，但是它们对书面形式的理解却并不完全一致。《纽约公约》认为，书面形式的仲裁协议是指，"当事人所签订或在互换函电中所载明之契约仲裁条款或仲裁协议"。《联合国国际商事仲裁示范法》照顾到各个国家的不同规定，对仲裁协议的书面形式规定得颇为宽松。它除了规定仲裁可载于当事人各方签字的文件、往来的书信、电传电报、提供协议记录的其他电讯手段及合同中规定参照载有仲裁条款的文件，书面仲裁协议之外还规定在申诉书和答辩书的交换当中，当事人一方声称有仲裁协议而当事人其他方不否认即为有书面仲裁协议。这实际上已是变相确认了口头仲裁协议。英国 1996 年《仲裁法》也放宽了"书面形式"的要求，即仲裁协议本身可以不必是书面的，但只要其存在有书面证据证实即可，而且任何可录制信息的方式均被视为书面形式。我国对海事仲裁协议的书面形式的要求，国内海事仲裁和涉外海事仲裁有所不同，国内海事仲裁要求具备严格的书面形式要件，涉外海事仲裁则根据仲裁协议的约定内容加以区别对待，并不完全适用我国《仲裁法》中的仲裁协议书面形式要件的法律规定。

（三）海事仲裁协议不直接规定双方当事人的实体权利与义务

当事人约定的海事仲裁协议内容是将已经发生的或者将来可能发生的海事、海商争议提交海事仲裁，在海事仲裁协议中并未确定双方当事人之间的实体权利与义务，仅仅是对争议解决的事项进行了程序性约定。在国际海事仲裁的实践中，通常仅仅简单地在仲裁协议中表明"某地仲裁"，但是，这种国际海事仲裁的习惯做法因为没有在仲裁协议中指明仲裁机构，根据中国《仲裁法》的规定是无效的。所以，我国海事仲裁实践与国际海事仲裁习惯并不完全相同。

（四）海事仲裁协议的效力具有广延性

海事仲裁协议的效力不仅约束双方当事人，而且延及仲裁机构、仲裁员和法院。双方当事人根据自己的真实意思表示通过海事仲裁协议的约定将争议提交海事仲裁，排除国家司法管辖权的适用；仲裁员或仲裁机构根据海事仲裁协议约定的内容对当事人提交的争议进行仲裁，不能超出双方当事人在海事仲裁协议中约定的范围；法院则根据相关的国家法律或有关国家之间的条约对仲裁协议进行合法性审查以确定海事仲裁协议是否具有合法性，并据此对海事仲裁裁决作出是否具有可得承认和执行的效力的裁定。

（五）海事仲裁协议具有独立性

海事仲裁协议一经有效订立，即具有独立性，不受主合同无效、失效、终止等情形的影响。海事仲裁协议与主合同是两个不同的协议，是两个相互独立的合同。虽然海事仲裁协议属于次要的或从属的合同，但是海事仲裁协议独立于主合同而存在，其得以实施的前提条件是双方当事人之间发生了主合同约定的特定争议，因此海事仲裁协议不因主合同条款的无效而无效，亦不因主合同本身的存在与否而受到任何影响。即只要海事仲裁协议本身是有效存在的，仲裁庭或仲裁员据此而享有的管辖案件的权力就存在，可以按照约定的程序并依据可适用的法律或公平原则裁定双方当事人在主合同中的权利义务，不因主合同其他条款无效或主合同无效或不存在而受到影响，除非仲裁庭或仲裁员发现导致主合同无效的理由同样影响到海事仲裁协议本身。

三、海事仲裁协议的类型

（一）海事仲裁条款、海事仲裁协议书及其他海事仲裁文件

根据海事仲裁协议的表现形式，可以将海事仲裁协议区分为海事仲裁条款、海事仲裁协议书及其他海事仲裁文件。

海事仲裁条款（arbitration clause）是指双方当事人在争议发生之前，将有关仲裁的协议以合同条款的形式订立在合同中，以此作为未来发生争议时，将争议提交海事仲裁解决的依据。海事仲裁条款是海事仲裁协议的一种最常见和最重要的形式。海事仲裁条款成立于包含该条款的合同订立之时，以海事合同为载体，其只能适用于契约性关系争议或者与契约有关的侵权争议，不能适用于单纯因侵权或其他非合同财产权益争议。这

种订立海事仲裁协议的方式已经在海事仲裁实践中广为接受，许多著名的国际海事标准格式合同均有明确、完整的仲裁条款。一般的海运提单、租船合同、救助打捞合同、海上保险合同中都可能包含仲裁条款。尽管其中不少条款的效力仍然存在争议，但是这些仲裁条款的存在无疑为当事人在事后及早解决争议起到了很好的作用。

海事仲裁协议书（submission to arbitration）是指双方当事人在争议发生之前或之后，由双方当事人专门订立的将争议提交海事仲裁的一种单独的、专门的协议。这种仲裁协议是在合同中没有仲裁条款或者该条款不明确导致无法执行因而需要重新签订仲裁协议的情况下，当事人自愿签订的约定仲裁事项的协议书。仲裁协议书可以看作是对原合同的一个补充文件，因此，形式上看它是一个单独的文件。海事仲裁协议书不仅适用于契约性争议，也适用于非契约性争议，当事人如果希望通过海事仲裁来解决非契约性争议，签订海事仲裁协议书是其最佳选择。因为现在绝大多数的合同在订立的时候就已经包括了解决争议的仲裁或者其他解决争端的法律手段，所以争议发生前签订的仲裁协议书在实践中已经不多见。争议发生后，双方当事人同意将该争议提交仲裁解决的仲裁协议，一般又被称为"对现有争议的仲裁协议"。然而，事实上，因为争议发生后当事人往往处于情绪比较对立的状态，所以要求双方当事人达成一致的仲裁意见比较困难，实践中根据仲裁协议书提交仲裁的案件并不多见。

其他海事仲裁文件是指海事仲裁条款、海事仲裁协议书以外被仲裁员或仲裁机构依照国际惯例或国际法认定为具有双方当事人提交海事仲裁意思表示的其他文件。因具体表现形式的不同，可以具体分为其他书面文件中所包含的仲裁协议、对含有仲裁条款书面文件的援引而达成的仲裁协议及提出仲裁申请书或答辩书后形成的仲裁协议。其他书面文件中所包含的仲裁协议是指双方当事人针对有关合同关系或其他关系通过相互往来信函、电传、传真、电子数据交换、电子邮件等书面材料，约定将他们已经发生或可能发生的争议提交仲裁的意思表示。这种协议的表现形式并不反映在某一合同的有关条款或者某一单独的协议中，而是分散、个别地表述在往来的函件中。对含有仲裁条款书面文件的援引而达成的仲裁协议，则是以2006年修订的《联合国国际商事仲裁示范法》第7条第2款的规定为法律依据作出的，该条款规定，"在合同中提出参照载有仲裁条款的一项文件即构成仲裁协议，如果该合同是书面的而且这种参照足以使该仲裁条款构成该合同的一部分的话"。美国明尼苏达州联邦法院作出过类似的判例。提出仲裁申请书或答辩书后形成的仲裁协议是指并非一定要书面形式作成仲裁协议，只要当事人事实上参加了仲裁案件实质性问题的讨论，如进行实体问题的答辩，即构成当事人之间存在着仲裁协议。我国2015年修订的《中国海事仲裁委员会仲裁规则》即对此作出了明确规定。

（二）根据当事人订立海事仲裁协议的方式，可以将海事仲裁协议区分为明示的海事仲裁协议和默示的海事仲裁协议

明示的海事仲裁协议是指当事人以明确的意思表示将双方之间的海事或海商纠纷提交仲裁解决。在海事领域中，绝大多数仲裁协议都是订立在租约、销售合同和提单中的仲裁条款，因而是明示的。签订明示的仲裁协议有利于争议发生后能得到迅速、及时的处理。默示的海事仲裁协议指当事人之间的往来文件并不含有海事仲裁的意思表示，

但是根据商事惯例和相关法律可以认定其中含有提交海事仲裁的意思表示，并以此为依据将纠纷提交海事仲裁。默示的海事仲裁协议是通过当事人之间不加抗辩地实质性地参与和推进仲裁程序的行为推定存在的。默示的海事仲裁协议相比明示的海事仲裁协议，需要更多的间接证据对是否含有海事仲裁意思表示进行证明。

（三）根据海事仲裁协议是否含有涉外因素，可以将海事仲裁协议区分为国内海事仲裁协议和涉外的海事仲裁协议

涉外海事仲裁协议，又称国际商事仲裁，它是指仲裁地点、当事人的国籍或适用的实体或程序法等仲裁因素含有涉外因素的海事仲裁协议。国内海事仲裁协议是针对一国国内沿海运输中将来可能发生或已经发生的争议而达成的仲裁协议，它不具有涉外因素。涉外海事仲裁协议与国内海事仲裁协议的区别在于，具有相同内容的海事仲裁协议根据中国的法律可能会出现无效与有效两种不同的法律情形。

（四）根据海事仲裁协议选择仲裁机构的性质，可以将海事仲裁协议区分为临时海事仲裁协议和常规海事仲裁协议

临时海事仲裁协议是指当事人双方并未事先选定固定的仲裁机构，而是在争议发生后由当事人选定的仲裁员组成临时的组织，以解决争议，争议解决后，该临时仲裁组织即告解散不复存在，这种在争议发生后当事人就海事仲裁事项达成的协议称为临时海事仲裁协议。常规海事仲裁协议是指海事、海商案件当事人在争议发生之前或之后自愿将特定的海事、海商案件提交海事仲裁机构解决而达成一致的意思表示。

四、海事仲裁协议的有效要件

（一）海事仲裁协议的形式要件

海事仲裁协议的形式要件是指海事仲裁协议有效成立所必须具备的形式。《纽约公约》及世界上大多数国家的主要仲裁立法和主要仲裁机构的仲裁规则都规定，有效仲裁协议必须具备的形式要件是书面形式。对于书面形式的要求，各国立法都呈放宽趋势。

1996 年《英国仲裁法》第 5 条规定书面的仲裁协议包括：①该协议以书面形式达成，不论当事人签署与否。②该协议以书面通信交换的方式达成。③该协议可以书面形式证明。④如果当事人约定援引某项条款，只要该条款是书面的，当事人之间的协议即是书面的。海事领域最常见的是当事人通过约定援引劳氏救助格式而并入伦敦仲裁条款的口头求助协议等。⑤如果协议为一方当事人或者当事人授权的第三方所记录，该协议即被证实为书面的。⑥在仲裁和司法程序中，当事人一方主张存在一项协议书，对方未书面予以否认的，则当事人之间视为存在书面协议。

联合国国际贸易法委员会工作组在其第 32 届会议上对某些当事人双方往来的不含有仲裁意思表示的文件认定为含有提交仲裁的意思表示，倾向于认定在这些情形下均存在"书面"的仲裁协议。

（1）载有仲裁条款的合同由于一方将其书面条件发送给另一方而形成，后者对合同讨价还价，但没有退还或没有对合同条款作出另外的书面"往来"。

（2）载有仲裁条款的合同是在当事一方提议的合同条文基础上形成的，而另一方并未以书面形式明示接受，但另一方在后来的通信、发票或信用证上书面提到该合同，如提到某日期或合同号。

（3）合同是通过某一经纪人缔结的，经纪人发出了表明双方已同意的内容的合同文本，其中包括仲裁条款，但当事人双方并没有任何直接的书面联系。

（4）在口头协议中提到一系列书面条款，这些条款可能是标准形式的，其中含有仲裁协议。

（5）提单上以提及方式包含有该租船合同的条款。

（6）相同的当事双方在交易过程中订立了一系列合同，以往的合同曾载入有效的仲裁协议，但所涉合同并没有签字的书面凭证，或没有就该合同交换过书面意见。

（7）原始合同载有经有效缔结的仲裁条款，但在合同的增补、合同的展期、合同的更新或有关该合同的解决纠纷的协议中（这些"进一步的合同"可能有的是以口头方式、有的是以书面方式缔结）并没有任何仲裁条款。

（8）含有仲裁条款的提单没有经过发货人或随后的持有人签字。

（9）合同中将某些利益授予第三方受益人或含有有利于第三方的条款（为第三者而做出的规定），第三方根据仲裁协议享有权利和承担义务。

（10）有关合同向第三方转让或更新之后第三方根据仲裁协议享有权利和承担义务。

（11）第三方行使代位权时，第三方根据仲裁协议享有权利和承受义务。

（12）在公司合并或另立之后，亦即法人实体并非原先的法人实体时，当事方的继承者声称对合同拥有权益，从而根据仲裁协议享有权利和承担义务。

显然，联合国贸易和发展会议讨论这一问题的出发点在于克服 1958 年《纽约公约》和 1985 年《联合国国际商事仲裁示范法》关于对仲裁协议"书面形式"要求的局限，对"书面"一词尽量从宽解释，尽最大可能认定存在书面仲裁协议和确认仲裁协议的效力，以充分尊重当事人将纠纷采用仲裁方式解决的意愿，还仲裁民间性、自治性的本来面目，以达到以国际立法的形式保护和促进仲裁发展的目的，体现"支持仲裁"的政策倾向，满足当事人日益增长的仲裁需求。所以说，从国际立法的层面上，无论是《纽约公约》《联合国国际商事仲裁示范法》还是联合国贸易和发展会议的讨论都显示了仲裁协议"书面含义"有不断拓宽的轨迹。[①]虽然该会议决议并不具有法律效力，仅仅是一种立法上的参考意见，但是对于有较大自由裁量权的海事仲裁机构和海事仲裁员来说，这种参考性意见还是具有极强的说服力的。

随着电子技术的发展和电子商务的普及，网上仲裁也是大势所趋。中国国际经济贸易仲裁委员会专门制定《网上仲裁规则》，并有示范性的网上仲裁条款。但就国际公约而言，网上订立的仲裁协议是否符合各项国际公约中的"书面"要求，是一个值得讨论

---

① 王生长：《仲裁协议及其效力确定》，见中国国际经济贸易仲裁委员会、中国海事仲裁委员会、中国国际贸易促进委员会法律事务部和中国国际商会仲裁研究所主编，《仲裁与法律（2001 年合订本）》，法律出版社，2001 年，第 260-261 页。

的问题。就法学理论而言，网上订立的仲裁协议应当认定其符合书面形式的要求，在有配套国内法法规规定的情况下，认定其具备形式要件。理由如下。

首先，电子邮件等网络形式与国际公约对仲裁"书面"形式要求的立法理念并不相悖。国际公约对仲裁协议的"书面"形式要件始终持一种较为先进的立法理念，对新生事物不持反对态度。《纽约公约》在制定之初即认可当事人之间在互换函电中达成的仲裁协议，而电报属于当时较为先进的通信方式，在电子商务盛行的今天，秉持节约交易成本、节省交易时间的国际仲裁公约，依照其以往立法理念，其对于以更为先进、便捷的电子邮件形式取代函电方式，并不会持积极的反对态度。颁布时间在其之后的《联合国国际商事仲裁示范法》第7条第2款即明确表明："协议如载于当事各方签字的文件中，或载于往来的书信、电传、电报或提供协议记录的其他电讯手段中，或在申诉书和答辩书的交换中当事一方声称有协议而当事他方不否认即为书面协议。"联合国国际贸易法委员会1996年12月16日通过的《电子商务示范法》第6条第1款即明确规定："如果法律要求信息须采用书面形式，则假若一项数据电文所含信息可以调取以备日后查用，即满足了该项要求。"其为网络电子邮件订立仲裁协议提供了一种客观标准。

其次，某些国家国内法制定了通过电子邮件形式达成仲裁协议的配套性法规，尤其是与电子签名有关的法律的颁布使其具备了可操作性，明确了电子邮件形式仲裁协议符合"书面"形式的要件和方法。现代密码学的发展和进步足以提供保证文件真实、可靠的服务，德国在1997年通过了关于电子签字与手写签字具有同等效力的立法；美国加利福尼亚州也颁布了关于数字签字的立法；2000年9月联合国电子商务工作组通过了《电子签字示范法》；2005年实施、2015年修订的《中华人民共和国电子签名法》第3条规定："民事活动中的合同或者其他文件、单证等文书，当事人可以约定使用或者不使用电子签名、数据电文。当事人约定使用电子签名、数据电文的文书，不得仅因为其采用电子签名、数据电文的形式而否定其法律效力。"第7条规定："数据电文不得仅因为其是以电子、光学、磁或者类似手段生成、发送、接收或者储存的而被拒绝作为证据使用。"这两条法律规定对我国仲裁协议能否使用电子签名及其证据效力作出明确肯定的答复，从而为网络电子邮件达成仲裁协议大开方便之门。所有这些法律为网上仲裁协议的"书面"形式要件的具备提供了必要的参照标准和执行步骤，使网络电子邮件达成仲裁协议在不同的地区和国家获得了可裁性。

（二）海事仲裁协议的实质要件

海事仲裁协议的实质要件是指海事仲裁协议得以成立所必须具备的及必须排除的要素[①]。关于有效海事仲裁协议的实质要件，各国仲裁立法和有关国际公约的规定并不完全一致，但是基本采取从宽原则，尽量使海事仲裁协议有效。

首先，缔结海事仲裁协议的双方当事人必须主体合格，其必须是有关国际商事法律关系的当事人。缔结海事仲裁协议的双方当事人必须主体合格是指缔结海事仲裁协议的当事人应当具有民事行为能力。在国际商事交易中，从事商事交易的当事人必须有法律

---

① 高菲：《中国海事仲裁的理论与实践》，中国人民大学出版社，1998年，第50页。

上的行为能力，这是保证该商事交易活动有效性的基本前提。鉴于国际仲裁协议涉及不同国家的当事人，而1958年《纽约公约》仅仅规定"当事人依对其适用的法律有某种行为能力情形者"，因此，对于自然人民事行为能力的法律冲突，国际上通常以"依当事人属人法"来加以解决。此外，若当事人委托其代理人订立仲裁协议，则代理人必须有相应的代理权，并在代理范围内与对方当事人或其代理人签订仲裁协议。

其次，海事仲裁协议必须是双方当事人提交仲裁的真实、自愿的意思表示。签订海事仲裁协议必须经过双方当事人平等协商，充分尊重双方当事人的意见，任何一方不得把自己的意志强加给对方。我国《仲裁法》第4条明确规定："当事人采用仲裁方式解决纠纷，应当双方自愿，达成仲裁协议。没有仲裁协议，一方申请仲裁的，仲裁委员会不予受理。"第17条第3项明确规定仲裁协议无效的情形包括："一方采取胁迫手段，迫使对方订立仲裁协议的。"2017年10月1日实施的《中华人民共和国民法总则》第148~151条也明确规定，一方或第三人实施欺诈，一方或第三人以胁迫手段，一方利用对方处于危困状态、缺乏判断能力等情形，对方当事人有权请求人民法院或者仲裁机构予以撤销。

最后，海事仲裁协议的内容必须合法。海事仲裁协议的内容必须合法是指海事仲裁协议必须具有法律所要求的基本内容，不得与适用于海事仲裁协议的法律的强制性规定相违背，也不应与仲裁地国家的公共秩序相抵触，提交海事仲裁的事项必须是依据有关国家法律可以提交仲裁的事项，即具有可仲裁性。有关国际公约及各国仲裁立法的规定不尽相同，相比较而言，中国《仲裁法》对仲裁协议的内容规定较为严格，仲裁协议应当包括：请求仲裁的意思表示；仲裁事项；选定的仲裁委员会。海事仲裁协议一般应具备的内容包括：提交仲裁的争议事项、仲裁地点、仲裁机构、仲裁规则、裁决的效力等。

第二节　海事仲裁协议的内容

根据我国《仲裁法》第16条第2款的规定，仲裁协议应当包括请求仲裁的意思表示、仲裁事项及选定的仲裁委员会。

一、请求仲裁的意思表示

当事人在仲裁协议或仲裁条款中一定要有明确的将争议提交仲裁的意思表示，否则该协议或条款即因缺乏有效的成立要件而失去效力。当事人在争议发生后，仍然可以向人民法院提起诉讼或寻求其他解决争议的方法。请求仲裁的意思表示一般可以通过"提请仲裁"的文字形式予以表达。

二、仲裁事项

仲裁事项是指双方当事人约定提交海事仲裁的未来可能发生的争议和纠纷。有关国际公约及各国仲裁立法一般规定提交仲裁的争议事项必须是法律允许采用仲裁方式解决的争议，即可仲裁事项，但是关于哪些事项属于可仲裁事项则没有统一标准。中国《仲裁法》第 17 条第 1 款规定，约定的仲裁事项超出法律规定的仲裁范围的，仲裁协议无效。而"法律规定的仲裁范围"则主要参照《仲裁法》第 2 条、第 3 条的规定[①]。提交海事仲裁的争议只能是平等主体的公民、法人和其他组织之间发生的合同纠纷和其他财产权益纠纷，但是与身份关系有关的婚姻、收养、监护、扶养、继承纠纷及依法应当由行政机关处理的行政争议不能提交海事仲裁。

根据 2015 年 1 月 1 日起施行的《中国海事仲裁委员会仲裁规则》第 3 条"受案范围"，中国海事仲裁的仲裁事项可以具体化为以下八个方面。

（1）租船合同、多式联运合同或者提单、运单等运输单证所涉及的海上货物运输、水上货物运输、旅客运输争议。

（2）船舶、其他海上移动式装置的买卖、建造、修理、租赁、融资、拖带、碰撞、救助、打捞或集装箱的买卖、建造、租赁、融资争议。

（3）海上保险、共同海损及船舶保赔争议。

（4）船上物料及燃油供应、担保、船舶代理、船员劳务、港口作业争议。

（5）海洋资源开发利用、海洋环境污染争议。

（6）货运代理，无船承运，公路、铁路、航空运输，集装箱的运输、拼箱和拆箱，快递，仓储，加工，配送，仓储分拨，物流信息管理，运输工具、搬运装卸工具、仓储设施、物流中心、配送中心的建造、买卖或租赁，物流方案设计与咨询，与物流有关的保险，与物流有关的侵权争议，以及其他与物流有关的争议。

（7）渔业生产、渔业捕捞争议。

（8）双方当事人协议由仲裁委员会仲裁的其他争议。

三、选定的仲裁委员会

选定的仲裁委员会必须要有明确的仲裁机构，包括明确的仲裁机构名称和地点。"请求仲裁的意思表示"和"仲裁事项"这两项是世界各国仲裁制度公认的仲裁协议的必备内容。然而，关于选定的仲裁委员会的要求，是中国仲裁制度中具有特殊性的规定[②]。《仲裁法》之所以对此作出如此严格的特殊规定，就在于我国《仲裁法》不承认临时仲裁，只规定了机构仲裁，而全国各地设立了多个仲裁委员会，如果当事人在仲裁协议中不约定某一具体的仲裁机构，一旦发生纠纷，就无法确定应由哪个仲裁机构受理案件，因此必须明确仲裁机构方能进行正确仲裁。但是，实践中海事仲裁与一般仲裁有着明显的区别，是否明确约定了仲裁机构往往经常引起争议，这导致实践中许多仲裁协议的内容因《仲裁法》的相关规定而存在瑕疵，进而影响仲裁协议的效力，主要表现为：仲裁地中"程序管理地""开庭审理地""仲裁裁决作出地"相分离；仲裁协议中没有指明的机构；

---

① 《仲裁法》第 2 条规定，平等主体的公民、法人和其他组织之间发生的合同纠纷和其他财产权益纠纷，可以仲裁。《仲裁法》第 3 条规定，下列纠纷不能仲裁：婚姻、收养、监护、扶养、继承纠纷；依法应当由行政机关处理的行政争议。

② 陈治东：《涉外仲裁协议的司法审查》，《仲裁与法律》，2003 年第 3 期，第 63 页。

具体的仲裁机构约定不明确；仲裁机构名称不准确；浮动仲裁条款——选择一个以上的仲裁机构。这些原本按照海事仲裁惯例能够成功解决的问题，因不符合法律规定而成为影响仲裁协议效力的因素。

中国海事仲裁的仲裁机构是中国海事仲裁委员会。中国海事仲裁委员会根据中华人民共和国国务院 1958 年 11 月 21 日的决定，于 1959 年 1 月 22 日设立中国国际贸易促进委员会内受理国内外海事争议案件的常设仲裁机构，设立时名为中国国际贸易促进委员会海事仲裁委员会，1988 年改为现在名称。中国海事仲裁委员会的总部设于北京，在上海、天津、重庆、福州、深圳五处设有分会，在宁波、青岛、大连、广州、天津、舟山、辽宁设有办事处，并设有渔业争议解决中心、海事调解中心和物流争议解决中心。中国海事仲裁委员会制定仲裁规则。中国海事仲裁委员会设立仲裁员名册，供当事人选择指定仲裁员。仲裁员由中国海事仲裁委员会从对航海、保险、法律等方面具有专门知识和实际经验的中外人士中聘任。根据中国海事仲裁委员会 2017 年 5 月 1 日起施行的《仲裁员名册》，现有仲裁员 363 名，其中内地仲裁员 304 人，港澳台仲裁员 21 人，外籍仲裁员 38 人[①]。

第三节　海事仲裁协议的效力

一般认为，有效仲裁协议对当事仲裁机构或仲裁庭、法院及仲裁裁决均产生法律效力。仲裁协议的法律效力，源于有关国际条约和国内法的授权。依据当事人意思自治和国家法律，海事仲裁协议的效力具有以下几种。

一、对双方当事人的约束力

这是海事仲裁协议效力的首要表现，海事仲裁协议一旦有效订立，任何一方当事人不得单方解除、变更、撤销。首先，海事仲裁协议约定的特定争议发生后，当事人就该争议的起诉权受到限制，只能将争议提交仲裁解决，不得单方撤销协议而向法院起诉，如果一方当事人就协议规定范围内的事项向法院提起诉讼，另一方当事人则有权依据海事仲裁协议要求法院终止司法程序，将争议提交海事仲裁解决；其次，在我国，当事人必须依海事仲裁协议所确定的仲裁范围、仲裁地点、仲裁机构等内容进行仲裁，不得随意更改；最后，在海事仲裁机构根据当事人的约定或适用的规则作出终局裁决后，当事人应履行海事仲裁委员会依法作出的裁决，任何一方当事人不得向法院上诉或申诉。

二、对仲裁机构的约束力

有效的海事仲裁协议是海事仲裁机构行使管辖权、受理案件的唯一依据。首先，有

---

① http://www.cmac-sh.org/Uploads/201705/591ec85229b2a.pdf，2018 年 5 月 25 日。

效的海事仲裁协议是海事仲裁机构受理争议案件的依据，是对海事仲裁机构和仲裁员的授权。如果当事人之间没有签订将争议提交海事仲裁机构仲裁解决的协议，则有关海事仲裁机构就不具有管辖其争议的管辖权。其次，海事仲裁协议对海事仲裁管辖权有限制的效力，海事仲裁机构只能受理仲裁协议范围内的争议，而对于超出海事仲裁协议范围的争议，则无管辖权。最后，海事仲裁协议对海事仲裁机构行使仲裁权的方式有制约效力，在整个海事仲裁程序中，从开始到终结必须按照海事仲裁协议所约定的仲裁规则进行，海事仲裁规则可以是当事人一方或对方国家的，也可以是协议指定的某常设海事仲裁机构的海事仲裁规则。当然，海事仲裁机构对海事仲裁协议的存在、效力及范围也有裁决权。

三、对法院的约束力

海事仲裁协议对法院的约束力是海事仲裁协议法律效力最主要和最直接的表现。其主要表现为"确认仲裁，排除诉讼"和强制执行海事仲裁裁决两个方面。

首先，海事仲裁协议排除了法院的司法管辖权，也称妨诉抗辩权，该原则已经得到了世界各国商事仲裁立法与仲裁实践及国际商事仲裁立法的普遍认可。该效力意味着即使一方当事人已将有关争议诉诸法院，或者法院已经就该项争议开始诉讼程序，也应该基于另一方当事人的请求而终止诉讼程序。需要注意的是，在一方当事人将有关争议诉诸法院后，另一方当事人未向一审法院提出管辖权异议的抗辩并要求终止诉讼程序，法院没有义务主动命令当事人撤诉。在另一方当事人就争议进行辩论或在诉讼程序中就实质问题进行了陈述的情况下，仲裁条款就不能排除法院的管辖权，应被认为当事人放弃了要求仲裁的权利，法院对该项争议具有管辖权。

其次，有效的海事仲裁协议是法院强制执行海事仲裁裁决的依据。对海事仲裁机构基于有效海事仲裁协议作出的海事仲裁裁决，法院负有执行职责，这体现了法院对仲裁的支持，然而有效的海事仲裁协议是申请执行海事仲裁裁决时必须提供的文件。据《纽约公约》的规定，为了使裁决能在另一国得到承认和执行，胜诉的一方应在申请时提交：仲裁裁决的正本或正式副本；仲裁协议的正本或正式副本。在执行外国仲裁裁决时，仲裁协议是否有效，是法院审查的重要内容之一。同时，各国仲裁立法及有关的国际公约都规定在无效的仲裁协议下或者在无仲裁协议的情况下作出的仲裁裁决是不能够得到承认和执行的。

第四节 海事仲裁协议的独立性

仲裁协议无论何种形式都具有从属于主合同的特征。仲裁协议的独立性通常又称为仲裁协议的自治性、仲裁协议的可分割性，是指仲裁协议与主合同应被看作是两个不同的、单独的协议，仲裁协议独立于主合同而存在，不因主合同或主合同其他条款的无效而无效，亦不因主合同本身的存在与否而受到任何影响[1]。即只要仲裁协议是有效存在的，仲裁庭据此而享有的管辖案件的权力就存在，不因主合同其他条款无效或合同无效或不存在而受到影响，除非仲裁庭发现导致合同无效的理由同样影响到仲裁协议本身[2]。作为仲裁协议种类之一的海事仲裁协议同样具有这一独立性特征，而且海事仲裁协议的最大特点就在于它具有独立性。

一、海事仲裁协议的独立性原则

海事仲裁协议的独立性是仲裁协议效力的理论依据。海事仲裁协议的独立性，或称海事仲裁协议的独立性原则，是指海事仲裁协议与合同应被看作两个不同的、单独的协议，海事仲裁协议独立于合同而存在，不因合同其他条款的无效而无效，也不因合同本身的存在与否受任何影响。这通常被称作海事仲裁协议的可分割性或自主性理论，即尽管仲裁协议是主合同的组成部分，但此协议与它所从属的主合同是两个相互独立的合同。如果争议涉及主合同是否存在及其有效性问题，或者主合同被撤销、变更、解除、终止及失效，仲裁协议仍可独立存在，并不因为主合同无效或失效而当然无效或失效；反之，就仲裁条款对主合同效力的影响而言，如果当事人无特别约定，仲裁协议一般不构成合同的主要条款，即使仲裁协议不成立，也不影响主合同的效力。

海事仲裁协议独立性的依据是"仲裁条款自治理论"，即如果一方当事人对主合同有效性提出异议，争议应由仲裁员解决，而不是由法院解决。仲裁机构裁定当事人之间争议的权利来源于仲裁协议而非仲裁条款的主合同。它表明海事仲裁协议是独立于主合同而存在的，当主合同被确认为无效时，仲裁条款并不当然失效。但这也不是说仲裁条款当然有效，而是应该把仲裁条款同主合同分离出来单独考察其效力。当包含仲裁协议的海事合同被确认为无效时，需要从合同（仲裁协议）发挥作用，否则，有关的海事争议就得不到及时、妥善解决。

二、海事仲裁协议的法律适用

海事仲裁协议法律适用的中心问题是海事仲裁协议的有效性问题。海事仲裁协议的法律适用，实际上就是适用何国法律来确定海事仲裁协议的效力。鉴于海事仲裁协议属于合同的范畴，国际私法上决定合同的准据法的一般理论，同样适用于确定海事仲裁协议的准据法。纵观国际社会相关的海事仲裁法律理论与实践，一直存在"统一论"和"分割论"两种不同的方法论。"统一论"主张应当将仲裁协议视为一个整体，一项海事仲裁协议只适用一种法律。"分割论"主张对仲裁协议涉及的所有要素进行分割，使仲裁协议的不同方面受不同的法律支配。[3]目前多数学者支持"分割论"。

---

[1] 邓杰：《伦敦海事仲裁制度研究》，法律出版社，2002年，第88页。
[2] 高菲：《中国海事仲裁的理论与实践》，中国人民大学出版社，1998年，第108页。
[3] 谢石松：《商事仲裁法学》，高等教育出版社，2005年，第160页。

（一）海事仲裁协议本身的法律适用

海事仲裁协议本身的法律适用，是以当事人意思自治为主，辅之以最密切联系原则。如果当事人专门就海事仲裁协议适用的法律作出约定，则应适用当事人约定的法律确定该海事仲裁协议的有效性。如果当事人未能就海事仲裁协议应当适用的法律作出约定，则适用与合同有最密切联系的国家的法律。一般认为，仲裁地所在国与仲裁的进行和仲裁裁决的作出有着最为密切的联系，仲裁地所在国的法律对海事仲裁协议的适用法律具有决定性的意义。如果仲裁裁决需要到仲裁地以外的其他国家去执行，执行地法院有权依据其法律对海事仲裁协议的有效性作出认定。

（二）可仲裁事项的法律适用

可仲裁事项的法律适用是以当事人意思自治为主，即适用当事人选择的法律，但不得违反仲裁地和执行地国家法律的强制性规定；在当事人未选择适用的法律时，则应适用仲裁地国法律，但不得违反承认和执行地国法律的强制性规定。海事仲裁的实体争议大致可以分为海商合同争议和海事侵权争议，前者遵循当事人意思自治原则，在当事人没有自主作出法律选择时，应当按照最密切联系原则确定海商合同实体问题的准据法；对于海事及其他争议的法律适用，仲裁庭一般根据本国的冲突规范确定应予适用的法律。

（三）海事仲裁协议主体行为能力的法律适用

海事仲裁协议主体是否具有缔约的行为能力是判定其签订的海事仲裁协议是否有效的主要条件之一。需要注意的是，当事人行为能力的法律适用不同于海事仲裁协议本身准据法的适用，即当事人约定的海事仲裁协议准据法或裁决作出地法并不当然适用于当事人的行为能力。相对于海事仲裁协议准据法，当事人行为能力的准据法具有独立性。根据各国法律规定和实践，海事仲裁当事人是否具有行为能力，应依"对他们适用的法律作出判断"，而不是依当事人选择的海事仲裁协议准据法或裁决作出地或仲裁地法判定。

在国际海事仲裁中，当事人的行为能力可能要受到数个国家的法院的审查。一般来说，如果当事人为自然人，其行为能力主要适用于其属人法或海事仲裁协议缔结地法，属人法现在已经发展为以当事人的本国法为主、以当事人的住所地法为辅。同时，随着全球经济一体化，一些国家在属人法中又规定了新的例外：依属人法无行为能力而依行为地法有行为能力者，视为有行为能力；对不动产的行为能力适用不动产所在地法。

如果当事人为法人，其行为能力主要适用于法人成立时所依据的法律，但是，由于各国对法人国籍、住所地等确定的标准不同，各国在适用属人法来确定法人权利能力和行为能力时仍会有差异。需要强调的是，外国法人只有在内国法许可的范围内，才有权利能力和行为能力，才可以从事民商事活动，即外国法人在内国活动时，其在内国的权利能力和行为能力的范围必须重叠适用其本国法和内国法，受到本国法和内国法的双重限制与制约。

（四）仲裁庭和仲裁员

1. 仲裁庭的组成

仲裁庭由一名或三名仲裁员组成。独任仲裁庭由一名仲裁员组成，合议仲裁庭由三名仲裁员组成。除非当事人另有约定或《中国海事仲裁委员会仲裁规则》另有规定，仲裁庭应由三名仲裁员组成。当事人从仲裁委员会制定的统一适用于仲裁委员会及其分会或仲裁中心的仲裁员名册中选定仲裁员。当事人亦可约定在仲裁委员会仲裁员名册之外选定仲裁员，但是当事人选定的或根据当事人约定指定的人士必须经仲裁委员会主任确认后方可以担任仲裁员。仲裁员不代表任何一方当事人，应独立于各方当事人，平等地对待各方当事人。当事人在收到仲裁通知后 15 天内选定或委托仲裁委员会主任指定一名仲裁员。未在上述期限内选定或委托仲裁委员会主任指定的，由仲裁委员会主任指定。

2. 首席仲裁员

仲裁庭的第三名仲裁员由双方当事人在被申请人收到仲裁通知后 15 天内共同选定或共同委托仲裁委员会主任指定。第三名仲裁员为仲裁庭的首席仲裁员。对于首席仲裁员，双方当事人可以各自推荐 1～5 名候选人作为首席仲裁员人选，并在收到仲裁通知后 15 天内提交推荐名单。双方当事人的推荐名单中有 1 名人选相同的，该人选为双方当事人共同选定的首席仲裁员；有 1 名以上人选相同的，由仲裁委员会主任根据案件的具体情况在相同人选中确定 1 名首席仲裁员，该名首席仲裁员仍为双方共同选定的首席仲裁员；推荐名单中没有相同人选时，由仲裁委员会主任指定首席仲裁员。如果双方当事人未能共同选定首席仲裁员，由仲裁委员会主任指定首席仲裁员。仲裁委员会主任指定仲裁员时，应考虑争议的适用法律、仲裁地、仲裁语言、当事人国籍，以及仲裁委员会主任认为应考虑的其他因素。被选定或被指定的仲裁员应签署声明书，披露可能引起对其公正性和独立性产生合理怀疑的任何事实或情况。仲裁员的声明书及披露的信息或披露的信息应提交仲裁委员会仲裁院并转交各方当事人。

3. 仲裁员的回避

当事人收到仲裁员的声明书或书面披露后，如果以披露的事实或情况为理由要求该仲裁员回避，则应于收到仲裁员的书面披露后 10 天内书面提出。逾期没有申请回避的，不得以仲裁员曾经披露的事项为由申请该仲裁员回避。当事人对被选定或被指定的仲裁员的公正性和独立性产生具有正当理由的怀疑时，可以书面提出要求该仲裁员回避的请求，但应说明提出回避请求所依据的具体事实和理由，并举证。对仲裁员的回避请求应在收到组庭通知后 15 天内以书面形式提出；在此之后得知要求回避事由的，可以在得知回避事由后 15 天内提出，但应不晚于最后一次开庭终结。当事人的回避请求应当立即转交另一方当事人、被请求回避的仲裁员及仲裁庭其他成员。如果一方当事人请求仲裁员回避，另一方当事人同意回避请求，或被请求回避的仲裁员主动提出不再担任该仲裁案件的仲裁员，则该仲裁员不再担任仲裁员审理本案。即使如此，这并不表示当事人提出回避的理由成立。仲裁员是否回避，由仲裁委员会主任作出终局决定并可以不说明理由。在仲裁委员会主任就仲裁员是否回避作出决定前，被请求回避的仲裁员应继续履行职责。

4. 仲裁员的更换

仲裁员在法律上或事实上不能履行职责，或没有按照要求或在法律规定的期限内履行应尽职责时，仲裁委员会主任有权决定将其更换；该仲裁员也可以主动申请不再担任仲裁员。是否更换仲裁员，由仲裁委员会主任作出终局决定并可以不说明理由。在仲裁员因回避或更换不能履行职责时，应按照原选定或指定仲裁员的方式在仲裁委员会仲裁院规定的期限内选定或指定替代的仲裁员。当事人未选定或指定替代仲裁员的，由仲裁委员会主任指定替代的仲裁员。重新选定或指定仲裁员后，由仲裁庭决定是否重新审理及重新审理的范围。最后一次开庭终结后，如果合议仲裁庭中的一名仲裁员因死亡或被除名等情形而不能参加合议作出裁决，另外两名仲裁员可以请求仲裁委员会主任按照法律规定更换该仲裁员；在征求双方当事人意见并经仲裁委员会主任同意后，该两名仲裁员也可以继续进行仲裁程序，作出决定或裁决。仲裁委员会仲裁院应将上述情况通知双方当事人。

第十三章　海事仲裁程序

【内容摘要】本章主要介绍了海事仲裁程序问题，包括海事仲裁的申请与受理、海事仲裁庭的组成和海事仲裁员的选任、具体的海事仲裁程序等内容。通过本章学习，使学生了解和掌握海事仲裁委员会海事仲裁的具体程序。

第一节　海事仲裁的申请与受理

一、海事仲裁的申请

海事争议的双方当事人可以根据合同中的仲裁条款或仲裁协议将争议提交海事仲裁委员会仲裁。海事仲裁中，被申请人的法律地位与申请人是相同的。虽然仲裁案件必须由申请人以海事海商合同中的仲裁条款为依据，向海事仲裁委员会提起仲裁，但是仲裁法和仲裁规则充分保护被申请人表达自己意愿，维护自己的合法权益。

提起仲裁是海事仲裁程序开始的第一步，提交一份详细、全面的仲裁申请书及其附件材料是顺利进入仲裁程序的关键，一般来说，海事仲裁申请书主要包含以下内容。

（一）申请人与被申请人的情况

此部分包括申请人与被申请人的名称、通信地址、邮政编码、联系电话、传真，以及法定代表人的姓名、职务。如果申请人委托代理人，还应当将申请人的代理人的上述情况在申请人之后列明。此部分应注意以下几个问题：仲裁申请书中当事人的标准称谓应该是"申请人""被申请人"。在实践中，经常有申请人将仲裁申请书中的称谓按诉讼中的格式写为"原告""被告"或"申诉人""被诉人"等，这是不准确的。

当事人的名称必须与包含仲裁条款的合同中或双方达成的仲裁协议中签字盖章的名称一致。因为只有在包含仲裁条款的合同中签字的双方或达成仲裁协议的双方才有可能成为仲裁案件的双方当事人，简单地说，就是谁签订了仲裁协议谁才有权提起仲裁或有义务作为仲裁过程中的被申请人。另外，如果合同或仲裁协议中的一方或双方使用英文名称，则申请书中当事人的名称也应当用英文。申请书中当事人名称与仲裁协议中当事人名称的一致性通常是仲裁委员会在决定是否受理该案件时审查的一个重要方面。

申请书中所提供的必须为能够有效送达双方当事人的通信地址、邮政编码。特别是被申请人地址变更的情况下，申请人有义务向仲裁委员会提供变更了的准确地址。在实践中，当事人变更地址是经常发生的，而申请人没有及时了解到被申请人的地址变化，也会延误仲裁程序。

（二）申请人提起仲裁所依据的仲裁协议

仲裁协议是仲裁的基础，是当事人授权仲裁机构解决争议的依据，只有当事人之间存在仲裁协议，仲裁机构才能受理仲裁案件，仲裁员才能审理案件。《仲裁法》第 4 条规定："当事人采用仲裁方式解决纠纷，应当双方自愿，达成仲裁协议。没有仲裁协议，一方申请仲裁的，仲裁委员会不予受理。"海事仲裁申请人提起仲裁所依据的仲裁协议，可以是当事人在合同中订立的仲裁条款，也可以是以其他方式在争议发生之后达成的提交仲裁的书面协议。此部分应当将双方当事人达成的仲裁协议或双方签署合同中的具体仲裁条款列明。同时，仲裁协议也是排除法院司法管辖权的依据。[1]

（三）申请人的具体仲裁请求及所依据的事实和根据

在此部分将仲裁请求从主要到次要依次列明。应注意的问题是：仲裁要求的事项应当明确，仲裁请求的对象要清楚，仲裁请求的金额要具体。如果主张利息请求，应明确利息计算的起止日期及计算利息的利率。仲裁请求的金额应当明确币种。如果申请人有其他非金钱的请求，应写具体，并应具有可执行性。例如，在×轮期租合同争议案中，申请人提交的仲裁申请书中仲裁请求事项是这样写的：①请求裁定被申请人向申请人支付拖欠的船舶租金人民币 16 万元；②请求裁定被申请人向申请人支付其拖欠的船舶租金自应付之日至实际支付之日按年利率 7%计算的利息；③请求裁决被申请人承担案件的仲裁费。

（四）案情及争议要点

此部分应简明扼要地叙述本案的案情，条理要清楚，重点要突出。双方的争议焦点在什么地方，各自的观点如何，仲裁请求中的数字是如何得出的，都应叙述清楚。在叙述过程中对涉及的相关证据材料应注明在附件材料中的序号。

（五）申请人及/或申请人授权的代理人的签字及/或盖章并注明

在申请书的最后应有申请人或其代理人的签字或盖章。同样，签字或盖章也应与仲裁协议或包含仲裁条款的合同中的签字、盖章一致。

申请书的主体主要包括以上几个部分。申请书还应包括附件材料。仲裁申请书的附件材料主要指申请人仲裁请求所依据的事实和证据。这部分主要包括仲裁申请书主体部分所涉及的证据材料。通常证据材料应当按案情顺序编号、装订，以便于在申请书主体部分进行引用。证据材料中应当包括双方签订的合同或仲裁协议、申请人遭受损失的证明、被申请人应当承担责任的证据等。多增加一个被申请人应多提交一份仲裁申请书及附件。如果提请财产和/或证据保全的，还应当增加一份仲裁申请书及附件。仲裁申请书

---

[1] 韩立新，袁绍春，尹伟民：《海事诉讼与仲裁》（第二版），大连海事大学出版社，2016 年，第 261 页。

中至少应当有一份原件。证据材料可以全部提交复印件。

除了仲裁申请书及其附件材料外，申请人还应当提交以下材料。

申请人的营业执照复印件一式一份；申请人法定代表人身份证明原件一式一份。如果申请人委托仲裁代理人的，应当提交授权范围明确的授权委托书原件一式一份，并写明代理人的地址、邮编、电话传真等联系方式。

如果申请人在申请仲裁的同时向法院提请财产保全及/或证据保全，应当同时提交财产及/或证据保全申请书原件一式两份，并提供申请保全的财产及/或证据所在地法院的名称、地址和邮编，以便仲裁委员会向有管辖权的法院及时转送有关申请材料。

当事人可以在提起仲裁时就提交指定仲裁员的书面通知，告知选定仲裁员的名字，并由当事人或授权代理人签字或盖章。

如果当事人根据仲裁委员会仲裁费的收费标准，在提起仲裁时就预缴仲裁费，可以加快仲裁程序。申请书及附件材料应当用 A4 号纸制作，并应当按份装订成册。仲裁申请书应当用中文书写，当事人另有约定的，则从其约定。申请人可以通过邮寄的方式将材料送达仲裁委员会秘书处，也可以直接送到仲裁委员会秘书处。秘书处在审查仲裁申请书后认为符合受案条件的，会向申请人发函要求预缴仲裁费。在收到申请人预缴的仲裁费后，仲裁委员会正式立案。如果审查仲裁申请书材料不完备，仲裁委员会秘书处将要求申请人补充材料，在收到申请人补充材料及其预缴的仲裁费后正式立案。

二、海事仲裁的受理

仲裁委员会根据当事人在争议发生之前或在争议发生之后达成的将争议提交仲裁委员会的仲裁协议和一方当事人的书面申请，受理案件。仲裁委员会仲裁院收到申请人的仲裁申请书及其附件后，经审查，认为申请仲裁的手续完备的，应将仲裁通知、仲裁委员会仲裁规则和仲裁员名册各一份发送给双方当事人；申请人的仲裁申请书及其附件也应同时发送给被申请人。仲裁委员会仲裁院经审查认为申请仲裁的手续不完备的，可以要求申请人在一定的期限内予以完备。根据《中国海事仲裁委员会仲裁规则》第 3 条规定，中国海事仲裁委员会的受案范围如下。

（1）租船合同、多式联运合同或者提单、运单等运输单证所涉及的海上货物运输、水上货物运输、旅客运输争议。

（2）船舶、其他海上移动式装置的买卖、建造、修理、租赁、融资、拖带、碰撞、救助、打捞或集装箱的买卖、建造、租赁、融资争议。

（3）海上保险、共同海损及船舶保赔争议。

（4）船上物料及燃油供应、担保、船舶代理、船员劳务、港口作业争议。

（5）海洋资源开发利用、海洋环境污染争议。

（6）货运代理，无船承运，公路、铁路、航空运输，集装箱的运输、拼箱和拆箱，快递，仓储，加工，配送，仓储分拨，物流信息管理，运输工具、搬运装卸工具、仓储设施、物流中心、配送中心的建造、买卖或租赁，物流方案设计与咨询，与物流有关的保险，与物流有关的侵权争议，以及其它与物流有关的争议。

（7）渔业生产、渔业捕捞争议。

（8）双方当事人协议由仲裁委员会仲裁的其他争议。

第二节　海事仲裁庭与海事仲裁员

一、海事仲裁庭的组建

仲裁庭是指通过一定程序产生的，根据当事人间的仲裁协议对特定争议进行管辖和审理的一个或一组仲裁员。与法院的审判庭相比，仲裁庭有自身的特点：首先，仲裁庭的管辖权来源于当事人的仲裁协议，而不是基于法律的强制规定；其次，仲裁庭有更强的独立性，仲裁委员会或专家咨询委员会对仲裁庭的决定没有必然的约束力，而审判庭则会受到审判委员会、二审或再审的司法监督。

根据仲裁庭的组成人数，可以将仲裁庭区分为独任仲裁庭和合议仲裁庭。独任仲裁庭是由一名仲裁员单独组成的仲裁庭。合议仲裁庭是由三名仲裁员组成的。根据仲裁规则，对于那些适用普通程序的案件，除非当事人另有约定，一律由三名仲裁员共同组成仲裁庭进行审理。

二、海事仲裁员资格

《仲裁法》第13条规定，仲裁委员会应当从公道正派的人员中聘任仲裁员。

仲裁员应当符合下列条件之一：①通过国家统一法律职业资格考试取得法律职业资格，从事仲裁工作满8年的；②从事律师工作满8年的；③曾任法官满8年的；④从事法律研究、教学工作并具有高级职称的；⑤具有法律知识、从事经济贸易等专业工作并具有高级职称或者具有同等专业水平的。

仲裁委员会按照不同专业设仲裁员名册。

三、海事仲裁员的选定

当事人意思自治原则是国际商事仲裁领域的基本原则之一。出于对该原则的尊重，大多数仲裁规则都明确规定当事人享有指定仲裁员的权利，尽管这种权利行使的具体方式可能不同。由于当事人在仲裁条款中一般只指定了仲裁机构，而极少对仲裁员或仲裁员的指定方法作出明确规定，一旦争议产生，当事人往往会按照指定仲裁机构的仲裁规则来指定仲裁员。在采用合议仲裁庭的情况下（这也是仲裁庭最通常的形式），仲裁规则一般授权当事人采用多种方式指定仲裁员：①双方当事人各指定一名仲裁员，第三名仲裁员由双方当事人共同指定；②双方当事人分别指定一名仲裁员，第三名仲裁员由仲裁机构指定；③双方当事人分别指定一名仲裁员，第三名仲裁员由这两名指定的仲裁员共同推举；④所有仲裁员都由当事人自行指定等。

第三节　海事仲裁审理程序

一、海事仲裁程序概述

在海事仲裁中，当事人可以约定将争议提交仲裁委员会或仲裁委员会分会/仲裁中心进行仲裁；约定由仲裁委员会进行仲裁的，由仲裁委员会仲裁院接受仲裁申请并管理案件；约定由分会/仲裁中心仲裁的，由所约定的分会/仲裁中心仲裁院接受仲裁申请并管理案件。约定的分会/仲裁中心不存在、被终止授权或约定不明的，由仲裁委员会仲裁院接受仲裁申请并管理案件。如有争议，由仲裁委员会作出决定。

二、海事仲裁审理方式

（一）海事仲裁的书面审理

《中国海事仲裁委员会仲裁规则》第39条第2项规定："仲裁庭应当开庭审理案件，但双方当事人约定并经仲裁庭同意或仲裁庭认为不必开庭审理并征得双方当事人同意的，可以只依据书面文件进行审理。"可见，海事仲裁的审理可以通过书面的形式进行，但应当满足一定的条件。什么样的海事案件适合书面审理呢？一般来说，那些案情相对比较简单、案件的标的比较小、事实清楚、法律关系明确，并且双方当事人提交的书面材料很充分的案件适于书面审理。因为开庭审理针对的都是那些案情复杂、事实不清、法律关系模糊、双方提供的材料都不是很充分的案件，需要通过开庭这种形式，直接向双方当事人调查一些事实问题，把案件的事实问题搞清楚。

书面审理在程序上也应该满足一定的条件。一方面是当事人认为案件案情简单，不必进行开庭审理，他们中的一方或几方向仲裁庭提出申请，要求进行书面审理。如果一方当事人向仲裁庭提出申请，仲裁庭必须征得其他方当事人的同意。另一方面仲裁庭也认为不必进行开庭审理的，可以进行书面审理。这两方面都满足，才可以进行书面审理。如果双方当事人都没有提出书面审理的申请，仲裁庭在审理案件过程中认为双方提交的材料都很充分，而且案情简单时，也可以在征得双方当事人同意的情况下，不进行开庭，直接进行书面审理。书面审理与其他解决争议方式或开庭审理相比有其自身的优点。

第一，快捷。仲裁的一个重要特点就是快捷。争议的双方当事人之所以选择仲裁作为他们解决纠纷的方式，很重要的一个原因就是仲裁有其快速解决争议的优势。而书面审理很好地体现了仲裁的这一优势。《中国海事仲裁委员会仲裁规则》第67条第1项规定，仲裁庭应在组庭后3个月内作出裁决书。这比其他解决争议的方式要快速得多，比仲裁的普通程序也要快一些。而通常情况下，双方当事人提交的材料都很充分时，仲裁庭在不到90天的时间内就可以作出裁决。对于寻求迅速解决争议的当事人来说，这无疑是一种非常理想的方式。

第二，经济、方便。对于外地的当事人来说，因为开庭审理的案件需要出庭，这就面临着一笔数额不小的差旅费、住宿费，而且会耽误日常的工作，为当事人带来一些不便之处。而书面审理则可以免去当事人参加开庭而带来的开销，节约支出，同时也免去了当事人的奔波之苦。当事人只需根据仲裁庭的要求向仲裁委员会提交有关的书面材料就可以了。

（二）海事仲裁的开庭审理

海事仲裁由首席仲裁员或者独任仲裁员宣布开庭。随后，首席仲裁员或者独任仲裁员核对当事人，宣布案由，宣布仲裁庭搜索组成人员和记录人员名单，告知当事人有关的仲裁权利和义务，询问当事人是否提出回避申请。

仲裁庭通常按照下列顺序进行开庭调查：①当事人陈述；②告知证人的权利和义务，证人作证，宣读未到庭的证人证言；③出示书证，包括物证和视听资料；④宣读勘验笔录、现场笔录；⑤宣读鉴定结论。

所有与案件有关的证据应当在开庭时出示，并经双方当事人质证。证据是指能够证明案件真实情况的一切客观事实材料，它是仲裁裁决的依据。《仲裁法》第43条规定：当事人应当对自己的主张提供证据。仲裁庭认为有必要收集的证据，可以自行收集。根据这一规定，仲裁中的证据一是来源于当事人，即当事人按照"谁主张，谁举证"的原则提出证据。二是来源于仲裁庭，即在必要时，仲裁庭可以自行收集证据。仲裁庭对专门性问题认为需要鉴定的，可以交由当事人约定的鉴定部门鉴定，也可以由仲裁庭指定的鉴定部门鉴定。但仲裁庭对证据的收集不能免除当事人的举证责任。如果证据可能灭失或者以后难以取得时，根据《仲裁法》第46条的规定，当事人可以申请证据保全。该条规定，在证据可能灭失或者以后难以取得的情况下，当事人可以申请证据保全。当事人申请证据保全的，仲裁委员会应当将当事人的申请提交证据所在地的基层人民法院。当事人申请证据保全的，仲裁委员会应当将当事人的申请提交证据所在地的基层人民法院，由人民法院按照《民事诉讼法》的有关规定采取保全措施。不论是当事人提供的证据，还是仲裁庭收集的证据，都应当在开庭时出示，并由当事人相互质证。

在仲裁过程中，当事人有权进行辩论。《仲裁法》第47条规定：当事人在仲裁过程中有权进行辩论。辩论终结时，首席仲裁员或者独任仲裁员应当征询当事人的最后意见。当事人辩论是开庭审理的重要程序，也是辩论原则的重要体现。当事人进行辩论通常按照下列顺序进行：①申请人及其仲裁代理人发言；②被申请人及其仲裁代理人发言；③双方相互辩论。开庭辩论终结前，首席仲裁员或者独任仲裁员可以按照申请人、被申请人的顺序征询当事人的最后意见。在仲裁程序中，仲裁申请人和被申请人都应当按时出庭，未经仲裁庭许可不得中途退庭，否则将按照《仲裁法》第42条的规定处理，即对申请人经书面通知，无正当理由不到庭或者未经仲裁庭许可中途退庭的，视为撤回仲裁申请；对被申请人经书面通知，无正当理由不到庭或者未经仲裁庭许可中途退庭的，可以缺席裁决。

三、海事仲裁的具体审理程序

（一）申请

仲裁程序自仲裁委员会仲裁院收到仲裁申请书之日起开始。当事人可以授权中国及外国的仲裁代理人办理有关仲裁事项。当事人或其仲裁代理人应向仲裁委员会仲裁院提交授权委托书。当事人申请仲裁应提交由申请人或申请人授权的代理人签名及盖章或盖章的仲裁申请书。

仲裁申请书应写明下列事项：申请人和被申请人的名称及住所，包括邮政编码、电话、传真、电子邮箱或其他电子通信方式；申请仲裁所依据的仲裁协议；案情和争议要点；申请人的仲裁请求；仲裁请求所依据的事实和理由。在提交仲裁申请书时，必须附具申请人请求所依据的证据材料及其他证明文件，并按照仲裁委员会制定的仲裁费用表的规定预缴仲裁费。如果多份合同是主从合同关系，合同中的仲裁协议内容相同或相容，所涉当事人相同且法律关系性质相同，双方当事人的争议源于同一交易或同一系列交易，申请人就多份合同项下的争议可在同一仲裁案件中合并提出仲裁申请。

申请人提交的仲裁申请书和证据材料及其他仲裁文件，应一式五份；多方当事人的案件，应增加相应份数；申请人提出财产保全申请或证据保全申请的，应增加相应份数；仲裁庭组成人数为一人的，应相应减少两份。当事人的仲裁文件应提交至仲裁委员会仲裁院。仲裁程序中需发送或转交的仲裁文件，由仲裁委员会仲裁院发送或转交仲裁庭及当事人，当事人另有约定并经仲裁庭同意或仲裁庭另有决定者除外。

（二）受理

仲裁委员会根据当事人在争议发生之前或在争议发生之后达成的将争议提交仲裁委员会仲裁的仲裁协议和一方当事人的书面申请，受理案件。对收到的申请人的仲裁申请书及其附件进行审查，如果申请仲裁的手续完备，将仲裁通知、仲裁委员会仲裁规则和仲裁员名册各一份发送给双方当事人，将申请人的仲裁申请书及其附件同时发送给被申请人。如果申请仲裁的手续不完备，可以要求申请人在一定的期限内予以完备。申请人未能在规定期限内完备申请仲裁手续的，视同申请人未提出仲裁申请；对申请人的仲裁申请书及其附件，仲裁委员会仲裁院不予留存。仲裁委员会受理案件后，仲裁委员会仲裁院应指定一名案件秘书协助仲裁案件的程序管理。

（三）答辩

被申请人应自收到仲裁通知后 30 天内提交答辩书。被申请人确有正当理由请求延长提交答辩期限的，由仲裁庭决定是否延长答辩期限；仲裁庭尚未组成的，由仲裁委员会仲裁院作出决定。答辩书由被申请人或被申请人授权的代理人签名盖章或盖章，并应包括：被申请人的名称和住所，以及邮政编码、电话、传真、电子邮箱或其他电子通信方式；对仲裁申请书的答辩及所依据的事实和理由，以及答辩所依据的证据材料和其他证明文件。对于逾期提交的答辩书仲裁庭有权决定是否接受。被申请人未提交答辩书的，不影响仲裁程序的进行。被申请人提交的答辩书、反请求书和证据材料及其他仲裁文件，应一式五份；多方当事人的案件，应增加相应份数；被申请人提出财产保全申请或证据保全申请的，应增加相应份数；仲裁庭组成人数为一人的，应相应减少两份。

（四）申请变更

申请人可以申请对其仲裁请求进行变更，被申请人也可以申请对其反请求进行变更；但是仲裁庭认为其提出变更的时间过迟而影响仲裁程序正常进行的，可以拒绝其变更请求。被申请人如有反请求，应自收到仲裁通知后 30 天内以书面形式提交。被申请人确有正当理由请求延长提交反请求期限的，由仲裁庭决定是否延长反请求期限；仲裁庭尚未组成的，由仲裁委员会仲裁院作出决定。被申请人提出反请求时，应在其反请求申请书中写明具体的反请求事项及其所依据的事实和理由，并附具有关的证据材料及其他证明文件，并应按照仲裁委员会制定的仲裁费用表在规定的时间内预缴仲裁费。被申请人未按期缴纳反请求仲裁费的，视同未提出反请求申请。仲裁委员会仲裁院认为被申请人提出反请求的手续已完备的，应向双方当事人发出反请求受理通知。申请人应在收到反请求受理通知后 30 天内针对被申请人的反请求提交答辩。申请人确有正当理由请求延长提交答辩期限的，由仲裁庭决定是否延长答辩期限；仲裁庭尚未组成的，由仲裁委员会仲裁院作出决定。对于逾期提交的反请求和反请求答辩书，仲裁庭有权决定是否接受。申请人对被申请人的反请求未提出书面答辩的，不影响仲裁程序的进行。

（五）追加当事人

在仲裁庭组成后申请追加当事人的，如果仲裁庭认为确有必要，应在征求包括被追加当事人在内的各方当事人的意见后，由仲裁委员会作出决定。仲裁委员会仲裁院收到追加当事人申请之日视为针对该被追加当事人的仲裁开始之日。追加当事人申请书应包含现有仲裁案件的案号，涉及被追加当事人在内的所有当事人的名称、住所及通信方式，追加当事人所依据的仲裁协议、事实和理由，以及仲裁请求，并附具其申请所依据的证据材料及其他证明文件。任何一方当事人就追加当事人程序提出仲裁协议及仲裁案件管辖权异议或单独提起仲裁案件管辖权异议的，仲裁委员会有权基于仲裁协议及相关证据作出是否具有管辖权的决定。追加当事人程序开始后，在仲裁庭组成之前，由仲裁委员会仲裁院就仲裁程序的进行作出决定；在仲裁庭组成之后，由仲裁庭就仲裁程序的进行作出决定。在仲裁庭组成之前追加当事人的，有关当事人选定或委托仲裁委员会主任指定仲裁员的规定适用于被追加当事人。仲裁庭的组成按一般仲裁庭的组成进行。

在仲裁庭组成后决定追加当事人的，仲裁庭应就已经进行的包括仲裁庭组成在内的仲裁程序征求被追加当事人的意见。案涉仲裁协议表面上不能约束被追加当事人或存在其他任何不宜追加当事人的情形的，仲裁委员会有权决定不予追加。被追加当事人要求选定或委托仲裁委员会主任指定仲裁员的，双方当事人应重新选定或委托仲裁委员会主任指定仲裁员。仲裁庭的组成与一般仲裁庭组成相同。被追加当事人同样适用当事人提交答辩及反请求的规定，其期限自收到追加当事人仲裁通知后起算。

（六）合并仲裁

如果各案仲裁请求依据同一个仲裁协议提出；或者各案仲裁请求依据多份仲裁协议提出，该多份仲裁协议内容相同或相容，且各案当事人相同、各争议所涉及的法律关系性质相同；或者各案仲裁请求依据多份仲裁协议提出，该多份仲裁协议内容相同或相容，且涉及的多份合同为主从合同关系；或者所有案件的当事人均同意合并仲裁，经一方当事人请求，仲裁委员会在考虑各方当事人的意见及相关仲裁案件之间的关联性等因素，包括不同案件的仲裁员的选定或指定情况后，可以决定将两个或两个以上的仲裁案件合并为一个仲裁案件，进行审理。对于合并仲裁的案件，除非各方当事人另有约定，合并的仲裁案件应合并至最先开始仲裁程序的仲裁案件。仲裁案件合并后，在仲裁庭组成之前，由仲裁委员会仲裁院就程序的进行作出决定；仲裁庭组成后，由仲裁庭就程序的进行作出决定。

（七）财产保全和证据保全

当事人申请海事请求保全或其他财产保全，或者证据保全的，仲裁委员会应当将当事人的申请提交被申请人住所地或其财产所在地，或者证据所在地的海事法院或其他有管辖权的法院，由其作出裁定；当事人在仲裁程序开始前申请海事请求保全或其他财产保全，或者证据保全的，应当依照《海事诉讼特别程序法》的规定或其他有关规定，直接向被保全的财产或者证据所在地海事法院或其他有管辖权的法院提出。

（八）海事强制令

当事人申请海事强制令的，仲裁委员会应当将当事人的申请提交海事纠纷发生地的海事法院，由其作出裁定；当事人在仲裁程序开始前申请海事强制令的，应当依照《海事诉讼特别程序法》的规定，直接向海事纠纷发生地的海事法院提出。

（九）海事赔偿责任限制基金

当事人申请设立海事赔偿责任限制基金的，仲裁委员会应当将当事人的申请提交事故发生地、合同履行地或者船舶扣押地海事法院，由其作出裁定；当事人在仲裁程序开始前申请设立海事赔偿责任限制基金的，应当依照《海事诉讼特别程序法》的规定，直接向事故发生地、合同履行地或者船舶扣押地的海事法院提出。

（十）临时措施

对于当事人依据《中国海事仲裁委员会紧急仲裁员程序》向仲裁委员会仲裁院申请紧急性临时救济的，紧急仲裁员可以决定采取必要或适当的紧急性临时救济措施。紧急仲裁员的决定对双方当事人具有约束力。此外，经一方当事人请求，仲裁庭依据所适用的法律或当事人的约定可以决定采取其认为必要或适当的临时措施，并有权决定由请求临时措施的一方当事人提供适当的担保。

第四节　海事仲裁调解

一、海事仲裁调解概述

仲裁和调解相结合是中国海事仲裁的一个重要特点。仲裁庭在仲裁程序进行过程中，可以对其审理的案件进行调解。调解在当事人完全自愿、案件事实和责任基本清楚的基础上进行，仲裁庭可以通过灵活的方式促使双方当事人自愿达成和解协议，然后根据和解协议的内容作出裁决书。如果调解不成功，任何一方当事人均不得在其后的仲裁程序、司法程序和其他任何程序中援引对方当事人或仲裁庭在调解过程中发生过的、提出过的、建议过的、承认过的或否定过的任何陈述、意见、观点或建议作为其请求、答辩及/或反请求的依据。

海事仲裁调解制度的建立，能够更好地推动仲裁与调解相结合的做法，在自愿的基础上，为海事事故当事人提供一种新的选择。通过海事调解与仲裁相结合的方式，最大限度地发挥民间调解的独立公正性，突出一线专业人士办案的技术性，鼓励当事人以仲裁裁决书的形式赋予海事调解以法律约束力，更快捷、方便、有效地解决争议，维持航运的正常秩序。

2006 年初，中国国际贸易促进委员会和中国海事局一致通过了《中国海事仲裁委员会海事调解中心调解规则》和《中国海事仲裁委员会海事调解中心调解员办案守则》。经中国国际商会批准，2009 年 8 月 14 日中国海事仲裁委员会海事调解中心修改了相应的调解规则，将调解规则第 9 条第 4 款修改为："当事人在调解中心调解员名单中，各自指定或委托调解中心代为指定一名调解员，或者共同指定或委托调解中心指定一名独任调解员进行调解。当事人约定在调解员名单之外选定调解员的，当事人选定的或根据当事人之间的协议指定的人士经海事调解中心依法确认后可以担任调解员。"

二、海事仲裁调解程序

（1）双方当事人发生争议后，海事调解中心调解员建议双方签订海事调解协议书。调解员将海事调解协议书传真中国海事仲裁委员会上海分会，登记案件并获取案号、案名。

（2）调解员根据海事调解中心收费表向双方当事人收取调解费，双方各自预付 50%或一方预付全部调解费。

（3）双方当事人在调解员名册中，各自指定或委托海事调解中心代为指定一名调解员，或共同指定或共同委托海事调解中心指定一名独任调解员对案件进行调解。双方当事人签字确认调解员指定协议书。

（4）调解成功，由双方当事人签订和解协议。

（5）调解员将"海事调解协议书"与"和解协议"传真或邮寄至中国海事仲裁委员会上海分会秘书处。

（6）当事人共同选定或由中国海事仲裁委员会指定一名独任仲裁员，依据有关文件整理制作裁决书，寄交调解员，送达双方当事人。

（7）如调解失败，调解员建议双方当事人将该案提交中国海事仲裁委员会上海分会进行仲裁或采用其他办法解决。

第十四章　海事仲裁裁决

【内容摘要】本章主要介绍海事仲裁裁决的主要制度，包括海事仲裁裁决的概念、特征、种类、效力、承认与执行等内容。通过本章学习，使学生掌握海事仲裁裁决的基本理论。

第一节　海事仲裁裁决概述

一、海事仲裁裁决的概念与特征

（一）海事仲裁裁决的概念

当事人之所以将其利益攸关的争议提交海事仲裁，是因为他们期望仲裁程序最终能以达成仲裁裁决而告终，而且该仲裁裁决应该是终局的、对双方当事人有约束力的法律文件。由此可见，仲裁裁决在海事仲裁中的重要性。

海事仲裁裁决是指海事仲裁庭就双方当事人提交仲裁的争议事项审理后作出的对双方当事人均有约束力的终局性的决定。

（二）海事仲裁裁决的特征

第一，自主性和灵活性。仲裁程序中的自主性和灵活性，是仲裁区别于诉讼的重要特点之一。当事人的意思自治是仲裁制度的核心与基础，以仲裁的方式来解决当事人之间的纠纷必须出于双方当事人的自愿，仲裁庭必须充分尊重双方当事人的意愿，当事人的合意制约仲裁程序，只要不违反法律和《中国海事仲裁委员会仲裁规则》的强制性规定即可。也就是说，双方当事人是否将他们之间的纠纷提交仲裁，交由哪个仲裁机构仲裁，选谁担任仲裁员，以及选用何种程序规则和实体规则都由当事人协商确定或体现于仲裁协议之中。有学者将仲裁概括为一项高度自治的解决国际商事、海事争议的法律制度。法国学者尼布耶那认为仲裁裁决具有契约性质，这是因为仲裁员的权力的取得不是来自法律或司法机构，而是来自当事人之间的协议。仲裁员是按照当事人在协议中的意愿去裁定争议的。当事人让仲裁员以公断人的身份作出裁决是一种真正的委托，因此，裁决被注入"契约性"[①]。

第二，专业性和技术性。海事法律关系通常由承运人、保险人、托运人等多种主体之间产生的提单、保险单、运单等运输单据体现，具有很强的专业性和技术性，以仲裁方式解决海事纠纷，不仅涉及法律问题，而且常常涉及复杂的专业技术问题。因此就需要有一批公正、廉洁、正直，具有专业法律知识和丰富实践经验的仲裁员来保证案件的公正审理。中国海事仲裁委员会仲裁员都是从国内外航运界和海商法律界等方面的知名专家、学者、律师、教授中挑选出来的权威人士。仲裁员专业覆盖面广，当事人可根据案件的性质选择熟悉有关方面业务的专家担任仲裁员。

第三，保密性。海事仲裁往往涉及商业信誉、商业秘密和当事人以后的商业交往，所以当事人通常不愿"家丑外扬"，不乐意公开其所卷入的纠纷。仲裁以不公开审理为原则，案情不公开，裁决不公开，并且各国有关的仲裁法律和仲裁规则都规定了仲裁员及仲裁秘书人员的保密义务。除当事人、代理人、证人和鉴定人在需要时以外，任何无关人员不得出席仲裁庭审理，仲裁庭和当事人及任何有关人员不得向外界泄露案件的任何实体及程序问题。仲裁的保密性充分体现了保护当事人商业秘密、维护商业信誉的原则，同时又避免了伤害当事人的情感，从而有利于今后的商业往来与继续合作。

第四，终局性。仲裁裁决是终局的，裁决一旦作出，便对双方具有约束力。这是仲裁不同于诉讼的另一个特点。仲裁裁决一锤定音可节省当事人的时间和费用。我国《仲裁法》和《中国海事仲裁委员会仲裁规则》对裁决的终局性都作了规定。《仲裁法》第57条规定，裁决书自作出之日起发生法律效力。《中国海事仲裁委员会仲裁规则》第9条规定，裁决是终局的，对双方当事人均有约束力。任何一方当事人均不得就已裁决事项向法院起诉，也不得向任何机构提出变更裁决的请求。"如同所有协议一样，裁决必然具有法定效力，而且具有终局判决的权威"[①]。

第五，裁决执行的国际便利性。海事仲裁裁决在域外执行具有法院判决不可比拟的便利性。我国是1958年《纽约公约》的缔约国，中国涉外仲裁裁决可以在该公约的缔约国得到承认和执行，同时，其他缔约国的仲裁裁决也可以在我国得到承认和执行，当事人可以直接向公约成员国有管辖权的法院申请强制执行仲裁裁决。而关于法院判决的执行，国际上还没有一个统一的国际公约，其承认和执行，需要依赖国家之间双边的司法协助协定。

二、海事仲裁裁决的种类

在海事仲裁过程中，仲裁庭可以作出多个不同的仲裁裁决，依照不同的分类标准，可以对这些裁决作出多种分类。

（一）按海事仲裁裁决的内容和效力分类

裁决可分为海事仲裁最终裁决、海事仲裁临时裁决、海事仲裁部分裁决和海事仲裁

---

① 韩健：《现代国际商事仲裁法的理论与实践》，法律出版社，2000年，第36页。

中间裁决,其中除海事仲裁最终裁决的定义较为明确外,其他几种裁决的界定较为模糊,没有统一的标准。本书只具体介绍前三种裁决。

1. 海事仲裁最终裁决

海事仲裁最终裁决,又称为海事仲裁最后裁决或海事仲裁终局裁决,是指海事仲裁庭就当事人提交仲裁的争议事项所作出的对双方当事人均有约束力的法律文件,它标志着仲裁庭审理任务的完成和海事仲裁程序的终结。海事仲裁庭在确认其全部任务实际已经完成之前不可以作出最后裁决,海事仲裁最终裁决一旦作出则仲裁庭对当事人之间的争议就不再享有管辖权。海事仲裁最终裁决的重要意义还在于对裁决提出异议的时效自最后裁决作出之时开始计算,任何一方当事人均可以对裁决提出异议,他们可以主张海事仲裁最后裁决不符合双方约定的程序规则或者不符合仲裁应适用的法律或者与裁决执行地法律中的特定要求不符,因为该裁决是不能强制执行的;而且如果一方当事人不履行海事仲裁最终裁决中确定的义务,另一方当事人可以申请有管辖权的法院承认和强制执行该裁决。

2. 海事仲裁临时裁决

海事仲裁临时裁决是海事仲裁庭就当事人提交仲裁的争议的部分问题所作出的终局性裁决。通过海事仲裁临时裁决处理某些问题是一种有效的方法,可以帮助争议当事人节约大量的时间和金钱。例如,海事争议一方当事人就管辖权问题提出异议时,如果海事仲裁庭不是先就管辖权问题作出临时裁决,而是先对案件进行审理,在海事仲裁最终裁决中才确定对该案无管辖权,这显然会浪费当事人大量的时间与金钱。正因为海事仲裁临时裁决是海事仲裁庭的一个有用的武器,所以许多海事仲裁机构的仲裁规则与有关国家的海事仲裁立法均有相关规定。在海事仲裁实践中,海事临时裁决主要用于管辖权争议和法律适用问题的争议。但是,这并不意味着海事仲裁临时裁决不能用于解决海事争议的实体问题,相反用海事仲裁临时裁决先行解决部分实体问题,同样也能达到节约时间与费用的目的。就某些原则性的实体问题先行作出临时裁决不但有利于海事仲裁最终裁决的作出,而且可能促使海事争议当事人就其余问题达成和解。海事仲裁庭是否有权作出临时裁决应视海事争议当事人的授权与所适用的法律的规定而定。

3. 海事仲裁部分裁决

海事仲裁部分裁决是指在仲裁审理过程中,如果案件部分事实已查清,并有必要先行作出裁决的,仅对该部分事实作出的终局裁决。海事仲裁部分裁决通常是对整个海事争议的部分实体问题所作出的判定,具有实体性特点。《中国海事仲裁委员会仲裁规则》第55条规定:"(一)仲裁庭认为必要或当事人提出请求并经仲裁庭同意的,仲裁庭可以在作出最终裁决之前,就当事人的某些请求事项先行作出部分裁决。部分裁决是终局的,对双方当事人均有约束力。(二)一方当事人不履行部分裁决,不影响仲裁程序的继续进行,也不影响仲裁庭作出最终裁决。"

(二)按照承认及执行仲裁裁决的角度分类

1. 国内仲裁裁决

国内仲裁裁决是指国内仲裁机构受理双方当事人均为国内的自然人或者法人之间

的仲裁案件，并对此作出的仲裁裁决。此处的国内的仲裁机构既包括根据《仲裁法》第
10 条的规定①，在全国直辖市和省、自治区人民政府所在地的市和其他设区的市组建的
国内仲裁委员会，也包括我国涉外仲裁机构——中国国际经济贸易仲裁委员会和中国海
事仲裁委员会，因为后两者也可以受理纯国内案件，其作出的裁决也是国内仲裁裁决。

2. 涉外仲裁裁决

涉外仲裁裁决是指中国国内的仲裁机构根据其仲裁规则，就其所受理的涉外经济贸
易、运输、海事中发生的纠纷所作出的仲裁裁决。

目前，专门受理涉外仲裁案件的涉外仲裁机构在中国只有两个，即中国国际经济贸
易仲裁委员会及其分会和中国海事仲裁委员会，它们均由中国国际商会设立②。

涉外仲裁裁决和国内仲裁裁决的主要区别在于仲裁机构受理的争议是否具有涉外
因素。另外，需要注意的是，尽管从《仲裁法》第 66 条来看，只有中国国际商会组织设
立的仲裁机构才能受理涉外仲裁案件，但是，1996 年《国务院办公厅关于贯彻实施〈中
华人民共和国仲裁法〉需要明确的几个问题的通知》的第 3 条中提到："新组建的仲裁
委员会的主要职责是受理国内仲裁案件；涉外仲裁案件的当事人自愿选择新组建的仲裁
委员会仲裁的，新组建的仲裁委员会可以受理；新组建的仲裁委员会受理的涉外仲裁案
件的仲裁收费与国内仲裁案件的仲裁收费应当采用同一标准。"所以，此条的规定授权
国内的其他仲裁委员会也可以受理涉外仲裁案件，国内仲裁机构作出的仲裁裁决也可能
是涉外仲裁裁决。

以上两种仲裁裁决相对于外国仲裁裁决而言，又可以统称为内国仲裁裁决。

3. 外国仲裁裁决

我国是 1958 年《纽约公约》的缔约国。公约第 1 条第 1 款规定，仲裁裁决，因自
然人或法人间之争议而产生且在申请承认及执行地所在国以外之国家领土内作成者，其
承认及执行适用本公约。本公约对于仲裁裁决经声请承认及执行地所在国认为非内国裁
决者，亦适用之。外国仲裁裁决适用 1958 年《纽约公约》的规定。据此，公约为判断外
国仲裁裁决确定了两个标准：领域标准和非内国裁决标准。

领域标准是指凡在申请承认及执行国以外的国家领土内作出的裁决，均视为外国裁
决，不论裁决作出地国家是否为公约的缔约国。但公约此条为非强制性条款，其第 1 条
第 3 款准许国家在加入《纽约公约》时，对公约此条规定的适用范围作出保留，规定任
何国家得于签署、批准或加入本公约时，或于本公约第 10 条通知推广适用时，本交互原
则声明该国适用本公约，以承认及执行在另一缔约国领土内作成之裁决为限。任何国家
亦得声明，该国唯于争议起于法律关系，不论其为契约性质与否，而依提出声明国家之
国内法认为系属商事关系者，始适用本公约。我国于 1986 年加入《纽约公约》时，做了
两项保留：第一，我国只在互惠的基础上对另一缔约国领土内作出的仲裁裁决的承认和

---

①《仲裁法》第 10 条规定："仲裁委员会可以在直辖市和省、自治区人民政府所在地的市设立，也可以根据需要在其
他设区的市设立，不按行政区划层层设立。

仲裁委员会由前款规定的市的人民政府组织有关部门和商会统一组建。

设立仲裁委员会，应当经省、自治区、直辖市的司法行政部门登记。"

②《仲裁法》第 66 条规定："涉外仲裁委员会可以由中国国际商会组织设立。"

执行适用该公约；第二，我国只对根据中华人民共和国法律认定为属于契约性和非契约性商事法律关系所引起的争议适用该公约。

非内国裁决标准是指被请求承认及执行地国对在其领域内依据外国仲裁法作出的仲裁裁决，认为是非内国裁决并对此适用《纽约公约》。与领域标准不同，非内国裁决标准主要是以裁决依据的仲裁法来判断是否为内国裁决。仅有少数国家在立法上承认裁决依据其适用法律判断其国籍的做法。

（三）其他类型的海事仲裁裁决

1. 海事仲裁合意裁决

海事仲裁合意裁决是指海事仲裁庭根据当事人的请求就当事人之间在程序进行过程中自愿达成的和解协议所作出的仲裁裁决。正如在民事诉讼中双方当事人可以达成和解协议从而终止诉讼程序一样，在国际海事仲裁中的双方当事人同样可以就其海事争议达成和解协议，从而终止诉讼程序。双方当事人达成的和解协议不具有法律上的强制力，一方当事人不履行时，另一方当事人不能根据和解协议请求法院强制执行。但是海事仲裁裁决则不同，海事仲裁裁决具有强制执行力，尤其是当该裁决需要在国外承认和执行时，更可以根据《纽约公约》得到公约有关缔约国的承认和执行。因而对当事人来说，将他们在海事仲裁过程中达成的和解协议以海事仲裁裁决的形式体现出来，更为可取和便利，可避免因一方当事人反悔或者不执行和解协议造成的损失，有利于该协议日后有效执行。这种做法得到了当事人和有些国际仲裁机构的欢迎，《联合国国际商事仲裁示范法》和《联合国国际贸易法委员会仲裁规则》均有关于合意裁决的规定。《中国海事仲裁委员会仲裁规则》第 52 条第 10 项规定：当事人在仲裁程序开始之前自行达成或经调解达成和解协议的，可以依据由仲裁委员会仲裁的仲裁协议及其和解协议，请求仲裁委员会组成仲裁庭，按照和解协议的内容作出仲裁裁决。

海事仲裁合意裁决与海事仲裁庭通过正常审理作出的裁决具有同等的效力，《联合国国际商事仲裁示范法》规定："根据和解的条件作出的裁决应按照第 31 条规定做出，并应说明它是一项裁决。这种裁决应与根据案情做出的任何其他裁决具有同等的地位与效力。"[①]海事仲裁合意裁决因为如实记录了当事人自行达成的和解协议的内容，所以合意裁决可以不附具争议事实和裁决理由。《联合国国际贸易法委员会仲裁规则》第 34 条对此作出了规定："对于这种合意裁决、仲裁庭没有义务附具理由。"

2. 海事仲裁缺席裁决

海事重在缺席裁决是指海事仲裁庭因一方当事人没有参加或者拒绝参加部分或者整个仲裁程序，仲裁庭经缺席而作出的海事裁决。

多数国家的仲裁法和国际商事仲裁规则都明确规定当事人经书面通知无正当理由拒不到庭参加审理，可以缺席裁决。海事仲裁缺席裁决的创设有助于推动海事仲裁程序的顺利进行，从而维护当事人的合法权益。海事争议当事人既可以自仲裁程序开始之时即不参加，也可以在参加了部分程序之后不再参加其余程序。海事仲裁缺席裁

---

① 参见《联合国国际商事仲裁示范法》第 30 条第 2 款。

决与海事仲裁庭在正常情况下作出的海事仲裁终局裁决具有同等的效力与地位，只不过海事仲裁缺席裁决往往因为其程序是否满足"正当程序"的要求而使其效力处于不确定状态。

在海事仲裁过程中海事仲裁庭应当平等地对待双方当事人，这已成为多数国家仲裁立法和国际海事仲裁规则的强制性规定。例如，《联合国国际商事仲裁示范法》第 18 条明确要求："平等对待双方当事人，为每一方当事人提供充分陈述其案情的机会。"平等地对待海事争议的双方当事人，是指仲裁庭应毫无歧视地赋予双方当事人以陈述其意见的机会，所有的重要程序包括指定仲裁员、提交答辩材料与补充材料的通知、开庭通知等均应通知双方当事人，不能在未通知一方当事人的情况下开庭审理。因而，海事仲裁缺席裁决对海事仲裁程序的要求更为严格。

如果海事仲裁庭不适当地作出缺席裁决，其结果将是该海事裁决可能被裁决地法院撤销或者被执行地法院拒绝承认与执行。对此有关国际公约、国内法均有相关规定，其中《纽约公约》第 5 条第 1 款 B 项规定，"如果裁决所涉及的一方当事人未获得指定仲裁员或者有关仲裁程序的适当通知，或者未能就其案情做出陈述"，则承认与执行地国的主管机关可以拒绝承认与执行该裁决。

三、海事仲裁裁决的效力

《仲裁法》第 57 条规定，裁决书自作出之日起发生法律效力。仲裁裁决的法律效力主要表现为以下内容。

（一）仲裁裁决的约束力

仲裁裁决作出后，具有一定的约束力，主要表现为：第一裁决是终局的，对双方当事人均有约束力。任何一方当事人均不得向法院起诉，也不得向其他任何机构提出变更裁决的请求。第二，仲裁裁决对仲裁机构或者人民法院具有约束力，仲裁裁决作出后，任何仲裁机构或者人民法院不得随意变更该仲裁裁决，也不得受理当事人就同一争议提出的申请和诉讼。对此，《仲裁法》第 9 条第 1 款规定，仲裁实行一裁终局的制度。裁决作出后，当事人就同一纠纷再申请仲裁或向人民法院起诉的，仲裁委员会或者人民法院不予受理。

（二）仲裁裁决的强制执行力

仲裁裁决的强制执行力主要表现为：第一，仲裁裁决是当事人自决履行义务的依据。当事人应当依照裁决书写明的期限自动履行裁决；裁决书未写明期限的，应当立即履行。第二，仲裁裁决是人民法院强制执行的依据。在自动履行期内，一方当事人不履行的，另一方当事人可以根据中国法律的规定，向法院申请执行；或根据 1958 年《纽约公约》或者中国缔结或参加的其他国际条约，向外国有管辖权的法院申请执行。

第二节　海事仲裁裁决的承认与执行

一、概述

承认与执行仲裁裁决是指具有管辖权的法院依据仲裁当事人一方的申请，确认仲裁裁决具有法律效力，并依据法定条件和程序予以强制执行的法律制度。

仲裁裁决作出之后，当事人应当依照仲裁裁决书的期限自动履行裁决。当事人一方不履行仲裁裁决的，另一方可以向有管辖权的法院申请强制执行。仲裁庭基于当事人之间的仲裁协议和法律的规定，享有审理案件的权利，但仲裁庭享有的这种审理案件的权利仅局限于当事人的授权之内，法律不允许而且当事人也不能授权仲裁庭享有强制执行仲裁裁决的权力。因此，强制执行仲裁裁决只能向有管辖权的法院申请。

承认仲裁裁决是强制执行仲裁裁决的前提，对于被执行一方的财产在外国而需要到外国去执行的仲裁裁决，首先需要解决的问题是取得外国法院对在本国领域内依据本国法律作出的仲裁裁决的认可，然后，才能向外国的法院申请强制执行。

仲裁裁决的承认是一国法院认可仲裁裁决具有强制执行力的行为，是一种静态的行为；而仲裁裁决的执行时一种动态的行为，是在承认的基础上，使具有强制执行力的裁决得以实现的行为。承认与执行相互依赖，承认是执行的前提，裁决只有在获得法院的承认的基础上才能得到强制执行（不需要执行的除外）。

如果被执行人的住所或者其财产所在地在中国境内，则不论是中国涉外仲裁裁决，还是外国仲裁裁决，其当事人均可以根据中国缔结或加入的国际公约（如 1958 年《纽约公约》）或双边条约或按中国与有关国家的互惠关系，申请承认和执行。

二、内国海事仲裁裁决的执行

内国海事仲裁裁决是相对于国外仲裁裁决而言的，指我国境内的仲裁机构所作出的仲裁裁决，包括国内仲裁裁决和涉外仲裁裁决。国内仲裁裁决一般不会发生需要在国外强制执行的情形；而涉外仲裁裁决则不同。内国仲裁裁决在我国境内强制执行时，除了管辖法院、不予执行的理由和"预先报告"制度等方面有差异外，内国海事仲裁裁决和外国海事仲裁裁决的执行程序基本相同。

1. 管辖法院

有关仲裁裁决在我国执行管辖的法律规定，主要涉及《仲裁法》第 62 条，《民事诉讼法》第 224 条、第 237 条、第 273～275 条和《海事诉讼特别程序法》第 11 条的规定，具体的执行措施则应当根据《民事诉讼法》第三编规定的执行程序进行。

《仲裁法》第 62 条规定："当事人应当履行裁决。一方当事人不履行的，另一方当事人可以依照民事诉讼法的有关规定向人民法院申请执行。受申请的人民法院应当执行。"对于国内仲裁的执行管辖，根据《民事诉讼法》第 224 条第 2 款的规定："法律规定由人民法院执行的其他法律文书，由被执行人住所地或者被执行的财产所在地的人民法院执行。"该款所称的"其他法律文书"包括仲裁裁决书。对于涉外仲裁裁决的执行管辖，《民事诉讼法》第273条规定："经中华人民共和国涉外仲裁机构裁决的，当事人不得向人民法院起诉。一方当事人不履行仲裁裁决的，对方当事人可以向被申请人住所地或者财产所在地的中级人民法院申请执行。"

对于海事仲裁裁决的执行问题，《海事诉讼特别程序法》则作了专门的规定，该法第11条规定："当事人申请执行海事仲裁裁决，申请承认和执行外国法院判决、裁定以及国外海事仲裁裁决的，向被执行的财产所在地或者被执行人住所地海事法院提出。被执行的财产所在地或者被执行人住所地没有海事法院的，向被执行的财产所在地或者被执行人住所地的中级人民法院提出。"该条确定了海事仲裁裁决的执行管辖以海事法院为主，相关中级人民法院为辅的原则。值得注意的是，当海事仲裁裁决需要由相关中级人民法院执行时，并不区分该海事仲裁裁决是国内仲裁还是涉外仲裁。

尽管有《海事诉讼特别程序法》第11条的规定，源于船舶作为一项动产，具有使用期限长、价值大、涉及利益方众多的特点，《海诉法解释》第13条对于涉及船舶的执行案件作了特殊规定。根据该条，如果被执行的财产为船舶的，无论该船舶是否在海事法院管辖区域范围内，均由海事法院管辖。船舶所在地没有海事法院的，由就近的海事法院管辖。

2. 申请执行内国仲裁裁决的条件和要求

1) 向法院提交执行申请书

申请书的内容包括：申请人和被申请人的名称、地址；申请执行的依据；被执行人的财产状况；被执行人的财产或者标的物的名称、数量及所在地。申请书必须为中文文本。

2) 提交其他文件

在提交执行申请书时，应当随附提交仲裁裁决书正本、仲裁协议或者含有仲裁条款的合同书正本。

3) 交纳申请执行的费用和其他费用

对于执行费用，根据国务院2006年12月颁布的《诉讼费用交纳办法》第14条的规定，交纳费用的标准如下：依法向人民法院申请执行人民法院发生法律效力的判决、裁定、调解书，仲裁机构依法作出的裁决和调解书，公证机关依法赋予强制执行效力的债权文书，申请承认和执行外国法院判决、裁定及国外仲裁机构裁决的，按照下列标准交纳：①没有执行金额或者价额的，每件交纳50～500元。②执行金额或者价额不超过1万元的，每件交纳50元；超过1万元至50万元的部分，按照1.5%交纳；超过50万元至500万元的部分，按照1%交纳；超过500万元至1000万元的部分，按照0.5%交纳；超过1000万元的部分，按照0.1%交纳。

申请人交纳的执行费用和执行中的实际支出，执行完毕的，最终全部应由被执行人承担。另外，无论是中国申请人还是外国申请人申请执行仲裁裁决，交纳的执行费用是相同的，除非外国法院对我国公民、企业和组织的诉讼费用负担，与对其本国公民、企业和组织不同等对待的，人民法院按对等原则处理。

3. 法院对执行申请的审查

法院接到申请人执行仲裁裁决的申请书后，应进行必要的形式审查，审查的内容如下。

（1）执行的根据是否是生效的仲裁裁决。

（2）执行根据是否具有给付内容。

（3）必须在执行期限内。根据《民事诉讼法》第 239 条规定，申请执行的期间为 2年。申请执行时效的中止、中断，适用法律有关诉讼时效中止、中断的规定。该期限从法律文书规定分期履行的，从规定的每次履行期间的最后一日起计算；法律文书未规定履行期限的，从法律文书的生效之日起计算。

（4）执行义务人在生效法律文书确定的期限内未履行义务。

（5）如果没有采取财产保全或海事请求保全措施，或保全数额不能清偿债权，应确认执行义务人有可供执行的财产。

（6）申请人必须是生效法律文书中确定的实体权利享有人，或是其他权利承受人。

经审查，符合法定执行条件的，法院应向被执行人发出执行通知，责令其在指定的期间履行，逾期不履行的，强制执行。

4. 不予执行国内海事仲裁裁决的情形

根据《仲裁法》第 63 条和《民事诉讼法》第 237 条的规定，在国内仲裁裁决的执行过程中，如果被申请人提出证据证明仲裁裁决有下列情形之一的，经法院组成合议庭审查核实，裁定不予执行：①当事人在合同中没有订有仲裁条款或者事后没有达成书面仲裁协议的；②裁决的事项不属于仲裁协议的范围或者仲裁机构无权仲裁的；③仲裁庭的组成或者仲裁的程序违反法定程序的；④认定事实的主要证据不足的；⑤适用法律确有错误的；⑥仲裁员在仲裁该案时有贪污受贿，徇私舞弊，枉法裁决行为的。人民法院认定执行该裁决违背社会公共利益的，裁定不予执行。

从上数规定看，不予执行国内海事裁决的事项，既包括①～③项中程序方面的审查，也包括④～⑥项中实体方面的审查。法院审查结束后作出的裁定书应当送达双方当事人和仲裁机构。仲裁裁决被法院裁定不予执行的，当事人可以根据双方达成的书面仲裁协议重新申请仲裁，也可以向法院起诉。

5. 不予执行涉外海事仲裁裁决的情形

根据《仲裁法》第 71 条和《民事诉讼法》第 274 条第 1 款的规定，存在下列情形之一的，不予执行涉外海事仲裁裁决：①当事人在合同中没有订有仲裁条款或者事后没有达成书面仲裁协议的；②申请人没有得到指定仲裁员或者进行仲裁程序的通知，或者由于其他不属于申请人责任的原因未能陈述意见的；③仲裁庭的组成或者仲裁的程序与仲裁规则不符的；④仲裁的事项不属于仲裁协议的范围或者仲裁机构无权仲裁的。

在申请执行涉外海事仲裁裁决时，法院不应主动对上述事项进行实质审查，而只有被执行人提出抗辩，认为涉外海事仲裁裁决具有《民事诉讼法》第 274 条第 1 款规定的四种情形时，法院才能据此进行审查核实。

另外，根据《民事诉讼法》第 274 条第 2 款规定，人民法院认定涉外海事仲裁裁决违背社会公共利益的，也可以裁定不予执行。

法院受理当事人撤销仲裁裁决的申请后，另一方当事人申请执行同一仲裁裁决的，受理执行申请的人民法院应当在受理后裁定中止执行，待法院撤销仲裁裁决的案件审理完毕后，依据相应的结果，决定是否继续执行该仲裁裁决。法院裁决撤销裁决的，应当裁定终结执行。如果撤销裁决的申请被驳回的，法院应当裁定恢复执行。当事人向法院申请撤销仲裁裁决被驳回后，又在执行程序中以相同理由提出不予执行抗辩的，法院不予支持。[①]

对于法院裁定不予执行的涉外海事仲裁裁决，根据《仲裁法》第 9 条第 2 款的规定，当事人就该纠纷可以根据双方重新达成的仲裁协议申请仲裁，也可以上人民法院起诉。对于涉外海事仲裁裁决已经被执行完毕后裁决又被撤销的，对已被执行的财产，法院应当裁定取得财产的人返还，拒不返还的，强制执行。

6. 裁定不予执行涉外仲裁裁决中的"预先报告"制度

最高人民法院于 1995 年 8 月 28 日发布了《最高人民法院关于人民法院处理与涉外仲裁及外国仲裁有关事项的通知》（以下简称《通知》），《通知》规定：凡一方当事人向人民法院申请执行我国涉外仲裁机构裁决，或者向人民法院申请承认和执行外国仲裁机构的仲裁，如果人民法院认为我国涉外仲裁机构裁决具有《民事诉讼法》第 274 条规定的情形之一的，或者申请承认和执行的外国仲裁裁决不符合我国参加的国际公约的规定或者不符合互惠原则的，在裁定不予执行或者拒绝承认和执行之前，必须报请本辖区所属高级人民法院进行审查；如果高级人民法院同意不予执行或者拒绝承认和执行，应将其审查意见报最高人民法院。待最高人民法院答复后，方可裁定不予执行或者拒绝承认和执行。

根据该《通知》的规定，最高人民法院已经建立了涉外仲裁裁决不予执行的"预先报告"制度。该制度总体上倾向于确认裁决效力和执行裁决。对于法院自行决定应当支持仲裁的案件，最高人民法院不要求受理法院逐级上报；反之，对于拟撤销或拒绝执行裁决的案件，最高人民法院则要求受理法院逐级上报，直至最高人民法院。这实际上建立了以最高人民法院拥有最终决定权的司法监督体系，有利于法院在处理和仲裁的关系中摆脱各种地方因素的影响，有效克服地方保护主义，提高仲裁的成功率。"预先报告"制度重在预防，它要求受理法院在作出裁决之前就进行报告，这样便于及时发现问题，纠正错误，减少社会资源的浪费。

7. 仲裁裁决在中国强制执行的措施

根据我国《民事诉讼法》第 242 条和最高人民法院于 1998 年 7 月 8 日发布的《最高人民法院关于人民法院执行工作若干问题的规定（试行）》，执行仲裁裁决的具体措施如下。

（1）查询、冻结、划拨被执行人在银行、非银行金融机构、其他有储蓄义务的单位的存款，并要求金融机构协助执行。

（2）查封、扣压、冻结、拍卖、变卖被执行人应当履行义务部分的财产，并要求有关单位协助执行。

（3）禁止被执行人从有关企业中提出应得的已到期的股息或红利，并要求有关企业直接向申请执行人支付。

（4）冻结被执行人在有限责任公司、其他法人企业中的投资权益或股权，在保护合资他方优先购买权的情况下，直接裁定予以转让，以转让所得清偿申请执行人债权。

（5）强制被申请执行人交付财产或财产所有权凭证、票证。

[①] 《最高人民法院关于适用〈中华人民共和国仲裁法〉若干问题的解释》第 25 条和第 26 条。

（6）强制被执行人履行生效法律文书中指定的行为或在被申请执行人承担费用的情况下，委托有关单位或其他人完成可以替代履行的行为。

（7）裁定被申请执行人加倍支付迟延履行义务期间的债务利息。

（8）指定有关机构或组织对被申请执行人进行托管，托管所得用于清偿申请执行人的债权。

三、涉外仲裁裁决在外国或者有关地区的承认和执行

中国仲裁机构作出的涉外仲裁裁决需要在外国或者中国有关地区，如台湾地区、香港地区或者澳门地区强制执行，其属性已经由中国的内国仲裁裁决改变为外国仲裁裁决（在港、澳、台地区执行是比照外国仲裁裁决的执行进行），此时应适用1958年《纽约公约》的规定。对香港地区仲裁机构作出的仲裁裁决或者台湾地区仲裁机构作出的仲裁裁决，应当按照2000年《最高人民法院关于内地与香港特别行政区相互执行仲裁裁决的安排》或《最高人民法院关于人民法院认可台湾地区有关法院民事判决的规定》办理。

《仲裁法》第72条和《民事诉讼法》第280条第2款都规定："中国涉外仲裁机构做出的发生法律效力的仲裁裁决，当事人请求执行的，如果被执行人或者其财产不在中国领域内，应当由当事人向有管辖权的外国法院申请承认及执行。"此处"有管辖权的外国法院"指的是被申请承认和执行国法律规定的可以受理执行外国仲裁裁决的该本国法院。

据此，仲裁裁决的当事人需要向有管辖权的外国法院申请承认及执行时，可以根据中国缔结或加入的国际公约，如1958年《纽约公约》或双边条约或按中国与有关国家的互惠关系，申请仲裁裁决的承认和执行。根据1958年《纽约公约》的规定，正常情况下，中国涉外仲裁裁决可以在155个国家和地区的法院得到承认及执行。

当事人到国外申请承认及执行中国涉外仲裁裁决应注意以下内容。

第一，应聘请该有关国家的专业律师提供咨询，按照该有关国家的法律和/或国际条约的规定，审查是否具备申请承认及执行仲裁裁决的条件，如被执行人的财产状况，偿还能力如何；是否超过执行期限；是否具有不予执行的情形等。

第二，如果经咨询后认为具备申请承认及执行仲裁裁决的条件，当事人应聘请该有关国家的专业律师办理申请承认及执行裁决的手续。

第三，在办理申请手续时，应准备完整的文件和材料，如裁决书、仲裁协议等，并按要求提供译本和认证。

第四，如果仲裁裁决被该有关国家的法院裁定不予执行，当事人应及时根据该有关国家的法律规定，采取相应的补救措施，如上诉、复议等。

四、外国海事仲裁裁决的承认与执行

（一）外国海事仲裁裁决在中国承认与执行的程序

我国《民事诉讼法》第283条规定："国外仲裁机构的裁决，需要中华人民共和国人民法院承认和执行的，应当由当事人直接向被执行人住所地或者其财产所在地的中级

人民法院申请，人民法院应当依照中华人民共和国缔结或者参加的国际条约，或者按照互惠原则办理。"申请执行为国外海事仲裁裁决的，则应当根据《海事诉讼特别程序法》第11条规定，向被执行的财产所在地或者被执行人住所地海事法院提出。被执行的财产所在地或者被执行人住所地没有海事法院的，向被执行的财产所在地或者被执行人住所地的中级人民法院提出。

根据上述规定，中国法院执行外国仲裁裁决主要依照两条原则：第一，按照我国缔结或者参加的国际条约办理；第二，按照互惠原则办理。

1. 申请

在中国申请承认及执行外国仲裁裁决的，制作承认及执行外国仲裁裁决申请书。承认及执行外国仲裁裁决申请书应包括：申请人的基本情况；外国仲裁裁决的编号和具体请求；裁决在何国作出；裁决作出的结果、时间；其他需要说明的情况。外国当事人申请承认及执行的，应提交中文申请书。

根据1958年《纽约公约》第4条的规定，"一、声请承认及执行之一造，为取得前条所称之承认及执行，应于声请时提具：（一）原裁决之正本或其正式副本，（二）第二条所称协定之原本或其正式副本。二、倘前述裁决或协定所用文字非为援引裁决地所在国之正式文字，声请承认及执行裁决之一造应备具各该文件之此项文字译本。译本应由公设或宣誓之翻译员或外交或领事人员认证之。"

2. 法院审查

执行1958年《纽约公约》下的外国裁决的程序由各国国内法规定，但不得违反公约第3条的规定，该条内容为："各缔约国应承认仲裁裁决具有拘束力，并依援引裁决地之程序规则及下列各条所载条件执行之。承认或执行适用本公约之仲裁裁决时，不得较承认或执行内国仲裁裁决附加过苛之条件或征收过多之费用。"

我国对公约下外国仲裁裁决的承认和执行没有特别的规定，在申请人提供上述申请文件的基础上，法院仅根据公约第5条第2款主动审查两方面内容：一是外国仲裁裁决是否裁决了依据中国法律不应该通过仲裁解决的事项；二是承认与执行该仲裁裁决是否将违反中国的公共政策。另外，在法院在审查申请时，也要审查申请是否超过了申请执行的期间。我国《民事诉讼法》第239条规定的两年申请执行期间同样适用于外国仲裁裁决的承认和执行。

对于在非公约缔约国作出的仲裁裁决，法院将按照互惠原则，对其进行承认和执行。

3. 承认与执行裁决

审查完毕，若不具备违反上述审查事项的，法院将裁定承认该外国仲裁裁决的效力，并按照《民事诉讼法》规定的执行程序进行执行，除非被执行人提出证据表明且法院也认定仲裁裁决具有1958年《纽约公约》第5条第1款规定的应予拒绝承认和执行的理由之一，法院才可以拒绝承认和执行。

（二）拒绝承认及执行外国海事仲裁裁决的理由

1. 1958年《纽约公约》第5条第1款的规定

裁决唯有于受裁决援用之一造向声请承认及执行地之主管机关提具证据证明有下

列情形之一时，始得依该造之请求，拒予承认及执行。

第二条所称协定之当事人依对其适用之法律有某种无行为能力情形者，或该项协定依当事人作为协定准据之法律系属无效，或未指明以何法律为准时，依裁决地所在国法律系属无效者。

受裁决援用之一造未接获关于指派仲裁员或仲裁程序之适当通知，或因他故，致未能申辩者。

裁决所处理之争议非为交付仲裁之标的或不在其条款之列，或裁决载有关于交付仲裁范围以外事项之决定者，但交付仲裁事项之决定可与未交付仲裁之事项划分时，裁决中关于交付仲裁事项之决定部分得予承认及执行。

仲裁机关之组成或仲裁程序与各造间之协议不符，或无协议而与仲裁地所在国法律不符者。

裁决对各造尚无拘束力，或业经裁决地所在国或裁决所依据法律之国家之主管机关撤销或停止执行者。

2. 倘申请承认及执行地所在国之主管机关认定有下列情况之一，亦得拒不承认及执行仲裁裁决

（1）依该国法律，争议事项系不能以仲裁解决者。

（2）承认及执行裁决有违该国公共政策者。

1958年《纽约公约》规定的上述标准，仅限于程序事项的审查，不涉及实体事项的审查。从某种意义上讲，这些审查标准是对国际范围内得到普遍执行的标准，也可以称之为"国际标准"。可能有的国家法律对于裁决执行时的审查范围有所扩大，扩大的部分可以称之为"地方标准"。近年来，美国和法国的法院已开始尝试在执行外国仲裁裁决时，不承认仲裁地的"地方标准"，而仅承认《纽约公约》项下的"国际标准"，也就是说，如果仲裁的法院依据"地方标准"而非"国际标准"撤销仲裁裁决，那么执行地的法院仍旧可以决定承认和执行仲裁裁决，其依据是《纽约公约》第7条规定的"最优惠条款"，即如果执行地国的法律对于执行的审查标准更加有利于裁决的执行，则《纽约公约》不妨碍执行地国的法院也不剥夺任何利害关系人依据裁决执行地的法律执行或申请执行仲裁裁决的权利。[1]

---

[1] 韩立新，袁绍春，尹伟民：《海事诉讼与仲裁》（第二版），大连海事大学出版社，2016年，第319页。

参 考 文 献

陈宪民. 2006. 海商法理论与司法实践. 北京: 北京大学出版社

邓杰. 2002. 伦敦海事仲裁制度研究. 北京: 法律出版社

傅廷中. 2017. 海商法: 理念、原则与制度. 北京: 法律出版社

郭瑜. 2012. 海商法教程（第二版）. 北京: 北京大学出版社

韩健. 1993. 现代国际商事仲裁法的理论与实践. 北京: 法律出版社

韩立新. 2015. 海事国际私法（第二版）. 大连: 大连海事大学出版社

韩立新, 袁绍春, 尹伟民. 2016. 海事诉讼与仲裁. 大连: 大连海事大学出版社

何丽新. 2016. 海商法. 北京: 法律出版社

胡正良. 2006. 海事法. 北京: 北京大学出版社

金彭年, 董玉鹏. 2015. 海事诉讼特别程序与海事仲裁规则. 北京: 法律出版社

李圣敬. 2003. 国际经贸仲裁法实务. 长春: 吉林人民出版社

李双元, 欧福永. 2015. 国际私法（第四版）. 北京: 北京大学出版社

李双元, 谢石松. 2001. 国际民事诉讼法概论. 武汉: 武汉大学出版社

刘晓红. 2005. 国际商事仲裁协议的法理与实证. 北京: 商务印书馆

乔欣. 2004. 比较商事仲裁. 北京: 法律出版社

屈广清. 2006. 国际民事诉讼程序与商事仲裁法. 北京: 法律出版社

屈广清. 2007. 海事诉讼与海事仲裁法. 北京: 法律出版社

屈广清. 2013. 海事冲突法新论. 北京: 人民出版社

司玉琢. 2007. 海商法专论. 北京: 中国人民大学出版社

司玉琢. 2012. 海商法. 北京: 法律出版社

司玉琢, 李志文. 2009. 中国海商法基本理论专题研究. 北京: 北京大学出版社

宋连斌. 2000. 国际商事仲裁管辖权研究. 北京: 法律出版社

泰特雷 W. 2005. 国际海商法. 张永坚, 等译. 北京: 法律出版社

汪祖兴. 2005. 国际商会仲裁研究. 北京: 法律出版社

王国华. 2007. 海事国际私法原论. 北京: 北京大学出版社

王国华. 2009. 海事国际私法（冲突法篇）. 北京: 北京大学出版社

王生长. 2001. 仲裁与调解相结合的理论与实务. 北京: 法律出版社

谢石松. 2003. 商事仲裁法学. 北京: 高等教育出版社

杨良宜. 1993. 国际商务与海事仲裁. 大连: 大连海事大学出版社

杨良宜. 1997. 国际商务仲裁. 北京: 中国政法大学出版社

杨树明. 2008. 民事诉讼法·海事诉讼特别程序篇. 厦门: 厦门大学出版社

袁发强. 2014. 海事诉讼法学. 北京: 北京大学出版社

袁雪. 2012. 海商法. 哈尔滨: 哈尔滨工程大学出版社

张丽英. 2015. 海商法. 北京: 中国政法大学出版社

张念宏. 2013. 海商法理论与实务. 北京: 中国法制出版社

赵健. 2000. 国际商事仲裁的司法监督. 北京: 法律出版社

赵秀文. 2004. 国际商事仲裁法. 北京: 中国人民大学出版社

朱清. 1996. 海事诉讼与仲裁. 大连: 大连海事大学出版社

附　　录

附 录 目 录

中华人民共和国海事诉讼特别程序法

（1999 年 12 月 25 日第九届全国人民代表大会常务委员会第十三次会议通过。）

第一章　总　　则

第一条　为维护海事诉讼当事人的诉讼权利，保证人民法院查明事实，分清责任，正确适用法律，及时审理海事案件，制定本法。

第二条　在中华人民共和国领域内进行海事诉讼，适用《中华人民共和国民事诉讼法》和本法。本法有规定的，依照其规定。

第三条　中华人民共和国缔结或者参加的国际条约与《中华人民共和国民事诉讼法》和本法对涉外海事诉讼有不同规定的，适用该国际条约的规定，但中华人民共和国声明保留的条款除外。

第四条　海事法院受理当事人因海事侵权纠纷、海商合同纠纷以及法律规定的其他海事纠纷提起的诉讼。

第五条　海事法院及其所在地的高级人民法院和最高人民法院审理海事案件的，适用本法。

第二章　管　　辖

第六条　海事诉讼的地域管辖，依照《中华人民共和国民事诉讼法》的有关规定。

下列海事诉讼的地域管辖，依照以下规定：

（一）因海事侵权行为提起的诉讼，除依照《中华人民共和国民事诉讼法》第二十九条至第三十一条的规定以外，还可以由船籍港所在地海事法院管辖；

（二）因海上运输合同纠纷提起的诉讼，除依照《中华人民共和国民事诉讼法》第二十八条的规定以外，还可以由转运港所在地海事法院管辖；

（三）因海船租用合同纠纷提起的诉讼，由交船港、还船港、船籍港所在地、被告住所地海事法院管辖；

（四）因海上保赔合同纠纷提起的诉讼，由保赔标的物所在地、事故发生地、被告住所地海事法院管辖；

（五）因海船的船员劳务合同纠纷提起的诉讼，由原告住所地、合同签订地、船员登船港或者离船港所在地、被告住所地海事法院管辖；

（六）因海事担保纠纷提起的诉讼，由担保物所在地、被告住所地海事法院管辖；因船舶抵押纠纷提起的诉讼，还可以由船籍港所在地海事法院管辖；

（七）因海船的船舶所有权、占有权、使用权、优先权纠纷提起的诉讼，由船舶所在地、船籍港所在地、被告住所地海事法院管辖。

第七条 下列海事诉讼，由本条规定的海事法院专属管辖：

（一）因沿海港口作业纠纷提起的诉讼，由港口所在地海事法院管辖；

（二）因船舶排放、泄漏、倾倒油类或者其他有害物质，海上生产、作业或者拆船、修船作业造成海域污染损害提起的诉讼，由污染发生地、损害结果地或者采取预防污染措施地海事法院管辖；

（三）因在中华人民共和国领域和有管辖权的海域履行的海洋勘探开发合同纠纷提起的诉讼，由合同履行地海事法院管辖。

第八条 海事纠纷的当事人都是外国人、无国籍人、外国企业或者组织，当事人书面协议选择中华人民共和国海事法院管辖的，即使与纠纷有实际联系的地点不在中华人民共和国领域内，中华人民共和国海事法院对该纠纷也具有管辖权。

第九条 当事人申请认定海上财产无主的，向财产所在地海事法院提出；申请因海上事故宣告死亡的，向处理海事事故主管机关所在地或者受理相关海事案件的海事法院提出。

第十条 海事法院与地方人民法院之间因管辖权发生争议，由争议双方协商解决；协商解决不了的，报请他们的共同上级人民法院指定管辖。

第十一条 当事人申请执行海事仲裁裁决，申请承认和执行外国法院判决、裁定以及国外海事仲裁裁决的，向被执行的财产所在地或者被执行人住所地海事法院提出。被执行的财产所在地或者被执行人住所地没有海事法院的，向被执行的财产所在地或者被执行人住所地的中级人民法院提出。

第三章　海事请求保全

第一节　一般规定

第十二条 海事请求保全是指海事法院根据海事请求人的申请，为保障其海事请求的实现，对被请求人的财产所采取的强制措施。

第十三条 当事人在起诉前申请海事请求保全，应当向被保全的财产所在地海事法院提出。

第十四条 海事请求保全不受当事人之间关于该海事请求的诉讼管辖协议或者仲裁协议的约束。

第十五条 海事请求人申请海事请求保全，应当向海事法院提交书面申请。申请书应当载明海事请求事项、申请理由、保全的标的物以及要求提供担保的数额，并附有关证据。

第十六条 海事法院受理海事请求保全申请，可以责令海事请求人提供担保，海事请求人不提供的，驳回其申请。

第十七条 海事法院接受申请后，应当在四十八小时内作出裁定。裁定采取海事请求保全措施的，应当立即执行；对不符合海事请求保全条件的，裁定驳回其申请。

当事人对裁定不服的，可以在收到裁定书之日起五日内申请复议一次。海事法院应当在收到复议申请之日起五日内作出复议决定。复议期间不停止裁定的执行。

利害关系人对海事请求保全提出异议，海事法院经审查，认为理由成立的，应当解除对其财产的保全。

第十八条 被请求人提供担保，或者当事人有正当理由申请解除海事请求保全的，海事法院应当及时解除保全。

海事请求人在本法规定的期间内，未提起诉讼或者未按照仲裁协议申请仲裁的，海事法院应当及时解除保全或者返还担保。

第十九条 海事请求保全执行后，有关海事纠纷未进入诉讼或者仲裁程序的，当事人就该海事请求，可以向采取海事请求保全的海事法院或者其他有管辖权的海事法院提起诉讼，但当事人之间订有诉讼管辖协议或者仲裁协议的除外。

第二十条 海事请求人申请海事请求保全错误的，应当赔偿被请求人或者利害关系人因此所遭受的损失。

第二节 船舶的扣押与拍卖

第二十一条 下列海事请求，可以申请扣押船舶：

（一）船舶营运造成的财产灭失或者损坏；

（二）与船舶营运直接有关的人身伤亡；

（三）海难救助；

（四）船舶对环境、海岸或者有关利益方造成的损害或者损害威胁；为预防、减少或者消除此种损害而采取的措施；为此种损害而支付的赔偿；为恢复环境而实际采取或者准备采取的合理措施的费用；第三方因此种损害而蒙受或者可能蒙受的损失；以及与本项所指的性质类似的损害、费用或者损失；

（五）与起浮、清除、回收或者摧毁沉船、残骸、搁浅船、被弃船或者使其无害有关的费用，包括与起浮、清除、回收或者摧毁仍在或者曾在该船上的物件或者使其无害的费用，以及与维护放弃的船舶和维持其船员有关的费用；

（六）船舶的使用或者租用的协议；

（七）货物运输或者旅客运输的协议；

（八）船载货物（包括行李）或者与其有关的灭失或者损坏；

（九）共同海损；

（十）拖航；

（十一）引航；

（十二）为船舶营运、管理、维护、维修提供物资或者服务；

（十三）船舶的建造、改建、修理、改装或者装备；

（十四）港口、运河、码头、港湾以及其他水道规费和费用；

（十五）船员的工资和其他款项，包括应当为船员支付的遣返费和社会保险费；

（十六）为船舶或者船舶所有人支付的费用；

（十七）船舶所有人或者光船承租人应当支付或者他人为其支付的船舶保险费（包括互保会费）；

（十八）船舶所有人或者光船承租人应当支付的或者他人为其支付的与船舶有关的佣金、经纪费或者代理费；

（十九）有关船舶所有权或者占有的纠纷；

（二十）船舶共有人之间有关船舶的使用或者收益的纠纷；

（二十一）船舶抵押权或者同样性质的权利；

（二十二）因船舶买卖合同产生的纠纷。

第二十二条　非因本法第二十一条规定的海事请求不得申请扣押船舶，但为执行判决、仲裁裁决以及其他法律文书的除外。

第二十三条　有下列情形之一的，海事法院可以扣押当事船舶：

（一）船舶所有人对海事请求负有责任，并且在实施扣押时是该船的所有人；

（二）船舶的光船承租人对海事请求负有责任，并且在实施扣押时是该船的光船承租人或者所有人；

（三）具有船舶抵押权或者同样性质的权利的海事请求；

（四）有关船舶所有权或者占有的海事请求；

（五）具有船舶优先权的海事请求。

海事法院可以扣押对海事请求负有责任的船舶所有人、光船承租人、定期租船人或者航次租船人在实施扣押时所有的其他船舶，但与船舶所有权或者占有有关的请求除外。

从事军事、政府公务的船舶不得被扣押。

第二十四条　海事请求人不得因同一海事请求申请扣押已被扣押过的船舶，但有下列情形之一的除外：

（一）被请求人未提供充分的担保；

（二）担保人有可能不能全部或者部分履行担保义务；

（三）海事请求人因合理的原因同意释放被扣押的船舶或者返还已提供的担保；或者不能通过合理措施阻止释放被扣押的船舶或者返还已提供的担保。

第二十五条　海事请求人申请扣押当事船舶，不能立即查明被请求人名称的，不影响申请的提出。

第二十六条　海事法院在发布或者解除扣押船舶命令的同时，可以向有关部门发出协助执行通知书，通知书应当载明协助执行的范围和内容，有关部门有义务协助执行。海事法院认为必要，可以直接派员登轮监护。

第二十七条　海事法院裁定对船舶实施保全后，经海事请求人同意，可以采取限制船舶处分或者抵押等方式允许该船舶继续营运。

第二十八条 海事请求保全扣押船舶的期限为三十日。

海事请求人在三十日内提起诉讼或者申请仲裁以及在诉讼或者仲裁过程中申请扣押船舶的，扣押船舶不受前款规定期限的限制。

第二十九条 船舶扣押期间届满，被请求人不提供担保，而且船舶不宜继续扣押的，海事请求人可以在提起诉讼或者申请仲裁后，向扣押船舶的海事法院申请拍卖船舶。

第三十条 海事法院收到拍卖船舶的申请后，应当进行审查，作出准予或者不准予拍卖船舶的裁定。

当事人对裁定不服的，可以在收到裁定书之日起五日内申请复议一次。海事法院应当在收到复议申请之日起五日内作出复议决定。复议期间停止裁定的执行。

第三十一条 海事请求人提交拍卖船舶申请后，又申请终止拍卖的，是否准许由海事法院裁定。海事法院裁定终止拍卖船舶的，为准备拍卖船舶所发生的费用由海事请求人承担。

第三十二条 海事法院裁定拍卖船舶，应当通过报纸或者其他新闻媒体发布公告。拍卖外籍船舶的，应当通过对外发行的报纸或者其他新闻媒体发布公告。

公告包括以下内容：

（一）被拍卖船舶的名称和国籍；

（二）拍卖船舶的理由和依据；

（三）拍卖船舶委员会的组成；

（四）拍卖船舶的时间和地点；

（五）被拍卖船舶的展示时间和地点；

（六）参加竞买应当办理的手续；

（七）办理债权登记事项；

（八）需要公告的其他事项。

拍卖船舶的公告期间不少于三十日。

第三十三条 海事法院应当在拍卖船舶三十日前，向被拍卖船舶登记国的登记机关和已知的船舶优先权人、抵押权人和船舶所有人发出通知。

通知内容包括被拍卖船舶的名称、拍卖船舶的时间和地点、拍卖船舶的理由和依据以及债权登记等。

通知方式包括书面方式和能够确认收悉的其他适当方式。

第三十四条 拍卖船舶由拍卖船舶委员会实施。拍卖船舶委员会由海事法院指定的本院执行人员和聘请的拍卖师、验船师三人或者五人组成。

拍卖船舶委员会组织对船舶鉴定、估价；组织和主持拍卖；与竞买人签订拍卖成交确认书；办理船舶移交手续。

拍卖船舶委员会对海事法院负责，受海事法院监督。

第三十五条 竞买人应当在规定的期限内向拍卖船舶委员会登记。登记时应当交验本人、企业法定代表人或者其他组织负责人身份证明和委托代理人的授权委托书，并交纳一定数额的买船保证金。

第三十六条 拍卖船舶委员会应当在拍卖船舶前，展示被拍卖船舶，并提供察看被拍卖船舶的条件和有关资料。

　　第三十七条　买受人在签署拍卖成交确认书后，应当立即交付不低于百分之二十的船舶价款，其余价款在成交之日起七日内付清，但拍卖船舶委员会与买受人另有约定的除外。

　　第三十八条　买受人付清全部价款后，原船舶所有人应当在指定的期限内于船舶停泊地以船舶现状向买受人移交船舶。拍卖船舶委员会组织和监督船舶的移交，并在船舶移交后与买受人签署船舶移交完毕确认书。

　　移交船舶完毕，海事法院发布解除扣押船舶命令。

　　第三十九条　船舶移交后，海事法院应当通过报纸或者其他新闻媒体发布公告，公布船舶已经公开拍卖并移交给买受人。

　　第四十条　买受人接收船舶后，应当持拍卖成交确认书和有关材料，向船舶登记机关办理船舶所有权登记手续。原船舶所有人应当向原船舶登记机关办理船舶所有权注销登记。原船舶所有人不办理船舶所有权注销登记的，不影响船舶所有权的转让。

　　第四十一条　竞买人之间恶意串通的，拍卖无效。参与恶意串通的竞买人应当承担拍卖船舶费用并赔偿有关损失。海事法院可以对参与恶意串通的竞买人处最高应价百分之十以上百分之三十以下的罚款。

　　第四十二条　除本节规定的以外，拍卖适用《中华人民共和国拍卖法》的有关规定。

　　第四十三条　执行程序中拍卖被扣押船舶清偿债务的，可以参照本节有关规定。

第三节　船载货物的扣押与拍卖

　　第四十四条　海事请求人为保障其海事请求的实现，可以申请扣押船载货物。

　　申请扣押的船载货物，应当属于被请求人所有。

　　第四十五条　海事请求人申请扣押船载货物的价值，应当与其债权数额相当。

　　第四十六条　海事请求保全扣押船载货物的期限为十五日。

　　海事请求人在十五日内提起诉讼或者申请仲裁以及在诉讼或者仲裁过程中申请扣押船载货物的，扣押船载货物不受前款规定期限的限制。

　　第四十七条　船载货物扣押期间届满，被请求人不提供担保，而且货物不宜继续扣押的，海事请求人可以在提起诉讼或者申请仲裁后，向扣押船载货物的海事法院申请拍卖货物。

　　对无法保管、不易保管或者保管费用可能超过其价值的物品，海事请求人可以申请提前拍卖。

　　第四十八条　海事法院收到拍卖船载货物的申请后，应当进行审查，在七日内作出准予或者不准予拍卖船载货物的裁定。

　　当事人对裁定不服的，可以在收到裁定书之日起五日内申请复议一次。海事法院应当在收到复议申请之日起五日内作出复议决定。复议期间停止裁定的执行。

　　第四十九条　拍卖船载货物由海事法院指定的本院执行人员和聘请的拍卖师组

成的拍卖组织实施，或者由海事法院委托的机构实施。

拍卖船载货物，本节没有规定的，参照本章第二节拍卖船舶的有关规定。

第五十条 海事请求人对与海事请求有关的船用燃油、船用物料申请海事请求保全，适用本节规定。

第四章 海事强制令

第五十一条 海事强制令是指海事法院根据海事请求人的申请，为使其合法权益免受侵害，责令被请求人作为或者不作为的强制措施。

第五十二条 当事人在起诉前申请海事强制令，应当向海事纠纷发生地海事法院提出。

第五十三条 海事强制令不受当事人之间关于该海事请求的诉讼管辖协议或者仲裁协议的约束。

第五十四条 海事请求人申请海事强制令，应当向海事法院提交书面申请。申请书应当载明申请理由，并附有关证据。

第五十五条 海事法院受理海事强制令申请，可以责令海事请求人提供担保。海事请求人不提供的，驳回其申请。

第五十六条 作出海事强制令，应当具备下列条件：

（一）请求人有具体的海事请求；

（二）需要纠正被请求人违反法律规定或者合同约定的行为；

（三）情况紧急，不立即作出海事强制令将造成损害或者使损害扩大。

第五十七条 海事法院接受申请后，应当在四十八小时内作出裁定。裁定作出海事强制令的，应当立即执行；对不符合海事强制令条件的，裁定驳回其申请。

第五十八条 当事人对裁定不服的，可以在收到裁定书之日起五日内申请复议一次。海事法院应当在收到复议申请之日起五日内作出复议决定。复议期间不停止裁定的执行。

利害关系人对海事强制令提出异议，海事法院经审查，认为理由成立的，应当裁定撤销海事强制令。

第五十九条 被请求人拒不执行海事强制令的，海事法院可以根据情节轻重处以罚款、拘留；构成犯罪的，依法追究刑事责任。

对个人的罚款金额，为一千元以上三万元以下。对单位的罚款金额，为三万元以上十万元以下。

拘留的期限，为十五日以下。

第六十条 海事请求人申请海事强制令错误的，应当赔偿被请求人或者利害关系人因此所遭受的损失。

第六十一条 海事强制令执行后，有关海事纠纷未进入诉讼或者仲裁程序的，当事人就该海事请求，可以向作出海事强制令的海事法院或者其他有管辖权的海事法院提起诉讼，但当事人之间订有诉讼管辖协议或者仲裁协议的除外。

第五章　海事证据保全

第六十二条　海事证据保全是指海事法院根据海事请求人的申请，对有关海事请求的证据予以提取、保存或者封存的强制措施。

第六十三条　当事人在起诉前申请海事证据保全，应当向被保全的证据所在地海事法院提出。

第六十四条　海事证据保全不受当事人之间关于该海事请求的诉讼管辖协议或者仲裁协议的约束。

第六十五条　海事请求人申请海事证据保全，应当向海事法院提交书面申请。申请书应当载明请求保全的证据、该证据与海事请求的联系、申请理由。

第六十六条　海事法院受理海事证据保全申请，可以责令海事请求人提供担保。海事请求人不提供的，驳回其申请。

第六十七条　采取海事证据保全，应当具备下列条件：

（一）请求人是海事请求的当事人；

（二）请求保全的证据对该海事请求具有证明作用；

（三）被请求人是与请求保全的证据有关的人；

（四）情况紧急，不立即采取证据保全就会使该海事请求的证据灭失或者难以取得。

第六十八条　海事法院接受申请后，应当在四十八小时内作出裁定。裁定采取海事证据保全措施的，应当立即执行；对不符合海事证据保全条件的，裁定驳回其申请。

第六十九条　当事人对裁定不服的，可以在收到裁定书之日起五日内申请复议一次。海事法院应当在收到复议申请之日起五日内作出复议决定。复议期间不停止裁定的执行。被请求人申请复议的理由成立的，应当将保全的证据返还被请求人。

利害关系人对海事证据保全提出异议，海事法院经审查，认为理由成立的，应当裁定撤销海事证据保全；已经执行的，应当将与利害关系人有关的证据返还利害关系人。

第七十条　海事法院进行海事证据保全，根据具体情况，可以对证据予以封存，也可以提取复制件、副本，或者进行拍照、录相，制作节录本、调查笔录等。确有必要的，也可以提取证据原件。

第七十一条　海事请求人申请海事证据保全错误的，应当赔偿被请求人或者利害关系人因此所遭受的损失。

第七十二条　海事证据保全后，有关海事纠纷未进入诉讼或者仲裁程序的，当事人就该海事请求，可以向采取证据保全的海事法院或者其他有管辖权的海事法院提起诉讼，但当事人之间订有诉讼管辖协议或者仲裁协议的除外。

第六章　海 事 担 保

第七十三条　海事担保包括本法规定的海事请求保全、海事强制令、海事证据保全等程序中所涉及的担保。

担保的方式为提供现金或者保证、设置抵押或者质押。

第七十四条　海事请求人的担保应当提交给海事法院；被请求人的担保可以提交给海事法院，也可以提供给海事请求人。

第七十五条　海事请求人提供的担保，其方式、数额由海事法院决定。被请求人提供的担保，其方式、数额由海事请求人和被请求人协商；协商不成的，由海事法院决定。

第七十六条　海事请求人要求被请求人就海事请求保全提供担保的数额，应当与其债权数额相当，但不得超过被保全的财产价值。

海事请求人提供担保的数额，应当相当于因其申请可能给被请求人造成的损失。具体数额由海事法院决定。

第七十七条　担保提供后，提供担保的人有正当理由的，可以向海事法院申请减少、变更或者取消该担保。

第七十八条　海事请求人请求担保的数额过高，造成被请求人损失的，应当承担赔偿责任。

第七十九条　设立海事赔偿责任限制基金和先予执行等程序所涉及的担保，可以参照本章规定。

第七章　送　　达

第八十条　海事诉讼法律文书的送达，适用《中华人民共和国民事诉讼法》的有关规定，还可以采用下列方式：

（一）向受送达人委托的诉讼代理人送达；

（二）向受送达人在中华人民共和国领域内设立的代表机构、分支机构或者业务代办人送达；

（三）通过能够确认收悉的其他适当方式送达。

有关扣押船舶的法律文书也可以向当事船舶的船长送达。

第八十一条　有义务接受法律文书的人拒绝签收，送达人在送达回证上记明情况，经送达人、见证人签名或者盖章，将法律文书留在其住所或者办公处所的，视为送达。

第八章　审 判 程 序

第一节　审理船舶碰撞案件的规定

第八十二条　原告在起诉时、被告在答辩时，应当如实填写《海事事故调查表》。

第八十三条 海事法院向当事人送达起诉状或者答辩状时,不附送有关证据材料。

第八十四条 当事人应当在开庭审理前完成举证。当事人完成举证并向海事法院出具完成举证说明书后,可以申请查阅有关船舶碰撞的事实证据材料。

第八十五条 当事人不能推翻其在《海事事故调查表》中的陈述和已经完成的举证,但有新的证据,并有充分的理由说明该证据不能在举证期间内提交的除外。

第八十六条 船舶检验、估价应当由国家授权或者其他具有专业资格的机构或者个人承担。非经国家授权或者未取得专业资格的机构或者个人所作的检验或者估价结论,海事法院不予采纳。

第八十七条 海事法院审理船舶碰撞案件,应当在立案后一年内审结。有特殊情况需要延长的,由本院院长批准。

第二节 审理共同海损案件的规定

第八十八条 当事人就共同海损的纠纷,可以协议委托理算机构理算,也可以直接向海事法院提起诉讼。海事法院受理未经理算的共同海损纠纷,可以委托理算机构理算。

第八十九条 理算机构作出的共同海损理算报告,当事人没有提出异议的,可以作为分摊责任的依据;当事人提出异议的,由海事法院决定是否采纳。

第九十条 当事人可以不受因同一海损事故提起的共同海损诉讼程序的影响,就非共同海损损失向责任人提起诉讼。

第九十一条 当事人就同一海损事故向受理共同海损案件的海事法院提起非共同海损的诉讼,以及对共同海损分摊向责任人提起追偿诉讼的,海事法院可以合并审理。

第九十二条 海事法院审理共同海损案件,应当在立案后一年内审结。有特殊情况需要延长的,由本院院长批准。

第三节 海上保险人行使代位请求赔偿权利的规定

第九十三条 因第三人造成保险事故,保险人向被保险人支付保险赔偿后,在保险赔偿范围内可以代位行使被保险人对第三人请求赔偿的权利。

第九十四条 保险人行使代位请求赔偿权利时,被保险人未向造成保险事故的第三人提起诉讼的,保险人应当以自己的名义向该第三人提起诉讼。

第九十五条 保险人行使代位请求赔偿权利时,被保险人已经向造成保险事故的第三人提起诉讼的,保险人可以向受理该案的法院提出变更当事人的请求,代位行使被保险人对第三人请求赔偿的权利。

被保险人取得的保险赔偿不能弥补第三人造成的全部损失的,保险人和被保险人可以作为共同原告向第三人请求赔偿。

第九十六条 保险人依照本法第九十四条、第九十五条的规定提起诉讼或者申请参加诉讼的,应当向受理该案的海事法院提交保险人支付保险赔偿的凭证,以及参加诉讼应当提交的其他文件。

第九十七条 对船舶造成油污损害的赔偿请求,受损害人可以向造成油污损害的船舶所有人提出，也可以直接向承担船舶所有人油污损害责任的保险人或者提供财务保证的其他人提出。

油污损害责任的保险人或者提供财务保证的其他人被起诉的，有权要求造成油污损害的船舶所有人参加诉讼。

第四节　简易程序、督促程序和公示催告程序

第九十八条　海事法院审理事实清楚、权利义务关系明确、争议不大的简单的海事案件，可以适用《中华人民共和国民事诉讼法》简易程序的规定。

第九十九条　债权人基于海事事由请求债务人给付金钱或者有价证券，符合《中华人民共和国民事诉讼法》有关规定的，可以向有管辖权的海事法院申请支付令。

债务人是外国人、无国籍人、外国企业或者组织，但在中华人民共和国领域内有住所、代表机构或者分支机构并能够送达支付令的，债权人可以向有管辖权的海事法院申请支付令。

第一百条　提单等提货凭证持有人，因提货凭证失控或者灭失，可以向货物所在地海事法院申请公示催告。

第九章　设立海事赔偿责任限制基金程序

第一百零一条　船舶所有人、承租人、经营人、救助人、保险人在发生海事事故后，依法申请责任限制的，可以向海事法院申请设立海事赔偿责任限制基金。

船舶造成油污损害的，船舶所有人及其责任保险人或者提供财务保证的其他人为取得法律规定的责任限制的权利，应当向海事法院设立油污损害的海事赔偿责任限制基金。

设立责任限制基金的申请可以在起诉前或者诉讼中提出，但最迟应当在一审判决作出前提出。

第一百零二条　当事人在起诉前申请设立海事赔偿责任限制基金的，应当向事故发生地、合同履行地或者船舶扣押地海事法院提出。

第一百零三条　设立海事赔偿责任限制基金，不受当事人之间关于诉讼管辖协议或者仲裁协议的约束。

第一百零四条　申请人向海事法院申请设立海事赔偿责任限制基金，应当提交书面申请。申请书应当载明申请设立海事赔偿责任限制基金的数额、理由，以及已知的利害关系人的名称、地址和通讯方法，并附有关证据。

第一百零五条　海事法院受理设立海事赔偿责任限制基金申请后，应当在七日内向已知的利害关系人发出通知，同时通过报纸或者其他新闻媒体发布公告。

通知和公告包括下列内容：

（一）申请人的名称；

（二）申请的事实和理由；

（三）设立海事赔偿责任限制基金事项；

（四）办理债权登记事项；

（五）需要告知的其他事项。

第一百零六条　利害关系人对申请人申请设立海事赔偿责任限制基金有异议的，应当在收到通知之日起七日内或者未收到通知的在公告之日起三十日内，以书面形式向海事法院提出。

海事法院收到利害关系人提出的书面异议后，应当进行审查，在十五日内作出裁定。异议成立的，裁定驳回申请人的申请；异议不成立的，裁定准予申请人设立海事赔偿责任限制基金。

当事人对裁定不服的，可以在收到裁定书之日起七日内提起上诉。第二审人民法院应当在收到上诉状之日起十五日内作出裁定。

第一百零七条　利害关系人在规定的期间内没有提出异议的，海事法院裁定准予申请人设立海事赔偿责任限制基金。

第一百零八条　准予申请人设立海事赔偿责任限制基金的裁定生效后，申请人应当在海事法院设立海事赔偿责任限制基金。

设立海事赔偿责任限制基金可以提供现金，也可以提供经海事法院认可的担保。

海事赔偿责任限制基金的数额，为海事赔偿责任限额和自事故发生之日起至基金设立之日止的利息。以担保方式设立基金的，担保数额为基金数额及其在基金设立期间的利息。

以现金设立基金的，基金到达海事法院指定帐户之日为基金设立之日。以担保设立基金的，海事法院接受担保之日为基金设立之日。

第一百零九条　设立海事赔偿责任限制基金以后，当事人就有关海事纠纷应当向设立海事赔偿责任限制基金的海事法院提起诉讼，但当事人之间订有诉讼管辖协议或者仲裁协议的除外。

第一百一十条　申请人申请设立海事赔偿责任限制基金错误的，应当赔偿利害关系人因此所遭受的损失。

第十章　债权登记与受偿程序

第一百一十一条　海事法院裁定强制拍卖船舶的公告发布后，债权人应当在公告期间，就与被拍卖船舶有关的债权申请登记。公告期间届满不登记的，视为放弃在本次拍卖船舶价款中受偿的权利。

第一百一十二条　海事法院受理设立海事赔偿责任限制基金的公告发布后，债权人应当在公告期间就与特定场合发生的海事事故有关的债权申请登记。公告期间届满不登记的，视为放弃债权。

第一百一十三条　债权人向海事法院申请登记债权的，应当提交书面申请，并提供有关债权证据。

债权证据，包括证明债权的具有法律效力的判决书、裁定书、调解书、仲裁裁决书和公证债权文书，以及其他证明具有海事请求的证据材料。

第一百一十四条 海事法院应当对债权人的申请进行审查，对提供债权证据的，裁定准予登记；对不提供债权证据的，裁定驳回申请。

第一百一十五条 债权人提供证明债权的判决书、裁定书、调解书、仲裁裁决书或者公证债权文书的，海事法院经审查认定上述文书真实合法的，裁定予以确认。

第一百一十六条 债权人提供其他海事请求证据的，应当在办理债权登记以后，在受理债权登记的海事法院提起确权诉讼。当事人之间有仲裁协议的，应当及时申请仲裁。

海事法院对确权诉讼作出的判决、裁定具有法律效力，当事人不得提起上诉。

第一百一十七条 海事法院审理并确认债权后，应当向债权人发出债权人会议通知书，组织召开债权人会议。

第一百一十八条 债权人会议可以协商提出船舶价款或者海事赔偿责任限制基金的分配方案，签订受偿协议。

受偿协议经海事法院裁定认可，具有法律效力。

债权人会议协商不成的，由海事法院依照《中华人民共和国海商法》以及其他有关法律规定的受偿顺序，裁定船舶价款或者海事赔偿责任限制基金的分配方案。

第一百一十九条 拍卖船舶所得价款及其利息，或者海事赔偿责任限制基金及其利息，应当一并予以分配。

分配船舶价款时，应当由责任人承担的诉讼费用，为保存、拍卖船舶和分配船舶价款产生的费用，以及为债权人的共同利益支付的其他费用，应当从船舶价款中先行拨付。

清偿债务后的余款，应当退还船舶原所有人或者海事赔偿责任限制基金设立人。

第十一章　船舶优先权催告程序

第一百二十条 船舶转让时，受让人可以向海事法院申请船舶优先权催告，催促船舶优先权人及时主张权利，消灭该船舶附有的船舶优先权。

第一百二十一条 受让人申请船舶优先权催告的，应当向转让船舶交付地或者受让人住所地海事法院提出。

第一百二十二条 申请船舶优先权催告，应当向海事法院提交申请书、船舶转让合同、船舶技术资料等文件。申请书应当载明船舶的名称、申请船舶优先权催告的事实和理由。

第一百二十三条 海事法院在收到申请书以及有关文件后，应当进行审查，在七日内作出准予或者不准予申请的裁定。

受让人对裁定不服的，可以申请复议一次。

第一百二十四条 海事法院在准予申请的裁定生效后，应当通过报纸或者其他新闻媒体发布公告，催促船舶优先权人在催告期间主张船舶优先权。

船舶优先权催告期间为六十日。

第一百二十五条 船舶优先权催告期间，船舶优先权人主张权利的，应当在海事法院办理登记；不主张权利的，视为放弃船舶优先权。

第一百二十六条　　船舶优先权催告期间届满，无人主张船舶优先权的，海事法院应当根据当事人的申请作出判决，宣告该转让船舶不附有船舶优先权。判决内容应当公告。

第十二章　附　　则

第一百二十七条　　本法自 2000 年 7 月 1 日起施行。

最高人民法院关于适用《中华人民共和国海事诉讼特别程序法》若干问题的解释

中华人民共和国最高人民法院公告

《最高人民法院关于适用〈中华人民共和国海事诉讼特别程序法〉若干问题的解释》已于 2002 年 12 月 3 日由最高人民法院审判委员会第 1259 次会议通过。现予公布,自 2003 年 2 月 1 日起施行。

二〇〇三年一月六日

为了依法正确审理海事案件,根据《中华人民共和国民事诉讼法》和《中华人民共和国海事诉讼特别程序法》的规定以及海事审判的实践,对人民法院适用海事诉讼特别程序法的若干问题作出如下解释。

一、关于管辖

第一条 在海上或者通海水域发生的与船舶或者运输、生产、作业相关的海事侵权纠纷、海商合同纠纷,以及法律或者相关司法解释规定的其他海事纠纷案件由海事法院及其上级人民法院专门管辖。

第二条 涉外海事侵权纠纷案件和海上运输合同纠纷案件的管辖,适用民事诉讼法第二十五章的规定;民事诉讼法第二十五章没有规定的,适用海事诉讼特别程序法第六条第二款(一)、(二)项的规定和民事诉讼法的其他有关规定。

第三条 海事诉讼特别程序法第六条规定的海船指适合航行于海上或者通海水域的船舶。

第四条 海事诉讼特别程序法第六条第二款(一)项规定的船籍港指被告船舶的船籍港。被告船舶的船籍港不在中华人民共和国领域内,原告船舶的船籍港在中华人民共和国领域内的,由原告船舶的船籍港所在地的海事法院管辖。

第五条 海事诉讼特别程序法第六条第二款(二)项规定的起运港、转运港和到达港指合同约定的或者实际履行的起运港、转运港和到达港。合同约定的起运港、转运港和到达港与实际履行的起运港、转运港和到达港不一致的,以实际履行的地点确定案件管辖。

第六条　海事诉讼特别程序法第六条第二款（四）项的保赔标的物所在地指保赔船舶的所在地。

第七条　海事诉讼特别程序法第六条第二款（七）项规定的船舶所在地指起诉时船舶的停泊地或者船舶被扣押地。

第八条　因船员劳务合同纠纷直接向海事法院提起的诉讼，海事法院应当受理。

第九条　因海难救助费用提起的诉讼，除依照民事诉讼法第三十二条的规定确定管辖外，还可以由被救助的船舶以外的其他获救财产所在地的海事法院管辖。

第十条　与船舶担保或者船舶优先权有关的借款合同纠纷，由被告住所地、合同履行地、船舶的船籍港、船舶所在地的海事法院管辖。

第十一条　海事诉讼特别程序法第七条（三）项规定的有管辖权的海域指中华人民共和国的毗连区、专属经济区、大陆架以及有管辖权的其他海域。

第十二条　海事诉讼特别程序法第七条（三）项规定的合同履行地指合同的实际履行地；合同未实际履行的，为合同约定的履行地。

第十三条　当事人根据海事诉讼特别程序法第十一条的规定申请执行海事仲裁裁决，申请承认和执行国外海事仲裁裁决的，由被执行的财产所在地或者被执行人住所地的海事法院管辖；被执行的财产为船舶的，无论该船舶是否在海事法院管辖区域范围内，均由海事法院管辖。船舶所在地没有海事法院的，由就近的海事法院管辖。

前款所称财产所在地和被执行人住所地是指海事法院行使管辖权的地域。

第十四条　认定海事仲裁协议效力案件，由被申请人住所地、合同履行地或者约定的仲裁机构所在地的海事法院管辖。

第十五条　除海事法院及其上级人民法院外，地方人民法院对当事人提出的船舶保全申请应不予受理；地方人民法院为执行生效法律文书需要扣押和拍卖船舶的，应当委托船籍港所在地或者船舶所在地的海事法院执行。

第十六条　两个以上海事法院都有管辖权的诉讼，原告可以向其中一个海事法院起诉；原告向两个以上有管辖权的海事法院起诉的，由最先立案的海事法院管辖。

第十七条　海事法院之间因管辖权发生争议，由争议双方协商解决；协商解决不了的，报请最高人民法院指定管辖。

二、关于海事请求保全

第十八条　海事诉讼特别程序法第十二条规定的被请求人的财产包括船舶、船载货物、船用燃油以及船用物料。对其他财产的海事请求保全适用民事诉讼法有关财产保全的规定。

第十九条　海事诉讼特别程序法规定的船载货物指处于承运人掌管之下，尚未装船或者已经装载于船上以及已经卸载的货物。

第二十条　海事诉讼特别程序法第十三条规定的被保全的财产所在地指船舶的所在地或者货物的所在地。当事人在诉讼前对已经卸载但在承运人掌管之下的货物申请海事请求保全，如果货物所在地不在海事法院管辖区域的，可以向卸货港所在地的海事法院提出，也可以向货物所在地的地方人民法院提出。

第二十一条 诉讼或者仲裁前申请海事请求保全适用海事诉讼特别程序法第十四条的规定。

外国法院已受理相关海事案件或者有关纠纷已经提交仲裁，但涉案财产在中华人民共和国领域内，当事人向财产所在地的海事法院提出海事请求保全申请的，海事法院应当受理。

第二十二条 利害关系人对海事法院作出的海事请求保全裁定提出异议，经审查认为理由不成立的，应当书面通知利害关系人。

第二十三条 被请求人或者利害关系人依据海事诉讼特别程序法第二十条的规定要求海事请求人赔偿损失，向采取海事请求保全措施的海事法院提起诉讼的，海事法院应当受理。

第二十四条 申请扣押船舶错误造成的损失，包括因船舶被扣押在停泊期间产生的各项维持费用与支出、船舶被扣押造成的船期损失和被申请人为使船舶解除扣押而提供担保所支出的费用。

第二十五条 海事请求保全扣押船舶超过三十日、扣押货物或者其他财产超过十五日，海事请求人未提起诉讼或者未按照仲裁协议申请仲裁的，海事法院应当及时解除保全或者返还担保。

海事请求人未在期限内提起诉讼或者申请仲裁，但海事请求人和被请求人协议进行和解或者协议约定了担保期限的，海事法院可以根据海事请求人的申请，裁定认可该协议。

第二十六条 申请人为申请扣押船舶提供限额担保，在扣押船舶期限届满时，未按照海事法院的通知追加担保的，海事法院可以解除扣押。

第二十七条 海事诉讼特别程序法第十八条第二款、第七十四条规定的提供给海事请求人的担保，除被请求人和海事请求人有约定的外，海事请求人应当返还；海事请求人不返还担保的，该担保至海事请求保全期间届满之次日失效。

第二十八条 船舶被扣押期间产生的各项维持费用和支出，应当作为为债权人共同利益支出的费用，从拍卖船舶的价款中优先拨付。

第二十九条 海事法院根据海事诉讼特别程序法第二十七条的规定准许已经实施保全的船舶继续营运的，一般仅限于航行于国内航线上的船舶完成本航次。

第三十条 申请扣押船舶的海事请求人在提起诉讼或者申请仲裁后，不申请拍卖被扣押船舶的，海事法院可以根据被申请人的申请拍卖船舶。拍卖所得价款由海事法院提存。

第三十一条 海事法院裁定拍卖船舶，应当通过报纸或者其他新闻媒体连续公告三日。

第三十二条 利害关系人请求终止拍卖被扣押船舶的，是否准许，海事法院应当作出裁定；海事法院裁定终止拍卖船舶的，为准备拍卖船舶所发生的费用由利害关系人承担。

第三十三条 拍卖船舶申请人或者利害关系人申请终止拍卖船舶的，应当在公告确定的拍卖船舶日期届满七日前提出。

第三十四条 海事请求人和被请求人应当按照海事法院的要求提供海事诉讼特别程序法第三十三条规定的已知的船舶优先权人、抵押权人和船舶所有人的有关确切情况。

第三十五条 海事诉讼特别程序法第三十八条规定的船舶现状指船舶展示时的

状况。船舶交接时的状况与船舶展示时的状况经评估确有明显差别的，船舶价款应当作适当的扣减，但属于正常损耗或者消耗的燃油不在此限。

第三十六条 海事请求人申请扣押船载货物的价值应当与其请求的债权数额相当，但船载货物为不可分割的财产除外。

第三十七条 拍卖的船舶移交后，海事法院应当及时通知相关的船舶登记机关。

第三十八条 海事请求人申请扣押船用燃油、物料的，除适用海事诉讼特别程序法第五十条的规定外，还可以适用海事诉讼特别程序法第三章第一节的规定。

第三十九条 二十总吨以下小型船艇的扣押和拍卖，可以依照民事诉讼法规定的扣押和拍卖程序进行。

第四十条 申请人依据《中华人民共和国海商法》第八十八条规定申请拍卖留置的货物的，参照海事诉讼特别程序法关于拍卖船载货物的规定执行。

三、关于海事强制令

第四十一条 诉讼或者仲裁前申请海事强制令的，适用海事诉讼特别程序法第五十三条的规定。

外国法院已受理相关海事案件或者有关纠纷已经提交仲裁的，当事人向中华人民共和国的海事法院提出海事强制令申请，并向法院提供可以执行海事强制令的相关证据的，海事法院应当受理。

第四十二条 海事法院根据海事诉讼特别程序法第五十七条规定，准予申请人海事强制令申请的，应当制作民事裁定书并发布海事强制令。

第四十三条 海事强制令由海事法院执行。被申请人、其他相关单位或者个人不履行海事强制令的，海事法院应当依据民事诉讼法的有关规定强制执行。

第四十四条 利害关系人对海事法院作出海事强制令的民事裁定提出异议，海事法院经审查认为理由不成立的，应当书面通知利害关系人。

第四十五条 海事强制令发布后十五日内，被请求人未提出异议，也未就相关的海事纠纷提起诉讼或者申请仲裁的，海事法院可以应申请人的请求，返还其提供的担保。

第四十六条 被请求人依据海事诉讼特别程序法第六十条的规定要求海事请求人赔偿损失的，由发布海事强制令的海事法院受理。

四、关于海事证据保全

第四十七条 诉讼前申请海事证据保全，适用海事诉讼特别程序法第六十四条的规定。

外国法院已受理相关海事案件或者有关纠纷已经提交仲裁，当事人向中华人民共和国的海事法院提出海事证据保全申请，并提供被保全的证据在中华人民共和国领域内的相关证据的，海事法院应当受理。

第四十八条 海事请求人申请海事证据保全，申请书除应当依照海事诉讼特别程序法第六十五条的规定载明相应内容外，还应当载明证据收集、调取的有关线索。

第四十九条　　海事请求人在采取海事证据保全的海事法院提起诉讼后，可以申请复制保全的证据材料；相关海事纠纷在中华人民共和国领域内的其他海事法院或者仲裁机构受理的，受诉法院或者仲裁机构应海事请求人的申请可以申请复制保全的证据材料。

第五十条　　利害关系人对海事法院作出的海事证据保全裁定提出异议，海事法院经审查认为理由不成立的，应当书面通知利害关系人。

第五十一条　　被请求人依据海事诉讼特别程序法第七十一条的规定要求海事请求人赔偿损失的，由采取海事证据保全的海事法院受理。

五、关于海事担保

第五十二条　　海事诉讼特别程序法第七十七条规定的正当理由指：

（1）海事请求人请求担保的数额过高；

（2）被请求人已采取其他有效的担保方式；

（3）海事请求人的请求权消灭。

六、关于送达

第五十三条　　有关海事强制令、海事证据保全的法律文书可以向当事船舶的船长送达。

第五十四条　　应当向被告送达的开庭传票等法律文书，可以向被扣押的被告船舶的船长送达，但船长作为原告的除外。

第五十五条　　海事诉讼特别程序法第八十条第一款（三）项规定的其他适当方式包括传真、电子邮件（包括受送达人的专门网址）等送达方式。

通过以上方式送达的，应确认受送达人确已收悉。

七、关于审判程序

第五十六条　　海事诉讼特别程序法第八十四条规定的当事人应当在开庭审理前完成举证的内容，包括当事人按照海事诉讼特别程序法第八十二条的规定填写《海事事故调查表》和提交有关船舶碰撞的事实证据材料。

前款规定的证据材料，当事人应当在一审开庭前向海事法院提供。

第五十七条　　《海事事故调查表》属于当事人对发生船舶碰撞基本事实的陈述。经对方当事人认可或者经法院查证属实，可以作为认定事实的依据。

第五十八条　　有关船舶碰撞的事实证据材料指涉及船舶碰撞的经过、碰撞原因等方面的证据材料。

有关船舶碰撞的事实证据材料，在各方当事人完成举证后进行交换。当事人在完成举证前向法院申请查阅有关船舶碰撞的事实证据材料的，海事法院应予驳回。

第五十九条　　海事诉讼特别程序法第八十五条规定的新的证据指非当事人所持有，在开庭前尚未掌握或者不能获得，因而在开庭前不能举证的证据。

第六十条　　因船舶碰撞以外的海事海商案件需要进行船舶检验或者估价的，适用海事诉讼特别程序法第八十六条的规定。

第六十一条　依据《中华人民共和国海商法》第一百七十条的规定提起的诉讼和因船舶触碰造成损害提起的诉讼，参照海事诉讼特别程序法关于审理船舶碰撞案件的有关规定审理。

第六十二条　未经理算的共同海损纠纷诉至海事法院的，海事法院应责令当事人自行委托共同海损理算。确有必要由海事法院委托理算的，由当事人提出申请，委托理算的费用由主张共同海损的当事人垫付。

第六十三条　当事人对共同海损理算报告提出异议，经海事法院审查异议成立，需要补充理算或者重新理算的，应当由原委托人通知理算人进行理算。原委托人不通知理算的，海事法院可以通知理算人重新理算，有关费用由异议人垫付；异议人拒绝垫付费用的，视为撤销异议。

第六十四条　因与共同海损纠纷有关的非共同海损损失向责任人提起的诉讼，适用海事诉讼特别程序法第九十二条规定的审限。

第六十五条　保险人依据海事诉讼特别程序法第九十五条规定行使代位请求赔偿权利，应当以自己的名义进行；以他人名义提起诉讼的，海事法院应不予受理或者驳回起诉。

第六十六条　保险人依据海事诉讼特别程序法第九十五条的规定请求变更当事人或者请求作为共同原告参加诉讼的，海事法院应当予以审查并作出是否准予的裁定。当事人对裁定不服的，可以提起上诉。

第六十七条　保险人依据海事诉讼特别程序法第九十五条的规定参加诉讼的，被保险人依此前进行的诉讼行为所取得的财产保全或者通过扣押取得的担保权益等，在保险人的代位请求赔偿权利范围内对保险人有效。被保险人因自身过错产生的责任，保险人不予承担。

第六十八条　海事诉讼特别程序法第九十六条规定的支付保险赔偿的凭证指赔偿金收据、银行支付单据或者其他支付凭证。仅有被保险人出具的权利转让书但不能出具实际支付证明的，不能作为保险人取得代位请求赔偿权利的事实依据。

第六十九条　海事法院根据油污损害的保险人或者提供财务保证的其他人的请求，可以通知船舶所有人作为无独立请求权的第三人参加诉讼。

第七十条　海事诉讼特别程序法第一百条规定的失控指提单或者其他提货凭证被盗、遗失。

第七十一条　申请人依据海事诉讼特别程序法第一百条的规定向海事法院申请公示催告的，应当递交申请书。申请书应当载明：提单等提货凭证的种类、编号、货物品名、数量、承运人、托运人、收货人、承运船舶名称、航次以及背书情况和申请的理由、事实等。有副本的应当附有单证的副本。

第七十二条　海事法院决定受理公示催告申请的，应当同时通知承运人、承运人的代理人或者货物保管人停止交付货物，并于三日内发出公告，敦促利害关系人申报权利。公示催告的期间由海事法院根据情况决定，但不得少于三十日。

第七十三条　承运人、承运人的代理人或者货物保管人收到海事法院停止交付货物的通知后，应当停止交付，至公示催告程序终结。

第七十四条 公示催告期间，转让提单的行为无效；有关货物的存储保管费用及风险由申请人承担。

第七十五条 公示催告期间，国家重点建设项目待安装、施工、生产的货物，救灾物资，或者货物本身属性不宜长期保管以及季节性货物，在申请人提供充分可靠担保的情况下，海事法院可以依据申请人的申请作出由申请人提取货物的裁定。

承运人、承运人的代理人或者货物保管人收到海事法院准予提取货物的裁定后，应当依据裁定的指令将货物交付给指定的人。

第七十六条 公示催告期间，利害关系人可以向海事法院申报权利。海事法院收到利害关系人的申报后，应当裁定终结公示催告程序，并通知申请人和承运人、承运人的代理人或者货物保管人。

申请人、申报人可以就有关纠纷向海事法院提起诉讼。

第七十七条 公示催告期间无人申报的，海事法院应当根据申请人的申请作出判决，宣告提单或者有关提货凭证无效。判决内容应当公告，并通知承运人、承运人的代理人或者货物保管人。自判决公告之日起，申请人有权请求承运人、承运人的代理人或者货物保管人交付货物。

第七十八条 利害关系人因正当理由不能在公示催告期间向海事法院申报的，自知道或者应当知道判决公告之日起一年内，可以向作出判决的海事法院起诉。

八、关于设立海事赔偿责任限制基金程序

第七十九条 海事诉讼特别程序法第一百零一条规定的船舶所有人指有关船舶证书上载明的船舶所有人。

第八十条 海事事故发生在中华人民共和国领域外的，船舶发生事故后进入中华人民共和国领域内的第一到达港视为海事诉讼特别程序法第一百零二条规定的事故发生地。

第八十一条 当事人在诉讼中申请设立海事赔偿责任限制基金的，应当向受理相关海事纠纷案件的海事法院提出，但当事人之间订有有效诉讼管辖协议或者仲裁协议的除外。

第八十二条 设立海事赔偿责任限制基金应当通过报纸或者其他新闻媒体连续公告三日。如果涉及的船舶是可以航行于国际航线的，应当通过对外发行的报纸或者其他新闻媒体发布公告。

第八十三条 利害关系人依据海事诉讼特别程序法第一百零六条的规定对申请人设立海事赔偿责任限制基金提出异议的，海事法院应当对设立基金申请人的主体资格、事故所涉的债权性质和申请设立基金的数额进行审查。

第八十四条 准予申请人设立海事赔偿责任限制基金的裁定生效后，申请人应当在三日内在海事法院设立海事赔偿责任限制基金。申请人逾期未设立基金的，按自动撤回申请处理。

第八十五条 海事诉讼特别程序法第一百零八条规定的担保指中华人民共和国境内的银行或者其他金融机构所出具的担保。

第八十六条 设立海事赔偿责任限制基金后，向基金提出请求的任何人，不得就该项索赔对设立或以其名义设立基金的人的任何其他财产，行使任何权利。

九、关于债权登记与受偿程序

第八十七条 海事诉讼特别程序法第一百一十一条规定的与被拍卖船舶有关的债权指与被拍卖船舶有关的海事债权。

第八十八条 海事诉讼特别程序法第一百一十五条规定的判决书、裁定书、调解书和仲裁裁决书指我国国内的判决书、裁定书、调解书和仲裁裁决书。对于债权人提供的国外的判决书、裁定书、调解书和仲裁裁决书，适用民事诉讼法第二百六十八条和第二百六十九条规定的程序审查。

第八十九条 在债权登记前，债权人已向受理债权登记的海事法院以外的海事法院起诉的，受理案件的海事法院应当将案件移送至登记债权的海事法院一并审理，但案件已经进入二审的除外。

第九十条 债权人依据海事诉讼特别程序法第一百一十六条规定向受理债权登记的海事法院提起确权诉讼的，应当在办理债权登记后七日内提起。

第九十一条 海事诉讼特别程序法第一百一十九条第二款规定的三项费用按顺序拨付。

十、关于船舶优先权催告程序

第九十二条 船舶转让合同订立后船舶实际交付前，受让人即可申请船舶优先权催告。

受让人不能提供原船舶证书的，不影响船舶优先权催告申请的提出。

第九十三条 海事诉讼特别程序法第一百二十条规定的受让人指船舶转让中的买方和有买船意向的人，但受让人申请海事法院作出除权判决时，必须提交其已经实际受让船舶的证据。

第九十四条 船舶受让人对不准予船舶优先权催告申请的裁定提出复议的，海事法院应当在七日内作出复议决定。

第九十五条 海事法院准予船舶优先权催告申请的裁定生效后，应当通过报纸或者其他新闻媒体连续公告三日。优先权催告的船舶为可以航行于国际航线的，应当通过对外发行的报纸或者其他新闻媒体发布公告。

第九十六条 利害关系人在船舶优先权催告期间提出优先权主张的，海事法院应当裁定优先权催告程序终结。

十一、其他

第九十七条 在中华人民共和国领域内进行海事诉讼，适用海事诉讼特别程序法的规定。海事诉讼特别程序法没有规定的，适用民事诉讼法的有关规定。

第九十八条 本规定自 2003 年 2 月 1 日起实施。

中华人民共和国民事诉讼法

（1991 年 4 月 9 日第七届全国人民代表大会第四次会议通过；根据 2007 年 10 月 28 日第十届全国人民代表大会常务委员会第三十次会议《关于修改〈中华人民共和国民事诉讼法〉的决定》第一次修正；根据 2012 年 8 月 31 日第十一届全国人民代表大会常务委员会第二十八次会议《关于修改〈中华人民共和国民事诉讼法〉的决定》第二次修正；根据 2017 年 6 月 27 日第十二届全国人民代表大会常务委员会第二十八次会议《关于修改〈中华人民共和国民事诉讼法〉和〈中华人民共和国行政诉讼法〉的决定》第三次修正。）

第一编　总　　则

第一章　任务、适用范围和基本原则

第一条　中华人民共和国民事诉讼法以宪法为根据，结合我国民事审判工作的经验和实际情况制定。

第二条　中华人民共和国民事诉讼法的任务，是保护当事人行使诉讼权利，保证人民法院查明事实，分清是非，正确适用法律，及时审理民事案件，确认民事权利义务关系，制裁民事违法行为，保护当事人的合法权益，教育公民自觉遵守法律，维护社会秩序、经济秩序，保障社会主义建设事业顺利进行。

第三条　人民法院受理公民之间、法人之间、其他组织之间以及他们相互之间因财产关系和人身关系提起的民事诉讼，适用本法的规定。

第四条　凡在中华人民共和国领域内进行民事诉讼，必须遵守本法。

第五条　外国人、无国籍人、外国企业和组织在人民法院起诉、应诉，同中华人民共和国公民、法人和其他组织有同等的诉讼权利义务。

外国法院对中华人民共和国公民、法人和其他组织的民事诉讼权利加以限制的，中华人民共和国人民法院对该国公民、企业和组织的民事诉讼权利，实行对等原则。

第六条　民事案件的审判权由人民法院行使。

人民法院依照法律规定对民事案件独立进行审判，不受行政机关、社会团体和个人的干涉。

第七条　　人民法院审理民事案件，必须以事实为根据，以法律为准绳。

第八条　　民事诉讼当事人有平等的诉讼权利。人民法院审理民事案件，应当保障和便利当事人行使诉讼权利，对当事人在适用法律上一律平等。

第九条　　人民法院审理民事案件，应当根据自愿和合法的原则进行调解；调解不成的，应当及时判决。

第十条　　人民法院审理民事案件，依照法律规定实行合议、回避、公开审判和两审终审制度。

第十一条　　各民族公民都有用本民族语言、文字进行民事诉讼的权利。

在少数民族聚居或者多民族共同居住的地区，人民法院应当用当地民族通用的语言、文字进行审理和发布法律文书。

人民法院应当对不通晓当地民族通用的语言、文字的诉讼参与人提供翻译。

第十二条　　人民法院审理民事案件时，当事人有权进行辩论。

第十三条　　民事诉讼应当遵循诚实信用原则。

当事人有权在法律规定的范围内处分自己的民事权利和诉讼权利。

第十四条　　人民检察院有权对民事诉讼实行法律监督。

第十五条　　机关、社会团体、企业事业单位对损害国家、集体或者个人民事权益的行为，可以支持受损害的单位或者个人向人民法院起诉。

第十六条　　民族自治地方的人民代表大会根据宪法和本法的原则，结合当地民族的具体情况，可以制定变通或者补充的规定。自治区的规定，报全国人民代表大会常务委员会批准。自治州、自治县的规定，报省或者自治区的人民代表大会常务委员会批准，并报全国人民代表大会常务委员会备案。

第二章　管　　辖

第一节　级　别　管　辖

第十七条　　基层人民法院管辖第一审民事案件，但本法另有规定的除外。

第十八条　　中级人民法院管辖下列第一审民事案件：

（一）重大涉外案件；

（二）在本辖区有重大影响的案件；

（三）最高人民法院确定由中级人民法院管辖的案件。

第十九条　　高级人民法院管辖在本辖区有重大影响的第一审民事案件。

第二十条　　最高人民法院管辖下列第一审民事案件：

（一）在全国有重大影响的案件；

（二）认为应当由本院审理的案件。

第二节　地　域　管　辖

第二十一条　对公民提起的民事诉讼，由被告住所地人民法院管辖；被告住所地与经常居住地不一致的，由经常居住地人民法院管辖。

对法人或者其他组织提起的民事诉讼，由被告住所地人民法院管辖。

同一诉讼的几个被告住所地、经常居住地在两个以上人民法院辖区的，各该人民法院都有管辖权。

第二十二条　下列民事诉讼，由原告住所地人民法院管辖；原告住所地与经常居住地不一致的，由原告经常居住地人民法院管辖：

（一）对不在中华人民共和国领域内居住的人提起的有关身份关系的诉讼；

（二）对下落不明或者宣告失踪的人提起的有关身份关系的诉讼；

（三）对被采取强制性教育措施的人提起的诉讼；

（四）对被监禁的人提起的诉讼。

第二十三条　因合同纠纷提起的诉讼，由被告住所地或者合同履行地人民法院管辖。

第二十四条　因保险合同纠纷提起的诉讼，由被告住所地或者保险标的物所在地人民法院管辖。

第二十五条　因票据纠纷提起的诉讼，由票据支付地或者被告住所地人民法院管辖。

第二十六条　因公司设立、确认股东资格、分配利润、解散等纠纷提起的诉讼，由公司住所地人民法院管辖。

第二十七条　因铁路、公路、水上、航空运输和联合运输合同纠纷提起的诉讼，由运输始发地、目的地或者被告住所地人民法院管辖。

第二十八条　因侵权行为提起的诉讼，由侵权行为地或者被告住所地人民法院管辖。

第二十九条　因铁路、公路、水上和航空事故请求损害赔偿提起的诉讼，由事故发生地或者车辆、船舶最先到达地、航空器最先降落地或者被告住所地人民法院管辖。

第三十条　因船舶碰撞或者其他海事损害事故请求损害赔偿提起的诉讼，由碰撞发生地、碰撞船舶最先到达地、加害船舶被扣留地或者被告住所地人民法院管辖。

第三十一条　因海难救助费用提起的诉讼，由救助地或者被救助船舶最先到达地人民法院管辖。

第三十二条　因共同海损提起的诉讼，由船舶最先到达地、共同海损理算地或者航程终止地的人民法院管辖。

第三十三条　下列案件，由本条规定的人民法院专属管辖：

（一）因不动产纠纷提起的诉讼，由不动产所在地人民法院管辖；

（二）因港口作业中发生纠纷提起的诉讼，由港口所在地人民法院管辖；

（三）因继承遗产纠纷提起的诉讼，由被继承人死亡时住所地或者主要遗产所在地人民法院管辖。

第三十四条　合同或者其他财产权益纠纷的当事人可以书面协议选择被告住所地、合同履行地、合同签订地、原告住所地、标的物所在地等与争议有实际联系的地点的人民法院管辖，但不得违反本法对级别管辖和专属管辖的规定。

第三十五条　两个以上人民法院都有管辖权的诉讼，原告可以向其中一个人民法院起诉；原告向两个以上有管辖权的人民法院起诉的，由最先立案的人民法院管辖。

第三节　移送管辖和指定管辖

第三十六条　人民法院发现受理的案件不属于本院管辖的，应当移送有管辖权的人民法院，受移送的人民法院应当受理。受移送的人民法院认为受移送的案件依照规定不属于本院管辖的，应当报请上级人民法院指定管辖，不得再自行移送。

第三十七条　有管辖权的人民法院由于特殊原因，不能行使管辖权的，由上级人民法院指定管辖。

人民法院之间因管辖权发生争议，由争议双方协商解决；协商解决不了的，报请它们的共同上级人民法院指定管辖。

第三十八条　上级人民法院有权审理下级人民法院管辖的第一审民事案件；确有必要将本院管辖的第一审民事案件交下级人民法院审理的，应当报请其上级人民法院批准。

下级人民法院对它所管辖的第一审民事案件，认为需要由上级人民法院审理的，可以报请上级人民法院审理。

第三章　审判组织

第三十九条　人民法院审理第一审民事案件，由审判员、陪审员共同组成合议庭或者由审判员组成合议庭。合议庭的成员人数，必须是单数。

适用简易程序审理的民事案件，由审判员一人独任审理。

陪审员在执行陪审职务时，与审判员有同等的权利义务。

第四十条　人民法院审理第二审民事案件，由审判员组成合议庭。合议庭的成员人数，必须是单数。

发回重审的案件，原审人民法院应当按照第一审程序另行组成合议庭。

审理再审案件，原来是第一审的，按照第一审程序另行组成合议庭；原来是第二审的或者是上级人民法院提审的，按照第二审程序另行组成合议庭。

第四十一条　合议庭的审判长由院长或者庭长指定审判员一人担任；院长或者庭长参加审判的，由院长或者庭长担任。

第四十二条　合议庭评议案件，实行少数服从多数的原则。评议应当制作笔录，由合议庭成员签名。评议中的不同意见，必须如实记入笔录。

第四十三条　审判人员应当依法秉公办案。

审判人员不得接受当事人及其诉讼代理人请客送礼。

审判人员有贪污受贿，徇私舞弊，枉法裁判行为的，应当追究法律责任；构成犯罪的，依法追究刑事责任。

第四章　回　　避

第四十四条　审判人员有下列情形之一的，应当自行回避，当事人有权用口头或者书面方式申请他们回避：

（一）是本案当事人或者当事人、诉讼代理人近亲属的；

（二）与本案有利害关系的；

（三）与本案当事人、诉讼代理人有其他关系，可能影响对案件公正审理的。

审判人员接受当事人、诉讼代理人请客送礼，或者违反规定会见当事人、诉讼代理人的，当事人有权要求他们回避。

审判人员有前款规定的行为的，应当依法追究法律责任。

前三款规定，适用于书记员、翻译人员、鉴定人、勘验人。

第四十五条　当事人提出回避申请，应当说明理由，在案件开始审理时提出；回避事由在案件开始审理后知道的，也可以在法庭辩论终结前提出。

被申请回避的人员在人民法院作出是否回避的决定前，应当暂停参与本案的工作，但案件需要采取紧急措施的除外。

第四十六条　院长担任审判长时的回避，由审判委员会决定；审判人员的回避，由院长决定；其他人员的回避，由审判长决定。

第四十七条　人民法院对当事人提出的回避申请，应当在申请提出的三日内，以口头或者书面形式作出决定。申请人对决定不服的，可以在接到决定时申请复议一次。复议期间，被申请回避的人员，不停止参与本案的工作。人民法院对复议申请，应当在三日内作出复议决定，并通知复议申请人。

第五章　诉讼参加人

第一节　当　事　人

第四十八条　公民、法人和其他组织可以作为民事诉讼的当事人。

法人由其法定代表人进行诉讼。其他组织由其主要负责人进行诉讼。

第四十九条　当事人有权委托代理人，提出回避申请，收集、提供证据，进行辩论，请求调解，提起上诉，申请执行。

当事人可以查阅本案有关材料，并可以复制本案有关材料和法律文书。查阅、复制本案有关材料的范围和办法由最高人民法院规定。

当事人必须依法行使诉讼权利，遵守诉讼秩序，履行发生法律效力的判决书、裁定书和调解书。

第五十条 双方当事人可以自行和解。

第五十一条 原告可以放弃或者变更诉讼请求。被告可以承认或者反驳诉讼请求，有权提起反诉。

第五十二条 当事人一方或者双方为二人以上，其诉讼标的是共同的，或者诉讼标的是同一种类、人民法院认为可以合并审理并经当事人同意的，为共同诉讼。

共同诉讼的一方当事人对诉讼标的有共同权利义务的，其中一人的诉讼行为经其他共同诉讼人承认，对其他共同诉讼人发生效力；对诉讼标的没有共同权利义务的，其中一人的诉讼行为对其他共同诉讼人不发生效力。

第五十三条 当事人一方人数众多的共同诉讼，可以由当事人推选代表人进行诉讼。代表人的诉讼行为对其所代表的当事人发生效力，但代表人变更、放弃诉讼请求或者承认对方当事人的诉讼请求，进行和解，必须经被代表的当事人同意。

第五十四条 诉讼标的是同一种类、当事人一方人数众多在起诉时人数尚未确定的，人民法院可以发出公告，说明案件情况和诉讼请求，通知权利人在一定期间向人民法院登记。

向人民法院登记的权利人可以推选代表人进行诉讼；推选不出代表人的，人民法院可以与参加登记的权利人商定代表人。

代表人的诉讼行为对其所代表的当事人发生效力，但代表人变更、放弃诉讼请求或者承认对方当事人的诉讼请求，进行和解，必须经被代表的当事人同意。

人民法院作出的判决、裁定，对参加登记的全体权利人发生效力。未参加登记的权利人在诉讼时效期间提起诉讼的，适用该判决、裁定。

第五十五条 对污染环境、侵害众多消费者合法权益等损害社会公共利益的行为，法律规定的机关和有关组织可以向人民法院提起诉讼。

人民检察院在履行职责中发现破坏生态环境和资源保护、食品药品安全领域侵害众多消费者合法权益等损害社会公共利益的行为，在没有前款规定的机关和组织或者前款规定的机关和组织不提起诉讼的情况下，可以向人民法院提起诉讼。前款规定的机关或者组织提起诉讼的，人民检察院可以支持起诉。

第五十六条 对当事人双方的诉讼标的，第三人认为有独立请求权的，有权提起诉讼。

对当事人双方的诉讼标的，第三人虽然没有独立请求权，但案件处理结果同他有法律上的利害关系的，可以申请参加诉讼，或者由人民法院通知他参加诉讼。人民法院判决承担民事责任的第三人，有当事人的诉讼权利义务。

前两款规定的第三人，因不能归责于本人的事由未参加诉讼，但有证据证明发生法律效力的判决、裁定、调解书的部分或者全部内容错误，损害其民事权益的，可以自知道或者应当知道其民事权益受到损害之日起六个月内，向作出该判决、裁定、调解书的人民法院提起诉讼。人民法院经审理，诉讼请求成立的，应当改变或者撤销原判决、裁定、调解书；诉讼请求不成立的，驳回诉讼请求。

第二节 诉讼代理人

第五十七条 无诉讼行为能力人由他的监护人作为法定代理人代为诉讼。法定代理人之间互相推诿代理责任的，由人民法院指定其中一人代为诉讼。

第五十八条 当事人、法定代理人可以委托一至二人作为诉讼代理人。

下列人员可以被委托为诉讼代理人：

（一）律师、基层法律服务工作者；

（二）当事人的近亲属或者工作人员；

（三）当事人所在社区、单位以及有关社会团体推荐的公民。

第五十九条 委托他人代为诉讼，必须向人民法院提交由委托人签名或者盖章的授权委托书。

授权委托书必须记明委托事项和权限。诉讼代理人代为承认、放弃、变更诉讼请求，进行和解，提起反诉或者上诉，必须有委托人的特别授权。

侨居在国外的中华人民共和国公民从国外寄交或者托交的授权委托书，必须经中华人民共和国驻该国的使领馆证明；没有使领馆的，由与中华人民共和国有外交关系的第三国驻该国的使领馆证明，再转由中华人民共和国驻该第三国使领馆证明，或者由当地的爱国华侨团体证明。

第六十条 诉讼代理人的权限如果变更或者解除，当事人应当书面告知人民法院，并由人民法院通知对方当事人。

第六十一条 代理诉讼的律师和其他诉讼代理人有权调查收集证据，可以查阅本案有关材料。查阅本案有关材料的范围和办法由最高人民法院规定。

第六十二条 离婚案件有诉讼代理人的，本人除不能表达意思的以外，仍应出庭；确因特殊情况无法出庭的，必须向人民法院提交书面意见。

第六章 证 据

第六十三条 证据包括：

（一）当事人的陈述；

（二）书证；

（三）物证；

（四）视听资料；

（五）电子数据；

（六）证人证言；

（七）鉴定意见；

（八）勘验笔录。

证据必须查证属实，才能作为认定事实的根据。

第六十四条 当事人对自己提出的主张，有责任提供证据。

当事人及其诉讼代理人因客观原因不能自行收集的证据，或者人民法院认为审理案件需要的证据，人民法院应当调查收集。

人民法院应当按照法定程序，全面地、客观地审查核实证据。

第六十五条 当事人对自己提出的主张应当及时提供证据。

人民法院根据当事人的主张和案件审理情况，确定当事人应当提供的证据及其期限。当事人在该期限内提供证据确有困难的，可以向人民法院申请延长期限，人民法院根据当事人的申请适当延长。当事人逾期提供证据的，人民法院应当责令其说明理由；拒不说明理由或者理由不成立的，人民法院根据不同情形可以不予采纳该证据，或者采纳该证据但予以训诫、罚款。

第六十六条 人民法院收到当事人提交的证据材料，应当出具收据，写明证据名称、页数、份数、原件或者复印件以及收到时间等，并由经办人员签名或者盖章。

第六十七条 人民法院有权向有关单位和个人调查取证，有关单位和个人不得拒绝。

人民法院对有关单位和个人提出的证明文书，应当辨别真伪，审查确定其效力。

第六十八条 证据应当在法庭上出示，并由当事人互相质证。对涉及国家秘密、商业秘密和个人隐私的证据应当保密，需要在法庭出示的，不得在公开开庭时出示。

第六十九条 经过法定程序公证证明的法律事实和文书，人民法院应当作为认定事实的根据，但有相反证据足以推翻公证证明的除外。

第七十条 书证应当提交原件。物证应当提交原物。提交原件或者原物确有困难的，可以提交复制品、照片、副本、节录本。

提交外文书证，必须附有中文译本。

第七十一条 人民法院对视听资料，应当辨别真伪，并结合本案的其他证据，审查确定能否作为认定事实的根据。

第七十二条 凡是知道案件情况的单位和个人，都有义务出庭作证。有关单位的负责人应当支持证人作证。

不能正确表达意思的人，不能作证。

第七十三条 经人民法院通知，证人应当出庭作证。有下列情形之一的，经人民法院许可，可以通过书面证言、视听传输技术或者视听资料等方式作证：

（一）因健康原因不能出庭的；

（二）因路途遥远，交通不便不能出庭的；

（三）因自然灾害等不可抗力不能出庭的；

（四）其他有正当理由不能出庭的。

第七十四条 证人因履行出庭作证义务而支出的交通、住宿、就餐等必要费用以及误工损失，由败诉一方当事人负担。当事人申请证人作证的，由该当事人先行垫付；当事人没有申请，人民法院通知证人作证的，由人民法院先行垫付。

第七十五条 人民法院对当事人的陈述，应当结合本案的其他证据，审查确定能否作为认定事实的根据。

当事人拒绝陈述的，不影响人民法院根据证据认定案件事实。

第七十六条 当事人可以就查明事实的专门性问题向人民法院申请鉴定。当事人申请鉴定的，由双方当事人协商确定具备资格的鉴定人；协商不成的，由人民法院指定。

当事人未申请鉴定，人民法院对专门性问题认为需要鉴定的，应当委托具备资格的鉴定人进行鉴定。

第七十七条 鉴定人有权了解进行鉴定所需要的案件材料，必要时可以询问当事人、证人。

鉴定人应当提出书面鉴定意见，在鉴定书上签名或者盖章。

第七十八条 当事人对鉴定意见有异议或者人民法院认为鉴定人有必要出庭的，鉴定人应当出庭作证。经人民法院通知，鉴定人拒不出庭作证的，鉴定意见不得作为认定事实的根据；支付鉴定费用的当事人可以要求返还鉴定费用。

第七十九条 当事人可以申请人民法院通知有专门知识的人出庭，就鉴定人作出的鉴定意见或者专业问题提出意见。

第八十条 勘验物证或者现场，勘验人必须出示人民法院的证件，并邀请当地基层组织或者当事人所在单位派人参加。当事人或者当事人的成年家属应当到场，拒不到场的，不影响勘验的进行。

有关单位和个人根据人民法院的通知，有义务保护现场，协助勘验工作。

勘验人应当将勘验情况和结果制作笔录，由勘验人、当事人和被邀参加人签名或者盖章。

第八十一条 在证据可能灭失或者以后难以取得的情况下，当事人可以在诉讼过程中向人民法院申请保全证据，人民法院也可以主动采取保全措施。

因情况紧急，在证据可能灭失或者以后难以取得的情况下，利害关系人可以在提起诉讼或者申请仲裁前向证据所在地、被申请人住所地或者对案件有管辖权的人民法院申请保全证据。

证据保全的其他程序，参照适用本法第九章保全的有关规定。

第七章　期间、送达

第一节　期　　间

第八十二条 期间包括法定期间和人民法院指定的期间。

期间以时、日、月、年计算。期间开始的时和日，不计算在期间内。

期间届满的最后一日是节假日的，以节假日后的第一日为期间届满的日期。

期间不包括在途时间，诉讼文书在期满前交邮的，不算过期。

第八十三条 当事人因不可抗拒的事由或者其他正当理由耽误期限的，在障碍消除后的十日内，可以申请顺延期限，是否准许，由人民法院决定。

第二节　送　　达

第八十四条 送达诉讼文书必须有送达回证，由受送达人在送达回证上记明收到日期，签名或者盖章。

受送达人在送达回证上的签收日期为送达日期。

第八十五条　　送达诉讼文书，应当直接送交受送达人。受送达人是公民的，本人不在交他的同住成年家属签收；受送达人是法人或者其他组织的，应当由法人的法定代表人、其他组织的主要负责人或者该法人、组织负责收件的人签收；受送达人有诉讼代理人的，可以送交其代理人签收；受送达人已向人民法院指定代收人的，送交代收人签收。

受送达人的同住成年家属，法人或者其他组织的负责收件的人，诉讼代理人或者代收人在送达回证上签收的日期为送达日期。

第八十六条　　受送达人或者他的同住成年家属拒绝接收诉讼文书的，送达人可以邀请有关基层组织或者所在单位的代表到场，说明情况，在送达回证上记明拒收事由和日期，由送达人、见证人签名或者盖章，把诉讼文书留在受送达人的住所；也可以把诉讼文书留在受送达人的住所，并采用拍照、录像等方式记录送达过程，即视为送达。

第八十七条　　经受送达人同意，人民法院可以采用传真、电子邮件等能够确认其收悉的方式送达诉讼文书，但判决书、裁定书、调解书除外。

采用前款方式送达的，以传真、电子邮件等到达受送达人特定系统的日期为送达日期。

第八十八条　　直接送达诉讼文书有困难的，可以委托其他人民法院代为送达，或者邮寄送达。邮寄送达的，以回执上注明的收件日期为送达日期。

第八十九条　　受送达人是军人的，通过其所在部队团以上单位的政治机关转交。

第九十条　　受送达人被监禁的，通过其所在监所转交。

受送达人被采取强制性教育措施的，通过其所在强制性教育机构转交。

第九十一条　　代为转交的机关、单位收到诉讼文书后，必须立即交受送达人签收，以在送达回证上的签收日期，为送达日期。

第九十二条　　受送达人下落不明，或者用本节规定的其他方式无法送达的，公告送达。自发出公告之日起，经过六十日，即视为送达。

公告送达，应当在案卷中记明原因和经过。

第八章　调　　解

第九十三条　　人民法院审理民事案件，根据当事人自愿的原则，在事实清楚的基础上，分清是非，进行调解。

第九十四条　　人民法院进行调解，可以由审判员一人主持，也可以由合议庭主持，并尽可能就地进行。

人民法院进行调解，可以用简便方式通知当事人、证人到庭。

第九十五条　　人民法院进行调解，可以邀请有关单位和个人协助。被邀请的单位和个人，应当协助人民法院进行调解。

第九十六条　　调解达成协议，必须双方自愿，不得强迫。调解协议的内容不得违反法律规定。

第九十七条　　调解达成协议，人民法院应当制作调解书。调解书应当写明诉讼请求、案件的事实和调解结果。

调解书由审判人员、书记员署名，加盖人民法院印章，送达双方当事人。

调解书经双方当事人签收后，即具有法律效力。

第九十八条 下列案件调解达成协议，人民法院可以不制作调解书：

（一）调解和好的离婚案件；

（二）调解维持收养关系的案件；

（三）能够即时履行的案件；

（四）其他不需要制作调解书的案件。

对不需要制作调解书的协议，应当记入笔录，由双方当事人、审判人员、书记员签名或者盖章后，即具有法律效力。

第九十九条 调解未达成协议或者调解书送达前一方反悔的，人民法院应当及时判决。

第九章　保全和先予执行

第一百条 人民法院对于可能因当事人一方的行为或者其他原因，使判决难以执行或者造成当事人其他损害的案件，根据对方当事人的申请，可以裁定对其财产进行保全、责令其作出一定行为或者禁止其作出一定行为；当事人没有提出申请的，人民法院在必要时也可以裁定采取保全措施。

人民法院采取保全措施，可以责令申请人提供担保，申请人不提供担保的，裁定驳回申请。

人民法院接受申请后，对情况紧急的，必须在四十八小时内作出裁定；裁定采取保全措施的，应当立即开始执行。

第一百零一条 利害关系人因情况紧急，不立即申请保全将会使其合法权益受到难以弥补的损害的，可以在提起诉讼或者申请仲裁前向被保全财产所在地、被申请人住所地或者对案件有管辖权的人民法院申请采取保全措施。申请人应当提供担保，不提供担保的，裁定驳回申请。

人民法院接受申请后，必须在四十八小时内作出裁定；裁定采取保全措施的，应当立即开始执行。

申请人在人民法院采取保全措施后三十日内不依法提起诉讼或者申请仲裁的，人民法院应当解除保全。

第一百零二条 保全限于请求的范围，或者与本案有关的财物。

第一百零三条 财产保全采取查封、扣押、冻结或者法律规定的其他方法。人民法院保全财产后，应当立即通知被保全财产的人。

财产已被查封、冻结的，不得重复查封、冻结。

第一百零四条 财产纠纷案件，被申请人提供担保的，人民法院应当裁定解除保全。

第一百零五条 申请有错误的，申请人应当赔偿被申请人因保全所遭受的损失。

第一百零六条 人民法院对下列案件，根据当事人的申请，可以裁定先予执行：

（一）追索赡养费、扶养费、抚育费、抚恤金、医疗费用的；

（二）追索劳动报酬的；

（三）因情况紧急需要先予执行的。

第一百零七条 人民法院裁定先予执行的，应当符合下列条件：

（一）当事人之间权利义务关系明确，不先予执行将严重影响申请人的生活或者生产经营的；

（二）被申请人有履行能力。

人民法院可以责令申请人提供担保，申请人不提供担保的，驳回申请。申请人败诉的，应当赔偿被申请人因先予执行遭受的财产损失。

第一百零八条 当事人对保全或者先予执行的裁定不服的，可以申请复议一次。复议期间不停止裁定的执行。

第十章　对妨害民事诉讼的强制措施

第一百零九条 人民法院对必须到庭的被告，经两次传票传唤，无正当理由拒不到庭的，可以拘传。

第一百一十条 诉讼参与人和其他人应当遵守法庭规则。

人民法院对违反法庭规则的人，可以予以训诫，责令退出法庭或者予以罚款、拘留。

人民法院对哄闹、冲击法庭，侮辱、诽谤、威胁、殴打审判人员，严重扰乱法庭秩序的人，依法追究刑事责任；情节较轻的，予以罚款、拘留。

第一百一十一条 诉讼参与人或者其他人有下列行为之一的，人民法院可以根据情节轻重予以罚款、拘留；构成犯罪的，依法追究刑事责任：

（一）伪造、毁灭重要证据，妨碍人民法院审理案件的；

（二）以暴力、威胁、贿买方法阻止证人作证或者指使、贿买、胁迫他人作伪证的；

（三）隐藏、转移、变卖、毁损已被查封、扣押的财产，或者已被清点并责令其保管的财产，转移已被冻结的财产的；

（四）对司法工作人员、诉讼参加人、证人、翻译人员、鉴定人、勘验人、协助执行的人，进行侮辱、诽谤、诬陷、殴打或者打击报复的；

（五）以暴力、威胁或者其他方法阻碍司法工作人员执行职务的；

（六）拒不履行人民法院已经发生法律效力的判决、裁定的。

人民法院对有前款规定的行为之一的单位，可以对其主要负责人或者直接责任人员予以罚款、拘留；构成犯罪的，依法追究刑事责任。

第一百一十二条 当事人之间恶意串通，企图通过诉讼、调解等方式侵害他人合法权益的，人民法院应当驳回其请求，并根据情节轻重予以罚款、拘留；构成犯罪的，依法追究刑事责任。

第一百一十三条 被执行人与他人恶意串通，通过诉讼、仲裁、调解等方式逃避履行法律文书确定的义务的，人民法院应当根据情节轻重予以罚款、拘留；构成犯罪的，依法追究刑事责任。

第一百一十四条 有义务协助调查、执行的单位有下列行为之一的，人民法院除责令其履行协助义务外，并可以予以罚款：

（一）有关单位拒绝或者妨碍人民法院调查取证的；

（二）有关单位接到人民法院协助执行通知书后，拒不协助查询、扣押、冻结、划拨、变价财产的；

（三）有关单位接到人民法院协助执行通知书后，拒不协助扣留被执行人的收入、办理有关财产权证照转移手续、转交有关票证、证照或者其他财产的；

（四）其他拒绝协助执行的。

人民法院对有前款规定的行为之一的单位，可以对其主要负责人或者直接责任人员予以罚款；对仍不履行协助义务的，可以予以拘留；并可以向监察机关或者有关机关提出予以纪律处分的司法建议。

第一百一十五条 对个人的罚款金额，为人民币十万元以下。对单位的罚款金额，为人民币五万元以上一百万元以下。

拘留的期限，为十五日以下。

被拘留的人，由人民法院交公安机关看管。在拘留期间，被拘留人承认并改正错误的，人民法院可以决定提前解除拘留。

第一百一十六条 拘传、罚款、拘留必须经院长批准。

拘传应当发拘传票。

罚款、拘留应当用决定书。对决定不服的，可以向上一级人民法院申请复议一次。复议期间不停止执行。

第一百一十七条 采取对妨害民事诉讼的强制措施必须由人民法院决定。任何单位和个人采取非法拘禁他人或者非法私自扣押他人财产追索债务的，应当依法追究刑事责任，或者予以拘留、罚款。

第十一章 诉 讼 费 用

第一百一十八条 当事人进行民事诉讼，应当按照规定交纳案件受理费。财产案件除交纳案件受理费外，并按照规定交纳其他诉讼费用。

当事人交纳诉讼费用确有困难的，可以按照规定向人民法院申请缓交、减交或者免交。

收取诉讼费用的办法另行制定。

第二编 审判程序

第十二章 第一审普通程序

第一节 起诉和受理

第一百一十九条 起诉必须符合下列条件：

（一）原告是与本案有直接利害关系的公民、法人和其他组织；

（二）有明确的被告；

（三）有具体的诉讼请求和事实、理由；

（四）属于人民法院受理民事诉讼的范围和受诉人民法院管辖。

第一百二十条 起诉应当向人民法院递交起诉状，并按照被告人数提出副本。

书写起诉状确有困难的，可以口头起诉，由人民法院记入笔录，并告知对方当事人。

第一百二十一条 起诉状应当记明下列事项：

（一）原告的姓名、性别、年龄、民族、职业、工作单位、住所、联系方式，法人或者其他组织的名称、住所和法定代表人或者主要负责人的姓名、职务、联系方式；

（二）被告的姓名、性别、工作单位、住所等信息，法人或者其他组织的名称、住所等信息；

（三）诉讼请求和所根据的事实与理由；

（四）证据和证据来源，证人姓名和住所。

第一百二十二条 当事人起诉到人民法院的民事纠纷，适宜调解的，先行调解，但当事人拒绝调解的除外。

第一百二十三条 人民法院应当保障当事人依照法律规定享有的起诉权利。对符合本法第一百一十九条的起诉，必须受理。符合起诉条件的，应当在七日内立案，并通知当事人；不符合起诉条件的，应当在七日内作出裁定书，不予受理；原告对裁定不服的，可以提起上诉。

第一百二十四条 人民法院对下列起诉，分别情形，予以处理：

（一）依照行政诉讼法的规定，属于行政诉讼受案范围的，告知原告提起行政诉讼；

（二）依照法律规定，双方当事人达成书面仲裁协议申请仲裁、不得向人民法院起诉的，告知原告向仲裁机构申请仲裁；

（三）依照法律规定，应当由其他机关处理的争议，告知原告向有关机关申请解决；

（四）对不属于本院管辖的案件，告知原告向有管辖权的人民法院起诉；

（五）对判决、裁定、调解书已经发生法律效力的案件，当事人又起诉的，告知原告申请再审，但人民法院准许撤诉的裁定除外；

（六）依照法律规定，在一定期限内不得起诉的案件，在不得起诉的期限内起诉的，不予受理；

（七）判决不准离婚和调解和好的离婚案件，判决、调解维持收养关系的案件，没有新情况、新理由，原告在六个月内又起诉的，不予受理。

第二节 审理前的准备

第一百二十五条 人民法院应当在立案之日起五日内将起诉状副本发送被告，被告应当在收到之日起十五日内提出答辩状。答辩状应当记明被告的姓名、性别、年龄、民族、职业、工作单位、住所、联系方式；法人或者其他组织的名称、住所和法定代表人或者主要负责人的姓名、职务、联系方式。人民法院应当在收到答辩状之日起五日内将答辩状副本发送原告。

被告不提出答辩状的，不影响人民法院审理。

第一百二十六条 人民法院对决定受理的案件，应当在受理案件通知书和应诉通知书中向当事人告知有关的诉讼权利义务，或者口头告知。

第一百二十七条 人民法院受理案件后，当事人对管辖权有异议的，应当在提交答辩状期间提出。人民法院对当事人提出的异议，应当审查。异议成立的，裁定将案件移送有管辖权的人民法院；异议不成立的，裁定驳回。

当事人未提出管辖异议，并应诉答辩的，视为受诉人民法院有管辖权，但违反级别管辖和专属管辖规定的除外。

第一百二十八条 合议庭组成人员确定后，应当在三日内告知当事人。

第一百二十九条 审判人员必须认真审核诉讼材料，调查收集必要的证据。

第一百三十条 人民法院派出人员进行调查时，应当向被调查人出示证件。

调查笔录经被调查人校阅后，由被调查人、调查人签名或者盖章。

第一百三十一条 人民法院在必要时可以委托外地人民法院调查。

委托调查，必须提出明确的项目和要求。受委托人民法院可以主动补充调查。

受委托人民法院收到委托书后，应当在三十日内完成调查。因故不能完成的，应当在上述期限内函告委托人民法院。

第一百三十二条 必须共同进行诉讼的当事人没有参加诉讼的，人民法院应当通知其参加诉讼。

第一百三十三条 人民法院对受理的案件，分别情形，予以处理：

（一）当事人没有争议，符合督促程序规定条件的，可以转入督促程序；

（二）开庭前可以调解的，采取调解方式及时解决纠纷；

（三）根据案件情况，确定适用简易程序或者普通程序；

（四）需要开庭审理的，通过要求当事人交换证据等方式，明确争议焦点。

第三节 开 庭 审 理

第一百三十四条 人民法院审理民事案件，除涉及国家秘密、个人隐私或者法律另有规定的以外，应当公开进行。

离婚案件，涉及商业秘密的案件，当事人申请不公开审理的，可以不公开审理。

第一百三十五条 人民法院审理民事案件，根据需要进行巡回审理，就地办案。

第一百三十六条 人民法院审理民事案件，应当在开庭三日前通知当事人和其他诉讼参与人。公开审理的，应当公告当事人姓名、案由和开庭的时间、地点。

第一百三十七条 开庭审理前，书记员应当查明当事人和其他诉讼参与人是否到庭，宣布法庭纪律。

开庭审理时，由审判长核对当事人，宣布案由，宣布审判人员、书记员名单，告知当事人有关的诉讼权利义务，询问当事人是否提出回避申请。

第一百三十八条 法庭调查按照下列顺序进行：

（一）当事人陈述；

（二）告知证人的权利义务，证人作证，宣读未到庭的证人证言；

（三）出示书证、物证、视听资料和电子数据；

（四）宣读鉴定意见；

（五）宣读勘验笔录。

第一百三十九条 当事人在法庭上可以提出新的证据。

当事人经法庭许可，可以向证人、鉴定人、勘验人发问。

当事人要求重新进行调查、鉴定或者勘验的，是否准许，由人民法院决定。

第一百四十条 原告增加诉讼请求，被告提出反诉，第三人提出与本案有关的诉讼请求，可以合并审理。

第一百四十一条 法庭辩论按照下列顺序进行：

（一）原告及其诉讼代理人发言；

（二）被告及其诉讼代理人答辩；

（三）第三人及其诉讼代理人发言或者答辩；

（四）互相辩论。

法庭辩论终结，由审判长按照原告、被告、第三人的先后顺序征询各方最后意见。

第一百四十二条 法庭辩论终结，应当依法作出判决。判决前能够调解的，还可以进行调解，调解不成的，应当及时判决。

第一百四十三条 原告经传票传唤，无正当理由拒不到庭的，或者未经法庭许可中途退庭的，可以按撤诉处理；被告反诉的，可以缺席判决。

第一百四十四条 被告经传票传唤，无正当理由拒不到庭的，或者未经法庭许可中途退庭的，可以缺席判决。

第一百四十五条 宣判前，原告申请撤诉的，是否准许，由人民法院裁定。

人民法院裁定不准许撤诉的，原告经传票传唤，无正当理由拒不到庭的，可以缺席判决。

第一百四十六条 有下列情形之一的，可以延期开庭审理：

（一）必须到庭的当事人和其他诉讼参与人有正当理由没有到庭的；

（二）当事人临时提出回避申请的；

（三）需要通知新的证人到庭，调取新的证据，重新鉴定、勘验，或者需要补充调

查的;

（四）其他应当延期的情形。

第一百四十七条 书记员应当将法庭审理的全部活动记入笔录,由审判人员和书记员签名。

法庭笔录应当当庭宣读,也可以告知当事人和其他诉讼参与人当庭或者在五日内阅读。当事人和其他诉讼参与人认为对自己的陈述记录有遗漏或者差错的,有权申请补正。如果不予补正,应当将申请记录在案。

法庭笔录由当事人和其他诉讼参与人签名或者盖章。拒绝签名盖章的,记明情况附卷。

第一百四十八条 人民法院对公开审理或者不公开审理的案件,一律公开宣告判决。

当庭宣判的,应当在十日内发送判决书;定期宣判的,宣判后立即发给判决书。

宣告判决时,必须告知当事人上诉权利、上诉期限和上诉的法院。

宣告离婚判决,必须告知当事人在判决发生法律效力前不得另行结婚。

第一百四十九条 人民法院适用普通程序审理的案件,应当在立案之日起六个月内审结。有特殊情况需要延长的,由本院院长批准,可以延长六个月;还需要延长的,报请上级人民法院批准。

第四节 诉讼中止和终结

第一百五十条 有下列情形之一的,中止诉讼:

（一）一方当事人死亡,需要等待继承人表明是否参加诉讼的;

（二）一方当事人丧失诉讼行为能力,尚未确定法定代理人的;

（三）作为一方当事人的法人或者其他组织终止,尚未确定权利义务承受人的;

（四）一方当事人因不可抗拒的事由,不能参加诉讼的;

（五）本案必须以另一案的审理结果为依据,而另一案尚未审结的;

（六）其他应当中止诉讼的情形。

中止诉讼的原因消除后,恢复诉讼。

第一百五十一条 有下列情形之一的,终结诉讼:

（一）原告死亡,没有继承人,或者继承人放弃诉讼权利的;

（二）被告死亡,没有遗产,也没有应当承担义务的人的;

（三）离婚案件一方当事人死亡的;

（四）追索赡养费、扶养费、抚育费以及解除收养关系案件的一方当事人死亡的。

第五节 判决和裁定

第一百五十二条 判决书应当写明判决结果和作出该判决的理由。判决书内容包括:

（一）案由、诉讼请求、争议的事实和理由;

（二）判决认定的事实和理由、适用的法律和理由;

（三）判决结果和诉讼费用的负担;

（四）上诉期间和上诉的法院。

判决书由审判人员、书记员署名，加盖人民法院印章。

第一百五十三条　人民法院审理案件，其中一部分事实已经清楚，可以就该部分先行判决。

第一百五十四条　裁定适用于下列范围：

（一）不予受理；

（二）对管辖权有异议的；

（三）驳回起诉；

（四）保全和先予执行；

（五）准许或者不准许撤诉；

（六）中止或者终结诉讼；

（七）补正判决书中的笔误；

（八）中止或者终结执行；

（九）撤销或者不予执行仲裁裁决；

（十）不予执行公证机关赋予强制执行效力的债权文书；

（十一）其他需要裁定解决的事项。

对前款第一项至第三项裁定，可以上诉。

裁定书应当写明裁定结果和作出该裁定的理由。裁定书由审判人员、书记员署名，加盖人民法院印章。口头裁定的，记入笔录。

第一百五十五条　最高人民法院的判决、裁定，以及依法不准上诉或者超过上诉期没有上诉的判决、裁定，是发生法律效力的判决、裁定。

第一百五十六条　公众可以查阅发生法律效力的判决书、裁定书，但涉及国家秘密、商业秘密和个人隐私的内容除外。

第十三章　简　易　程　序

第一百五十七条　基层人民法院和它派出的法庭审理事实清楚、权利义务关系明确、争议不大的简单的民事案件，适用本章规定。

基层人民法院和它派出的法庭审理前款规定以外的民事案件，当事人双方也可以约定适用简易程序。

第一百五十八条　对简单的民事案件，原告可以口头起诉。

当事人双方可以同时到基层人民法院或者它派出的法庭，请求解决纠纷。基层人民法院或者它派出的法庭可以当即审理，也可以另定日期审理。

第一百五十九条　基层人民法院和它派出的法庭审理简单的民事案件，可以用简便方式传唤当事人和证人、送达诉讼文书、审理案件，但应当保障当事人陈述意见的权利。

第一百六十条　简单的民事案件由审判员一人独任审理，并不受本法第一百三十六条、第一百三十八条、第一百四十一条规定的限制。

第一百六十一条　人民法院适用简易程序审理案件，应当在立案之日起三个月内审结。

第一百六十二条 基层人民法院和它派出的法庭审理符合本法第一百五十七条第一款规定的简单的民事案件，标的额为各省、自治区、直辖市上年度就业人员年平均工资百分之三十以下的，实行一审终审。

第一百六十三条 人民法院在审理过程中，发现案件不宜适用简易程序的，裁定转为普通程序。

第十四章　第二审程序

第一百六十四条 当事人不服地方人民法院第一审判决的，有权在判决书送达之日起十五日内向上一级人民法院提起上诉。

当事人不服地方人民法院第一审裁定的，有权在裁定书送达之日起十日内向上一级人民法院提起上诉。

第一百六十五条 上诉应当递交上诉状。上诉状的内容，应当包括当事人的姓名，法人的名称及其法定代表人的姓名或者其他组织的名称及其主要负责人的姓名；原审人民法院名称、案件的编号和案由；上诉的请求和理由。

第一百六十六条 上诉状应当通过原审人民法院提出，并按照对方当事人或者代表人的人数提出副本。

当事人直接向第二审人民法院上诉的，第二审人民法院应当在五日内将上诉状移交原审人民法院。

第一百六十七条 原审人民法院收到上诉状，应当在五日内将上诉状副本送达对方当事人，对方当事人在收到之日起十五日内提出答辩状。人民法院应当在收到答辩状之日起五日内将副本送达上诉人。对方当事人不提出答辩状的，不影响人民法院审理。

原审人民法院收到上诉状、答辩状，应当在五日内连同全部案卷和证据，报送第二审人民法院。

第一百六十八条 第二审人民法院应当对上诉请求的有关事实和适用法律进行审查。

第一百六十九条 第二审人民法院对上诉案件，应当组成合议庭，开庭审理。经过阅卷、调查和询问当事人，对没有提出新的事实、证据或者理由，合议庭认为不需要开庭审理的，可以不开庭审理。

第二审人民法院审理上诉案件，可以在本院进行，也可以到案件发生地或者原审人民法院所在地进行。

第一百七十条 第二审人民法院对上诉案件，经过审理，按照下列情形，分别处理：

（一）原判决、裁定认定事实清楚，适用法律正确的，以判决、裁定方式驳回上诉，维持原判决、裁定；

（二）原判决、裁定认定事实错误或者适用法律错误的，以判决、裁定方式依法改判、撤销或者变更；

（三）原判决认定基本事实不清的，裁定撤销原判决，发回原审人民法院重审，或者查清事实后改判；

（四）原判决遗漏当事人或者违法缺席判决等严重违反法定程序的，裁定撤销原判决，发回原审人民法院重审。

原审人民法院对发回重审的案件作出判决后，当事人提起上诉的，第二审人民法院不得再次发回重审。

第一百七十一条 第二审人民法院对不服第一审人民法院裁定的上诉案件的处理，一律使用裁定。

第一百七十二条 第二审人民法院审理上诉案件，可以进行调解。调解达成协议，应当制作调解书，由审判人员、书记员署名，加盖人民法院印章。调解书送达后，原审人民法院的判决即视为撤销。

第一百七十三条 第二审人民法院判决宣告前，上诉人申请撤回上诉的，是否准许，由第二审人民法院裁定。

第一百七十四条 第二审人民法院审理上诉案件，除依照本章规定外，适用第一审普通程序。

第一百七十五条 第二审人民法院的判决、裁定，是终审的判决、裁定。

第一百七十六条 人民法院审理对判决的上诉案件，应当在第二审立案之日起三个月内审结。有特殊情况需要延长的，由本院院长批准。

人民法院审理对裁定的上诉案件，应当在第二审立案之日起三十日内作出终审裁定。

第十五章 特 别 程 序

第一节 一 般 规 定

第一百七十七条 人民法院审理选民资格案件、宣告失踪或者宣告死亡案件、认定公民无民事行为能力或者限制民事行为能力案件、认定财产无主案件、确认调解协议案件和实现担保物权案件，适用本章规定。本章没有规定的，适用本法和其他法律的有关规定。

第一百七十八条 依照本章程序审理的案件，实行一审终审。选民资格案件或者重大、疑难的案件，由审判员组成合议庭审理；其他案件由审判员一人独任审理。

第一百七十九条 人民法院在依照本章程序审理案件的过程中，发现本案属于民事权益争议的，应当裁定终结特别程序，并告知利害关系人可以另行起诉。

第一百八十条 人民法院适用特别程序审理的案件，应当在立案之日起三十日内或者公告期满后三十日内审结。有特殊情况需要延长的，由本院院长批准。但审理选民资格的案件除外。

第二节　选民资格案件

第一百八十一条　公民不服选举委员会对选民资格的申诉所作的处理决定，可以在选举日的五日以前向选区所在地基层人民法院起诉。

第一百八十二条　人民法院受理选民资格案件后，必须在选举日前审结。

审理时，起诉人、选举委员会的代表和有关公民必须参加。

人民法院的判决书，应当在选举日前送达选举委员会和起诉人，并通知有关公民。

第三节　宣告失踪、宣告死亡案件

第一百八十三条　公民下落不明满二年，利害关系人申请宣告其失踪的，向下落不明人住所地基层人民法院提出。

申请书应当写明失踪的事实、时间和请求，并附有公安机关或者其他有关机关关于该公民下落不明的书面证明。

第一百八十四条　公民下落不明满四年，或者因意外事故下落不明满二年，或者因意外事故下落不明，经有关机关证明该公民不可能生存，利害关系人申请宣告其死亡的，向下落不明人住所地基层人民法院提出。

申请书应当写明下落不明的事实、时间和请求，并附有公安机关或者其他有关机关关于该公民下落不明的书面证明。

第一百八十五条　人民法院受理宣告失踪、宣告死亡案件后，应当发出寻找下落不明人的公告。宣告失踪的公告期间为三个月，宣告死亡的公告期间为一年。因意外事故下落不明，经有关机关证明该公民不可能生存的，宣告死亡的公告期间为三个月。

公告期间届满，人民法院应当根据被宣告失踪、宣告死亡的事实是否得到确认，作出宣告失踪、宣告死亡的判决或者驳回申请的判决。

第一百八十六条　被宣告失踪、宣告死亡的公民重新出现，经本人或者利害关系人申请，人民法院应当作出新判决，撤销原判决。

第四节　认定公民无民事行为能力、限制民事行为能力案件

第一百八十七条　申请认定公民无民事行为能力或者限制民事行为能力，由其近亲属或者其他利害关系人向该公民住所地基层人民法院提出。

申请书应当写明该公民无民事行为能力或者限制民事行为能力的事实和根据。

第一百八十八条　人民法院受理申请后，必要时应当对被请求认定为无民事行为能力或者限制民事行为能力的公民进行鉴定。申请人已提供鉴定意见的，应当对鉴定意见进行审查。

第一百八十九条　人民法院审理认定公民无民事行为能力或者限制民事行为能力的案件，应当由该公民的近亲属为代理人，但申请人除外。近亲属互相推诿的，由人民法院指定其中一人为代理人。该公民健康情况许可的，还应当询问本人的意见。

人民法院经审理认定申请有事实根据的，判决该公民为无民事行为能力或者限制民

事行为能力人；认定申请没有事实根据的，应当判决予以驳回。

第一百九十条 人民法院根据被认定为无民事行为能力人、限制民事行为能力人或者他的监护人的申请，证实该公民无民事行为能力或者限制民事行为能力的原因已经消除的，应当作出新判决，撤销原判决。

第五节 认定财产无主案件

第一百九十一条 申请认定财产无主，由公民、法人或者其他组织向财产所在地基层人民法院提出。

申请书应当写明财产的种类、数量以及要求认定财产无主的根据。

第一百九十二条 人民法院受理申请后，经审查核实，应当发出财产认领公告。公告满一年无人认领的，判决认定财产无主，收归国家或者集体所有。

第一百九十三条 判决认定财产无主后，原财产所有人或者继承人出现，在民法通则规定的诉讼时效期间可以对财产提出请求，人民法院审查属实后，应当作出新判决，撤销原判决。

第六节 确认调解协议案件

第一百九十四条 申请司法确认调解协议，由双方当事人依照人民调解法等法律，自调解协议生效之日起三十日内，共同向调解组织所在地基层人民法院提出。

第一百九十五条 人民法院受理申请后，经审查，符合法律规定的，裁定调解协议有效，一方当事人拒绝履行或者未全部履行的，对方当事人可以向人民法院申请执行；不符合法律规定的，裁定驳回申请，当事人可以通过调解方式变更原调解协议或者达成新的调解协议，也可以向人民法院提起诉讼。

第七节 实现担保物权案件

第一百九十六条 申请实现担保物权，由担保物权人以及其他有权请求实现担保物权的人依照物权法等法律，向担保财产所在地或者担保物权登记地基层人民法院提出。

第一百九十七条 人民法院受理申请后，经审查，符合法律规定的，裁定拍卖、变卖担保财产，当事人依据该裁定可以向人民法院申请执行；不符合法律规定的，裁定驳回申请，当事人可以向人民法院提起诉讼。

第十六章 审判监督程序

第一百九十八条 各级人民法院院长对本院已经发生法律效力的判决、裁定、调解书，发现确有错误，认为需要再审的，应当提交审判委员会讨论决定。

最高人民法院对地方各级人民法院已经发生法律效力的判决、裁定、调解书，上级人民法院对下级人民法院已经发生法律效力的判决、裁定、调解书，发现确有错误的，有权提审或者指令下级人民法院再审。

第一百九十九条　当事人对已经发生法律效力的判决、裁定，认为有错误的，可以向上一级人民法院申请再审；当事人一方人数众多或者当事人双方为公民的案件，也可以向原审人民法院申请再审。当事人申请再审的，不停止判决、裁定的执行。

第二百条　当事人的申请符合下列情形之一的，人民法院应当再审：

（一）有新的证据，足以推翻原判决、裁定的；

（二）原判决、裁定认定的基本事实缺乏证据证明的；

（三）原判决、裁定认定事实的主要证据是伪造的；

（四）原判决、裁定认定事实的主要证据未经质证的；

（五）对审理案件需要的主要证据，当事人因客观原因不能自行收集，书面申请人民法院调查收集，人民法院未调查收集的；

（六）原判决、裁定适用法律确有错误的；

（七）审判组织的组成不合法或者依法应当回避的审判人员没有回避的；

（八）无诉讼行为能力人未经法定代理人代为诉讼或者应当参加诉讼的当事人，因不能归责于本人或者其诉讼代理人的事由，未参加诉讼的；

（九）违反法律规定，剥夺当事人辩论权利的；

（十）未经传票传唤，缺席判决的；

（十一）原判决、裁定遗漏或者超出诉讼请求的；

（十二）据以作出原判决、裁定的法律文书被撤销或者变更的；

（十三）审判人员审理该案件时有贪污受贿，徇私舞弊，枉法裁判行为的。

第二百零一条　当事人对已经发生法律效力的调解书，提出证据证明调解违反自愿原则或者调解协议的内容违反法律的，可以申请再审。经人民法院审查属实的，应当再审。

第二百零二条　当事人对已经发生法律效力的解除婚姻关系的判决、调解书，不得申请再审。

第二百零三条　当事人申请再审的，应当提交再审申请书等材料。人民法院应当自收到再审申请书之日起五日内将再审申请书副本发送对方当事人。对方当事人应当自收到再审申请书副本之日起十五日内提交书面意见；不提交书面意见的，不影响人民法院审查。人民法院可以要求申请人和对方当事人补充有关材料，询问有关事项。

第二百零四条　人民法院应当自收到再审申请书之日起三个月内审查，符合本法规定的，裁定再审；不符合本法规定的，裁定驳回申请。有特殊情况需要延长的，由本院院长批准。

因当事人申请裁定再审的案件由中级人民法院以上的人民法院审理，但当事人依照本法第一百九十九条的规定选择向基层人民法院申请再审的除外。最高人民法院、高级人民法院裁定再审的案件，由本院再审或者交其他人民法院再审，也可以交原审人民法院再审。

第二百零五条　当事人申请再审，应当在判决、裁定发生法律效力后六个月内提出；有本法第二百条第一项、第三项、第十二项、第十三项规定情形的，自知道或者应当知道之日起六个月内提出。

第二百零六条 按照审判监督程序决定再审的案件，裁定中止原判决、裁定、调解书的执行，但追索赡养费、扶养费、抚育费、抚恤金、医疗费用、劳动报酬等案件，可以不中止执行。

第二百零七条 人民法院按照审判监督程序再审的案件，发生法律效力的判决、裁定是由第一审法院作出的，按照第一审程序审理，所作的判决、裁定，当事人可以上诉；发生法律效力的判决、裁定是由第二审法院作出的，按照第二审程序审理，所作的判决、裁定，是发生法律效力的判决、裁定；上级人民法院按照审判监督程序提审的，按照第二审程序审理，所作的判决、裁定是发生法律效力的判决、裁定。

人民法院审理再审案件，应当另行组成合议庭。

第二百零八条 最高人民检察院对各级人民法院已经发生法律效力的判决、裁定，上级人民检察院对下级人民法院已经发生法律效力的判决、裁定，发现有本法第二百条规定情形之一的，或者发现调解书损害国家利益、社会公共利益的，应当提出抗诉。

地方各级人民检察院对同级人民法院已经发生法律效力的判决、裁定，发现有本法第二百条规定情形之一的，或者发现调解书损害国家利益、社会公共利益的，可以向同级人民法院提出检察建议，并报上级人民检察院备案；也可以提请上级人民检察院向同级人民法院提出抗诉。

各级人民检察院对审判监督程序以外的其他审判程序中审判人员的违法行为，有权向同级人民法院提出检察建议。

第二百零九条 有下列情形之一的，当事人可以向人民检察院申请检察建议或者抗诉：

（一）人民法院驳回再审申请的；

（二）人民法院逾期未对再审申请作出裁定的；

（三）再审判决、裁定有明显错误的。

人民检察院对当事人的申请应当在三个月内进行审查，作出提出或者不予提出检察建议或者抗诉的决定。当事人不得再次向人民检察院申请检察建议或者抗诉。

第二百一十条 人民检察院因履行法律监督职责提出检察建议或者抗诉的需要，可以向当事人或者案外人调查核实有关情况。

第二百一十一条 人民检察院提出抗诉的案件，接受抗诉的人民法院应当自收到抗诉书之日起三十日内作出再审的裁定；有本法第二百条第一项至第五项规定情形之一的，可以交下一级人民法院再审，但经该下一级人民法院再审的除外。

第二百一十二条 人民检察院决定对人民法院的判决、裁定、调解书提出抗诉的，应当制作抗诉书。

第二百一十三条 人民检察院提出抗诉的案件，人民法院再审时，应当通知人民检察院派员出席法庭。

第十七章 督 促 程 序

第二百一十四条 债权人请求债务人给付金钱、有价证券，符合下列条件的，可以向有管辖权的基层人民法院申请支付令：

（一）债权人与债务人没有其他债务纠纷的；

（二）支付令能够送达债务人的。

申请书应当写明请求给付金钱或者有价证券的数量和所根据的事实、证据。

第二百一十五条 债权人提出申请后，人民法院应当在五日内通知债权人是否受理。

第二百一十六条 人民法院受理申请后，经审查债权人提供的事实、证据，对债权债务关系明确、合法的，应当在受理之日起十五日内向债务人发出支付令；申请不成立的，裁定予以驳回。

债务人应当自收到支付令之日起十五日内清偿债务，或者向人民法院提出书面异议。

债务人在前款规定的期间不提出异议又不履行支付令的，债权人可以向人民法院申请执行。

第二百一十七条 人民法院收到债务人提出的书面异议后，经审查，异议成立的，应当裁定终结督促程序，支付令自行失效。

支付令失效的，转入诉讼程序，但申请支付令的一方当事人不同意提起诉讼的除外。

第十八章 公示催告程序

第二百一十八条 按照规定可以背书转让的票据持有人，因票据被盗、遗失或者灭失，可以向票据支付地的基层人民法院申请公示催告。依照法律规定可以申请公示催告的其他事项，适用本章规定。

申请人应当向人民法院递交申请书，写明票面金额、发票人、持票人、背书人等票据主要内容和申请的理由、事实。

第二百一十九条 人民法院决定受理申请，应当同时通知支付人停止支付，并在三日内发出公告，催促利害关系人申报权利。公示催告的期间，由人民法院根据情况决定，但不得少于六十日。

第二百二十条 支付人收到人民法院停止支付的通知，应当停止支付，至公示催告程序终结。

公示催告期间，转让票据权利的行为无效。

第二百二十一条 利害关系人应当在公示催告期间向人民法院申报。

人民法院收到利害关系人的申报后，应当裁定终结公示催告程序，并通知申请人和支付人。

申请人或者申报人可以向人民法院起诉。

第二百二十二条 没有人申报的，人民法院应当根据申请人的申请，作出判决，宣告票据无效。判决应当公告，并通知支付人。自判决公告之日起，申请人有权向支付人请求支付。

　　第二百二十三条　　利害关系人因正当理由不能在判决前向人民法院申报的，自知道或者应当知道判决公告之日起一年内，可以向作出判决的人民法院起诉。

第三编　执　行　程　序

第十九章　一　般　规　定

第二百二十四条　发生法律效力的民事判决、裁定，以及刑事判决、裁定中的财产部分，由第一审人民法院或者与第一审人民法院同级的被执行的财产所在地人民法院执行。

法律规定由人民法院执行的其他法律文书，由被执行人住所地或者被执行的财产所在地人民法院执行。

第二百二十五条　当事人、利害关系人认为执行行为违反法律规定的，可以向负责执行的人民法院提出书面异议。当事人、利害关系人提出书面异议的，人民法院应当自收到书面异议之日起十五日内审查，理由成立的，裁定撤销或者改正；理由不成立的，裁定驳回。当事人、利害关系人对裁定不服的，可以自裁定送达之日起十日内向上一级人民法院申请复议。

第二百二十六条　人民法院自收到申请执行书之日起超过六个月未执行的，申请执行人可以向上一级人民法院申请执行。上一级人民法院经审查，可以责令原人民法院在一定期限内执行，也可以决定由本院执行或者指令其他人民法院执行。

第二百二十七条　执行过程中，案外人对执行标的提出书面异议的，人民法院应当自收到书面异议之日起十五日内审查，理由成立的，裁定中止对该标的的执行；理由不成立的，裁定驳回。案外人、当事人对裁定不服，认为原判决、裁定错误的，依照审判监督程序办理；与原判决、裁定无关的，可以自裁定送达之日起十五日内向人民法院提起诉讼。

第二百二十八条　执行工作由执行员进行。

采取强制执行措施时，执行员应当出示证件。执行完毕后，应当将执行情况制作笔录，由在场的有关人员签名或者盖章。

人民法院根据需要可以设立执行机构。

第二百二十九条　被执行人或者被执行的财产在外地的，可以委托当地人民法院代为执行。受委托人民法院收到委托函件后，必须在十五日内开始执行，不得拒绝。执行完毕后，应当将执行结果及时函复委托人民法院；在三十日内如果还未执行完毕，也应当将执行情况函告委托人民法院。

受委托人民法院自收到委托函件之日起十五日内不执行的，委托人民法院可以请求受委托人民法院的上级人民法院指令受委托人民法院执行。

第二百三十条　在执行中，双方当事人自行和解达成协议的，执行员应当将协议内容记入笔录，由双方当事人签名或者盖章。

申请执行人因受欺诈、胁迫与被执行人达成和解协议，或者当事人不履行和解协议的，人民法院可以根据当事人的申请，恢复对原生效法律文书的执行。

第二百三十一条 在执行中，被执行人向人民法院提供担保，并经申请执行人同意的，人民法院可以决定暂缓执行及暂缓执行的期限。被执行人逾期仍不履行的，人民法院有权执行被执行人的担保财产或者担保人的财产。

第二百三十二条 作为被执行人的公民死亡的，以其遗产偿还债务。作为被执行人的法人或者其他组织终止的，由其权利义务承受人履行义务。

第二百三十三条 执行完毕后，据以执行的判决、裁定和其他法律文书确有错误，被人民法院撤销的，对已被执行的财产，人民法院应当作出裁定，责令取得财产的人返还；拒不返还的，强制执行。

第二百三十四条 人民法院制作的调解书的执行，适用本编的规定。

第二百三十五条 人民检察院有权对民事执行活动实行法律监督。

第二十章　执行的申请和移送

第二百三十六条 发生法律效力的民事判决、裁定，当事人必须履行。一方拒绝履行的，对方当事人可以向人民法院申请执行，也可以由审判员移送执行员执行。

调解书和其他应当由人民法院执行的法律文书，当事人必须履行。一方拒绝履行的，对方当事人可以向人民法院申请执行。

第二百三十七条 对依法设立的仲裁机构的裁决，一方当事人不履行的，对方当事人可以向有管辖权的人民法院申请执行。受申请的人民法院应当执行。

被申请人提出证据证明仲裁裁决有下列情形之一的，经人民法院组成合议庭审查核实，裁定不予执行：

（一）当事人在合同中没有订有仲裁条款或者事后没有达成书面仲裁协议的；

（二）裁决的事项不属于仲裁协议的范围或者仲裁机构无权仲裁的；

（三）仲裁庭的组成或者仲裁的程序违反法定程序的；

（四）裁决所根据的证据是伪造的；

（五）对方当事人向仲裁机构隐瞒了足以影响公正裁决的证据的；

（六）仲裁员在仲裁该案时有贪污受贿，徇私舞弊，枉法裁决行为的。

人民法院认定执行该裁决违背社会公共利益的，裁定不予执行。

裁定书应当送达双方当事人和仲裁机构。

仲裁裁决被人民法院裁定不予执行的，当事人可以根据双方达成的书面仲裁协议重新申请仲裁，也可以向人民法院起诉。

第二百三十八条 对公证机关依法赋予强制执行效力的债权文书，一方当事人不履行的，对方当事人可以向有管辖权的人民法院申请执行，受申请的人民法院应当执行。

公证债权文书确有错误的，人民法院裁定不予执行，并将裁定书送达双方当事人和公证机关。

第二百三十九条 申请执行的期间为二年。申请执行时效的中止、中断，适用法律有关诉讼时效中止、中断的规定。

前款规定的期间，从法律文书规定履行期间的最后一日起计算；法律文书规定分期履行的，从规定的每次履行期间的最后一日起计算；法律文书未规定履行期间的，从法律文书生效之日起计算。

第二百四十条 执行员接到申请执行书或者移交执行书，应当向被执行人发出执行通知，并可以立即采取强制执行措施。

第二十一章 执 行 措 施

第二百四十一条 被执行人未按执行通知履行法律文书确定的义务，应当报告当前以及收到执行通知之日前一年的财产情况。被执行人拒绝报告或者虚假报告的，人民法院可以根据情节轻重对被执行人或者其法定代理人、有关单位的主要负责人或者直接责任人员予以罚款、拘留。

第二百四十二条 被执行人未按执行通知履行法律文书确定的义务，人民法院有权向有关单位查询被执行人的存款、债券、股票、基金份额等财产情况。人民法院有权根据不同情形扣押、冻结、划拨、变价被执行人的财产。人民法院查询、扣押、冻结、划拨、变价的财产不得超出被执行人应当履行义务的范围。

人民法院决定扣押、冻结、划拨、变价财产，应当作出裁定，并发出协助执行通知书，有关单位必须办理。

第二百四十三条 被执行人未按执行通知履行法律文书确定的义务，人民法院有权扣留、提取被执行人应当履行义务部分的收入。但应当保留被执行人及其所扶养家属的生活必需费用。

人民法院扣留、提取收入时，应当作出裁定，并发出协助执行通知书，被执行人所在单位、银行、信用合作社和其他有储蓄业务的单位必须办理。

第二百四十四条 被执行人未按执行通知履行法律文书确定的义务，人民法院有权查封、扣押、冻结、拍卖、变卖被执行人应当履行义务部分的财产。但应当保留被执行人及其所扶养家属的生活必需品。

采取前款措施，人民法院应当作出裁定。

第二百四十五条 人民法院查封、扣押财产时，被执行人是公民的，应当通知被执行人或者他的成年家属到场；被执行人是法人或者其他组织的，应当通知其法定代表人或者主要负责人到场。拒不到场的，不影响执行。被执行人是公民的，其工作单位或者财产所在地的基层组织应当派人参加。

对被查封、扣押的财产，执行员必须造具清单，由在场人签名或者盖章后，交被执行人一份。被执行人是公民的，也可以交他的成年家属一份。

第二百四十六条 被查封的财产，执行员可以指定被执行人负责保管。因被执行人的过错造成的损失，由被执行人承担。

第二百四十七条 财产被查封、扣押后，执行员应当责令被执行人在指定期间履行法律文书确定的义务。被执行人逾期不履行的，人民法院应当拍卖被查封、扣押的财产；不适于拍卖或者当事人双方同意不进行拍卖的，人民法院可以委托有关单位变卖或者自行变卖。国家禁止自由买卖的物品，交有关单位按照国家规定的价格收购。

第二百四十八条　被执行人不履行法律文书确定的义务，并隐匿财产的，人民法院有权发出搜查令，对被执行人及其住所或者财产隐匿地进行搜查。

采取前款措施，由院长签发搜查令。

第二百四十九条　法律文书指定交付的财物或者票证，由执行员传唤双方当事人当面交付，或者由执行员转交，并由被交付人签收。

有关单位持有该项财物或者票证的，应当根据人民法院的协助执行通知书转交，并由被交付人签收。

有关公民持有该项财物或者票证的，人民法院通知其交出。拒不交出的，强制执行。

第二百五十条　强制迁出房屋或者强制退出土地，由院长签发公告，责令被执行人在指定期间履行。被执行人逾期不履行的，由执行员强制执行。

强制执行时，被执行人是公民的，应当通知被执行人或者他的成年家属到场；被执行人是法人或者其他组织的，应当通知其法定代表人或者主要负责人到场。拒不到场的，不影响执行。被执行人是公民的，其工作单位或者房屋、土地所在地的基层组织应当派人参加。执行员应当将强制执行情况记入笔录，由在场人签名或者盖章。

强制迁出房屋被搬出的财物，由人民法院派人运至指定处所，交给被执行人。被执行人是公民的，也可以交给他的成年家属。因拒绝接收而造成的损失，由被执行人承担。

第二百五十一条　在执行中，需要办理有关财产权证照转移手续的，人民法院可以向有关单位发出协助执行通知书，有关单位必须办理。

第二百五十二条　对判决、裁定和其他法律文书指定的行为，被执行人未按执行通知履行的，人民法院可以强制执行或者委托有关单位或者其他人完成，费用由被执行人承担。

第二百五十三条　被执行人未按判决、裁定和其他法律文书指定的期间履行给付金钱义务的，应当加倍支付迟延履行期间的债务利息。被执行人未按判决、裁定和其他法律文书指定的期间履行其他义务的，应当支付迟延履行金。

第二百五十四条　人民法院采取本法第二百四十二条、第二百四十三条、第二百四十四条规定的执行措施后，被执行人仍不能偿还债务的，应当继续履行义务。债权人发现被执行人有其他财产的，可以随时请求人民法院执行。

第二百五十五条　被执行人不履行法律文书确定的义务的，人民法院可以对其采取或者通知有关单位协助采取限制出境，在征信系统记录、通过媒体公布不履行义务信息以及法律规定的其他措施。

第二十二章　执行中止和终结

第二百五十六条　有下列情形之一的，人民法院应当裁定中止执行：

（一）申请人表示可以延期执行的；

（二）案外人对执行标的提出确有理由的异议的；

（三）作为一方当事人的公民死亡，需要等待继承人继承权利或者承担义务的；

（四）作为一方当事人的法人或者其他组织终止，尚未确定权利义务承受人的；

（五）人民法院认为应当中止执行的其他情形。

中止的情形消失后，恢复执行。

第二百五十七条　有下列情形之一的，人民法院裁定终结执行：

（一）申请人撤销申请的；

（二）据以执行的法律文书被撤销的；

（三）作为被执行人的公民死亡，无遗产可供执行，又无义务承担人的；

（四）追索赡养费、扶养费、抚育费案件的权利人死亡的；

（五）作为被执行人的公民因生活困难无力偿还借款，无收入来源，又丧失劳动能力的；

（六）人民法院认为应当终结执行的其他情形。

第二百五十八条　中止和终结执行的裁定，送达当事人后立即生效。

第四编　涉外民事诉讼程序的特别规定

第二十三章　一般原则

第二百五十九条　在中华人民共和国领域内进行涉外民事诉讼，适用本编规定。本编没有规定的，适用本法其他有关规定。

第二百六十条　中华人民共和国缔结或者参加的国际条约同本法有不同规定的，适用该国际条约的规定，但中华人民共和国声明保留的条款除外。

第二百六十一条　对享有外交特权与豁免的外国人、外国组织或者国际组织提起的民事诉讼，应当依照中华人民共和国有关法律和中华人民共和国缔结或者参加的国际条约的规定办理。

第二百六十二条　人民法院审理涉外民事案件，应当使用中华人民共和国通用的语言、文字。当事人要求提供翻译的，可以提供，费用由当事人承担。

第二百六十三条　外国人、无国籍人、外国企业和组织在人民法院起诉、应诉，需要委托律师代理诉讼的，必须委托中华人民共和国的律师。

第二百六十四条　在中华人民共和国领域内没有住所的外国人、无国籍人、外国企业和组织委托中华人民共和国律师或者其他人代理诉讼，从中华人民共和国领域外寄交或者托交的授权委托书，应当经所在国公证机关证明，并经中华人民共和国驻该国使领馆认证，或者履行中华人民共和国与该所在国订立的有关条约中规定的证明手续后，才具有效力。

第二十四章　管　辖

第二百六十五条　因合同纠纷或者其他财产权益纠纷，对在中华人民共和国领域内没有住所的被告提起的诉讼，如果合同在中华人民共和国领域内签订或者履行，或者诉讼标的物在中华人民共和国领域内，或者被告在中华人民共和国领域内有可供扣押的财产，或者被告在中华人民共和国领域内设有代表机构，可以由合同签订地、合同履行地、诉讼标的物所在地、可供扣押财产所在地、侵权行为地或者代表机构住所地人民法院管辖。

第二百六十六条　因在中华人民共和国履行中外合资经营企业合同、中外合作经营企业合同、中外合作勘探开发自然资源合同发生纠纷提起的诉讼，由中华人民共和国人民法院管辖。

第二十五章 送达、期间

第二百六十七条 人民法院对在中华人民共和国领域内没有住所的当事人送达诉讼文书，可以采用下列方式：

（一）依照受送达人所在国与中华人民共和国缔结或者共同参加的国际条约中规定的方式送达；

（二）通过外交途径送达；

（三）对具有中华人民共和国国籍的受送达人，可以委托中华人民共和国驻受送达人所在国的使领馆代为送达；

（四）向受送达人委托的有权代其接受送达的诉讼代理人送达；

（五）向受送达人在中华人民共和国领域内设立的代表机构或者有权接受送达的分支机构、业务代办人送达；

（六）受送达人所在国的法律允许邮寄送达的，可以邮寄送达，自邮寄之日起满三个月，送达回证没有退回，但根据各种情况足以认定已经送达的，期间届满之日视为送达；

（七）采用传真、电子邮件等能够确认受送达人收悉的方式送达；

（八）不能用上述方式送达的，公告送达，自公告之日起满三个月，即视为送达。

第二百六十八条 被告在中华人民共和国领域内没有住所的，人民法院应当将起诉状副本送达被告，并通知被告在收到起诉状副本后三十日内提出答辩状。被告申请延期的，是否准许，由人民法院决定。

第二百六十九条 在中华人民共和国领域内没有住所的当事人，不服第一审人民法院判决、裁定的，有权在判决书、裁定书送达之日起三十日内提起上诉。被上诉人在收到上诉状副本后，应当在三十日内提出答辩状。当事人不能在法定期间提起上诉或者提出答辩状，申请延期的，是否准许，由人民法院决定。

第二百七十条 人民法院审理涉外民事案件的期间，不受本法第一百四十九条、第一百七十六条规定的限制。

第二十六章 仲　裁

第二百七十一条 涉外经济贸易、运输和海事中发生的纠纷，当事人在合同中订有仲裁条款或者事后达成书面仲裁协议，提交中华人民共和国涉外仲裁机构或者其他仲裁机构仲裁的，当事人不得向人民法院起诉。

当事人在合同中没有订有仲裁条款或者事后没有达成书面仲裁协议的，可以向人民法院起诉。

第二百七十二条 当事人申请采取保全的，中华人民共和国的涉外仲裁机构应当将当事人的申请，提交被申请人住所地或者财产所在地的中级人民法院裁定。

第二百七十三条 经中华人民共和国涉外仲裁机构裁决的，当事人不得向人民法院起诉。一方当事人不履行仲裁裁决的，对方当事人可以向被申请人住所地或者财产所在地的中级人民法院申请执行。

第二百七十四条 对中华人民共和国涉外仲裁机构作出的裁决，被申请人提出证据证明仲裁裁决有下列情形之一的，经人民法院组成合议庭审查核实，裁定不予执行：

（一）当事人在合同中没有订有仲裁条款或者事后没有达成书面仲裁协议的；

（二）被申请人没有得到指定仲裁员或者进行仲裁程序的通知，或者由于其他不属于被申请人负责的原因未能陈述意见的；

（三）仲裁庭的组成或者仲裁的程序与仲裁规则不符的；

（四）裁决的事项不属于仲裁协议的范围或者仲裁机构无权仲裁的。

人民法院认定执行该裁决违背社会公共利益的，裁定不予执行。

第二百七十五条 仲裁裁决被人民法院裁定不予执行的，当事人可以根据双方达成的书面仲裁协议重新申请仲裁，也可以向人民法院起诉。

第二十七章 司法协助

第二百七十六条 根据中华人民共和国缔结或者参加的国际条约，或者按照互惠原则，人民法院和外国法院可以相互请求，代为送达文书、调查取证以及进行其他诉讼行为。

外国法院请求协助的事项有损于中华人民共和国的主权、安全或者社会公共利益的，人民法院不予执行。

第二百七十七条 请求和提供司法协助，应当依照中华人民共和国缔结或者参加的国际条约所规定的途径进行；没有条约关系的，通过外交途径进行。

外国驻中华人民共和国的使领馆可以向该国公民送达文书和调查取证，但不得违反中华人民共和国的法律，并不得采取强制措施。

除前款规定的情况外，未经中华人民共和国主管机关准许，任何外国机关或者个人不得在中华人民共和国领域内送达文书、调查取证。

第二百七十八条 外国法院请求人民法院提供司法协助的请求书及其所附文件，应当附有中文译本或者国际条约规定的其他文字文本。

人民法院请求外国法院提供司法协助的请求书及其所附文件，应当附有该国文字译本或者国际条约规定的其他文字文本。

第二百七十九条 人民法院提供司法协助，依照中华人民共和国法律规定的程序进行。外国法院请求采用特殊方式的，也可以按照其请求的特殊方式进行，但请求采用的特殊方式不得违反中华人民共和国法律。

第二百八十条 人民法院作出的发生法律效力的判决、裁定，如果被执行人或者其财产不在中华人民共和国领域内，当事人请求执行的，可以由当事人直接向有管辖权的外国法院申请承认和执行，也可以由人民法院依照中华人民共和国缔结或者参加的国际条约的规定，或者按照互惠原则，请求外国法院承认和执行。

中华人民共和国涉外仲裁机构作出的发生法律效力的仲裁裁决，当事人请求执行的，如果被执行人或者其财产不在中华人民共和国领域内，应当由当事人直接向有管辖权的外国法院申请承认和执行。

第二百八十一条 外国法院作出的发生法律效力的判决、裁定，需要中华人民共和国人民法院承认和执行的，可以由当事人直接向中华人民共和国有管辖权的中级人民法院申请承认和执行，也可以由外国法院依照该国与中华人民共和国缔结或者参加的国际条约的规定，或者按照互惠原则，请求人民法院承认和执行。

第二百八十二条 人民法院对申请或者请求承认和执行的外国法院作出的发生法律效力的判决、裁定，依照中华人民共和国缔结或者参加的国际条约，或者按照互惠原则进行审查后，认为不违反中华人民共和国法律的基本原则或者国家主权、安全、社会公共利益的，裁定承认其效力，需要执行的，发出执行令，依照本法的有关规定执行。违反中华人民共和国法律的基本原则或者国家主权、安全、社会公共利益的，不予承认和执行。

第二百八十三条 国外仲裁机构的裁决，需要中华人民共和国人民法院承认和执行的，应当由当事人直接向被执行人住所地或者其财产所在地的中级人民法院申请，人民法院应当依照中华人民共和国缔结或者参加的国际条约，或者按照互惠原则办理。

第二百八十四条 本法自公布之日起施行，《中华人民共和国民事诉讼法（试行）》同时废止。

最高人民法院关于适用《中华人民共和国民事诉讼法》的解释

（2014 年 12 月 18 日最高人民法院审判委员会第 1636 次会议通过。）

2012 年 8 月 31 日，第十一届全国人民代表大会常务委员会第二十八次会议审议通过了《关于修改〈中华人民共和国民事诉讼法〉的决定》。根据修改后的民事诉讼法，结合人民法院民事审判和执行工作实际，制定本解释。

一、管辖

第一条　民事诉讼法第十八条第一项规定的重大涉外案件，包括争议标的额大的案件、案情复杂的案件，或者一方当事人人数众多等具有重大影响的案件。

第二条　专利纠纷案件由知识产权法院、最高人民法院确定的中级人民法院和基层人民法院管辖。

海事、海商案件由海事法院管辖。

第三条　公民的住所地是指公民的户籍所在地，法人或者其他组织的住所地是指法人或者其他组织的主要办事机构所在地。

法人或者其他组织的主要办事机构所在地不能确定的，法人或者其他组织的注册地或者登记地为住所地。

第四条　公民的经常居住地是指公民离开住所地至起诉时已连续居住一年以上的地方，但公民住院就医的地方除外。

第五条　对没有办事机构的个人合伙、合伙型联营体提起的诉讼，由被告注册登记地人民法院管辖。没有注册登记，几个被告又不在同一辖区的，被告住所地的人民法院都有管辖权。

第六条　被告被注销户籍的，依照民事诉讼法第二十二条规定确定管辖；原告、被告均被注销户籍的，由被告居住地人民法院管辖。

第七条　当事人的户籍迁出后尚未落户，有经常居住地的，由该地人民法院管辖；没有经常居住地的，由其原户籍所在地人民法院管辖。

第八条　双方当事人都被监禁或者被采取强制性教育措施的，由被告原住所地人民法院管辖。被告被监禁或者被采取强制性教育措施一年以上的，由被告被监禁地或者被采取强制性教育措施地人民法院管辖。

第九条　追索赡养费、抚育费、扶养费案件的几个被告住所地不在同一辖区的，可以由原告住所地人民法院管辖。

第十条 不服指定监护或者变更监护关系的案件，可以由被监护人住所地人民法院管辖。

第十一条 双方当事人均为军人或者军队单位的民事案件由军事法院管辖。

第十二条 夫妻一方离开住所地超过一年，另一方起诉离婚的案件，可以由原告住所地人民法院管辖。

夫妻双方离开住所地超过一年，一方起诉离婚的案件，由被告经常居住地人民法院管辖；没有经常居住地的，由原告起诉时被告居住地人民法院管辖。

第十三条 在国内结婚并定居国外的华侨，如定居国法院以离婚诉讼须由婚姻缔结地法院管辖为由不予受理，当事人向人民法院提出离婚诉讼的，由婚姻缔结地或者一方在国内的最后居住地人民法院管辖。

第十四条 在国外结婚并定居国外的华侨，如定居国法院以离婚诉讼须由国籍所属国法院管辖为由不予受理，当事人向人民法院提出离婚诉讼的，由一方原住所地或者在国内的最后居住地人民法院管辖。

第十五条 中国公民一方居住在国外，一方居住在国内，不论哪一方向人民法院提起离婚诉讼，国内一方住所地人民法院都有权管辖。国外一方在居住国法院起诉，国内一方向人民法院起诉的，受诉人民法院有权管辖。

第十六条 中国公民双方在国外但未定居，一方向人民法院起诉离婚的，应由原告或者被告原住所地人民法院管辖。

第十七条 已经离婚的中国公民，双方均定居国外，仅就国内财产分割提起诉讼的，由主要财产所在地人民法院管辖。

第十八条 合同约定履行地点的，以约定的履行地点为合同履行地。

合同对履行地点没有约定或者约定不明确，争议标的为给付货币的，接收货币一方所在地为合同履行地；交付不动产的，不动产所在地为合同履行地；其他标的，履行义务一方所在地为合同履行地。即时结清的合同，交易行为地为合同履行地。

合同没有实际履行，当事人双方住所地都不在合同约定的履行地的，由被告住所地人民法院管辖。

第十九条 财产租赁合同、融资租赁合同以租赁物使用地为合同履行地。合同对履行地有约定的，从其约定。

第二十条 以信息网络方式订立的买卖合同，通过信息网络交付标的的，以买受人住所地为合同履行地；通过其他方式交付标的的，收货地为合同履行地。合同对履行地有约定的，从其约定。

第二十一条 因财产保险合同纠纷提起的诉讼，如果保险标的物是运输工具或者运输中的货物，可以由运输工具登记注册地、运输目的地、保险事故发生地人民法院管辖。

因人身保险合同纠纷提起的诉讼，可以由被保险人住所地人民法院管辖。

第二十二条 因股东名册记载、请求变更公司登记、股东知情权、公司决议、公司合并、公司分立、公司减资、公司增资等纠纷提起的诉讼，依照民事诉讼法第二十六条规定确定管辖。

第二十三条 债权人申请支付令，适用民事诉讼法第二十一条规定，由债务人住所地基层人民法院管辖。

第二十四条 民事诉讼法第二十八条规定的侵权行为地，包括侵权行为实施地、侵权结果发生地。

第二十五条 信息网络侵权行为实施地包括实施被诉侵权行为的计算机等信息设备所在地，侵权结果发生地包括被侵权人住所地。

第二十六条 因产品、服务质量不合格造成他人财产、人身损害提起的诉讼，产品制造地、产品销售地、服务提供地、侵权行为地和被告住所地人民法院都有管辖权。

第二十七条 当事人申请诉前保全后没有在法定期间起诉或者申请仲裁，给被申请人、利害关系人造成损失引起的诉讼，由采取保全措施的人民法院管辖。

当事人申请诉前保全后在法定期间内起诉或者申请仲裁，被申请人、利害关系人因保全受到损失提起的诉讼，由受理起诉的人民法院或者采取保全措施的人民法院管辖。

第二十八条 民事诉讼法第三十三条第一项规定的不动产纠纷是指因不动产的权利确认、分割、相邻关系等引起的物权纠纷。

农村土地承包经营合同纠纷、房屋租赁合同纠纷、建设工程施工合同纠纷、政策性房屋买卖合同纠纷，按照不动产纠纷确定管辖。

不动产已登记的，以不动产登记簿记载的所在地为不动产所在地；不动产未登记的，以不动产实际所在地为不动产所在地。

第二十九条 民事诉讼法第三十四条规定的书面协议，包括书面合同中的协议管辖条款或者诉讼前以书面形式达成的选择管辖的协议。

第三十条 根据管辖协议，起诉时能够确定管辖法院的，从其约定；不能确定的，依照民事诉讼法的相关规定确定管辖。

管辖协议约定两个以上与争议有实际联系的地点的人民法院管辖，原告可以向其中一个人民法院起诉。

第三十一条 经营者使用格式条款与消费者订立管辖协议，未采取合理方式提请消费者注意，消费者主张管辖协议无效的，人民法院应予支持。

第三十二条 管辖协议约定由一方当事人住所地人民法院管辖，协议签订后当事人住所地变更的，由签订管辖协议时的住所地人民法院管辖，但当事人另有约定的除外。

第三十三条 合同转让的，合同的管辖协议对合同受让人有效，但转让时受让人不知道有管辖协议，或者转让协议另有约定且原合同相对人同意的除外。

第三十四条 当事人因同居或者在解除婚姻、收养关系后发生财产争议，约定管辖的，可以适用民事诉讼法第三十四条规定确定管辖。

第三十五条 当事人在答辩期间届满后未应诉答辩，人民法院在一审开庭前，发现案件不属于本院管辖的，应当裁定移送有管辖权的人民法院。

第三十六条 两个以上人民法院都有管辖权的诉讼，先立案的人民法院不得将案件移送给另一个有管辖权的人民法院。人民法院在立案前发现其他有管辖权的人民法院已先立案的，不得重复立案；立案后发现其他有管辖权的人民法院已先立案的，裁定将案件移送给先立案的人民法院。

第三十七条 案件受理后，受诉人民法院的管辖权不受当事人住所地、经常居住地变更的影响。

第三十八条 有管辖权的人民法院受理案件后，不得以行政区域变更为由，将案件移送给变更后有管辖权的人民法院。判决后的上诉案件和依审判监督程序提审的案件，由原审人民法院的上级人民法院进行审判；上级人民法院指令再审、发回重审的案件，由原审人民法院再审或者重审。

第三十九条 人民法院对管辖异议审查后确定有管辖权的，不因当事人提起反诉、增加或者变更诉讼请求等改变管辖，但违反级别管辖、专属管辖规定的除外。

人民法院发回重审或者按第一审程序再审的案件，当事人提出管辖异议的，人民法院不予审查。

第四十条 依照民事诉讼法第三十七条第二款规定，发生管辖权争议的两个人民法院因协商不成报请它们的共同上级人民法院指定管辖时，双方为同属一个地、市辖区的基层人民法院的，由该地、市的中级人民法院及时指定管辖；同属一个省、自治区、直辖市的两个人民法院的，由该省、自治区、直辖市的高级人民法院及时指定管辖；双方为跨省、自治区、直辖市的人民法院，高级人民法院协商不成的，由最高人民法院及时指定管辖。

依照前款规定报请上级人民法院指定管辖时，应当逐级进行。

第四十一条 人民法院依照民事诉讼法第三十七条第二款规定指定管辖的，应当作出裁定。

对报请上级人民法院指定管辖的案件，下级人民法院应当中止审理。指定管辖裁定作出前，下级人民法院对案件作出判决、裁定的，上级人民法院应当在裁定指定管辖的同时，一并撤销下级人民法院的判决、裁定。

第四十二条 下列第一审民事案件，人民法院依照民事诉讼法第三十八条第一款规定，可以在开庭前交下级人民法院审理：

（一）破产程序中有关债务人的诉讼案件；

（二）当事人人数众多且不方便诉讼的案件；

（三）最高人民法院确定的其他类型案件。

人民法院交下级人民法院审理前，应当报请其上级人民法院批准。上级人民法院批准后，人民法院应当裁定将案件交下级人民法院审理。

二、回避

第四十三条 审判人员有下列情形之一的，应当自行回避，当事人有权申请其回避：

（一）是本案当事人或者当事人近亲属的；

（二）本人或者其近亲属与本案有利害关系的；

（三）担任过本案的证人、鉴定人、辩护人、诉讼代理人、翻译人员的；

（四）是本案诉讼代理人近亲属的；

（五）本人或者其近亲属持有本案非上市公司当事人的股份或者股权的；

（六）与本案当事人或者诉讼代理人有其他利害关系，可能影响公正审理的。

第四十四条 审判人员有下列情形之一的，当事人有权申请其回避：

（一）接受本案当事人及其受托人宴请，或者参加由其支付费用的活动的；

（二）索取、接受本案当事人及其受托人财物或者其他利益的；

（三）违反规定会见本案当事人、诉讼代理人的；

（四）为本案当事人推荐、介绍诉讼代理人，或者为律师、其他人员介绍代理本案的；

（五）向本案当事人及其受托人借用款物的；

（六）有其他不正当行为，可能影响公正审理的。

第四十五条 在一个审判程序中参与过本案审判工作的审判人员，不得再参与该案其他程序的审判。

发回重审的案件，在一审法院作出裁判后又进入第二审程序的，原第二审程序中合议庭组成人员不受前款规定的限制。

第四十六条 审判人员有应当回避的情形，没有自行回避，当事人也没有申请其回避的，由院长或者审判委员会决定其回避。

第四十七条 人民法院应当依法告知当事人对合议庭组成人员、独任审判员和书记员等人员有申请回避的权利。

第四十八条 民事诉讼法第四十四条所称的审判人员，包括参与本案审理的人民法院院长、副院长、审判委员会委员、庭长、副庭长、审判员、助理审判员和人民陪审员。

第四十九条 书记员和执行员适用审判人员回避的有关规定。

三、诉讼参加人

第五十条 法人的法定代表人以依法登记的为准，但法律另有规定的除外。依法不需要办理登记的法人，以其正职负责人为法定代表人；没有正职负责人的，以其主持工作的副职负责人为法定代表人。

法定代表人已经变更，但未完成登记，变更后的法定代表人要求代表法人参加诉讼的，人民法院可以准许。

其他组织，以其主要负责人为代表人。

第五十一条 在诉讼中，法人的法定代表人变更的，由新的法定代表人继续进行诉讼，并应向人民法院提交新的法定代表人身份证明书。原法定代表人进行的诉讼行为有效。

前款规定，适用于其他组织参加的诉讼。

第五十二条 民事诉讼法第四十八条规定的其他组织是指合法成立、有一定的组织机构和财产，但又不具备法人资格的组织，包括：

（一）依法登记领取营业执照的个人独资企业；

（二）依法登记领取营业执照的合伙企业；

（三）依法登记领取我国营业执照的中外合作经营企业、外资企业；

（四）依法成立的社会团体的分支机构、代表机构；

（五）依法设立并领取营业执照的法人的分支机构；

（六）依法设立并领取营业执照的商业银行、政策性银行和非银行金融机构的分支机构；

（七）经依法登记领取营业执照的乡镇企业、街道企业；

（八）其他符合本条规定条件的组织。

第五十三条　法人非依法设立的分支机构，或者虽依法设立，但没有领取营业执照的分支机构，以设立该分支机构的法人为当事人。

第五十四条　以挂靠形式从事民事活动，当事人请求由挂靠人和被挂靠人依法承担民事责任的，该挂靠人和被挂靠人为共同诉讼人。

第五十五条　在诉讼中，一方当事人死亡，需要等待继承人表明是否参加诉讼的，裁定中止诉讼。人民法院应当及时通知继承人作为当事人承担诉讼，被继承人已经进行的诉讼行为对承担诉讼的继承人有效。

第五十六条　法人或者其他组织的工作人员执行工作任务造成他人损害的，该法人或者其他组织为当事人。

第五十七条　提供劳务一方因劳务造成他人损害，受害人提起诉讼的，以接受劳务一方为被告。

第五十八条　在劳务派遣期间，被派遣的工作人员因执行工作任务造成他人损害的，以接受劳务派遣的用工单位为当事人。当事人主张劳务派遣单位承担责任的，该劳务派遣单位为共同被告。

第五十九条　在诉讼中，个体工商户以营业执照上登记的经营者为当事人。有字号的，以营业执照上登记的字号为当事人，但应同时注明该字号经营者的基本信息。

营业执照上登记的经营者与实际经营者不一致的，以登记的经营者和实际经营者为共同诉讼人。

第六十条　在诉讼中，未依法登记领取营业执照的个人合伙的全体合伙人为共同诉讼人。个人合伙有依法核准登记的字号的，应在法律文书中注明登记的字号。全体合伙人可以推选代表人；被推选的代表人，应由全体合伙人出具推选书。

第六十一条　当事人之间的纠纷经人民调解委员会调解达成协议后，一方当事人不履行调解协议，另一方当事人向人民法院提起诉讼的，应以对方当事人为被告。

第六十二条　下列情形，以行为人为当事人：

（一）法人或者其他组织应登记而未登记，行为人即以该法人或者其他组织名义进行民事活动的；

（二）行为人没有代理权、超越代理权或者代理权终止后以被代理人名义进行民事活动的，但相对人有理由相信行为人有代理权的除外；

（三）法人或者其他组织依法终止后，行为人仍以其名义进行民事活动的。

第六十三条　企业法人合并的，因合并前的民事活动发生的纠纷，以合并后的企业为当事人；企业法人分立的，因分立前的民事活动发生的纠纷，以分立后的企业为共同诉讼人。

第六十四条　企业法人解散的，依法清算并注销前，以该企业法人为当事人；未依法清算即被注销的，以该企业法人的股东、发起人或者出资人为当事人。

　　第六十五条　　借用业务介绍信、合同专用章、盖章的空白合同书或者银行账户的，出借单位和借用人为共同诉讼人。

　　第六十六条　　因保证合同纠纷提起的诉讼，债权人向保证人和被保证人一并主张权利的，人民法院应当将保证人和被保证人列为共同被告。保证合同约定为一般保证，债权人仅起诉保证人的，人民法院应当通知被保证人作为共同被告参加诉讼；债权人仅起诉被保证人的，可以只列被保证人为被告。

　　第六十七条　　无民事行为能力人、限制民事行为能力人造成他人损害的，无民事行为能力人、限制民事行为能力人和其监护人为共同被告。

　　第六十八条　　村民委员会或者村民小组与他人发生民事纠纷的，村民委员会或者有独立财产的村民小组为当事人。

　　第六十九条　　对侵害死者遗体、遗骨以及姓名、肖像、名誉、荣誉、隐私等行为提起诉讼的，死者的近亲属为当事人。

　　第七十条　　在继承遗产的诉讼中，部分继承人起诉的，人民法院应通知其他继承人作为共同原告参加诉讼；被通知的继承人不愿意参加诉讼又未明确表示放弃实体权利的，人民法院仍应将其列为共同原告。

　　第七十一条　　原告起诉被代理人和代理人，要求承担连带责任的，被代理人和代理人为共同被告。

　　第七十二条　　共有财产权受到他人侵害，部分共有权人起诉的，其他共有权人为共同诉讼人。

　　第七十三条　　必须共同进行诉讼的当事人没有参加诉讼的，人民法院应当依照民事诉讼法第一百三十二条的规定，通知其参加；当事人也可以向人民法院申请追加。人民法院对当事人提出的申请，应当进行审查，申请理由不成立的，裁定驳回；申请理由成立的，书面通知被追加的当事人参加诉讼。

　　第七十四条　　人民法院追加共同诉讼的当事人时，应当通知其他当事人。应当追加的原告，已明确表示放弃实体权利的，可不予追加；既不愿意参加诉讼，又不放弃实体权利的，仍应追加为共同原告，其不参加诉讼，不影响人民法院对案件的审理和依法作出判决。

　　第七十五条　　民事诉讼法第五十三条、第五十四条和第一百九十九条规定的人数众多，一般指十人以上。

　　第七十六条　　依照民事诉讼法第五十三条规定，当事人一方人数众多在起诉时确定的，可以由全体当事人推选共同的代表人，也可以由部分当事人推选自己的代表人；推选不出代表人的当事人，在必要的共同诉讼中可以自己参加诉讼，在普通的共同诉讼中可以另行起诉。

　　第七十七条　　根据民事诉讼法第五十四条规定，当事人一方人数众多在起诉时不确定的，由当事人推选代表人。当事人推选不出的，可以由人民法院提出人选与当事人协商；协商不成的，也可以由人民法院在起诉的当事人中指定代表人。

　　第七十八条　　民事诉讼法第五十三条和第五十四条规定的代表人为二至五人，每位代表人可以委托一至二人作为诉讼代理人。

第七十九条 依照民事诉讼法第五十四条规定受理的案件，人民法院可以发出公告，通知权利人向人民法院登记。公告期间根据案件的具体情况确定，但不得少于三十日。

第八十条 根据民事诉讼法第五十四条规定向人民法院登记的权利人，应当证明其与对方当事人的法律关系和所受到的损害。证明不了的，不予登记，权利人可以另行起诉。人民法院的裁判在登记的范围内执行。未参加登记的权利人提起诉讼，人民法院认定其请求成立的，裁定适用人民法院已作出的判决、裁定。

第八十一条 根据民事诉讼法第五十六条的规定，有独立请求权的第三人有权向人民法院提出诉讼请求和事实、理由，成为当事人；无独立请求权的第三人，可以申请或者由人民法院通知参加诉讼。

第一审程序中未参加诉讼的第三人，申请参加第二审程序的，人民法院可以准许。

第八十二条 在一审诉讼中，无独立请求权的第三人无权提出管辖异议，无权放弃、变更诉讼请求或者申请撤诉，被判决承担民事责任的，有权提起上诉。

第八十三条 在诉讼中，无民事行为能力人、限制民事行为能力人的监护人是他的法定代理人。事先没有确定监护人的，可以由有监护资格的人协商确定；协商不成的，由人民法院在他们之中指定诉讼中的法定代理人。当事人没有民法通则第十六条第一款、第二款或者第十七条第一款规定的监护人的，可以指定该法第十六条第四款或者第十七条第三款规定的有关组织担任诉讼中的法定代理人。

第八十四条 无民事行为能力人、限制民事行为能力人以及其他依法不能作为诉讼代理人的，当事人不得委托其作为诉讼代理人。

第八十五条 根据民事诉讼法第五十八条第二款第二项规定，与当事人有夫妻、直系血亲、三代以内旁系血亲、近姻亲关系以及其他有抚养、赡养关系的亲属，可以当事人近亲属的名义作为诉讼代理人。

第八十六条 根据民事诉讼法第五十八条第二款第二项规定，与当事人有合法劳动人事关系的职工，可以当事人工作人员的名义作为诉讼代理人。

第八十七条 根据民事诉讼法第五十八条第二款第三项规定，有关社会团体推荐公民担任诉讼代理人的，应当符合下列条件：

（一）社会团体属于依法登记设立或者依法免予登记设立的非营利性法人组织；

（二）被代理人属于该社会团体的成员，或者当事人一方住所地位于该社会团体的活动地域；

（三）代理事务属于该社会团体章程载明的业务范围；

（四）被推荐的公民是该社会团体的负责人或者与该社会团体有合法劳动人事关系的工作人员。

专利代理人经中华全国专利代理人协会推荐，可以在专利纠纷案件中担任诉讼代理人。

第八十八条 诉讼代理人除根据民事诉讼法第五十九条规定提交授权委托书外，还应当按照下列规定向人民法院提交相关材料：

（一）律师应当提交律师执业证、律师事务所证明材料；

（二）基层法律服务工作者应当提交法律服务工作者执业证、基层法律服务所出具的介绍信以及当事人一方位于本辖区内的证明材料；

（三）当事人的近亲属应当提交身份证件和与委托人有近亲属关系的证明材料；

（四）当事人的工作人员应当提交身份证件和与当事人有合法劳动人事关系的证明材料；

（五）当事人所在社区、单位推荐的公民应当提交身份证件、推荐材料和当事人属于该社区、单位的证明材料；

（六）有关社会团体推荐的公民应当提交身份证件和符合本解释第八十七条规定条件的证明材料。

第八十九条　　当事人向人民法院提交的授权委托书，应当在开庭审理前送交人民法院。授权委托书仅写"全权代理"而无具体授权的，诉讼代理人无权代为承认、放弃、变更诉讼请求，进行和解，提出反诉或者提起上诉。

适用简易程序审理的案件，双方当事人同时到庭并径行开庭审理的，可以当场口头委托诉讼代理人，由人民法院记入笔录。

四、证据

第九十条　　当事人对自己提出的诉讼请求所依据的事实或者反驳对方诉讼请求所依据的事实，应当提供证据加以证明，但法律另有规定的除外。

在作出判决前，当事人未能提供证据或者证据不足以证明其事实主张的，由负有举证证明责任的当事人承担不利的后果。

第九十一条　　人民法院应当依照下列原则确定举证证明责任的承担，但法律另有规定的除外：

（一）主张法律关系存在的当事人，应当对产生该法律关系的基本事实承担举证证明责任；

（二）主张法律关系变更、消灭或者权利受到妨害的当事人，应当对该法律关系变更、消灭或者权利受到妨害的基本事实承担举证证明责任。

第九十二条　　一方当事人在法庭审理中，或者在起诉状、答辩状、代理词等书面材料中，对于己不利的事实明确表示承认的，另一方当事人无需举证证明。

对于涉及身份关系、国家利益、社会公共利益等应当由人民法院依职权调查的事实，不适用前款自认的规定。

自认的事实与查明的事实不符的，人民法院不予确认。

第九十三条　　下列事实，当事人无须举证证明：

（一）自然规律以及定理、定律；

（二）众所周知的事实；

（三）根据法律规定推定的事实；

（四）根据已知的事实和日常生活经验法则推定出的另一事实；

（五）已为人民法院发生法律效力的裁判所确认的事实；

（六）已为仲裁机构生效裁决所确认的事实；

（七）已为有效公证文书所证明的事实。

前款第二项至第四项规定的事实，当事人有相反证据足以反驳的除外；第五项至第七项规定的事实，当事人有相反证据足以推翻的除外。

第九十四条 民事诉讼法第六十四条第二款规定的当事人及其诉讼代理人因客观原因不能自行收集的证据包括：

（一）证据由国家有关部门保存，当事人及其诉讼代理人无权查阅调取的；

（二）涉及国家秘密、商业秘密或者个人隐私的；

（三）当事人及其诉讼代理人因客观原因不能自行收集的其他证据。

当事人及其诉讼代理人因客观原因不能自行收集的证据，可以在举证期限届满前书面申请人民法院调查收集。

第九十五条 当事人申请调查收集的证据，与待证事实无关联、对证明待证事实无意义或者其他无调查收集必要的，人民法院不予准许。

第九十六条 民事诉讼法第六十四条第二款规定的人民法院认为审理案件需要的证据包括：

（一）涉及可能损害国家利益、社会公共利益的；

（二）涉及身份关系的；

（三）涉及民事诉讼法第五十五条规定诉讼的；

（四）当事人有恶意串通损害他人合法权益可能的；

（五）涉及依职权追加当事人、中止诉讼、终结诉讼、回避等程序性事项的。

除前款规定外，人民法院调查收集证据，应当依照当事人的申请进行。

第九十七条 人民法院调查收集证据，应当由两人以上共同进行。调查材料要由调查人、被调查人、记录人签名、捺印或者盖章。

第九十八条 当事人根据民事诉讼法第八十一条第一款规定申请证据保全的，可以在举证期限届满前书面提出。

证据保全可能对他人造成损失的，人民法院应当责令申请人提供相应的担保。

第九十九条 人民法院应当在审理前的准备阶段确定当事人的举证期限。举证期限可以由当事人协商，并经人民法院准许。

人民法院确定举证期限，第一审普通程序案件不得少于十五日，当事人提供新的证据的第二审案件不得少于十日。

举证期限届满后，当事人对已经提供的证据，申请提供反驳证据或者对证据来源、形式等方面的瑕疵进行补正的，人民法院可以酌情再次确定举证期限，该期限不受前款规定的限制。

第一百条 当事人申请延长举证期限的，应当在举证期限届满前向人民法院提出书面申请。

申请理由成立的，人民法院应当准许，适当延长举证期限，并通知其他当事人。延长的举证期限适用于其他当事人。

申请理由不成立的，人民法院不予准许，并通知申请人。

第一百零一条 当事人逾期提供证据的，人民法院应当责令其说明理由，必要时可以要求其提供相应的证据。

当事人因客观原因逾期提供证据，或者对方当事人对逾期提供证据未提出异议的，视为未逾期。

第一百零二条 当事人因故意或者重大过失逾期提供的证据，人民法院不予采纳。但该证据与案件基本事实有关的，人民法院应当采纳，并依照民事诉讼法第六十五条、第一百一十五条第一款的规定予以训诫、罚款。

当事人非因故意或者重大过失逾期提供的证据，人民法院应当采纳，并对当事人予以训诫。

当事人一方要求另一方赔偿因逾期提供证据致使其增加的交通、住宿、就餐、误工、证人出庭作证等必要费用的，人民法院可予支持。

第一百零三条 证据应当在法庭上出示，由当事人互相质证。未经当事人质证的证据，不得作为认定案件事实的根据。

当事人在审理前的准备阶段认可的证据，经审判人员在庭审中说明后，视为质证过的证据。

涉及国家秘密、商业秘密、个人隐私或者法律规定应当保密的证据，不得公开质证。

第一百零四条 人民法院应当组织当事人围绕证据的真实性、合法性以及与待证事实的关联性进行质证，并针对证据有无证明力和证明力大小进行说明和辩论。

能够反映案件真实情况、与待证事实相关联、来源和形式符合法律规定的证据，应当作为认定案件事实的根据。

第一百零五条 人民法院应当按照法定程序，全面、客观地审核证据，依照法律规定，运用逻辑推理和日常生活经验法则，对证据有无证明力和证明力大小进行判断，并公开判断的理由和结果。

第一百零六条 对以严重侵害他人合法权益、违反法律禁止性规定或者严重违背公序良俗的方法形成或者获取的证据，不得作为认定案件事实的根据。

第一百零七条 在诉讼中，当事人为达成调解协议或者和解协议作出妥协而认可的事实，不得在后续的诉讼中作为对其不利的根据，但法律另有规定或者当事人均同意的除外。

第一百零八条 对负有举证证明责任的当事人提供的证据，人民法院经审查并结合相关事实，确信待证事实的存在具有高度可能性的，应当认定该事实存在。

对一方当事人为反驳负有举证证明责任的当事人所主张事实而提供的证据，人民法院经审查并结合相关事实，认为待证事实真伪不明的，应当认定该事实不存在。

法律对于待证事实所应达到的证明标准另有规定的，从其规定。

第一百零九条 当事人对欺诈、胁迫、恶意串通事实的证明，以及对口头遗嘱或者赠与事实的证明，人民法院确信该待证事实存在的可能性能够排除合理怀疑的，应当认定该事实存在。

第一百一十条 人民法院认为有必要的，可以要求当事人本人到庭，就案件有关事实接受询问。在询问当事人之前，可以要求其签署保证书。

保证书应当载明据实陈述、如有虚假陈述愿意接受处罚等内容。当事人应当在保证书上签名或者捺印。

负有举证证明责任的当事人拒绝到庭、拒绝接受询问或者拒绝签署保证书，待证事实又欠缺其他证据证明的，人民法院对其主张的事实不予认定。

第一百一十一条 民事诉讼法第七十条规定的提交书证原件确有困难，包括下列情形：

（一）书证原件遗失、灭失或者毁损的；

（二）原件在对方当事人控制之下，经合法通知提交而拒不提交的；

（三）原件在他人控制之下，而其有权不提交的；

（四）原件因篇幅或者体积过大而不便提交的；

（五）承担举证证明责任的当事人通过申请人民法院调查收集或者其他方式无法获得书证原件的。

前款规定情形，人民法院应当结合其他证据和案件具体情况，审查判断书证复制品等能否作为认定案件事实的根据。

第一百一十二条 书证在对方当事人控制之下的，承担举证证明责任的当事人可以在举证期限届满前书面申请人民法院责令对方当事人提交。

申请理由成立的，人民法院应当责令对方当事人提交，因提交书证所产生的费用，由申请人负担。对方当事人无正当理由拒不提交的，人民法院可以认定申请人所主张的书证内容为真实。

第一百一十三条 持有书证的当事人以妨碍对方当事人使用为目的，毁灭有关书证或者实施其他致使书证不能使用行为的，人民法院可以依照民事诉讼法第一百一十一条规定，对其处以罚款、拘留。

第一百一十四条 国家机关或者其他依法具有社会管理职能的组织，在其职权范围内制作的文书所记载的事项推定为真实，但有相反证据足以推翻的除外。必要时，人民法院可以要求制作文书的机关或者组织对文书的真实性予以说明。

第一百一十五条 单位向人民法院提出的证明材料，应当由单位负责人及制作证明材料的人员签名或者盖章，并加盖单位印章。人民法院就单位出具的证明材料，可以向单位及制作证明材料的人员进行调查核实。必要时，可以要求制作证明材料的人员出庭作证。

单位及制作证明材料的人员拒绝人民法院调查核实，或者制作证明材料的人员无正当理由拒绝出庭作证的，该证明材料不得作为认定案件事实的根据。

第一百一十六条 视听资料包括录音资料和影像资料。

电子数据是指通过电子邮件、电子数据交换、网上聊天记录、博客、微博客、手机短信、电子签名、域名等形成或者存储在电子介质中的信息。

存储在电子介质中的录音资料和影像资料，适用电子数据的规定。

第一百一十七条 当事人申请证人出庭作证的，应当在举证期限届满前提出。

符合本解释第九十六条第一款规定情形的，人民法院可以依职权通知证人出庭作证。

未经人民法院通知，证人不得出庭作证，但双方当事人同意并经人民法院准许的除外。

第一百一十八条 民事诉讼法第七十四条规定的证人因履行出庭作证义务而支出的交通、住宿、就餐等必要费用，按照机关事业单位工作人员差旅费用和补贴标准计算；误工损失按照国家上年度职工日平均工资标准计算。

人民法院准许证人出庭作证申请的，应当通知申请人预缴证人出庭作证费用。

第一百一十九条 人民法院在证人出庭作证前应当告知其如实作证的义务以及作伪证的法律后果，并责令其签署保证书，但无民事行为能力人和限制民事行为能力人除外。

证人签署保证书适用本解释关于当事人签署保证书的规定。

第一百二十条 证人拒绝签署保证书的，不得作证，并自行承担相关费用。

第一百二十一条 当事人申请鉴定，可以在举证期限届满前提出。申请鉴定的事项与待证事实无关联，或者对证明待证事实无意义的，人民法院不予准许。

人民法院准许当事人鉴定申请的，应当组织双方当事人协商确定具备相应资格的鉴定人。当事人协商不成的，由人民法院指定。

符合依职权调查收集证据条件的，人民法院应当依职权委托鉴定，在询问当事人的意见后，指定具备相应资格的鉴定人。

第一百二十二条 当事人可以依照民事诉讼法第七十九条的规定，在举证期限届满前申请一至二名具有专门知识的人出庭，代表当事人对鉴定意见进行质证，或者对案件事实所涉及的专业问题提出意见。

具有专门知识的人在法庭上就专业问题提出的意见，视为当事人的陈述。

人民法院准许当事人申请的，相关费用由提出申请的当事人负担。

第一百二十三条 人民法院可以对出庭的具有专门知识的人进行询问。经法庭准许，当事人可以对出庭的具有专门知识的人进行询问，当事人各自申请的具有专门知识的人可以就案件中的有关问题进行对质。

具有专门知识的人不得参与专业问题之外的法庭审理活动。

第一百二十四条 人民法院认为有必要的，可以根据当事人的申请或者依职权对物证或者现场进行勘验。勘验时应当保护他人的隐私和尊严。

人民法院可以要求鉴定人参与勘验。必要时，可以要求鉴定人在勘验中进行鉴定。

五、期间和送达

第一百二十五条 依照民事诉讼法第八十二条第二款规定，民事诉讼中以时起算的期间从次时起算；以日、月、年计算的期间从次日起算。

第一百二十六条 民事诉讼法第一百二十三条规定的立案期限，因起诉状内容欠缺通知原告补正的，从补正后交人民法院的次日起算。由上级人民法院转交下级人民法院立案的案件，从受诉人民法院收到起诉状的次日起算。

第一百二十七条 民事诉讼法第五十六条第三款、第二百零五条以及本解释第三百七十四条、第三百八十四条、第四百零一条、第四百二十二条、第四百二十三条规定的六个月，民事诉讼法第二百二十三条规定的一年，为不变期间，不适用诉讼时效中止、中断、延长的规定。

第一百二十八条 再审案件按照第一审程序或者第二审程序审理的，适用民事诉讼法第一百四十九条、第一百七十六条规定的审限。审限自再审立案的次日起算。

第一百二十九条 对申请再审案件，人民法院应当自受理之日起三个月内审查完毕，但公告期间、当事人和解期间等不计入审查期限。有特殊情况需要延长的，由本院院长批准。

第一百三十条 向法人或者其他组织送达诉讼文书，应当由法人的法定代表人、该组织的主要负责人或者办公室、收发室、值班室等负责收件的人签收或者盖章，拒绝签收或者盖章的，适用留置送达。

民事诉讼法第八十六条规定的有关基层组织和所在单位的代表，可以是受送达人住所地的居民委员会、村民委员会的工作人员以及受送达人所在单位的工作人员。

第一百三十一条 人民法院直接送达诉讼文书的，可以通知当事人到人民法院领取。当事人到达人民法院，拒绝签署送达回证的，视为送达。审判人员、书记员应当在送达回证上注明送达情况并签名。

人民法院可以在当事人住所地以外向当事人直接送达诉讼文书。当事人拒绝签署送达回证的，采用拍照、录像等方式记录送达过程即视为送达。审判人员、书记员应当在送达回证上注明送达情况并签名。

第一百三十二条 受送达人有诉讼代理人的，人民法院既可以向受送达人送达，也可以向其诉讼代理人送达。受送达人指定诉讼代理人为代收人的，向诉讼代理人送达时，适用留置送达。

第一百三十三条 调解书应当直接送达当事人本人，不适用留置送达。当事人本人因故不能签收的，可由其指定的代收人签收。

第一百三十四条 依照民事诉讼法第八十八条规定，委托其他人民法院代为送达的，委托法院应当出具委托函，并附需要送达的诉讼文书和送达回证，以受送达人在送达回证上签收的日期为送达日期。

委托送达的，受委托人民法院应当自收到委托函及相关诉讼文书之日起十日内代为送达。

第一百三十五条 电子送达可以采用传真、电子邮件、移动通信等即时收悉的特定系统作为送达媒介。

民事诉讼法第八十七条第二款规定的到达受送达人特定系统的日期，为人民法院对应系统显示发送成功的日期，但受送达人证明到达其特定系统的日期与人民法院对应系统显示发送成功的日期不一致的，以受送达人证明到达其特定系统的日期为准。

第一百三十六条 受送达人同意采用电子方式送达的，应当在送达地址确认书中予以确认。

第一百三十七条 当事人在提起上诉、申请再审、申请执行时未书面变更送达地址的，其在第一审程序中确认的送达地址可以作为第二审程序、审判监督程序、执行程序的送达地址。

第一百三十八条 公告送达可以在法院的公告栏和受送达人住所地张贴公告，也可以在报纸、信息网络等媒体上刊登公告，发出公告日期以最后张贴或者刊登的日期为准。对公告送达方式有特殊要求的，应当按要求的方式进行。公告期满，即视为送达。

人民法院在受送达人住所地张贴公告的，应当采取拍照、录像等方式记录张贴过程。

第一百三十九条 公告送达应当说明公告送达的原因；公告送达起诉状或者上诉状副本的，应当说明起诉或者上诉要点，受送达人答辩期限及逾期不答辩的法律后果；公告送达传票，应当说明出庭的时间和地点及逾期不出庭的法律后果；公告送达判决书、裁定书的，应当说明裁判主要内容，当事人有权上诉的，还应当说明上诉权利、上诉期限和上诉的人民法院。

第一百四十条 适用简易程序的案件，不适用公告送达。

第一百四十一条 人民法院在定期宣判时，当事人拒不签收判决书、裁定书的，应视为送达，并在宣判笔录中记明。

六、调解

第一百四十二条 人民法院受理案件后，经审查，认为法律关系明确、事实清楚，在征得当事人双方同意后，可以径行调解。

第一百四十三条 适用特别程序、督促程序、公示催告程序的案件，婚姻等身份关系确认案件以及其他根据案件性质不能进行调解的案件，不得调解。

第一百四十四条 人民法院审理民事案件，发现当事人之间恶意串通，企图通过和解、调解方式侵害他人合法权益的，应当依照民事诉讼法第一百一十二条的规定处理。

第一百四十五条 人民法院审理民事案件，应当根据自愿、合法的原则进行调解。当事人一方或者双方坚持不愿调解的，应当及时裁判。

人民法院审理离婚案件，应当进行调解，但不应久调不决。

第一百四十六条 人民法院审理民事案件，调解过程不公开，但当事人同意公开的除外。

调解协议内容不公开，但为保护国家利益、社会公共利益、他人合法权益，人民法院认为确有必要公开的除外。

主持调解以及参与调解的人员，对调解过程以及调解过程中获悉的国家秘密、商业秘密、个人隐私和其他不宜公开的信息，应当保守秘密，但为保护国家利益、社会公共利益、他人合法权益的除外。

第一百四十七条 人民法院调解案件时，当事人不能出庭的，经其特别授权，可由其委托代理人参加调解，达成的调解协议，可由委托代理人签名。

离婚案件当事人确因特殊情况无法出庭参加调解的，除本人不能表达意志的以外，应当出具书面意见。

第一百四十八条 当事人自行和解或者调解达成协议后，请求人民法院按照和解协议或者调解协议的内容制作判决书的，人民法院不予准许。

无民事行为能力人的离婚案件，由其法定代理人进行诉讼。法定代理人与对方达成协议要求发给判决书的，可根据协议内容制作判决书。

第一百四十九条 调解书需经当事人签收后才发生法律效力的，应当以最后收到调解书的当事人签收的日期为调解书生效日期。

第一百五十条 人民法院调解民事案件，需由无独立请求权的第三人承担责任的，应当经其同意。该第三人在调解书送达前反悔的，人民法院应当及时裁判。

第一百五十一条 根据民事诉讼法第九十八条第一款第四项规定，当事人各方同意在调解协议上签名或者盖章后即发生法律效力的，经人民法院审查确认后，应当记入笔录或者将调解协议附卷，并由当事人、审判人员、书记员签名或者盖章后即具有法律效力。

前款规定情形，当事人请求制作调解书的，人民法院审查确认后可以制作调解书送交当事人。当事人拒收调解书的，不影响调解协议的效力。

七、保全和先予执行

第一百五十二条 人民法院依照民事诉讼法第一百条、第一百零一条规定，在采取诉前保全、诉讼保全措施时，责令利害关系人或者当事人提供担保的，应当书面通知。

利害关系人申请诉前保全的，应当提供担保。申请诉前财产保全的，应当提供相当于请求保全数额的担保；情况特殊的，人民法院可以酌情处理。申请诉前行为保全的，担保的数额由人民法院根据案件的具体情况决定。

在诉讼中，人民法院依申请或者依职权采取保全措施的，应当根据案件的具体情况，决定当事人是否应当提供担保以及担保的数额。

第一百五十三条 人民法院对季节性商品、鲜活、易腐烂变质以及其他不宜长期保存的物品采取保全措施时，可以责令当事人及时处理，由人民法院保存价款；必要时，人民法院可予以变卖，保存价款。

第一百五十四条 人民法院在财产保全中采取查封、扣押、冻结财产措施时，应当妥善保管被查封、扣押、冻结的财产。不宜由人民法院保管的，人民法院可以指定被保全人负责保管；不宜由被保全人保管的，可以委托他人或者申请保全人保管。

查封、扣押、冻结担保物权人占有的担保财产，一般由担保物权人保管；由人民法院保管的，质权、留置权不因采取保全措施而消灭。

第一百五十五条 由人民法院指定被保全人保管的财产，如果继续使用对该财产的价值无重大影响，可以允许被保全人继续使用；由人民法院保管或者委托他人、申请保全人保管的财产，人民法院和其他保管人不得使用。

第一百五十六条 人民法院采取财产保全的方法和措施，依照执行程序相关规定办理。

第一百五十七条 人民法院对抵押物、质押物、留置物可以采取财产保全措施，但不影响抵押权人、质权人、留置权人的优先受偿权。

第一百五十八条 人民法院对债务人到期应得的收益，可以采取财产保全措施，限制其支取，通知有关单位协助执行。

第一百五十九条 债务人的财产不能满足保全请求，但对他人有到期债权的，人民法院可以依债权人的申请裁定该他人不得对本案债务人清偿。该他人要求偿付的，由人民法院提存财物或者价款。

第一百六十条 当事人向采取诉前保全措施以外的其他有管辖权的人民法院起诉的，采取诉前保全措施的人民法院应当将保全手续移送受理案件的人民法院。诉前保全的裁定视为受移送人民法院作出的裁定。

第一百六十一条 对当事人不服一审判决提起上诉的案件,在第二审人民法院接到报送的案件之前,当事人有转移、隐匿、出卖或者毁损财产等行为,必须采取保全措施的,由第一审人民法院依当事人申请或者依职权采取。第一审人民法院的保全裁定,应当及时报送第二审人民法院。

第一百六十二条 第二审人民法院裁定对第一审人民法院采取的保全措施予以续保或者采取新的保全措施的,可以自行实施,也可以委托第一审人民法院实施。

再审人民法院裁定对原保全措施予以续保或者采取新的保全措施的,可以自行实施,也可以委托原审人民法院或者执行法院实施。

第一百六十三条 法律文书生效后,进入执行程序前,债权人因对方当事人转移财产等紧急情况,不申请保全将可能导致生效法律文书不能执行或者难以执行的,可以向执行法院申请采取保全措施。债权人在法律文书指定的履行期间届满后五日内不申请执行的,人民法院应当解除保全。

第一百六十四条 对申请保全人或者他人提供的担保财产,人民法院应当依法办理查封、扣押、冻结等手续。

第一百六十五条 人民法院裁定采取保全措施后,除作出保全裁定的人民法院自行解除或者其上级人民法院决定解除外,在保全期限内,任何单位不得解除保全措施。

第一百六十六条 裁定采取保全措施后,有下列情形之一的,人民法院应当作出解除保全裁定:

(一)保全错误的;

(二)申请人撤回保全申请的;

(三)申请人的起诉或者诉讼请求被生效裁判驳回的;

(四)人民法院认为应当解除保全的其他情形。

解除以登记方式实施的保全措施的,应当向登记机关发出协助执行通知书。

第一百六十七条 财产保全的被保全人提供其他等值担保财产且有利于执行的,人民法院可以裁定变更保全标的物为被保全人提供的担保财产。

第一百六十八条 保全裁定未经人民法院依法撤销或者解除,进入执行程序后,自动转为执行中的查封、扣押、冻结措施,期限连续计算,执行法院无需重新制作裁定书,但查封、扣押、冻结期限届满的除外。

第一百六十九条 民事诉讼法规定的先予执行,人民法院应当在受理案件后终审判决作出前采取。先予执行应当限于当事人诉讼请求的范围,并以当事人的生活、生产经营的急需为限。

第一百七十条 民事诉讼法第一百零六条第三项规定的情况紧急,包括:

(一)需要立即停止侵害、排除妨碍的;

(二)需要立即制止某项行为的;

(三)追索恢复生产、经营急需的保险理赔费的;

(四)需要立即返还社会保险金、社会救助资金的;

(五)不立即返还款项,将严重影响权利人生活和生产经营的。

第一百七十一条 当事人对保全或者先予执行裁定不服的,可以自收到裁定书之日起五日内向作出裁定的人民法院申请复议。人民法院应当在收到复议申请后十日内审查。裁定正确的，驳回当事人的申请；裁定不当的，变更或者撤销原裁定。

第一百七十二条 利害关系人对保全或者先予执行的裁定不服申请复议的，由作出裁定的人民法院依照民事诉讼法第一百零八条规定处理。

第一百七十三条 人民法院先予执行后，根据发生法律效力的判决，申请人应当返还因先予执行所取得的利益的，适用民事诉讼法第二百三十三条的规定。

八、对妨害民事诉讼的强制措施

第一百七十四条 民事诉讼法第一百零九条规定的必须到庭的被告，是指负有赡养、抚育、扶养义务和不到庭就无法查清案情的被告。

人民法院对必须到庭才能查清案件基本事实的原告，经两次传票传唤，无正当理由拒不到庭的，可以拘传。

第一百七十五条 拘传必须用拘传票，并直接送达被拘传人；在拘传前，应当向被拘传人说明拒不到庭的后果，经批评教育仍拒不到庭的，可以拘传其到庭。

第一百七十六条 诉讼参与人或者其他人有下列行为之一的，人民法院可以适用民事诉讼法第一百一十条规定处理：

（一）未经准许进行录音、录像、摄影的；

（二）未经准许以移动通信等方式现场传播审判活动的；

（三）其他扰乱法庭秩序，妨害审判活动进行的。

有前款规定情形的，人民法院可以暂扣诉讼参与人或者其他人进行录音、录像、摄影、传播审判活动的器材，并责令其删除有关内容；拒不删除的，人民法院可以采取必要手段强制删除。

第一百七十七条 训诫、责令退出法庭由合议庭或者独任审判员决定。训诫的内容、被责令退出法庭者的违法事实应当记入庭审笔录。

第一百七十八条 人民法院依照民事诉讼法第一百一十条至第一百一十四条的规定采取拘留措施的，应经院长批准，作出拘留决定书，由司法警察将被拘留人送交当地公安机关看管。

第一百七十九条 被拘留人不在本辖区的，作出拘留决定的人民法院应当派员到被拘留人所在地的人民法院，请该院协助执行，受委托的人民法院应当及时派员协助执行。被拘留人申请复议或者在拘留期间承认并改正错误，需要提前解除拘留的，受委托人民法院应当向委托人民法院转达或者提出建议，由委托人民法院审查决定。

第一百八十条 人民法院对被拘留人采取拘留措施后，应当在二十四小时内通知其家属；确实无法按时通知或者通知不到的，应当记录在案。

第一百八十一条 因哄闹、冲击法庭，用暴力、威胁等方法抗拒执行公务等紧急情况，必须立即采取拘留措施的，可在拘留后，立即报告院长补办批准手续。院长认为拘留不当的，应当解除拘留。

第一百八十二条 被拘留人在拘留期间认错悔改的，可以责令其具结悔过，提前解除拘留。提前解除拘留，应报经院长批准，并作出提前解除拘留决定书，交负责看管的公安机关执行。

第一百八十三条 民事诉讼法第一百一十条至第一百一十三条规定的罚款、拘留可以单独适用，也可以合并适用。

第一百八十四条 对同一妨害民事诉讼行为的罚款、拘留不得连续适用。发生新的妨害民事诉讼行为的，人民法院可以重新予以罚款、拘留。

第一百八十五条 被罚款、拘留的人不服罚款、拘留决定申请复议的，应当自收到决定书之日起三日内提出。上级人民法院应当在收到复议申请后五日内作出决定，并将复议结果通知下级人民法院和当事人。

第一百八十六条 上级人民法院复议时认为强制措施不当的，应当制作决定书，撤销或者变更下级人民法院作出的拘留、罚款决定。情况紧急的，可以在口头通知后三日内发出决定书。

第一百八十七条 民事诉讼法第一百一十一条第一款第五项规定的以暴力、威胁或者其他方法阻碍司法工作人员执行职务的行为，包括：

（一）在人民法院哄闹、滞留，不听从司法工作人员劝阻的；

（二）故意毁损、抢夺人民法院法律文书、查封标志的；

（三）哄闹、冲击执行公务现场，围困、扣押执行或者协助执行公务人员的；

（四）毁损、抢夺、扣留案件材料、执行公务车辆、其他执行公务器械、执行公务人员服装和执行公务证件的；

（五）以暴力、威胁或者其他方法阻碍司法工作人员查询、查封、扣押、冻结、划拨、拍卖、变卖财产的；

（六）以暴力、威胁或者其他方法阻碍司法工作人员执行职务的其他行为。

第一百八十八条 民事诉讼法第一百一十一条第一款第六项规定的拒不履行人民法院已经发生法律效力的判决、裁定的行为，包括：

（一）在法律文书发生法律效力后隐藏、转移、变卖、毁损财产或者无偿转让财产、以明显不合理的价格交易财产、放弃到期债权、无偿为他人提供担保等，致使人民法院无法执行的；

（二）隐藏、转移、毁损或者未经人民法院允许处分已向人民法院提供担保的财产的；

（三）违反人民法院限制高消费令进行消费的；

（四）有履行能力而拒不按照人民法院执行通知履行生效法律文书确定的义务的；

（五）有义务协助执行的个人接到人民法院协助执行通知书后，拒不协助执行的。

第一百八十九条 诉讼参与人或者其他人有下列行为之一的，人民法院可以适用民事诉讼法第一百一十一条的规定处理：

（一）冒充他人提起诉讼或者参加诉讼的；

（二）证人签署保证书后作虚假证言，妨碍人民法院审理案件的；

（三）伪造、隐藏、毁灭或者拒绝交出有关被执行人履行能力的重要证据，妨碍人民法院查明被执行人财产状况的；

（四）擅自解冻已被人民法院冻结的财产的；

（五）接到人民法院协助执行通知书后，给当事人通风报信，协助其转移、隐匿财产的。

第一百九十条　民事诉讼法第一百一十二条规定的他人合法权益，包括案外人的合法权益、国家利益、社会公共利益。

第三人根据民事诉讼法第五十六条第三款规定提起撤销之诉，经审查，原案当事人之间恶意串通进行虚假诉讼的，适用民事诉讼法第一百一十二条规定处理。

第一百九十一条　单位有民事诉讼法第一百一十二条或者第一百一十三条规定行为的，人民法院应当对该单位进行罚款，并可以对其主要负责人或者直接责任人员予以罚款、拘留；构成犯罪的，依法追究刑事责任。

第一百九十二条　有关单位接到人民法院协助执行通知书后，有下列行为之一的，人民法院可以适用民事诉讼法第一百一十四条规定处理：

（一）允许被执行人高消费的；

（二）允许被执行人出境的；

（三）拒不停止办理有关财产权证照转移手续、权属变更登记、规划审批等手续的；

（四）以需要内部请示、内部审批，有内部规定等为由拖延办理的。

第一百九十三条　人民法院对个人或者单位采取罚款措施时，应当根据其实施妨害民事诉讼行为的性质、情节、后果，当地的经济发展水平，以及诉讼标的额等因素，在民事诉讼法第一百一十五条第一款规定的限额内确定相应的罚款金额。

九、诉讼费用

第一百九十四条　依照民事诉讼法第五十四条审理的案件不预交案件受理费，结案后按照诉讼标的额由败诉方交纳。

第一百九十五条　支付令失效后转入诉讼程序的，债权人应当按照《诉讼费用交纳办法》补交案件受理费。

支付令被撤销后，债权人另行起诉的，按照《诉讼费用交纳办法》交纳诉讼费用。

第一百九十六条　人民法院改变原判决、裁定、调解结果的，应当在裁判文书中对原审诉讼费用的负担一并作出处理。

第一百九十七条　诉讼标的物是证券的，按照证券交易规则并根据当事人起诉之日前最后一个交易日的收盘价、当日的市场价或者其载明的金额计算诉讼标的金额。

第一百九十八条　诉讼标的物是房屋、土地、林木、车辆、船舶、文物等特定物或者知识产权，起诉时价值难以确定的，人民法院应当向原告释明主张过高或者过低的诉讼风险，以原告主张的价值确定诉讼标的金额。

第一百九十九条　适用简易程序审理的案件转为普通程序的，原告自接到人民法院交纳诉讼费用通知之日起七日内补交案件受理费。

原告无正当理由未按期足额补交的，按撤诉处理，已经收取的诉讼费用退还一半。

第二百条　破产程序中有关债务人的民事诉讼案件，按照财产案件标准交纳诉讼费，但劳动争议案件除外。

第二百零一条　既有财产性诉讼请求，又有非财产性诉讼请求的，按照财产性诉讼请求的标准交纳诉讼费。

有多个财产性诉讼请求的，合并计算交纳诉讼费；诉讼请求中有多个非财产性诉讼请求的，按一件交纳诉讼费。

第二百零二条 原告、被告、第三人分别上诉的，按照上诉请求分别预交二审案件受理费。

同一方多人共同上诉的，只预交一份二审案件受理费；分别上诉的，按照上诉请求分别预交二审案件受理费。

第二百零三条 承担连带责任的当事人败诉的，应当共同负担诉讼费用。

第二百零四条 实现担保物权案件，人民法院裁定拍卖、变卖担保财产的，申请费由债务人、担保人负担；人民法院裁定驳回申请的，申请费由申请人负担。

申请人另行起诉的，其已经交纳的申请费可以从案件受理费中扣除。

第二百零五条 拍卖、变卖担保财产的裁定作出后，人民法院强制执行的，按照执行金额收取执行申请费。

第二百零六条 人民法院决定减半收取案件受理费的，只能减半一次。

第二百零七条 判决生效后，胜诉方预交但不应负担的诉讼费用，人民法院应当退还，由败诉方向人民法院交纳，但胜诉方自愿承担或者同意败诉方直接向其支付的除外。

当事人拒不交纳诉讼费用的，人民法院可以强制执行。

十、第一审普通程序

第二百零八条 人民法院接到当事人提交的民事起诉状时，对符合民事诉讼法第一百一十九条的规定，且不属于第一百二十四条规定情形的，应当登记立案；对当场不能判定是否符合起诉条件的，应当接收起诉材料，并出具注明收到日期的书面凭证。

需要补充必要相关材料的，人民法院应当及时告知当事人。在补齐相关材料后，应当在七日内决定是否立案。

立案后发现不符合起诉条件或者属于民事诉讼法第一百二十四条规定情形的，裁定驳回起诉。

第二百零九条 原告提供被告的姓名或者名称、住所等信息具体明确，足以使被告与他人相区别的，可以认定为有明确的被告。

起诉状列写被告信息不足以认定明确的被告的，人民法院可以告知原告补正。原告补正后仍不能确定明确的被告的，人民法院裁定不予受理。

第二百一十条 原告在起诉状中有谩骂和人身攻击之辞的，人民法院应当告知其修改后提起诉讼。

第二百一十一条 对本院没有管辖权的案件，告知原告向有管辖权的人民法院起诉；原告坚持起诉的，裁定不予受理；立案后发现本院没有管辖权的，应当将案件移送有管辖权的人民法院。

第二百一十二条 裁定不予受理、驳回起诉的案件，原告再次起诉，符合起诉条件且不属于民事诉讼法第一百二十四条规定情形的，人民法院应予受理。

第二百一十三条 原告应当预交而未预交案件受理费，人民法院应当通知其预交，通知后仍不预交或者申请减、缓、免未获批准而仍不预交的，裁定按撤诉处理。

第二百一十四条 原告撤诉或者人民法院按撤诉处理后，原告以同一诉讼请求再次起诉的，人民法院应予受理。

原告撤诉或者按撤诉处理的离婚案件，没有新情况、新理由，六个月内又起诉的，比照民事诉讼法第一百二十四条第七项的规定不予受理。

第二百一十五条 依照民事诉讼法第一百二十四条第二项的规定，当事人在书面合同中订有仲裁条款，或者在发生纠纷后达成书面仲裁协议，一方向人民法院起诉的，人民法院应当告知原告向仲裁机构申请仲裁，其坚持起诉的，裁定不予受理，但仲裁条款或者仲裁协议不成立、无效、失效、内容不明确无法执行的除外。

第二百一十六条 在人民法院首次开庭前，被告以有书面仲裁协议为由对受理民事案件提出异议的，人民法院应当进行审查。

经审查符合下列情形之一的，人民法院应当裁定驳回起诉：

（一）仲裁机构或者人民法院已经确认仲裁协议有效的；

（二）当事人没有在仲裁庭首次开庭前对仲裁协议的效力提出异议的；

（三）仲裁协议符合仲裁法第十六条规定且不具有仲裁法第十七条规定情形的。

第二百一十七条 夫妻一方下落不明，另一方诉至人民法院，只要求离婚，不申请宣告下落不明人失踪或者死亡的案件，人民法院应当受理，对下落不明人公告送达诉讼文书。

第二百一十八条 赡养费、扶养费、抚育费案件，裁判发生法律效力后，因新情况、新理由，一方当事人再行起诉要求增加或者减少费用的，人民法院应作为新案受理。

第二百一十九条 当事人超过诉讼时效期间起诉的，人民法院应予受理。受理后对方当事人提出诉讼时效抗辩，人民法院经审理认为抗辩事由成立的，判决驳回原告的诉讼请求。

第二百二十条 民事诉讼法第六十八条、第一百三十四条、第一百五十六条规定的商业秘密，是指生产工艺、配方、贸易联系、购销渠道等当事人不愿公开的技术秘密、商业情报及信息。

第二百二十一条 基于同一事实发生的纠纷，当事人分别向同一人民法院起诉的，人民法院可以合并审理。

第二百二十二条 原告在起诉状中直接列写第三人的，视为其申请人民法院追加该第三人参加诉讼。是否通知第三人参加诉讼，由人民法院审查决定。

第二百二十三条 当事人在提交答辩状期间提出管辖异议，又针对起诉状的内容进行答辩的，人民法院应当依照民事诉讼法第一百二十七条第一款的规定，对管辖异议进行审查。

当事人未提出管辖异议，就案件实体内容进行答辩、陈述或者反诉的，可以认定为民事诉讼法第一百二十七条第二款规定的应诉答辩。

第二百二十四条 依照民事诉讼法第一百三十三条第四项规定，人民法院可以在答辩期届满后，通过组织证据交换、召集庭前会议等方式，作好审理前的准备。

第二百二十五条 根据案件具体情况，庭前会议可以包括下列内容：

（一）明确原告的诉讼请求和被告的答辩意见；

（二）审查处理当事人增加、变更诉讼请求的申请和提出的反诉，以及第三人提出的与本案有关的诉讼请求；

（三）根据当事人的申请决定调查收集证据，委托鉴定，要求当事人提供证据，进行勘验，进行证据保全；

（四）组织交换证据；

（五）归纳争议焦点；

（六）进行调解。

第二百二十六条　人民法院应当根据当事人的诉讼请求、答辩意见以及证据交换的情况，归纳争议焦点，并就归纳的争议焦点征求当事人的意见。

第二百二十七条　人民法院适用普通程序审理案件，应当在开庭三日前用传票传唤当事人。对诉讼代理人、证人、鉴定人、勘验人、翻译人员应当用通知书通知其到庭。当事人或者其他诉讼参与人在外地的，应当留有必要的在途时间。

第二百二十八条　法庭审理应当围绕当事人争议的事实、证据和法律适用等焦点问题进行。

第二百二十九条　当事人在庭审中对其在审理前的准备阶段认可的事实和证据提出不同意见的，人民法院应当责令其说明理由。必要时，可以责令其提供相应证据。人民法院应当结合当事人的诉讼能力、证据和案件的具体情况进行审查。理由成立的，可以列入争议焦点进行审理。

第二百三十条　人民法院根据案件具体情况并征得当事人同意，可以将法庭调查和法庭辩论合并进行。

第二百三十一条　当事人在法庭上提出新的证据的，人民法院应当依照民事诉讼法第六十五条第二款规定和本解释相关规定处理。

第二百三十二条　在案件受理后，法庭辩论结束前，原告增加诉讼请求，被告提出反诉，第三人提出与本案有关的诉讼请求，可以合并审理的，人民法院应当合并审理。

第二百三十三条　反诉的当事人应当限于本诉的当事人的范围。

反诉与本诉的诉讼请求基于相同法律关系、诉讼请求之间具有因果关系，或者反诉与本诉的诉讼请求基于相同事实的，人民法院应当合并审理。

反诉应由其他人民法院专属管辖，或者与本诉的诉讼标的及诉讼请求所依据的事实、理由无关联的，裁定不予受理，告知另行起诉。

第二百三十四条　无民事行为能力人的离婚诉讼，当事人的法定代理人应当到庭；法定代理人不能到庭的，人民法院应当在查清事实的基础上，依法作出判决。

第二百三十五条　无民事行为能力的当事人的法定代理人，经传票传唤无正当理由拒不到庭，属于原告方的，比照民事诉讼法第一百四十三条的规定，按撤诉处理；属于被告方的，比照民事诉讼法第一百四十四条的规定，缺席判决。必要时，人民法院可以拘传其到庭。

第二百三十六条　有独立请求权的第三人经人民法院传票传唤，无正当理由拒不到庭的，或者未经法庭许可中途退庭的，比照民事诉讼法第一百四十三条的规定，按撤诉处理。

第二百三十七条 有独立请求权的第三人参加诉讼后，原告申请撤诉，人民法院在准许原告撤诉后，有独立请求权的第三人作为另案原告，原案原告、被告作为另案被告，诉讼继续进行。

第二百三十八条 当事人申请撤诉或者依法可以按撤诉处理的案件，如果当事人有违反法律的行为需要依法处理的，人民法院可以不准许撤诉或者不按撤诉处理。

法庭辩论终结后原告申请撤诉，被告不同意的，人民法院可以不予准许。

第二百三十九条 人民法院准许本诉原告撤诉的，应当对反诉继续审理；被告申请撤回反诉的，人民法院应予准许。

第二百四十条 无独立请求权的第三人经人民法院传票传唤，无正当理由拒不到庭，或者未经法庭许可中途退庭的，不影响案件的审理。

第二百四十一条 被告经传票传唤无正当理由拒不到庭，或者未经法庭许可中途退庭的，人民法院应当按期开庭或者继续开庭审理，对到庭的当事人诉讼请求、双方的诉辩理由以及已经提交的证据及其他诉讼材料进行审理后，可以依法缺席判决。

第二百四十二条 一审宣判后，原审人民法院发现判决有错误，当事人在上诉期内提出上诉的，原审人民法院可以提出原判决有错误的意见，报送第二审人民法院，由第二审人民法院按照第二审程序进行审理；当事人不上诉的，按照审判监督程序处理。

第二百四十三条 民事诉讼法第一百四十九条规定的审限，是指从立案之日起至裁判宣告、调解书送达之日止的期间，但公告期间、鉴定期间、双方当事人和解期间、审理当事人提出的管辖异议以及处理人民法院之间的管辖争议期间不应计算在内。

第二百四十四条 可以上诉的判决书、裁定书不能同时送达双方当事人的，上诉期从各自收到判决书、裁定书之日计算。

第二百四十五条 民事诉讼法第一百五十四条第一款第七项规定的笔误是指法律文书误写、误算，诉讼费用漏写、误算和其他笔误。

第二百四十六条 裁定中止诉讼的原因消除，恢复诉讼程序时，不必撤销原裁定，从人民法院通知或者准许当事人双方继续进行诉讼时起，中止诉讼的裁定即失去效力。

第二百四十七条 当事人就已经提起诉讼的事项在诉讼过程中或者裁判生效后再次起诉，同时符合下列条件的，构成重复起诉：

（一）后诉与前诉的当事人相同；

（二）后诉与前诉的诉讼标的相同；

（三）后诉与前诉的诉讼请求相同，或者后诉的诉讼请求实质上否定前诉裁判结果。

当事人重复起诉的，裁定不予受理；已经受理的，裁定驳回起诉，但法律、司法解释另有规定的除外。

第二百四十八条 裁判发生法律效力后，发生新的事实，当事人再次提起诉讼的，人民法院应当依法受理。

第二百四十九条 在诉讼中，争议的民事权利义务转移的，不影响当事人的诉讼主体资格和诉讼地位。人民法院作出的发生法律效力的判决、裁定对受让人具有拘束力。

受让人申请以无独立请求权的第三人身份参加诉讼的，人民法院可予准许。受让人申请替代当事人承担诉讼的，人民法院可以根据案件的具体情况决定是否准许；不予准许的，可以追加其为无独立请求权的第三人。

第二百五十条 依照本解释第二百四十九条规定，人民法院准许受让人替代当事人承担诉讼的，裁定变更当事人。

变更当事人后，诉讼程序以受让人为当事人继续进行，原当事人应当退出诉讼。原当事人已经完成的诉讼行为对受让人具有拘束力。

第二百五十一条 二审裁定撤销一审判决发回重审的案件，当事人申请变更、增加诉讼请求或者提出反诉，第三人提出与本案有关的诉讼请求的，依照民事诉讼法第一百四十条规定处理。

第二百五十二条 再审裁定撤销原判决、裁定发回重审的案件，当事人申请变更、增加诉讼请求或者提出反诉，符合下列情形之一的，人民法院应当准许：

（一）原审未合法传唤缺席判决，影响当事人行使诉讼权利的；

（二）追加新的诉讼当事人的；

（三）诉讼标的物灭失或者发生变化致使原诉讼请求无法实现的；

（四）当事人申请变更、增加的诉讼请求或者提出的反诉，无法通过另诉解决的。

第二百五十三条 当庭宣判的案件，除当事人当庭要求邮寄发送裁判文书的外，人民法院应当告知当事人或者诉讼代理人领取裁判文书的时间和地点以及逾期不领取的法律后果。上述情况，应当记入笔录。

第二百五十四条 公民、法人或者其他组织申请查阅发生法律效力的判决书、裁定书的，应当向作出该生效裁判的人民法院提出。申请应当以书面形式提出，并提供具体的案号或者当事人姓名、名称。

第二百五十五条 对于查阅判决书、裁定书的申请，人民法院根据下列情形分别处理：

（一）判决书、裁定书已经通过信息网络向社会公开的，应当引导申请人自行查阅；

（二）判决书、裁定书未通过信息网络向社会公开，且申请符合要求的，应当及时提供便捷的查阅服务；

（三）判决书、裁定书尚未发生法律效力，或者已失去法律效力的，不提供查阅并告知申请人；

（四）发生法律效力的判决书、裁定书不是本院作出的，应当告知申请人向作出生效裁判的人民法院申请查阅；

（五）申请查阅的内容涉及国家秘密、商业秘密、个人隐私的，不予准许并告知申请人。

十一、简易程序

第二百五十六条 民事诉讼法第一百五十七条规定的简单民事案件中的事实清楚，是指当事人对争议的事实陈述基本一致，并能提供相应的证据，无须人民法院调查收集证据即可查明事实；权利义务关系明确是指能明确区分谁是责任的承担者，谁是权利的享有者；争议不大是指当事人对案件的是非、责任承担以及诉讼标的争执无原则分歧。

第二百五十七条 下列案件，不适用简易程序：

（一）起诉时被告下落不明的；

（二）发回重审的；

（三）当事人一方人数众多的；

（四）适用审判监督程序的；

（五）涉及国家利益、社会公共利益的；

（六）第三人起诉请求改变或者撤销生效判决、裁定、调解书的；

（七）其他不宜适用简易程序的案件。

第二百五十八条 适用简易程序审理的案件，审理期限到期后，双方当事人同意继续适用简易程序的，由本院院长批准，可以延长审理期限。延长后的审理期限累计不得超过六个月。

人民法院发现案情复杂，需要转为普通程序审理的，应当在审理期限届满前作出裁定并将合议庭组成人员及相关事项书面通知双方当事人。

案件转为普通程序审理的，审理期限自人民法院立案之日计算。

第二百五十九条 当事人双方可就开庭方式向人民法院提出申请，由人民法院决定是否准许。经当事人双方同意，可以采用视听传输技术等方式开庭。

第二百六十条 已经按照普通程序审理的案件，在开庭后不得转为简易程序审理。

第二百六十一条 适用简易程序审理案件，人民法院可以采取捎口信、电话、短信、传真、电子邮件等简便方式传唤双方当事人、通知证人和送达裁判文书以外的诉讼文书。

以简便方式送达的开庭通知，未经当事人确认或者没有其他证据证明当事人已经收到的，人民法院不得缺席判决。

适用简易程序审理案件，由审判员独任审判，书记员担任记录。

第二百六十二条 人民法庭制作的判决书、裁定书、调解书，必须加盖基层人民法院印章，不得用人民法庭的印章代替基层人民法院的印章。

第二百六十三条 适用简易程序审理案件，卷宗中应当具备以下材料：

（一）起诉状或者口头起诉笔录；

（二）答辩状或者口头答辩笔录；

（三）当事人身份证明材料；

（四）委托他人代理诉讼的授权委托书或者口头委托笔录；

（五）证据；

（六）询问当事人笔录；

（七）审理（包括调解）笔录；

（八）判决书、裁定书、调解书或者调解协议；

（九）送达和宣判笔录；

（十）执行情况；

（十一）诉讼费收据；

（十二）适用民事诉讼法第一百六十二条规定审理的，有关程序适用的书面告知。

第二百六十四条 当事人双方根据民事诉讼法第一百五十七条第二款规定约定适用简易程序的，应当在开庭前提出。口头提出的，记入笔录，由双方当事人签名或者捺印确认。

本解释第二百五十七条规定的案件，当事人约定适用简易程序的，人民法院不予准许。

第二百六十五条 原告口头起诉的，人民法院应当将当事人的姓名、性别、工作单位、住所、联系方式等基本信息，诉讼请求，事实及理由等准确记入笔录，由原告核对无误后签名或者捺印。对当事人提交的证据材料，应当出具收据。

第二百六十六条 适用简易程序案件的举证期限由人民法院确定，也可以由当事人协商一致并经人民法院准许，但不得超过十五日。被告要求书面答辩的，人民法院可在征得其同意的基础上，合理确定答辩期间。

人民法院应当将举证期限和开庭日期告知双方当事人，并向当事人说明逾期举证以及拒不到庭的法律后果，由双方当事人在笔录和开庭传票的送达回证上签名或者捺印。

当事人双方均表示不需要举证期限、答辩期间的，人民法院可以立即开庭审理或者确定开庭日期。

第二百六十七条 适用简易程序审理案件，可以简便方式进行审理前的准备。

第二百六十八条 对没有委托律师、基层法律服务工作者代理诉讼的当事人，人民法院在庭审过程中可以对回避、自认、举证证明责任等相关内容向其作必要的解释或者说明，并在庭审过程中适当提示当事人正确行使诉讼权利、履行诉讼义务。

第二百六十九条 当事人就案件适用简易程序提出异议，人民法院经审查，异议成立的，裁定转为普通程序；异议不成立的，口头告知当事人，并记入笔录。

转为普通程序的，人民法院应当将合议庭组成人员及相关事项以书面形式通知双方当事人。

转为普通程序前，双方当事人已确认的事实，可以不再进行举证、质证。

第二百七十条 适用简易程序审理的案件，有下列情形之一的，人民法院在制作判决书、裁定书、调解书时，对认定事实或者裁判理由部分可以适当简化：

（一）当事人达成调解协议并需要制作民事调解书的；

（二）一方当事人明确表示承认对方全部或者部分诉讼请求的；

（三）涉及商业秘密、个人隐私的案件，当事人一方要求简化裁判文书中的相关内容，人民法院认为理由正当的；

（四）当事人双方同意简化的。

十二、简易程序中的小额诉讼

第二百七十一条 人民法院审理小额诉讼案件，适用民事诉讼法第一百六十二条的规定，实行一审终审。

第二百七十二条 民事诉讼法第一百六十二条规定的各省、自治区、直辖市上年度就业人员年平均工资，是指已经公布的各省、自治区、直辖市上一年度就业人员年平均工资。在上一年度就业人员年平均工资公布前，以已经公布的最近年度就业人员年平均工资为准。

第二百七十三条　　海事法院可以审理海事、海商小额诉讼案件。案件标的额应当以实际受理案件的海事法院或者其派出法庭所在的省、自治区、直辖市上年度就业人员年平均工资百分之三十为限。

第二百七十四条　　下列金钱给付的案件，适用小额诉讼程序审理：

（一）买卖合同、借款合同、租赁合同纠纷；

（二）身份关系清楚，仅在给付的数额、时间、方式上存在争议的赡养费、抚育费、扶养费纠纷；

（三）责任明确，仅在给付的数额、时间、方式上存在争议的交通事故损害赔偿和其他人身损害赔偿纠纷；

（四）供用水、电、气、热力合同纠纷；

（五）银行卡纠纷；

（六）劳动关系清楚，仅在劳动报酬、工伤医疗费、经济补偿金或者赔偿金给付数额、时间、方式上存在争议的劳动合同纠纷；

（七）劳务关系清楚，仅在劳务报酬给付数额、时间、方式上存在争议的劳务合同纠纷；

（八）物业、电信等服务合同纠纷；

（九）其他金钱给付纠纷。

第二百七十五条　　下列案件，不适用小额诉讼程序审理：

（一）人身关系、财产确权纠纷；

（二）涉外民事纠纷；

（三）知识产权纠纷；

（四）需要评估、鉴定或者对诉前评估、鉴定结果有异议的纠纷；

（五）其他不宜适用一审终审的纠纷。

第二百七十六条　　人民法院受理小额诉讼案件，应当向当事人告知该类案件的审判组织、一审终审、审理期限、诉讼费用交纳标准等相关事项。

第二百七十七条　　小额诉讼案件的举证期限由人民法院确定，也可以由当事人协商一致并经人民法院准许，但一般不超过七日。

被告要求书面答辩的，人民法院可以在征得其同意的基础上合理确定答辩期间，但最长不得超过十五日。

当事人到庭后表示不需要举证期限和答辩期间的，人民法院可立即开庭审理。

第二百七十八条　　当事人对小额诉讼案件提出管辖异议的，人民法院应当作出裁定。裁定一经作出即生效。

第二百七十九条　　人民法院受理小额诉讼案件后，发现起诉不符合民事诉讼法第一百一十九条规定的起诉条件的，裁定驳回起诉。裁定一经作出即生效。

第二百八十条　　因当事人申请增加或者变更诉讼请求、提出反诉、追加当事人等，致使案件不符合小额诉讼案件条件的，应当适用简易程序的其他规定审理。

前款规定案件，应当适用普通程序审理的，裁定转为普通程序。

适用简易程序的其他规定或者普通程序审理前，双方当事人已确认的事实，可以不再进行举证、质证。

第二百八十一条 当事人对按照小额诉讼案件审理有异议的，应当在开庭前提出。人民法院经审查，异议成立的，适用简易程序的其他规定审理；异议不成立的，告知当事人，并记入笔录。

第二百八十二条 小额诉讼案件的裁判文书可以简化，主要记载当事人基本信息、诉讼请求、裁判主文等内容。

第二百八十三条 人民法院审理小额诉讼案件，本解释没有规定的，适用简易程序的其他规定。

十三、公益诉讼

第二百八十四条 环境保护法、消费者权益保护法等法律规定的机关和有关组织对污染环境、侵害众多消费者合法权益等损害社会公共利益的行为，根据民事诉讼法第五十五条规定提起公益诉讼，符合下列条件的，人民法院应当受理：

（一）有明确的被告；

（二）有具体的诉讼请求；

（三）有社会公共利益受到损害的初步证据；

（四）属于人民法院受理民事诉讼的范围和受诉人民法院管辖。

第二百八十五条 公益诉讼案件由侵权行为地或者被告住所地中级人民法院管辖，但法律、司法解释另有规定的除外。

因污染海洋环境提起的公益诉讼，由污染发生地、损害结果地或者采取预防污染措施地海事法院管辖。

对同一侵权行为分别向两个以上人民法院提起公益诉讼的，由最先立案的人民法院管辖，必要时由它们的共同上级人民法院指定管辖。

第二百八十六条 人民法院受理公益诉讼案件后，应当在十日内书面告知相关行政主管部门。

第二百八十七条 人民法院受理公益诉讼案件后，依法可以提起诉讼的其他机关和有关组织，可以在开庭前向人民法院申请参加诉讼。人民法院准许参加诉讼的，列为共同原告。

第二百八十八条 人民法院受理公益诉讼案件，不影响同一侵权行为的受害人根据民事诉讼法第一百一十九条规定提起诉讼。

第二百八十九条 对公益诉讼案件，当事人可以和解，人民法院可以调解。

当事人达成和解或者调解协议后，人民法院应当将和解或者调解协议进行公告。公告期间不得少于三十日。

公告期满后，人民法院经审查，和解或者调解协议不违反社会公共利益的，应当出具调解书；和解或者调解协议违反社会公共利益的，不予出具调解书，继续对案件进行审理并依法作出裁判。

第二百九十条 公益诉讼案件的原告在法庭辩论终结后申请撤诉的，人民法院不予准许。

第二百九十一条　公益诉讼案件的裁判发生法律效力后，其他依法具有原告资格的机关和有关组织就同一侵权行为另行提起公益诉讼的，人民法院裁定不予受理，但法律、司法解释另有规定的除外。

十四、第三人撤销之诉

第二百九十二条　第三人对已经发生法律效力的判决、裁定、调解书提起撤销之诉的，应当自知道或者应当知道其民事权益受到损害之日起六个月内，向作出生效判决、裁定、调解书的人民法院提出，并应当提供存在下列情形的证据材料：

（一）因不能归责于本人的事由未参加诉讼；

（二）发生法律效力的判决、裁定、调解书的全部或者部分内容错误；

（三）发生法律效力的判决、裁定、调解书内容错误损害其民事权益。

第二百九十三条　人民法院应当在收到起诉状和证据材料之日起五日内送交对方当事人，对方当事人可以自收到起诉状之日起十日内提出书面意见。

人民法院应当对第三人提交的起诉状、证据材料以及对方当事人的书面意见进行审查。必要时，可以询问双方当事人。

经审查，符合起诉条件的，人民法院应当在收到起诉状之日起三十日内立案。不符合起诉条件的，应当在收到起诉状之日起三十日内裁定不予受理。

第二百九十四条　人民法院对第三人撤销之诉案件，应当组成合议庭开庭审理。

第二百九十五条　民事诉讼法第五十六条第三款规定的因不能归责于本人的事由未参加诉讼，是指没有被列为生效判决、裁定、调解书当事人，且无过错或者无明显过错的情形。包括：

（一）不知道诉讼而未参加的；

（二）申请参加未获准许的；

（三）知道诉讼，但因客观原因无法参加的；

（四）因其他不能归责于本人的事由未参加诉讼的。

第二百九十六条　民事诉讼法第五十六条第三款规定的判决、裁定、调解书的部分或者全部内容，是指判决、裁定的主文，调解书中处理当事人民事权利义务的结果。

第二百九十七条　对下列情形提起第三人撤销之诉的，人民法院不予受理：

（一）适用特别程序、督促程序、公示催告程序、破产程序等非讼程序处理的案件；

（二）婚姻无效、撤销或者解除婚姻关系等判决、裁定、调解书中涉及身份关系的内容；

（三）民事诉讼法第五十四条规定的未参加登记的权利人对代表人诉讼案件的生效裁判；

（四）民事诉讼法第五十五条规定的损害社会公共利益行为的受害人对公益诉讼案件的生效裁判。

第二百九十八条　第三人提起撤销之诉，人民法院应当将该第三人列为原告，生效判决、裁定、调解书的当事人列为被告，但生效判决、裁定、调解书中没有承担责任的无独立请求权的第三人列为第三人。

第二百九十九条 受理第三人撤销之诉案件后，原告提供相应担保，请求中止执行的，人民法院可以准许。

第三百条 对第三人撤销或者部分撤销发生法律效力的判决、裁定、调解书内容的请求，人民法院经审理，按下列情形分别处理：

（一）请求成立且确认其民事权利的主张全部或部分成立的，改变原判决、裁定、调解书内容的错误部分；

（二）请求成立，但确认其全部或部分民事权利的主张不成立，或者未提出确认其民事权利请求的，撤销原判决、裁定、调解书内容的错误部分；

（三）请求不成立的，驳回诉讼请求。

对前款规定裁判不服的，当事人可以上诉。

原判决、裁定、调解书的内容未改变或者未撤销的部分继续有效。

第三百零一条 第三人撤销之诉案件审理期间，人民法院对生效判决、裁定、调解书裁定再审的，受理第三人撤销之诉的人民法院应当裁定将第三人的诉讼请求并入再审程序。但有证据证明原审当事人之间恶意串通损害第三人合法权益的，人民法院应当先行审理第三人撤销之诉案件，裁定中止再审诉讼。

第三百零二条 第三人诉讼请求并入再审程序审理的，按照下列情形分别处理：

（一）按照第一审程序审理的，人民法院应当对第三人的诉讼请求一并审理，所作的判决可以上诉；

（二）按照第二审程序审理的，人民法院可以调解，调解达不成协议的，应当裁定撤销原判决、裁定、调解书，发回一审法院重审，重审时应当列明第三人。

第三百零三条 第三人提起撤销之诉后，未中止生效判决、裁定、调解书执行的，执行法院对第三人依照民事诉讼法第二百二十七条规定提出的执行异议，应予审查。第三人不服驳回执行异议裁定，申请对原判决、裁定、调解书再审的，人民法院不予受理。

案外人对人民法院驳回其执行异议裁定不服，认为原判决、裁定、调解书内容错误损害其合法权益的，应当根据民事诉讼法第二百二十七条规定申请再审，提起第三人撤销之诉的，人民法院不予受理。

十五、执行异议之诉

第三百零四条 根据民事诉讼法第二百二十七条规定，案外人、当事人对执行异议裁定不服，自裁定送达之日起十五日内向人民法院提起执行异议之诉的，由执行法院管辖。

第三百零五条 案外人提起执行异议之诉，除符合民事诉讼法第一百一十九条规定外，还应当具备下列条件：

（一）案外人的执行异议申请已经被人民法院裁定驳回；

（二）有明确的排除对执行标的的执行的诉讼请求，且诉讼请求与原判决、裁定无关；

（三）自执行异议裁定送达之日起十五日内提起。

人民法院应当在收到起诉状之日起十五日内决定是否立案。

第三百零六条 申请执行人提起执行异议之诉，除符合民事诉讼法第一百一十九条规定外，还应当具备下列条件：

（一）依案外人执行异议申请，人民法院裁定中止执行；

（二）有明确的对执行标的继续执行的诉讼请求，且诉讼请求与原判决、裁定无关；

（三）自执行异议裁定送达之日起十五日内提起。

人民法院应当在收到起诉状之日起十五日内决定是否立案。

第三百零七条　　案外人提起执行异议之诉的，以申请执行人为被告。被执行人反对案外人异议的，被执行人为共同被告；被执行人不反对案外人异议的，可以列被执行人为第三人。

第三百零八条　　申请执行人提起执行异议之诉的，以案外人为被告。被执行人反对申请执行人主张的，以案外人和被执行人为共同被告；被执行人不反对申请执行人主张的，可以列被执行人为第三人。

第三百零九条　　申请执行人对中止执行裁定未提起执行异议之诉，被执行人提起执行异议之诉的，人民法院告知其另行起诉。

第三百一十条　　人民法院审理执行异议之诉案件，适用普通程序。

第三百一十一条　　案外人或者申请执行人提起执行异议之诉的，案外人应当就其对执行标的享有足以排除强制执行的民事权益承担举证证明责任。

第三百一十二条　　对案外人提起的执行异议之诉，人民法院经审理，按照下列情形分别处理：

（一）案外人就执行标的享有足以排除强制执行的民事权益的，判决不得执行该执行标的；

（二）案外人就执行标的不享有足以排除强制执行的民事权益的，判决驳回诉讼请求。

案外人同时提出确认其权利的诉讼请求的，人民法院可以在判决中一并作出裁判。

第三百一十三条　　对申请执行人提起的执行异议之诉，人民法院经审理，按照下列情形分别处理：

（一）案外人就执行标的不享有足以排除强制执行的民事权益的，判决准许执行该执行标的；

（二）案外人就执行标的享有足以排除强制执行的民事权益的，判决驳回诉讼请求。

第三百一十四条　　对案外人执行异议之诉，人民法院判决不得对执行标的的执行的，执行异议裁定失效。

对申请执行人执行异议之诉，人民法院判决准许对该执行标的的执行的，执行异议裁定失效，执行法院可以根据申请执行人的申请或者依职权恢复执行。

第三百一十五条　　案外人执行异议之诉审理期间，人民法院不得对执行标的的进行处分。申请执行人请求人民法院继续执行并提供相应担保的，人民法院可以准许。

被执行人与案外人恶意串通，通过执行异议、执行异议之诉妨害执行的，人民法院应当依照民事诉讼法第一百一十三条规定处理。申请执行人因此受到损害的，可以提起诉讼要求被执行人、案外人赔偿。

第三百一十六条　　人民法院对执行标的的裁定中止执行后，申请执行人在法律规定的期间内未提起执行异议之诉的，人民法院应当自起诉期限届满之日起七日内解除对该执行标的采取的执行措施。

十六、第二审程序

第三百一十七条 双方当事人和第三人都提起上诉的，均列为上诉人。人民法院可以依职权确定第二审程序中当事人的诉讼地位。

第三百一十八条 民事诉讼法第一百六十六条、第一百六十七条规定的对方当事人包括被上诉人和原审其他当事人。

第三百一十九条 必要共同诉讼人的一人或者部分人提起上诉的，按下列情形分别处理：

（一）上诉仅对与对方当事人之间权利义务分担有意见，不涉及其他共同诉讼人利益的，对方当事人为被上诉人，未上诉的同一方当事人依原审诉讼地位列明；

（二）上诉仅对共同诉讼人之间权利义务分担有意见，不涉及对方当事人利益的，未上诉的同一方当事人为被上诉人，对方当事人依原审诉讼地位列明；

（三）上诉对双方当事人之间以及共同诉讼人之间权利义务承担有意见的，未提起上诉的其他当事人均为被上诉人。

第三百二十条 一审宣判时或者判决书、裁定书送达时，当事人口头表示上诉的，人民法院应告知其必须在法定上诉期间内递交上诉状。未在法定上诉期间内递交上诉状的，视为未提起上诉。虽递交上诉状，但未在指定的期限内交纳上诉费的，按自动撤回上诉处理。

第三百二十一条 无民事行为能力人、限制民事行为能力人的法定代理人，可以代理当事人提起上诉。

第三百二十二条 上诉案件的当事人死亡或者终止的，人民法院依法通知其权利义务承继者参加诉讼。

需要终结诉讼的，适用民事诉讼法第一百五十一条规定。

第三百二十三条 第二审人民法院应当围绕当事人的上诉请求进行审理。

当事人没有提出请求的，不予审理，但一审判决违反法律禁止性规定，或者损害国家利益、社会公共利益、他人合法权益的除外。

第三百二十四条 开庭审理的上诉案件，第二审人民法院可以依照民事诉讼法第一百三十三条第四项规定进行审理前的准备。

第三百二十五条 下列情形，可以认定为民事诉讼法第一百七十条第一款第四项规定的严重违反法定程序：

（一）审判组织的组成不合法的；

（二）应当回避的审判人员未回避的；

（三）无诉讼行为能力人未经法定代理人代为诉讼的；

（四）违法剥夺当事人辩论权利的。

第三百二十六条 对当事人在第一审程序中已经提出的诉讼请求，原审人民法院未作审理、判决的，第二审人民法院可以根据当事人自愿的原则进行调解；调解不成的，发回重审。

第三百二十七条 必须参加诉讼的当事人或者有独立请求权的第三人，在第一审程序中未参加诉讼，第二审人民法院可以根据当事人自愿的原则予以调解；调解不成的，发回重审。

第三百二十八条 在第二审程序中，原审原告增加独立的诉讼请求或者原审被告提出反诉的，第二审人民法院可以根据当事人自愿的原则就新增加的诉讼请求或者反诉进行调解；调解不成的，告知当事人另行起诉。

双方当事人同意由第二审人民法院一并审理的，第二审人民法院可以一并裁判。

第三百二十九条 一审判决不准离婚的案件，上诉后，第二审人民法院认为应当判决离婚的，可以根据当事人自愿的原则，与子女抚养、财产问题一并调解；调解不成的，发回重审。

双方当事人同意由第二审人民法院一并审理的，第二审人民法院可以一并裁判。

第三百三十条 人民法院依照第二审程序审理案件，认为依法不应由人民法院受理的，可以由第二审人民法院直接裁定撤销原裁判，驳回起诉。

第三百三十一条 人民法院依照第二审程序审理案件，认为第一审人民法院受理案件违反专属管辖规定的，应当裁定撤销原裁判并移送有管辖权的人民法院。

第三百三十二条 第二审人民法院查明第一审人民法院作出的不予受理裁定有错误的，应当在撤销原裁定的同时，指令第一审人民法院立案受理；查明第一审人民法院作出的驳回起诉裁定有错误的，应当在撤销原裁定的同时，指令第一审人民法院审理。

第三百三十三条 第二审人民法院对下列上诉案件，依照民事诉讼法第一百六十九条规定可以不开庭审理：

（一）不服不予受理、管辖权异议和驳回起诉裁定的；

（二）当事人提出的上诉请求明显不能成立的；

（三）原判决、裁定认定事实清楚，但适用法律错误的；

（四）原判决严重违反法定程序，需要发回重审的。

第三百三十四条 原判决、裁定认定事实或者适用法律虽有瑕疵，但裁判结果正确的，第二审人民法院可以在判决、裁定中纠正瑕疵后，依照民事诉讼法第一百七十条第一款第一项规定予以维持。

第三百三十五条 民事诉讼法第一百七十条第一款第三项规定的基本事实，是指用以确定当事人主体资格、案件性质、民事权利义务等对原判决、裁定的结果有实质性影响的事实。

第三百三十六条 在第二审程序中，作为当事人的法人或者其他组织分立的，人民法院可以直接将分立后的法人或者其他组织列为共同诉讼人；合并的，将合并后的法人或者其他组织列为当事人。

第三百三十七条 在第二审程序中，当事人申请撤回上诉，人民法院经审查认为一审判决确有错误，或者当事人之间恶意串通损害国家利益、社会公共利益、他人合法权益的，不应准许。

第三百三十八条 在第二审程序中，原审原告申请撤回起诉，经其他当事人同意，且不损害国家利益、社会公共利益、他人合法权益的，人民法院可以准许。准许撤诉的，应当一并裁定撤销一审裁判。

原审原告在第二审程序中撤回起诉后重复起诉的，人民法院不予受理。

第三百三十九条 当事人在第二审程序中达成和解协议的，人民法院可以根据当事人的请求，对双方达成的和解协议进行审查并制作调解书送达当事人；因和解而申请撤诉，经审查符合撤诉条件的，人民法院应予准许。

第三百四十条 第二审人民法院宣告判决可以自行宣判，也可以委托原审人民法院或者当事人所在地人民法院代行宣判。

第三百四十一条 人民法院审理对裁定的上诉案件，应当在第二审立案之日起三十日内作出终审裁定。有特殊情况需要延长审限的，由本院院长批准。

第三百四十二条 当事人在第一审程序中实施的诉讼行为，在第二审程序中对该当事人仍具有拘束力。

当事人推翻其在第一审程序中实施的诉讼行为时，人民法院应当责令其说明理由。理由不成立的，不予支持。

十七、特别程序

第三百四十三条 宣告失踪或者宣告死亡案件，人民法院可以根据申请人的请求，清理下落不明人的财产，并指定案件审理期间的财产管理人。公告期满后，人民法院判决宣告失踪的，应当同时依照民法通则第二十一条第一款的规定指定失踪人的财产代管人。

第三百四十四条 失踪人的财产代管人经人民法院指定后，代管人申请变更代管的，比照民事诉讼法特别程序的有关规定进行审理。申请理由成立的，裁定撤销申请人的代管人身份，同时另行指定财产代管人；申请理由不成立的，裁定驳回申请。

失踪人的其他利害关系人申请变更代管的，人民法院应当告知其以原指定的代管人为被告起诉，并按普通程序进行审理。

第三百四十五条 人民法院判决宣告公民失踪后，利害关系人向人民法院申请宣告失踪人死亡，自失踪之日起满四年的，人民法院应当受理，宣告失踪的判决即是该公民失踪的证明，审理中仍应依照民事诉讼法第一百八十五条规定进行公告。

第三百四十六条 符合法律规定的多个利害关系人提出宣告失踪、宣告死亡申请的，列为共同申请人。

第三百四十七条 寻找下落不明人的公告应当记载下列内容：

（一）被申请人应当在规定期间内向受理法院申报其具体地址及其联系方式。否则，被申请人将被宣告失踪、宣告死亡；

（二）凡知悉被申请人生存现状的人，应当在公告期间内将其所知道情况向受理法院报告。

第三百四十八条 人民法院受理宣告失踪、宣告死亡案件后，作出判决前，申请人撤回申请的，人民法院应当裁定终结案件，但其他符合法律规定的利害关系人加入程序要求继续审理的除外。

第三百四十九条 在诉讼中，当事人的利害关系人提出该当事人患有精神病，要求宣告该当事人无民事行为能力或者限制民事行为能力的，应由利害关系人向人民法院提出申请，由受诉人民法院按照特别程序立案审理，原诉讼中止。

第三百五十条 认定财产无主案件，公告期间有人对财产提出请求的，人民法院应当裁定终结特别程序，告知申请人另行起诉，适用普通程序审理。

第三百五十一条 被指定的监护人不服指定，应当自接到通知之日起三十日内向人民法院提出异议。经审理，认为指定并无不当的，裁定驳回异议；指定不当的，判决撤销指定，同时另行指定监护人。判决书应当送达异议人、原指定单位及判决指定的监护人。

第三百五十二条 申请认定公民无民事行为能力或者限制民事行为能力的案件，被申请人没有近亲属的，人民法院可以指定其他亲属为代理人。被申请人没有亲属的，人民法院可以指定经被申请人所在单位或者住所地的居民委员会、村民委员会同意，且愿意担任代理人的关系密切的朋友为代理人。

没有前款规定的代理人的，由被申请人所在单位或者住所地的居民委员会、村民委员会或者民政部门担任代理人。

代理人可以是一人，也可以是同一顺序中的两人。

第三百五十三条 申请司法确认调解协议的，双方当事人应当本人或者由符合民事诉讼法第五十八条规定的代理人向调解组织所在地基层人民法院或者人民法庭提出申请。

第三百五十四条 两个以上调解组织参与调解的，各调解组织所在地基层人民法院均有管辖权。

双方当事人可以共同向其中一个调解组织所在地基层人民法院提出申请；双方当事人共同向两个以上调解组织所在地基层人民法院提出申请的，由最先立案的人民法院管辖。

第三百五十五条 当事人申请司法确认调解协议，可以采用书面形式或者口头形式。当事人口头申请的，人民法院应当记入笔录，并由当事人签名、捺印或者盖章。

第三百五十六条 当事人申请司法确认调解协议，应当向人民法院提交调解协议、调解组织主持调解的证明，以及与调解协议相关的财产权利证明等材料，并提供双方当事人的身份、住所、联系方式等基本信息。

当事人未提交上述材料的，人民法院应当要求当事人限期补交。

第三百五十七条 当事人申请司法确认调解协议，有下列情形之一的，人民法院裁定不予受理：

（一）不属于人民法院受理范围的；

（二）不属于收到申请的人民法院管辖的；

（三）申请确认婚姻关系、亲子关系、收养关系等身份关系无效、有效或者解除的；

（四）涉及适用其他特别程序、公示催告程序、破产程序审理的；

（五）调解协议内容涉及物权、知识产权确权的。

人民法院受理申请后，发现有上述不予受理情形的，应当裁定驳回当事人的申请。

第三百五十八条 人民法院审查相关情况时，应当通知双方当事人共同到场对案件进行核实。

人民法院经审查，认为当事人的陈述或者提供的证明材料不充分、不完备或者有疑义的，可以要求当事人限期补充陈述或者补充证明材料。必要时，人民法院可以向调解组织核实有关情况。

第三百五十九条 确认调解协议的裁定作出前，当事人撤回申请的，人民法院可以裁定准许。

当事人无正当理由未在限期内补充陈述、补充证明材料或者拒不接受询问的，人民法院可以按撤回申请处理。

第三百六十条 经审查，调解协议有下列情形之一的，人民法院应当裁定驳回申请：

（一）违反法律强制性规定的；

（二）损害国家利益、社会公共利益、他人合法权益的；

（三）违背公序良俗的；

（四）违反自愿原则的；

（五）内容不明确的；

（六）其他不能进行司法确认的情形。

第三百六十一条 民事诉讼法第一百九十六条规定的担保物权人，包括抵押权人、质权人、留置权人；其他有权请求实现担保物权的人，包括抵押人、出质人、财产被留置的债务人或者所有权人等。

第三百六十二条 实现票据、仓单、提单等有权利凭证的权利质权案件，可以由权利凭证持有人住所地人民法院管辖；无权利凭证的权利质权，由出质登记地人民法院管辖。

第三百六十三条 实现担保物权案件属于海事法院等专门人民法院管辖的，由专门人民法院管辖。

第三百六十四条 同一债权的担保物有多个且所在地不同，申请人分别向有管辖权的人民法院申请实现担保物权的，人民法院应当依法受理。

第三百六十五条 依照物权法第一百七十六条的规定，被担保的债权既有物的担保又有人的担保，当事人对实现担保物权的顺序有约定，实现担保物权的申请违反该约定的，人民法院裁定不予受理；没有约定或者约定不明的，人民法院应当受理。

第三百六十六条 同一财产上设立多个担保物权，登记在先的担保物权尚未实现的，不影响后顺位的担保物权人向人民法院申请实现担保物权。

第三百六十七条 申请实现担保物权，应当提交下列材料：

（一）申请书。申请书应当记明申请人、被申请人的姓名或者名称、联系方式等基本信息，具体的请求和事实、理由；

（二）证明担保物权存在的材料，包括主合同、担保合同、抵押登记证明或者他项权利证书，权利质权的权利凭证或者质权出质登记证明等；

（三）证明实现担保物权条件成就的材料；

（四）担保财产现状的说明；

（五）人民法院认为需要提交的其他材料。

第三百六十八条 人民法院受理申请后，应当在五日内向被申请人送达申请书副本、异议权利告知书等文书。

被申请人有异议的，应当在收到人民法院通知后的五日内向人民法院提出，同时说明理由并提供相应的证据材料。

第三百六十九条 实现担保物权案件可以由审判员一人独任审查。担保财产标的额超过基层人民法院管辖范围的，应当组成合议庭进行审查。

第三百七十条 人民法院审查实现担保物权案件，可以询问申请人、被申请人、利害关系人，必要时可以依职权调查相关事实。

第三百七十一条 人民法院应当就主合同的效力、期限、履行情况，担保物权是否有效设立、担保财产的范围、被担保的债权范围、被担保的债权是否已届清偿期等担保物权实现的条件，以及是否损害他人合法权益等内容进行审查。

被申请人或者利害关系人提出异议的，人民法院应当一并审查。

第三百七十二条 人民法院审查后，按下列情形分别处理：

（一）当事人对实现担保物权无实质性争议且实现担保物权条件成就的，裁定准许拍卖、变卖担保财产；

（二）当事人对实现担保物权有部分实质性争议的，可以就无争议部分裁定准许拍卖、变卖担保财产；

（三）当事人对实现担保物权有实质性争议的，裁定驳回申请，并告知申请人向人民法院提起诉讼。

第三百七十三条 人民法院受理申请后，申请人对担保财产提出保全申请的，可以按照民事诉讼法关于诉讼保全的规定办理。

第三百七十四条 适用特别程序作出的判决、裁定，当事人、利害关系人认为有错误的，可以向作出该判决、裁定的人民法院提出异议。人民法院经审查，异议成立或者部分成立的，作出新的判决、裁定撤销或者改变原判决、裁定；异议不成立的，裁定驳回。

对人民法院作出的确认调解协议、准许实现担保物权的裁定，当事人有异议的，应当自收到裁定之日起十五日内提出；利害关系人有异议的，自知道或者应当知道其民事权益受到侵害之日起六个月内提出。

十八、审判监督程序

第三百七十五条 当事人死亡或者终止的，其权利义务承继者可以根据民事诉讼法第一百九十九条、第二百零一条的规定申请再审。

判决、调解书生效后，当事人将判决、调解书确认的债权转让，债权受让人对该判决、调解书不服申请再审的，人民法院不予受理。

第三百七十六条 民事诉讼法第一百九十九条规定的人数众多的一方当事人，包括公民、法人和其他组织。

民事诉讼法第一百九十九条规定的当事人双方为公民的案件，是指原告和被告均为公民的案件。

第三百七十七条 当事人申请再审，应当提交下列材料：

（一）再审申请书，并按照被申请人和原审其他当事人的人数提交副本；

（二）再审申请人是自然人的，应当提交身份证明；再审申请人是法人或者其他组织的，应当提交营业执照、组织机构代码证书、法定代表人或者主要负责人身份证明书。委托他人代为申请的，应当提交授权委托书和代理人身份证明；

（三）原审判决书、裁定书、调解书；

（四）反映案件基本事实的主要证据及其他材料。

前款第二项、第三项、第四项规定的材料可以是与原件核对无异的复印件。

第三百七十八条 再审申请书应当记明下列事项：

（一）再审申请人与被申请人及原审其他当事人的基本信息；

（二）原审人民法院的名称，原审裁判文书案号；

（三）具体的再审请求；

（四）申请再审的法定情形及具体事实、理由。

再审申请书应当明确申请再审的人民法院，并由再审申请人签名、捺印或者盖章。

第三百七十九条 当事人一方人数众多或者当事人双方为公民的案件，当事人分别向原审人民法院和上一级人民法院申请再审且不能协商一致的，由原审人民法院受理。

第三百八十条 适用特别程序、督促程序、公示催告程序、破产程序等非讼程序审理的案件，当事人不得申请再审。

第三百八十一条 当事人认为发生法律效力的不予受理、驳回起诉的裁定错误的，可以申请再审。

第三百八十二条 当事人就离婚案件中的财产分割问题申请再审，如涉及判决中已分割的财产，人民法院应当依照民事诉讼法第二百条的规定进行审查，符合再审条件的，应当裁定再审；如涉及判决中未作处理的夫妻共同财产，应当告知当事人另行起诉。

第三百八十三条 当事人申请再审，有下列情形之一的，人民法院不予受理：

（一）再审申请被驳回后再次提出申请的；

（二）对再审判决、裁定提出申请的；

（三）在人民检察院对当事人的申请作出不予提出再审检察建议或者抗诉决定后又提出申请的。

前款第一项、第二项规定情形，人民法院应当告知当事人可以向人民检察院申请再审检察建议或者抗诉，但因人民检察院提出再审检察建议或者抗诉而再审作出的判决、裁定除外。

第三百八十四条 当事人对已经发生法律效力的调解书申请再审，应当在调解书发生法律效力后六个月内提出。

第三百八十五条 人民法院应当自收到符合条件的再审申请书等材料之日起五日内向再审申请人发送受理通知书，并向被申请人及原审其他当事人发送应诉通知书、再审申请书副本等材料。

第三百八十六条 人民法院受理申请再审案件后，应当依照民事诉讼法第二百条、第二百零一条、第二百零四条等规定，对当事人主张的再审事由进行审查。

第三百八十七条 再审申请人提供的新的证据，能够证明原判决、裁定认定基本事实或者裁判结果错误的，应当认定为民事诉讼法第二百条第一项规定的情形。

对于符合前款规定的证据，人民法院应当责令再审申请人说明其逾期提供该证据的理由；拒不说明理由或者理由不成立的，依照民事诉讼法第六十五条第二款和本解释第一百零二条的规定处理。

第三百八十八条 再审申请人证明其提交的新的证据符合下列情形之一的，可以认定逾期提供证据的理由成立：

（一）在原审庭审结束前已经存在，因客观原因于庭审结束后才发现的；

（二）在原审庭审结束前已经发现，但因客观原因无法取得或者在规定的期限内不能提供的；

（三）在原审庭审结束后形成，无法据此另行提起诉讼的。

再审申请人提交的证据在原审中已经提供，原审人民法院未组织质证且未作为裁判根据的，视为逾期提供证据的理由成立，但原审人民法院依照民事诉讼法第六十五条规定不予采纳的除外。

第三百八十九条 当事人对原判决、裁定认定事实的主要证据在原审中拒绝发表质证意见或者质证中未对证据发表质证意见的，不属于民事诉讼法第二百条第四项规定的未经质证的情形。

第三百九十条 有下列情形之一，导致判决、裁定结果错误的，应当认定为民事诉讼法第二百条第六项规定的原判决、裁定适用法律确有错误：

（一）适用的法律与案件性质明显不符的；

（二）确定民事责任明显违背当事人约定或者法律规定的；

（三）适用已经失效或者尚未施行的法律的；

（四）违反法律溯及力规定的；

（五）违反法律适用规则的；

（六）明显违背立法原意的。

第三百九十一条 原审开庭过程中有下列情形之一的，应当认定为民事诉讼法第二百条第九项规定的剥夺当事人辩论权利：

（一）不允许当事人发表辩论意见的；

（二）应当开庭审理而未开庭审理的；

（三）违反法律规定送达起诉状副本或者上诉状副本，致使当事人无法行使辩论权利的；

（四）违法剥夺当事人辩论权利的其他情形。

第三百九十二条 民事诉讼法第二百条第十一项规定的诉讼请求，包括一审诉讼请求、二审上诉请求，但当事人未对一审判决、裁定遗漏或者超出诉讼请求提起上诉的除外。

第三百九十三条 民事诉讼法第二百条第十二项规定的法律文书包括：

（一）发生法律效力的判决书、裁定书、调解书；

（二）发生法律效力的仲裁裁决书；

（三）具有强制执行效力的公证债权文书。

第三百九十四条 民事诉讼法第二百条第十三项规定的审判人员审理该案件时有贪污受贿、徇私舞弊、枉法裁判行为，是指已经由生效刑事法律文书或者纪律处分决定所确认的行为。

第三百九十五条 当事人主张的再审事由成立，且符合民事诉讼法和本解释规定的申请再审条件的，人民法院应当裁定再审。

当事人主张的再审事由不成立，或者当事人申请再审超过法定申请再审期限、超出法定再审事由范围等不符合民事诉讼法和本解释规定的申请再审条件的，人民法院应当裁定驳回再审申请。

第三百九十六条 人民法院对已经发生法律效力的判决、裁定、调解书依法决定再审，依照民事诉讼法第二百零六条规定，需要中止执行的，应当在再审裁定中同时写明中止原判决、裁定、调解书的执行；情况紧急的，可以将中止执行裁定口头通知负责执行的人民法院，并在通知后十日内发出裁定书。

第三百九十七条 人民法院根据审查案件的需要决定是否询问当事人。新的证据可能推翻原判决、裁定的，人民法院应当询问当事人。

第三百九十八条 审查再审申请期间，被申请人及原审其他当事人依法提出再审申请的，人民法院应当将其列为再审申请人，对其再审事由一并审查，审查期限重新计算。经审查，其中一方再审申请人主张的再审事由成立的，应当裁定再审。各方再审申请人主张的再审事由均不成立的，一并裁定驳回再审申请。

第三百九十九条 审查再审申请期间，再审申请人申请人民法院委托鉴定、勘验的，人民法院不予准许。

第四百条 审查再审申请期间，再审申请人撤回再审申请的，是否准许，由人民法院裁定。

再审申请人经传票传唤，无正当理由拒不接受询问的，可以按撤回再审申请处理。

第四百零一条 人民法院准许撤回再审申请或者按撤回再审申请处理后，再审申请人再次申请再审的，不予受理，但有民事诉讼法第二百条第一项、第三项、第十二项、第十三项规定情形，自知道或者应当知道之日起六个月内提出的除外。

第四百零二条 再审申请审查期间，有下列情形之一的，裁定终结审查：

（一）再审申请人死亡或者终止，无权利义务承继者或者权利义务承继者声明放弃再审申请的；

（二）在给付之诉中，负有给付义务的被申请人死亡或者终止，无可供执行的财产，也没有应当承担义务的人的；

（三）当事人达成和解协议且已履行完毕的，但当事人在和解协议中声明不放弃申请再审权利的除外；

（四）他人未经授权以当事人名义申请再审的；

（五）原审或者上一级人民法院已经裁定再审的。

（六）有本解释第三百八十三条第一款规定情形的。

第四百零三条 人民法院审理再审案件应当组成合议庭开庭审理，但按照第二审程序审理，有特殊情况或者双方当事人已经通过其他方式充分表达意见，且书面同意不开庭审理的除外。

符合缺席判决条件的，可以缺席判决。

第四百零四条 人民法院开庭审理再审案件，应当按照下列情形分别进行：

（一）因当事人申请再审的，先由再审申请人陈述再审请求及理由，后由被申请人答辩、其他原审当事人发表意见；

（二）因抗诉再审的，先由抗诉机关宣读抗诉书，再由申请抗诉的当事人陈述，后由被申请人答辩、其他原审当事人发表意见；

（三）人民法院依职权再审，有申诉人的，先由申诉人陈述再审请求及理由，后由被申诉人答辩、其他原审当事人发表意见；

（四）人民法院依职权再审，没有申诉人的，先由原审原告或者原审上诉人陈述，后由原审其他当事人发表意见。

对前款第一项至第三项规定的情形，人民法院应当要求当事人明确其再审请求。

第四百零五条 人民法院审理再审案件应当围绕再审请求进行。当事人的再审请求超出原审诉讼请求的，不予审理；符合另案诉讼条件的，告知当事人可以另行起诉。

被申请人及原审其他当事人在庭审辩论结束前提出的再审请求，符合民事诉讼法第二百零五条规定的，人民法院应当一并审理。

人民法院经再审，发现已经发生法律效力的判决、裁定损害国家利益、社会公共利益、他人合法权益的，应当一并审理。

第四百零六条 再审审理期间，有下列情形之一的，可以裁定终结再审程序：

（一）再审申请人在再审期间撤回再审请求，人民法院准许的；

（二）再审申请人经传票传唤，无正当理由拒不到庭的，或者未经法庭许可中途退庭，按撤回再审请求处理的；

（三）人民检察院撤回抗诉的；

（四）有本解释第四百零二条第一项至第四项规定情形的。

因人民检察院提出抗诉裁定再审的案件，申请抗诉的当事人有前款规定的情形，且不损害国家利益、社会公共利益或者他人合法权益的，人民法院应当裁定终结再审程序。

再审程序终结后，人民法院裁定中止执行的原生效判决自动恢复执行。

第四百零七条 人民法院经再审审理认为，原判决、裁定认定事实清楚、适用法律正确的，应予维持；原判决、裁定认定事实、适用法律虽有瑕疵，但裁判结果正确的，应当在再审判决、裁定中纠正瑕疵后予以维持。

原判决、裁定认定事实、适用法律错误，导致裁判结果错误的，应当依法改判、撤销或者变更。

第四百零八条 按照第二审程序再审的案件，人民法院经审理认为不符合民事诉讼法规定的起诉条件或者符合民事诉讼法第一百二十四条规定不予受理情形的，应当裁定撤销一、二审判决，驳回起诉。

第四百零九条 人民法院对调解书裁定再审后，按照下列情形分别处理：

（一）当事人提出的调解违反自愿原则的事由不成立，且调解书的内容不违反法律强制性规定的，裁定驳回再审申请；

（二）人民检察院抗诉或者再审检察建议所主张的损害国家利益、社会公共利益的理由不成立的，裁定终结再审程序。

前款规定情形，人民法院裁定中止执行的调解书需要继续执行的，自动恢复执行。

第四百一十条　一审原告在再审审理程序中申请撤回起诉，经其他当事人同意，且不损害国家利益、社会公共利益、他人合法权益的，人民法院可以准许。裁定准许撤诉的，应当一并撤销原判决。

一审原告在再审审理程序中撤回起诉后重复起诉的，人民法院不予受理。

第四百一十一条　当事人提交新的证据致使再审改判，因再审申请人或者申请检察监督当事人的过错未能在原审程序中及时举证，被申请人等当事人请求补偿其增加的交通、住宿、就餐、误工等必要费用的，人民法院应予支持。

第四百一十二条　部分当事人到庭并达成调解协议，其他当事人未作出书面表示的，人民法院应当在判决中对该事实作出表述；调解协议内容不违反法律规定，且不损害其他当事人合法权益的，可以在判决主文中予以确认。

第四百一十三条　人民检察院依法对损害国家利益、社会公共利益的发生法律效力的判决、裁定、调解书提出抗诉，或者经人民检察院检察委员会讨论决定提出再审检察建议的，人民法院应予受理。

第四百一十四条　人民检察院对已经发生法律效力的判决以及不予受理、驳回起诉的裁定依法提出抗诉的，人民法院应予受理，但适用特别程序、督促程序、公示催告程序、破产程序以及解除婚姻关系的判决、裁定等不适用审判监督程序的判决、裁定除外。

第四百一十五条　人民检察院依照民事诉讼法第二百零九条第一款第三项规定对有明显错误的再审判决、裁定提出抗诉或者再审检察建议的，人民法院应予受理。

第四百一十六条　地方各级人民检察院依当事人的申请对生效判决、裁定向同级人民法院提出再审检察建议，符合下列条件的，应予受理：

（一）再审检察建议书和原审当事人申请书及相关证据材料已经提交；

（二）建议再审的对象为依照民事诉讼法和本解释规定可以进行再审的判决、裁定；

（三）再审检察建议书列明该判决、裁定有民事诉讼法第二百零八条第二款规定情形；

（四）符合民事诉讼法第二百零九条第一款第一项、第二项规定情形；

（五）再审检察建议经该人民检察院检察委员会讨论决定。

不符合前款规定的，人民法院可以建议人民检察院予以补正或者撤回；不予补正或者撤回的，应当函告人民检察院不予受理。

第四百一十七条　人民检察院依当事人的申请对生效判决、裁定提出抗诉，符合下列条件的，人民法院应当在三十日内裁定再审：

（一）抗诉书和原审当事人申请书及相关证据材料已经提交；

（二）抗诉对象为依照民事诉讼法和本解释规定可以进行再审的判决、裁定；

（三）抗诉书列明该判决、裁定有民事诉讼法第二百零八条第一款规定情形；

（四）符合民事诉讼法第二百零九条第一款第一项、第二项规定情形。

不符合前款规定的，人民法院可以建议人民检察院予以补正或者撤回；不予补正或者撤回的，人民法院可以裁定不予受理。

第四百一十八条　　当事人的再审申请被上级人民法院裁定驳回后，人民检察院对原判决、裁定、调解书提出抗诉，抗诉事由符合民事诉讼法第二百条第一项至第五项规定情形之一的，受理抗诉的人民法院可以交由下一级人民法院再审。

第四百一十九条　　人民法院收到再审检察建议后，应当组成合议庭，在三个月内进行审查，发现原判决、裁定、调解书确有错误，需要再审的，依照民事诉讼法第一百九十八条规定裁定再审，并通知当事人；经审查，决定不予再审的，应当书面回复人民检察院。

第四百二十条　　人民法院审理因人民检察院抗诉或者检察建议裁定再审的案件，不受此前已经作出的驳回当事人再审申请裁定的影响。

第四百二十一条　　人民法院开庭审理抗诉案件，应当在开庭三日前通知人民检察院、当事人和其他诉讼参与人。同级人民检察院或者提出抗诉的人民检察院应当派员出庭。

人民检察院因履行法律监督职责向当事人或者案外人调查核实的情况，应当向法庭提交并予以说明，由双方当事人进行质证。

第四百二十二条　　必须共同进行诉讼的当事人因不能归责于本人或者其诉讼代理人的事由未参加诉讼的，可以根据民事诉讼法第二百条第八项规定，自知道或者应当知道之日起六个月内申请再审，但符合本解释第四百二十三条规定情形的除外。

人民法院因前款规定的当事人申请而裁定再审，按照第一审程序再审的，应当追加其为当事人，作出新的判决、裁定；按照第二审程序再审，经调解不能达成协议的，应当撤销原判决、裁定，发回重审，重审时应追加其为当事人。

第四百二十三条　　根据民事诉讼法第二百二十七条规定，案外人对驳回其执行异议的裁定不服，认为原判决、裁定、调解书内容错误损害其民事权益的，可以自执行异议裁定送达之日起六个月内，向作出原判决、裁定、调解书的人民法院申请再审。

第四百二十四条　　根据民事诉讼法第二百二十七条规定，人民法院裁定再审后，案外人属于必要的共同诉讼当事人的，依照本解释第四百二十二条第二款规定处理。

案外人不是必要的共同诉讼当事人的，人民法院仅审理原判决、裁定、调解书对其民事权益造成损害的内容。经审理，再审请求成立的，撤销或者改变原判决、裁定、调解书；再审请求不成立的，维持原判决、裁定、调解书。

第四百二十五条　　本解释第三百四十条规定适用于审判监督程序。

第四百二十六条　　对小额诉讼案件的判决、裁定，当事人以民事诉讼法第二百条规定的事由向原审人民法院申请再审的，人民法院应当受理。申请再审事由成立的，应当裁定再审，组成合议庭进行审理。作出的再审判决、裁定，当事人不得上诉。

当事人以不应按小额诉讼案件审理为由向原审人民法院申请再审的，人民法院应当受理。理由成立的，应当裁定再审，组成合议庭审理。作出的再审判决、裁定，当事人可以上诉。

十九、督促程序

第四百二十七条　　两个以上人民法院都有管辖权的，债权人可以向其中一个基层人民法院申请支付令。

债权人向两个以上有管辖权的基层人民法院申请支付令的，由最先立案的人民法院管辖。

第四百二十八条 人民法院收到债权人的支付令申请书后，认为申请书不符合要求的，可以通知债权人限期补正。人民法院应当自收到补正材料之日起五日内通知债权人是否受理。

第四百二十九条 债权人申请支付令，符合下列条件的，基层人民法院应当受理，并在收到支付令申请书后五日内通知债权人：

（一）请求给付金钱或者汇票、本票、支票、股票、债券、国库券、可转让的存款单等有价证券；

（二）请求给付的金钱或者有价证券已到期且数额确定，并写明了请求所根据的事实、证据；

（三）债权人没有对待给付义务；

（四）债务人在我国境内且未下落不明；

（五）支付令能够送达债务人；

（六）收到申请书的人民法院有管辖权；

（七）债权人未向人民法院申请诉前保全。

不符合前款规定的，人民法院应当在收到支付令申请书后五日内通知债权人不予受理。

基层人民法院受理申请支付令案件，不受债权金额的限制。

第四百三十条 人民法院受理申请后，由审判员一人进行审查。经审查，有下列情形之一的，裁定驳回申请：

（一）申请人不具备当事人资格的；

（二）给付金钱或者有价证券的证明文件没有约定逾期给付利息或者违约金、赔偿金，债权人坚持要求给付利息或者违约金、赔偿金的；

（三）要求给付的金钱或者有价证券属于违法所得的；

（四）要求给付的金钱或者有价证券尚未到期或者数额不确定的。

人民法院受理支付令申请后，发现不符合本解释规定的受理条件的，应当在受理之日起十五日内裁定驳回申请。

第四百三十一条 向债务人本人送达支付令，债务人拒绝接收的，人民法院可以留置送达。

第四百三十二条 有下列情形之一的，人民法院应当裁定终结督促程序，已发出支付令的，支付令自行失效：

（一）人民法院受理支付令申请后，债权人就同一债权债务关系又提起诉讼的；

（二）人民法院发出支付令之日起三十日内无法送达债务人的；

（三）债务人收到支付令前，债权人撤回申请的。

第四百三十三条 债务人在收到支付令后，未在法定期间提出书面异议，而向其他人民法院起诉的，不影响支付令的效力。

债务人超过法定期间提出异议的，视为未提出异议。

第四百三十四条 债权人基于同一债权债务关系，在同一支付令申请中向债务人提出多项支付请求，债务人仅就其中一项或者几项请求提出异议的，不影响其他各项请求的效力。

第四百三十五条 债权人基于同一债权债务关系，就可分之债向多个债务人提出支付请求，多个债务人中的一人或者几人提出异议的，不影响其他请求的效力。

第四百三十六条 对设有担保的债务的主债务人发出的支付令，对担保人没有拘束力。

债权人就担保关系单独提起诉讼的，支付令自人民法院受理案件之日起失效。

第四百三十七条 经形式审查，债务人提出的书面异议有下列情形之一的，应当认定异议成立，裁定终结督促程序，支付令自行失效：

（一）本解释规定的不予受理申请情形的；

（二）本解释规定的裁定驳回申请情形的；

（三）本解释规定的应当裁定终结督促程序情形的；

（四）人民法院对是否符合发出支付令条件产生合理怀疑的。

第四百三十八条 债务人对债务本身没有异议，只是提出缺乏清偿能力、延缓债务清偿期限、变更债务清偿方式等异议的，不影响支付令的效力。

人民法院经审查认为异议不成立的，裁定驳回。

债务人的口头异议无效。

第四百三十九条 人民法院作出终结督促程序或者驳回异议裁定前，债务人请求撤回异议的，应当裁定准许。

债务人对撤回异议反悔的，人民法院不予支持。

第四百四十条 支付令失效后，申请支付令的一方当事人不同意提起诉讼的，应当自收到终结督促程序裁定之日起七日内向受理申请的人民法院提出。

申请支付令的一方当事人不同意提起诉讼的，不影响其向其他有管辖权的人民法院提起诉讼。

第四百四十一条 支付令失效后，申请支付令的一方当事人自收到终结督促程序裁定之日起七日内未向受理申请的人民法院表明不同意提起诉讼的，视为向受理申请的人民法院起诉。

债权人提出支付令申请的时间，即为向人民法院起诉的时间。

第四百四十二条 债权人向人民法院申请执行支付令的期间，适用民事诉讼法第二百三十九条的规定。

第四百四十三条 人民法院院长发现本院已经发生法律效力的支付令确有错误，认为需要撤销的，应当提交本院审判委员会讨论决定后，裁定撤销支付令，驳回债权人的申请。

二十、公示催告程序

第四百四十四条 民事诉讼法第二百一十八条规定的票据持有人，是指票据被盗、遗失或者灭失前的最后持有人。

第四百四十五条 人民法院收到公示催告的申请后,应当立即审查,并决定是否受理。经审查认为符合受理条件的,通知予以受理,并同时通知支付人停止支付;认为不符合受理条件的,七日内裁定驳回申请。

第四百四十六条 因票据丧失,申请公示催告的,人民法院应结合票据存根、丧失票据的复印件、出票人关于签发票据的证明、申请人合法取得票据的证明、银行挂失止付通知书、报案证明等证据,决定是否受理。

第四百四十七条 人民法院依照民事诉讼法第二百一十九条规定发出的受理申请的公告,应当写明下列内容:

(一)公示催告申请人的姓名或者名称;

(二)票据的种类、号码、票面金额、出票人、背书人、持票人、付款期限等事项以及其他可以申请公示催告的权利凭证的种类、号码、权利范围、权利人、义务人、行权日期等事项;

(三)申报权利的期间;

(四)在公示催告期间转让票据等权利凭证,利害关系人不申报的法律后果。

第四百四十八条 公告应当在有关报纸或者其他媒体上刊登,并于同日公布于人民法院公告栏内。人民法院所在地有证券交易所的,还应当同日在该交易所公布。

第四百四十九条 公告期间不得少于六十日,且公示催告期间届满日不得早于票据付款日后十五日。

第四百五十条 在申报期届满后、判决作出之前,利害关系人申报权利的,应当适用民事诉讼法第二百二十一条第二款、第三款规定处理。

第四百五十一条 利害关系人申报权利,人民法院应当通知其向法院出示票据,并通知公示催告申请人在指定的期间查看该票据。公示催告申请人申请公示催告的票据与利害关系人出示的票据不一致的,应当裁定驳回利害关系人的申报。

第四百五十二条 在申报权利的期间无人申报权利,或者申报被驳回的,申请人应当自公示催告期间届满之日起一个月内申请作出判决。逾期不申请判决的,终结公示催告程序。

裁定终结公示催告程序的,应当通知申请人和支付人。

第四百五十三条 判决公告之日起,公示催告申请人有权依据判决向付款人请求付款。

付款人拒绝付款,申请人向人民法院起诉,符合民事诉讼法第一百一十九条规定的起诉条件的,人民法院应予受理。

第四百五十四条 适用公示催告程序审理案件,可由审判员一人独任审理;判决宣告票据无效的,应当组成合议庭审理。

第四百五十五条 公示催告申请人撤回申请,应在公示催告前提出;公示催告期间申请撤回的,人民法院可以径行裁定终结公示催告程序。

第四百五十六条 人民法院依照民事诉讼法第二百二十条规定通知支付人停止支付,应当符合有关财产保全的规定。支付人收到停止支付通知后拒不止付的,除可依照民事诉讼法第一百一十一条、第一百一十四条规定采取强制措施外,在判决后,支付人仍应承担付款义务。

第四百五十七条 人民法院依照民事诉讼法第二百二十一条规定终结公示催告程序后，公示催告申请人或者申报人向人民法院提起诉讼，因票据权利纠纷提起的，由票据支付地或者被告住所地人民法院管辖；因非票据权利纠纷提起的，由被告住所地人民法院管辖。

第四百五十八条 依照民事诉讼法第二百二十一条规定制作的终结公示催告程序的裁定书，由审判员、书记员署名，加盖人民法院印章。

第四百五十九条 依照民事诉讼法第二百二十三条的规定，利害关系人向人民法院起诉的，人民法院可按票据纠纷适用普通程序审理。

第四百六十条 民事诉讼法第二百二十三条规定的正当理由，包括：

（一）因发生意外事件或者不可抗力致使利害关系人无法知道公告事实的；

（二）利害关系人因被限制人身自由而无法知道公告事实，或者虽然知道公告事实，但无法自己或者委托他人代为申报权利的；

（三）不属于法定申请公示催告情形的；

（四）未予公告或者未按法定方式公告的；

（五）其他导致利害关系人在判决作出前未能向人民法院申报权利的客观事由。

第四百六十一条 根据民事诉讼法第二百二十三条的规定，利害关系人请求人民法院撤销除权判决的，应当将申请人列为被告。

利害关系人仅诉请确认其为合法持票人的，人民法院应当在裁判文书中写明，确认利害关系人为票据权利人的判决作出后，除权判决即被撤销。

二十一、执行程序

第四百六十二条 发生法律效力的实现担保物权裁定、确认调解协议裁定、支付令，由作出裁定、支付令的人民法院或者与其同级的被执行财产所在地的人民法院执行。

认定财产无主的判决，由作出判决的人民法院将无主财产收归国家或者集体所有。

第四百六十三条 当事人申请人民法院执行的生效法律文书应当具备下列条件：

（一）权利义务主体明确；

（二）给付内容明确。

法律文书确定继续履行合同的，应当明确继续履行的具体内容。

第四百六十四条 根据民事诉讼法第二百二十七条规定，案外人对执行标的提出异议的，应当在该执行标的执行程序终结前提出。

第四百六十五条 案外人对执行标的提出的异议,经审查,按照下列情形分别处理：

（一）案外人对执行标的不享有足以排除强制执行的权益的，裁定驳回其异议；

（二）案外人对执行标的享有足以排除强制执行的权益的，裁定中止执行。

驳回案外人执行异议裁定送达案外人之日起十五日内，人民法院不得对执行标的进行处分。

第四百六十六条 申请执行人与被执行人达成和解协议后请求中止执行或者撤回执行申请的，人民法院可以裁定中止执行或者终结执行。

第四百六十七条 一方当事人不履行或者不完全履行在执行中双方自愿达成的和解协议,对方当事人申请执行原生效法律文书的,人民法院应当恢复执行,但和解协议已履行的部分应当扣除。和解协议已经履行完毕的,人民法院不予恢复执行。

第四百六十八条 申请恢复执行原生效法律文书,适用民事诉讼法第二百三十九条申请执行期间的规定。申请执行期间因达成执行中的和解协议而中断,其期间自和解协议约定履行期限的最后一日起重新计算。

第四百六十九条 人民法院依照民事诉讼法第二百三十一条规定决定暂缓执行的,如果担保是有期限的,暂缓执行的期限应当与担保期限一致,但最长不得超过一年。被执行人或者担保人对担保的财产在暂缓执行期间有转移、隐藏、变卖、毁损等行为的,人民法院可以恢复强制执行。

第四百七十条 根据民事诉讼法第二百三十一条规定向人民法院提供执行担保的,可以由被执行人或者他人提供财产担保,也可以由他人提供保证。担保人应当具有代为履行或者代为承担赔偿责任的能力。

他人提供执行保证的,应当向执行法院出具保证书,并将保证书副本送交申请执行人。被执行人或者他人提供财产担保的,应当参照物权法、担保法的有关规定办理相应手续。

第四百七十一条 被执行人在人民法院决定暂缓执行的期限届满后仍不履行义务的,人民法院可以直接执行担保财产,或者裁定执行担保人的财产,但执行担保人的财产以担保人应当履行义务部分的财产为限。

第四百七十二条 依照民事诉讼法第二百三十二条规定,执行中作为被执行人的法人或者其他组织分立、合并的,人民法院可以裁定变更后的法人或者其他组织为被执行人;被注销的,如果依照有关实体法的规定有权利义务承受人的,可以裁定该权利义务承受人为被执行人。

第四百七十三条 其他组织在执行中不能履行法律文书确定的义务的,人民法院可以裁定执行对该其他组织依法承担义务的法人或者公民个人的财产。

第四百七十四条 在执行中,作为被执行人的法人或者其他组织名称变更的,人民法院可以裁定变更后的法人或者其他组织为被执行人。

第四百七十五条 作为被执行人的公民死亡,其遗产继承人没有放弃继承的,人民法院可以裁定变更被执行人,由该继承人在遗产的范围内偿还债务。继承人放弃继承的,人民法院可以直接执行被执行人的遗产。

第四百七十六条 法律规定由人民法院执行的其他法律文书执行完毕后,该法律文书被有关机关或者组织依法撤销的,经当事人申请,适用民事诉讼法第二百三十三条规定。

第四百七十七条 仲裁机构裁决的事项,部分有民事诉讼法第二百三十七条第二款、第三款规定情形的,人民法院应当裁定对该部分不予执行。

应当不予执行部分与其他部分不可分的,人民法院应当裁定不予执行仲裁裁决。

第四百七十八条 依照民事诉讼法第二百三十七条第二款、第三款规定,人民法院裁定不予执行仲裁裁决后,当事人对该裁定提出执行异议或者复议的,人民法院不予受理。

当事人可以就该民事纠纷重新达成书面仲裁协议申请仲裁，也可以向人民法院起诉。

第四百七十九条 在执行中，被执行人通过仲裁程序将人民法院查封、扣押、冻结的财产确权或者分割给案外人的，不影响人民法院执行程序的进行。

案外人不服的，可以根据民事诉讼法第二百二十七条规定提出异议。

第四百八十条 有下列情形之一的，可以认定为民事诉讼法第二百三十八条第二款规定的公证债权文书确有错误：

（一）公证债权文书属于不得赋予强制执行效力的债权文书的；

（二）被执行人一方未亲自或者未委托代理人到场公证等严重违反法律规定的公证程序的；

（三）公证债权文书的内容与事实不符或者违反法律强制性规定的；

（四）公证债权文书未载明被执行人不履行义务或者不完全履行义务时同意接受强制执行的。

人民法院认定执行该公证债权文书违背社会公共利益的，裁定不予执行。

公证债权文书被裁定不予执行后，当事人、公证事项的利害关系人可以就债权争议提起诉讼。

第四百八十一条 当事人请求不予执行仲裁裁决或者公证债权文书的，应当在执行终结前向执行法院提出。

第四百八十二条 人民法院应当在收到申请执行书或者移交执行书后十日内发出执行通知。

执行通知中除应责令被执行人履行法律文书确定的义务外，还应通知其承担民事诉讼法第二百五十三条规定的迟延履行利息或者迟延履行金。

第四百八十三条 申请执行人超过申请执行时效期间向人民法院申请强制执行的，人民法院应予受理。被执行人对申请执行时效期间提出异议，人民法院经审查异议成立的，裁定不予执行。

被执行人履行全部或者部分义务后，又以不知道申请执行时效期间届满为由请求执行回转的，人民法院不予支持。

第四百八十四条 对必须接受调查询问的被执行人、被执行人的法定代表人、负责人或者实际控制人，经依法传唤无正当理由拒不到场的，人民法院可以拘传其到场。

人民法院应当及时对被拘传人进行调查询问，调查询问的时间不得超过八小时；情况复杂，依法可能采取拘留措施的，调查询问的时间不得超过二十四小时。

人民法院在本辖区以外采取拘传措施时，可以将被拘传人拘传到当地人民法院，当地人民法院应予协助。

第四百八十五条 人民法院有权查询被执行人的身份信息与财产信息，掌握相关信息的单位和个人必须按照协助执行通知书办理。

第四百八十六条 对被执行的财产，人民法院非经查封、扣押、冻结不得处分。对银行存款等各类可以直接扣划的财产，人民法院的扣划裁定同时具有冻结的法律效力。

第四百八十七条 人民法院冻结被执行人的银行存款的期限不得超过一年，查封、扣押动产的期限不得超过两年，查封不动产、冻结其他财产权的期限不得超过三年。

申请执行人申请延长期限的，人民法院应当在查封、扣押、冻结期限届满前办理续行查封、扣押、冻结手续，续行期限不得超过前款规定的期限。

人民法院也可以依职权办理续行查封、扣押、冻结手续。

第四百八十八条　依照民事诉讼法第二百四十七条规定，人民法院在执行中需要拍卖被执行人财产的，可以由人民法院自行组织拍卖，也可以交由具备相应资质的拍卖机构拍卖。

交拍卖机构拍卖的，人民法院应当对拍卖活动进行监督。

第四百八十九条　拍卖评估需要对现场进行检查、勘验的，人民法院应当责令被执行人、协助义务人予以配合。被执行人、协助义务人不予配合的，人民法院可以强制进行。

第四百九十条　人民法院在执行中需要变卖被执行人财产的，可以交有关单位变卖，也可以由人民法院直接变卖。

对变卖的财产，人民法院或者其工作人员不得买受。

第四百九十一条　经申请执行人和被执行人同意，且不损害其他债权人合法权益和社会公共利益的，人民法院可以不经拍卖、变卖，直接将被执行人的财产作价交申请执行人抵偿债务。对剩余债务，被执行人应当继续清偿。

第四百九十二条　被执行人的财产无法拍卖或者变卖的，经申请执行人同意，且不损害其他债权人合法权益和社会公共利益的，人民法院可以将该项财产作价后交付申请执行人抵偿债务，或者交付申请执行人管理；申请执行人拒绝接收或者管理的，退回被执行人。

第四百九十三条　拍卖成交或者依法定程序裁定以物抵债的，标的物所有权自拍卖成交裁定或者抵债裁定送达买受人或者接受抵债物的债权人时转移。

第四百九十四条　执行标的物为特定物的，应当执行原物。原物确已毁损或者灭失的，经双方当事人同意，可以折价赔偿。

双方当事人对折价赔偿不能协商一致的，人民法院应当终结执行程序。申请执行人可以另行起诉。

第四百九十五条　他人持有法律文书指定交付的财物或者票证，人民法院依照民事诉讼法第二百四十九条第二款、第三款规定发出协助执行通知后，拒不转交的，可以强制执行，并可依照民事诉讼法第一百一十四条、第一百一十五条规定处理。

他人持有期间财物或者票证毁损、灭失的，参照本解释第四百九十四条规定处理。

他人主张合法持有财物或者票证的，可以根据民事诉讼法第二百二十七条规定提出执行异议。

第四百九十六条　在执行中，被执行人隐匿财产、会计账簿等资料的，人民法院除可依照民事诉讼法第一百一十一条第一款第六项规定对其处理外，还应责令被执行人交出隐匿的财产、会计账簿等资料。被执行人拒不交出的，人民法院可以采取搜查措施。

第四百九十七条　搜查人员应当按规定着装并出示搜查令和工作证件。

第四百九十八条　人民法院搜查时禁止无关人员进入搜查现场；搜查对象是公民的，应当通知被执行人或者他的成年家属以及基层组织派员到场；搜查对象是法人或者其他组织的，应当通知法定代表人或者主要负责人到场。拒不到场的，不影响搜查。

搜查妇女身体，应当由女执行人员进行。

第四百九十九条 搜查中发现应当依法采取查封、扣押措施的财产，依照民事诉讼法第二百四十五条第二款和第二百四十七条规定办理。

第五百条 搜查应当制作搜查笔录，由搜查人员、被搜查人及其他在场人签名、捺印或者盖章。拒绝签名、捺印或者盖章的，应当记入搜查笔录。

第五百零一条 人民法院执行被执行人对他人的到期债权，可以作出冻结债权的裁定，并通知该他人向申请执行人履行。

该他人对到期债权有异议，申请执行人请求对异议部分强制执行的，人民法院不予支持。利害关系人对到期债权有异议的，人民法院应当按照民事诉讼法第二百二十七条规定处理。

对生效法律文书确定的到期债权，该他人予以否认的，人民法院不予支持。

第五百零二条 人民法院在执行中需要办理房产证、土地证、林权证、专利证书、商标证书、车船执照等有关财产权证照转移手续的，可以依照民事诉讼法第二百五十一条规定办理。

第五百零三条 被执行人不履行生效法律文书确定的行为义务，该义务可由他人完成的，人民法院可以选定代履行人；法律、行政法规对履行该行为义务有资格限制的，应当从有资格的人中选定。必要时，可以通过招标的方式确定代履行人。

申请执行人可以在符合条件的人中推荐代履行人，也可以申请自己代为履行，是否准许，由人民法院决定。

第五百零四条 代履行费用的数额由人民法院根据案件具体情况确定，并由被执行人在指定期限内预先支付。被执行人未预付的，人民法院可以对该费用强制执行。

代履行结束后，被执行人可以查阅、复制费用清单以及主要凭证。

第五百零五条 被执行人不履行法律文书指定的行为，且该项行为只能由被执行人完成的，人民法院可以依照民事诉讼法第一百一十一条第一款第六项规定处理。

被执行人在人民法院确定的履行期间内仍不履行的，人民法院可以依照民事诉讼法第一百一十一条第一款第六项规定再次处理。

第五百零六条 被执行人迟延履行的，迟延履行期间的利息或者迟延履行金自判决、裁定和其他法律文书指定的履行期间届满之日起计算。

第五百零七条 被执行人未按判决、裁定和其他法律文书指定的期间履行非金钱给付义务的，无论是否已给申请执行人造成损失，都应当支付迟延履行金。已经造成损失的，双倍补偿申请执行人已经受到的损失；没有造成损失的，迟延履行金可以由人民法院根据具体案件情况决定。

第五百零八条 被执行人为公民或者其他组织，在执行程序开始后，被执行人的其他已经取得执行依据的债权人发现被执行人的财产不能清偿所有债权的，可以向人民法院申请参与分配。

对人民法院查封、扣押、冻结的财产有优先权、担保物权的债权人，可以直接申请参与分配，主张优先受偿权。

第五百零九条 申请参与分配，申请人应当提交申请书。申请书应当写明参与分配和被执行人不能清偿所有债权的事实、理由，并附有执行依据。

参与分配申请应当在执行程序开始后，被执行人的财产执行终结前提出。

第五百一十条 参与分配执行中，执行所得价款扣除执行费用，并清偿应当优先受偿的债权后，对于普通债权，原则上按照其占全部申请参与分配债权数额的比例受偿。清偿后的剩余债务，被执行人应当继续清偿。债权人发现被执行人有其他财产的，可以随时请求人民法院执行。

第五百一十一条 多个债权人对执行财产申请参与分配的，执行法院应当制作财产分配方案，并送达各债权人和被执行人。债权人或者被执行人对分配方案有异议的，应当自收到分配方案之日起十五日内向执行法院提出书面异议。

第五百一十二条 债权人或者被执行人对分配方案提出书面异议的，执行法院应当通知未提出异议的债权人、被执行人。

未提出异议的债权人、被执行人自收到通知之日起十五日内未提出反对意见的，执行法院依异议人的意见对分配方案审查修正后进行分配；提出反对意见的，应当通知异议人。异议人可以自收到通知之日起十五日内，以提出反对意见的债权人、被执行人为被告，向执行法院提起诉讼；异议人逾期未提起诉讼的，执行法院按照原分配方案进行分配。

诉讼期间进行分配的，执行法院应当提存与争议债权数额相应的款项。

第五百一十三条 在执行中，作为被执行人的企业法人符合企业破产法第二条第一款规定情形的，执行法院经申请执行人之一或者被执行人同意，应当裁定中止对该被执行人的执行，将执行案件相关材料移送被执行人住所地人民法院。

第五百一十四条 被执行人住所地人民法院应当自收到执行案件相关材料之日起三十日内，将是否受理破产案件的裁定告知执行法院。不予受理的，应当将相关案件材料退回执行法院。

第五百一十五条 被执行人住所地人民法院裁定受理破产案件的，执行法院应当解除对被执行人财产的保全措施。被执行人住所地人民法院裁定宣告被执行人破产的，执行法院应当裁定终结对该被执行人的执行。

被执行人住所地人民法院不受理破产案件的，执行法院应当恢复执行。

第五百一十六条 当事人不同意移送破产或者被执行人住所地人民法院不受理破产案件的，执行法院就执行变价所得财产，在扣除执行费用及清偿优先受偿的债权后，对于普通债权，按照财产保全和执行中查封、扣押、冻结财产的先后顺序清偿。

第五百一十七条 债权人根据民事诉讼法第二百五十四条规定请求人民法院继续执行的，不受民事诉讼法第二百三十九条规定申请执行时效期间的限制。

第五百一十八条 被执行人不履行法律文书确定的义务的，人民法院除对被执行人予以处罚外，还可以根据情节将其纳入失信被执行人名单，将被执行人不履行或者不完全履行义务的信息向其所在单位、征信机构以及其他相关机构通报。

第五百一十九条 经过财产调查未发现可供执行的财产，在申请执行人签字确认或者执行法院组成合议庭审查核实并经院长批准后，可以裁定终结本次执行程序。

依照前款规定终结执行后，申请执行人发现被执行人有可供执行财产的，可以再次申请执行。再次申请不受申请执行时效期间的限制。

第五百二十条 因撤销申请而终结执行后，当事人在民事诉讼法第二百三十九条规定的申请执行时效期间内再次申请执行的，人民法院应当受理。

第五百二十一条 在执行终结六个月内，被执行人或者其他人对已执行的标的有妨害行为的，人民法院可以依申请排除妨害，并可以依照民事诉讼法第一百一十一条规定进行处罚。因妨害行为给执行债权人或者其他人造成损失的，受害人可以另行起诉。

二十二、涉外民事诉讼程序的特别规定

第五百二十二条 有下列情形之一，人民法院可以认定为涉外民事案件：

（一）当事人一方或者双方是外国人、无国籍人、外国企业或者组织的；

（二）当事人一方或者双方的经常居所地在中华人民共和国领域外的；

（三）标的物在中华人民共和国领域外的；

（四）产生、变更或者消灭民事关系的法律事实发生在中华人民共和国领域外的；

（五）可以认定为涉外民事案件的其他情形。

第五百二十三条 外国人参加诉讼，应当向人民法院提交护照等用以证明自己身份的证件。

外国企业或者组织参加诉讼，向人民法院提交的身份证明文件，应当经所在国公证机关公证，并经中华人民共和国驻该国使领馆认证，或者履行中华人民共和国与该所在国订立的有关条约中规定的证明手续。

代表外国企业或者组织参加诉讼的人，应当向人民法院提交其有权作为代表人参加诉讼的证明，该证明应当经所在国公证机关公证，并经中华人民共和国驻该国使领馆认证，或者履行中华人民共和国与该所在国订立的有关条约中规定的证明手续。

本条所称的"所在国"，是指外国企业或者组织的设立登记地国，也可以是办理了营业登记手续的第三国。

第五百二十四条 依照民事诉讼法第二百六十四条以及本解释第五百二十三条规定，需要办理公证、认证手续，而外国当事人所在国与中华人民共和国没有建立外交关系的，可以经该国公证机关公证，经与中华人民共和国有外交关系的第三国驻该国使领馆认证，再转由中华人民共和国驻该第三国使领馆认证。

第五百二十五条 外国人、外国企业或者组织的代表人在人民法院法官的见证下签署授权委托书，委托代理人进行民事诉讼的，人民法院应予认可。

第五百二十六条 外国人、外国企业或者组织的代表人在中华人民共和国境内签署授权委托书，委托代理人进行民事诉讼，经中华人民共和国公证机构公证的，人民法院应予认可。

第五百二十七条 当事人向人民法院提交的书面材料是外文的，应当同时向人民法院提交中文翻译件。

当事人对中文翻译件有异议的，应当共同委托翻译机构提供翻译文本；当事人对翻译机构的选择不能达成一致的，由人民法院确定。

第五百二十八条 涉外民事诉讼中的外籍当事人,可以委托本国人为诉讼代理人,也可以委托本国律师以非律师身份担任诉讼代理人;外国驻华使领馆官员,受本国公民的委托,可以以个人名义担任诉讼代理人,但在诉讼中不享有外交或者领事特权和豁免。

第五百二十九条 涉外民事诉讼中,外国驻华使领馆授权其本馆官员,在作为当事人的本国国民不在中华人民共和国领域内的情况下,可以以外交代表身份为其本国国民在中华人民共和国聘请中华人民共和国律师或者中华人民共和国公民代理民事诉讼。

第五百三十条 涉外民事诉讼中,经调解双方达成协议,应当制发调解书。当事人要求发给判决书的,可以依协议的内容制作判决书送达当事人。

第五百三十一条 涉外合同或者其他财产权益纠纷的当事人,可以书面协议选择被告住所地、合同履行地、合同签订地、原告住所地、标的物所在地、侵权行为地等与争议有实际联系地点的外国法院管辖。

根据民事诉讼法第三十三条和第二百六十六条规定,属于中华人民共和国法院专属管辖的案件,当事人不得协议选择外国法院管辖,但协议选择仲裁的除外。

第五百三十二条 涉外民事案件同时符合下列情形的,人民法院可以裁定驳回原告的起诉,告知其向更方便的外国法院提起诉讼:

(一)被告提出案件应由更方便外国法院管辖的请求,或者提出管辖异议;

(二)当事人之间不存在选择中华人民共和国法院管辖的协议;

(三)案件不属于中华人民共和国法院专属管辖;

(四)案件不涉及中华人民共和国国家、公民、法人或者其他组织的利益;

(五)案件争议的主要事实不是发生在中华人民共和国境内,且案件不适用中华人民共和国法律,人民法院审理案件在认定事实和适用法律方面存在重大困难;

(六)外国法院对案件享有管辖权,且审理该案件更加方便。

第五百三十三条 中华人民共和国法院和外国法院都有管辖权的案件,一方当事人向外国法院起诉,而另一方当事人向中华人民共和国法院起诉的,人民法院可予受理。判决后,外国法院申请或者当事人请求人民法院承认和执行外国法院对本案作出的判决、裁定的,不予准许;但双方共同缔结或者参加的国际条约另有规定的除外。

外国法院判决、裁定已经被人民法院承认,当事人就同一争议向人民法院起诉的,人民法院不予受理。

第五百三十四条 对在中华人民共和国领域内没有住所的当事人,经用公告方式送达诉讼文书,公告期满不应诉,人民法院缺席判决后,仍应当将裁判文书依照民事诉讼法第二百六十七条第八项规定公告送达。自公告送达裁判文书满三个月之日起,经过三十日的上诉期当事人没有上诉的,一审判决即发生法律效力。

第五百三十五条 外国人或者外国企业、组织的代表人、主要负责人在中华人民共和国领域内的,人民法院可以向该自然人或者外国企业、组织的代表人、主要负责人送达。

外国企业、组织的主要负责人包括该企业、组织的董事、监事、高级管理人员等。

第五百三十六条 受送达人所在国允许邮寄送达的,人民法院可以邮寄送达。

邮寄送达时应当附有送达回证。受送达人未在送达回证上签收但在邮件回执上签收的，视为送达，签收日期为送达日期。

自邮寄之日起满三个月，如果未收到送达的证明文件，且根据各种情况不足以认定已经送达的，视为不能用邮寄方式送达。

第五百三十七条 人民法院一审时采取公告方式向当事人送达诉讼文书的，二审时可径行采取公告方式向其送达诉讼文书，但人民法院能够采取公告方式之外的其他方式送达的除外。

第五百三十八条 不服第一审人民法院判决、裁定的上诉期，对在中华人民共和国领域内有住所的当事人，适用民事诉讼法第一百六十四条规定的期限；对在中华人民共和国领域内没有住所的当事人，适用民事诉讼法第二百六十九条规定的期限。当事人的上诉期均已届满没有上诉的，第一审人民法院的判决、裁定即发生法律效力。

第五百三十九条 人民法院对涉外民事案件的当事人申请再审进行审查的期间，不受民事诉讼法第二百零四条规定的限制。

第五百四十条 申请人向人民法院申请执行中华人民共和国涉外仲裁机构的裁决，应当提出书面申请，并附裁决书正本。如申请人为外国当事人，其申请书应当用中文文本提出。

第五百四十一条 人民法院强制执行涉外仲裁机构的仲裁裁决时，被执行人以有民事诉讼法第二百七十四条第一款规定的情形为由提出抗辩的，人民法院应当对被执行人的抗辩进行审查，并根据审查结果裁定执行或者不予执行。

第五百四十二条 依照民事诉讼法第二百七十二条规定，中华人民共和国涉外仲裁机构将当事人的保全申请提交人民法院裁定的，人民法院可以进行审查，裁定是否进行保全。裁定保全的，应当责令申请人提供担保，申请人不提供担保的，裁定驳回申请。

当事人申请证据保全，人民法院经审查认为无需提供担保的，申请人可以不提供担保。

第五百四十三条 申请人向人民法院申请承认和执行外国法院作出的发生法律效力的判决、裁定，应当提交申请书，并附外国法院作出的发生法律效力的判决、裁定正本或者经证明无误的副本以及中文译本。外国法院判决、裁定为缺席判决、裁定的，申请人应当同时提交该外国法院已经合法传唤的证明文件，但判决、裁定已经对此予以明确说明的除外。

中华人民共和国缔结或者参加的国际条约对提交文件有规定的，按照规定办理。

第五百四十四条 当事人向中华人民共和国有管辖权的中级人民法院申请承认和执行外国法院作出的发生法律效力的判决、裁定的，如果该法院所在国与中华人民共和国没有缔结或者共同参加国际条约，也没有互惠关系的，裁定驳回申请，但当事人向人民法院申请承认外国法院作出的发生法律效力的离婚判决的除外。

承认和执行申请被裁定驳回的，当事人可以向人民法院起诉。

第五百四十五条 对临时仲裁庭在中华人民共和国领域外作出的仲裁裁决，一方当事人向人民法院申请承认和执行的，人民法院应当依照民事诉讼法第二百八十三条规定处理。

第五百四十六条　　对外国法院作出的发生法律效力的判决、裁定或者外国仲裁裁决，需要中华人民共和国法院执行的，当事人应当先向人民法院申请承认。人民法院经审查，裁定承认后，再根据民事诉讼法第三编的规定予以执行。

当事人仅申请承认而未同时申请执行的，人民法院仅对应否承认进行审查并作出裁定。

第五百四十七条　　当事人申请承认和执行外国法院作出的发生法律效力的判决、裁定或者外国仲裁裁决的期间，适用民事诉讼法第二百三十九条的规定。

当事人仅申请承认而未同时申请执行的，申请执行的期间自人民法院对承认申请作出的裁定生效之日起重新计算。

第五百四十八条　　承认和执行外国法院作出的发生法律效力的判决、裁定或者外国仲裁裁决的案件，人民法院应当组成合议庭进行审查。

人民法院应当将申请书送达被申请人。被申请人可以陈述意见。

人民法院经审查作出的裁定，一经送达即发生法律效力。

第五百四十九条　　与中华人民共和国没有司法协助条约又无互惠关系的国家的法院，未通过外交途径，直接请求人民法院提供司法协助的，人民法院应予退回，并说明理由。

第五百五十条　　当事人在中华人民共和国领域外使用中华人民共和国法院的判决书、裁定书，要求中华人民共和国法院证明其法律效力的，或者外国法院要求中华人民共和国法院证明判决书、裁定书的法律效力的，作出判决、裁定的中华人民共和国法院，可以本法院的名义出具证明。

第五百五十一条　　人民法院审理涉及香港、澳门特别行政区和台湾地区的民事诉讼案件，可以参照适用涉外民事诉讼程序的特别规定。

二十三、附则

第五百五十二条　　本解释公布施行后，最高人民法院于 1992 年 7 月 14 日发布的《关于适用〈中华人民共和国民事诉讼法〉若干问题的意见》同时废止；最高人民法院以前发布的司法解释与本解释不一致的，不再适用。

中国海事仲裁委员会仲裁规则

（2014年11月4日中国国际贸易促进委员会/中国国际商会修订并通过，2015年1月1日起施行。）

第一章　总　　则

第一条　仲裁委员会

（一）中国海事仲裁委员会（以下简称"仲裁委员会"），原名中国国际贸易促进委员会海事仲裁委员会，以仲裁的方式独立、公正地解决海事、海商、物流等争议，保护当事人的合法权益，促进国际国内经济贸易和航运的发展。

（二）当事人在仲裁协议中订明由中国国际贸易促进委员会/中国国际商会的海事仲裁委员会仲裁的，或使用仲裁委员会原名称为仲裁机构的，均视为同意由中国海事仲裁委员会仲裁。

第二条　机构及职责

（一）仲裁委员会主任履行本规则赋予的职责。副主任根据主任的授权可以履行主任的职责。

（二）仲裁委员会设有仲裁院，在授权的副主任和仲裁院院长的领导下履行本规则规定的职责。

（三）仲裁委员会设在北京。仲裁委员会设有分会或仲裁中心（本规则附件一）。仲裁委员会的分会/仲裁中心是仲裁委员会的派出机构，根据仲裁委员会的授权，接受仲裁申请，管理仲裁案件。

（四）分会/仲裁中心设仲裁院，在分会/仲裁中心仲裁院院长的领导下履行本规则规定由仲裁委员会仲裁院履行的职责。

（五）案件由分会/仲裁中心管理的，本规则规定由仲裁委员会仲裁院院长履行的职责，由仲裁委员会仲裁院院长授权的分会/仲裁中心仲裁院院长履行。

（六）当事人可以约定将争议提交仲裁委员会或仲裁委员会分会/仲裁中心进行仲裁；约定由仲裁委员会进行仲裁的，由仲裁委员会仲裁院接受仲裁申请并管理案件；约定由分会/仲裁中心仲裁的，由所约定的分会/仲裁中心仲裁院接受仲裁申请并管理案件。约定的分会/仲裁中心不存在、被终止授权或约定不明的，由仲裁委员会仲裁院接受仲裁申请并管理案件。如有争议，由仲裁委员会作出决定。

第三条　　受案范围

仲裁委员会根据当事人的约定受理下列争议案件：

（一）租船合同、多式联运合同或者提单、运单等运输单证所涉及的海上货物运输、水上货物运输、旅客运输争议；

（二）船舶、其他海上移动式装置的买卖、建造、修理、租赁、融资、拖带、碰撞、救助、打捞或集装箱的买卖、建造、租赁、融资争议；

（三）海上保险、共同海损及船舶保赔争议；

（四）船上物料及燃油供应、担保、船舶代理、船员劳务、港口作业争议；

（五）海洋资源开发利用、海洋环境污染争议；

（六）货运代理，无船承运，公路、铁路、航空运输，集装箱的运输、拼箱和拆箱，快递，仓储，加工，配送，仓储分拨，物流信息管理，运输工具、搬运装卸工具、仓储设施、物流中心、配送中心的建造、买卖或租赁，物流方案设计与咨询，与物流有关的保险，与物流有关的侵权争议，以及其它与物流有关的争议；

（七）渔业生产、渔业捕捞争议；

（八）双方当事人协议由仲裁委员会仲裁的其他争议。

第四条　　规则的适用

（一）本规则统一适用于仲裁委员会及其分会/仲裁中心。

（二）当事人约定将争议提交仲裁委员会仲裁的，视为同意按照本规则进行仲裁。

（三）当事人约定将争议提交仲裁委员会仲裁但对本规则有关内容进行变更或约定适用其他仲裁规则的，从其约定，但其约定无法实施或与仲裁程序适用法强制性规定相抵触者除外。当事人约定适用其他仲裁规则的，由仲裁委员会履行相应的管理职责。

（四）当事人约定按照本规则进行仲裁但未约定仲裁机构的，视为同意将争议提交仲裁委员会仲裁。

（五）当事人约定适用仲裁委员会专业仲裁规则的，从其约定，但其争议不属于该专业仲裁规则适用范围的，适用本规则。

第五条　　仲裁协议

（一）仲裁协议指当事人在合同中订明的仲裁条款或以其他方式达成的提交仲裁的书面协议。

（二）仲裁协议应当采取书面形式。书面形式包括合同书、信件、电报、电传、传真、电子数据交换和电子邮件等可以有形地表现所载内容的形式。在仲裁申请书和仲裁答辩书的交换中，一方当事人声称有仲裁协议而另一方当事人不做否认表示的，视为存在书面仲裁协议。

（三）仲裁协议的适用法对仲裁协议的形式及效力另有规定的，从其规定。

（四）合同中的仲裁条款应视为与合同其他条款分离的、独立存在的条款，附属于合同的仲裁协议也应视为与合同其他条款分离的、独立存在的一个部分；合同的变更、解除、终止、转让、失效、无效、未生效、被撤销以及成立与否，均不影响仲裁条款或仲裁协议的效力。

第六条　　对仲裁协议及/或管辖权的异议

（一）仲裁委员会有权对仲裁协议的存在、效力以及仲裁案件的管辖权作出决定。如有必要，仲裁委员会也可以授权仲裁庭作出管辖权决定。

（二）仲裁委员会依表面证据认为存在有效仲裁协议的，可根据表面证据作出仲裁委员会有管辖权的决定，仲裁程序继续进行。仲裁委员会依表面证据作出的管辖权决定并不妨碍其根据仲裁庭在审理过程中发现的与表面证据不一致的事实及/或证据重新作出管辖权决定。

（三）仲裁庭依据仲裁委员会的授权作出管辖权决定时，可以在仲裁程序进行中单独作出，也可以在裁决书中一并作出。

（四）当事人对仲裁协议及/或仲裁案件管辖权的异议，应当在仲裁庭首次开庭前书面提出；书面审理的案件，应当在第一次实体答辩前提出。

（五）对仲裁协议及/或仲裁案件管辖权提出异议不影响仲裁程序的继续进行。

（六）上述管辖权异议及/或决定包括仲裁案件主体资格异议及/或决定。

（七）仲裁委员会或经仲裁委员会授权的仲裁庭作出无管辖权决定的，应当作出撤销案件的决定。撤案决定在仲裁庭组成前由仲裁委员会仲裁院院长作出，在仲裁庭组成后，由仲裁庭作出。

第七条　仲裁地

（一）当事人对仲裁地有约定的，从其约定。

（二）当事人对仲裁地未作约定或约定不明的，以管理案件的仲裁委员会或其分会/仲裁中心所在地为仲裁地；仲裁委员会也可视案件的具体情形确定其他地点为仲裁地。

（三）仲裁裁决视为在仲裁地作出。

第八条　送达及期限

（一）有关仲裁的一切文书、通知、材料等均可采用当面递交、挂号信、特快专递、传真或仲裁委员会仲裁院或仲裁庭认为适当的其他方式发送。

（二）上述第（一）款所述仲裁文件应发送当事人或其仲裁代理人自行提供的或当事人约定的地址；当事人或其仲裁代理人没有提供地址或当事人对地址没有约定的，按照对方当事人或其仲裁代理人提供的地址发送。

（三）向一方当事人或其仲裁代理人发送的仲裁文件，如经当面递交收件人或发送至收件人的营业地、注册地、住所地、惯常居住地或通讯地址，或经对方当事人合理查询不能找到上述任一地点，仲裁委员会仲裁院以挂号信或特快专递或能提供投递记录的包括公证送达、委托送达和留置送达在内的其他任何手段投递给收件人最后一个为人所知的营业地、注册地、住所地、惯常居住地或通讯地址，即视为有效送达。

（四）本规则所规定的期限，应自当事人收到或应当收到仲裁委员会仲裁院向其发送的文书、通知、材料等之日的次日起计算。

第九条　诚实信用

仲裁参与人应遵循诚实信用原则，进行仲裁程序。

第十条　放弃异议

一方当事人知道或理应知道本规则或仲裁协议中规定的任何条款或情事未被遵守，仍参加仲裁程序或继续进行仲裁程序而且不对此不遵守情况及时地、明示地提出书面异议的，视为放弃其提出异议的权利。

第二章 仲 裁 程 序

第一节 仲裁申请、答辩、反请求

第十一条 仲裁程序的开始

仲裁程序自仲裁委员会仲裁院收到仲裁申请书之日起开始。

第十二条 申请仲裁

当事人依据本规则申请仲裁时应：

（一）提交由申请人或申请人授权的代理人签名及/或盖章的仲裁申请书。仲裁申请书应写明：

1. 申请人和被申请人的名称和住所，包括邮政编码、电话、传真、电子邮箱或其他电子通讯方式；

2. 申请仲裁所依据的仲裁协议；

3. 案情和争议要点；

4. 申请人的仲裁请求；

5. 仲裁请求所依据的事实和理由。

（二）在提交仲裁申请书时，附具申请人请求所依据的证据材料以及其他证明文件。

（三）按照仲裁委员会制定的仲裁费用表的规定预缴仲裁费。

第十三条 案件的受理

（一）仲裁委员会根据当事人在争议发生之前或在争议发生之后达成的将争议提交仲裁委员会仲裁的仲裁协议和一方当事人的书面申请，受理案件。

（二）仲裁委员会仲裁院收到申请人的仲裁申请书及其附件后，经审查，认为申请仲裁的手续完备的，应将仲裁通知、仲裁委员会仲裁规则和仲裁员名册各一份发送给双方当事人；申请人的仲裁申请书及其附件也应同时发送给被申请人。

（三）仲裁委员会仲裁院经审查认为申请仲裁的手续不完备的，可以要求申请人在一定的期限内予以完备。申请人未能在规定期限内完备申请仲裁手续的，视同申请人未提出仲裁申请；申请人的仲裁申请书及其附件，仲裁委员会仲裁院不予留存。

（四）仲裁委员会受理案件后，仲裁委员会仲裁院应指定一名案件秘书协助仲裁案件的程序管理。

第十四条 多份合同的仲裁

申请人就多份合同项下的争议可在同一仲裁案件中合并提出仲裁申请，但应同时符合下列条件：

1. 多份合同系主从合同关系；或多份合同所涉当事人相同且法律关系性质相同；

2. 争议源于同一交易或同一系列交易；

3. 多份合同中的仲裁协议内容相同或相容。

第十五条　答辩

（一）被申请人应自收到仲裁通知后 30 天内提交答辩书。被申请人确有正当理由请求延长提交答辩期限的，由仲裁庭决定是否延长答辩期限；仲裁庭尚未组成的，由仲裁委员会仲裁院作出决定。

（二）答辩书由被申请人或被申请人授权的代理人签名及/或盖章，并应包括下列内容及附件：

1. 被申请人的名称和住所，包括邮政编码、电话、传真、电子邮箱或其他电子通讯方式；

2. 对仲裁申请书的答辩及所依据的事实和理由；

3. 答辩所依据的证据材料以及其他证明文件。

（三）仲裁庭有权决定是否接受逾期提交的答辩书。

（四）被申请人未提交答辩书，不影响仲裁程序的进行。

第十六条　反请求

（一）被申请人如有反请求，应自收到仲裁通知后 30 天内以书面形式提交。被申请人确有正当理由请求延长提交反请求期限的，由仲裁庭决定是否延长反请求期限；仲裁庭尚未组成的，由仲裁委员会仲裁院作出决定。

（二）被申请人提出反请求时，应在其反请求申请书中写明具体的反请求事项及其所依据的事实和理由，并附具有关的证据材料以及其他证明文件。

（三）被申请人提出反请求，应按照仲裁委员会制定的仲裁费用表在规定的时间内预缴仲裁费。被申请人未按期缴纳反请求仲裁费的，视同未提出反请求申请。

（四）仲裁委员会仲裁院认为被申请人提出反请求的手续已完备的，应向双方当事人发出反请求受理通知。申请人应在收到反请求受理通知后 30 天内针对被申请人的反请求提交答辩。申请人确有正当理由请求延长提交答辩期限的，由仲裁庭决定是否延长答辩期限；仲裁庭尚未组成的，由仲裁委员会仲裁院作出决定。

（五）仲裁庭有权决定是否接受逾期提交的反请求和反请求答辩书。

（六）申请人对被申请人的反请求未提出书面答辩的，不影响仲裁程序的进行。

第十七条　变更仲裁请求或反请求

申请人可以申请对其仲裁请求进行变更，被申请人也可以申请对其反请求进行变更；但是仲裁庭认为其提出变更的时间过迟而影响仲裁程序正常进行的，可以拒绝其变更请求。

第十八条　追加当事人

（一）在仲裁程序中，一方当事人依据表面上约束被追加当事人的案涉仲裁协议可以向仲裁委员会申请追加当事人。在仲裁庭组成后申请追加当事人的，如果仲裁庭认为确有必要，应在征求包括被追加当事人在内的各方当事人的意见后，由仲裁委员会作出决定。

仲裁委员会仲裁院收到追加当事人申请之日视为针对该被追加当事人的仲裁开始之日。

（二）追加当事人申请书应包含现有仲裁案件的案号，涉及被追加当事人在内的所有当事人的名称、住所及通讯方式，追加当事人所依据的仲裁协议、事实和理由，以及仲裁请求。

当事人在提交追加当事人申请书时，应附具其申请所依据的证据材料以及其他证明文件。

（三）任何一方当事人就追加当事人程序提出仲裁协议及/或仲裁案件管辖权异议的，仲裁委员会有权基于仲裁协议及相关证据作出是否具有管辖权的决定。

（四）追加当事人程序开始后，在仲裁庭组成之前，由仲裁委员会仲裁院就仲裁程序的进行作出决定；在仲裁庭组成之后，由仲裁庭就仲裁程序的进行作出决定。

（五）在仲裁庭组成之前追加当事人的，本规则有关当事人选定或委托仲裁委员会主任指定仲裁员的规定适用于被追加当事人。仲裁庭的组成应按照本规则第三十三条的规定进行。

在仲裁庭组成后决定追加当事人的，仲裁庭应就已经进行的包括仲裁庭组成在内的仲裁程序征求被追加当事人的意见。被追加当事人要求选定或委托仲裁委员会主任指定仲裁员的，双方当事人应重新选定或委托仲裁委员会主任指定仲裁员。仲裁庭的组成应按照本规则第三十三条的规定进行。

（六）本规则有关当事人提交答辩及反请求的规定适用于被追加当事人。被追加当事人提交答辩及反请求的期限自收到追加当事人仲裁通知后起算。

（七）案涉仲裁协议表面上不能约束被追加当事人或存在其他任何不宜追加当事人的情形的，仲裁委员会有权决定不予追加。

第十九条　　合并仲裁

（一）符合下列条件之一的，经一方当事人请求，仲裁委员会可以决定将根据本规则进行的两个或两个以上的仲裁案件合并为一个仲裁案件，进行审理。

1. 各案仲裁请求依据同一个仲裁协议提出；

2. 各案仲裁请求依据多份仲裁协议提出，该多份仲裁协议内容相同或相容，且各案当事人相同、各争议所涉及的法律关系性质相同；

3. 各案仲裁请求依据多份仲裁协议提出，该多份仲裁协议内容相同或相容，且涉及的多份合同为主从合同关系；

4. 所有案件的当事人均同意合并仲裁。

（二）根据上述第（一）款决定合并仲裁时，仲裁委员会应考虑各方当事人的意见及相关仲裁案件之间的关联性等因素，包括不同案件的仲裁员的选定或指定情况。

（三）除非各方当事人另有约定，合并的仲裁案件应合并至最先开始仲裁程序的仲裁案件。

（四）仲裁案件合并后，在仲裁庭组成之前，由仲裁委员会仲裁院就程序的进行作出决定；仲裁庭组成后，由仲裁庭就程序的进行作出决定。

第二十条　　仲裁文件的提交与交换

（一）当事人的仲裁文件应提交至仲裁委员会仲裁院。

（二）仲裁程序中需发送或转交的仲裁文件，由仲裁委员会仲裁院发送或转交仲裁庭及当事人，当事人另有约定并经仲裁庭同意或仲裁庭另有决定者除外。

第二十一条　　仲裁文件的份数

当事人提交的仲裁申请书、答辩书、反请求书和证据材料以及其他仲裁文件,应一式五份;多方当事人的案件,应增加相应份数;当事人提出财产保全申请或证据保全申请的,应增加相应份数;仲裁庭组成人数为一人的,应相应减少两份。

第二十二条　　仲裁代理人

当事人可以授权中国及/或外国的仲裁代理人办理有关仲裁事项。当事人或其仲裁代理人应向仲裁委员会仲裁院提交授权委托书。

第二节　保全及临时措施

第二十三条　　财产保全

当事人申请海事请求保全或其他财产保全的,仲裁委员会应当将当事人的申请提交被申请人住所地或其财产所在地的海事法院或其他有管辖权的法院做出裁定;当事人在仲裁程序开始前申请海事请求保全或其他财产保全的,应当依照《中华人民共和国海事诉讼特别程序法》的规定或其他有关规定,直接向被保全的财产所在地海事法院或其他有管辖权的法院提出。

第二十四条　　证据保全

当事人申请证据保全的,仲裁委员会应当将当事人的申请提交证据所在地的海事法院或其他有管辖权的法院做出裁定;当事人在仲裁程序开始前申请证据保全的,应当依照《中华人民共和国海事诉讼特别程序法》的规定或其他有关法律规定,直接向被保全的证据所在地海事法院或其他有管辖权的法院提出。

第二十五条　　海事强制令

当事人申请海事强制令的,仲裁委员会应当将当事人的申请提交海事纠纷发生地的海事法院做出裁定;当事人在仲裁程序开始前申请海事强制令的,应当依照《中华人民共和国海事诉讼特别程序法》的规定,直接向海事纠纷发生地的海事法院提出。

第二十六条　　海事赔偿责任限制基金

当事人申请设立海事赔偿责任限制基金的,仲裁委员会应当将当事人的申请提交事故发生地、合同履行地或者船舶扣押地海事法院作出裁定;当事人在仲裁程序开始前申请设立海事赔偿责任限制基金的,应当依照《中华人民共和国海事诉讼特别程序法》的规定,直接向事故发生地、合同履行地或者船舶扣押地的海事法院提出。

第二十七条　　临时措施

(一)根据所适用的法律或当事人的约定,当事人可以依据《中国海事仲裁委员会紧急仲裁员程序》(本规则附件三)向仲裁委员会仲裁院申请紧急性临时救济。紧急仲裁员可以决定采取必要或适当的紧急性临时救济措施。紧急仲裁员的决定对双方当事人具有约束力。

(二)经一方当事人请求,仲裁庭依据所适用的法律或当事人的约定可以决定采取其认为必要或适当的临时措施,并有权决定由请求临时措施的一方当事人提供适当的担保。

第三节　仲裁员及仲裁庭

第二十八条　　仲裁员的义务

仲裁员不代表任何一方当事人,应独立于各方当事人,平等地对待各方当事人。

第二十九条　　仲裁庭的人数

(一)仲裁庭由一名或三名仲裁员组成。

(二)除非当事人另有约定或本规则另有规定,仲裁庭由三名仲裁员组成。

第三十条　　仲裁员的选定或指定

(一)仲裁委员会制定统一适用于仲裁委员会及其分会/仲裁中心的仲裁员名册;当事人从仲裁委员会制定的仲裁员名册中选定仲裁员。

(二)当事人约定在仲裁委员会仲裁员名册之外选定仲裁员的,当事人选定的或根据当事人约定指定的人士经仲裁委员会主任确认后可以担任仲裁员。

第三十一条　　三人仲裁庭的组成

(一)申请人和被申请人应各自在收到仲裁通知后 15 天内选定或委托仲裁委员会主任指定一名仲裁员。当事人未在上述期限内选定或委托仲裁委员会主任指定的,由仲裁委员会主任指定。

(二)第三名仲裁员由双方当事人在被申请人收到仲裁通知后 15 天内共同选定或共同委托仲裁委员会主任指定。第三名仲裁员为仲裁庭的首席仲裁员。

(三)双方当事人可以各自推荐一至五名候选人作为首席仲裁员人选,并按照上述第(二)款规定的期限提交推荐名单。双方当事人的推荐名单中有一名人选相同的,该人选为双方当事人共同选定的首席仲裁员;有一名以上人选相同的,由仲裁委员会主任根据案件的具体情况在相同人选中确定一名首席仲裁员,该名首席仲裁员仍为双方共同选定的首席仲裁员;推荐名单中没有相同人选时,由仲裁委员会主任指定首席仲裁员。

(四)双方当事人未能按照上述规定共同选定首席仲裁员的,由仲裁委员会主任指定首席仲裁员。

第三十二条　　独任仲裁庭的组成

仲裁庭由一名仲裁员组成的,按照本规则第三十一条第(二)、(三)、(四)款规定的程序,选定或指定独任仲裁员。

第三十三条　　多方当事人仲裁庭的组成

(一)仲裁案件有两个或两个以上申请人及/或被申请人时,申请人方及/或被申请人方应各自协商,各方共同选定或共同委托仲裁委员会主任指定一名仲裁员。

(二)首席仲裁员或独任仲裁员应按照本规则第三十一条第(二)、(三)、(四)款规定的程序选定或指定。申请人方及/或被申请人方按照本规则第三十一条第(三)款的规定选定首席仲裁员或独任仲裁员时,应各方共同协商,提交各方共同选定的候选人名单。

(三)如果申请人方及/或被申请人方未能在收到仲裁通知后 15 天内各方共同选定或各方共同委托仲裁委员会主任指定一名仲裁员,则由仲裁委员会主任指定仲裁庭三名仲裁员,并从中确定一人担任首席仲裁员。

第三十四条　指定仲裁员的考虑因素

仲裁委员会主任根据本规则的规定指定仲裁员时，应考虑争议的适用法律、仲裁地、仲裁语言、当事人国籍，以及仲裁委员会主任认为应考虑的其他因素。

第三十五条　披露

（一）被选定或被指定的仲裁员应签署声明书，披露可能引起对其公正性和独立性产生合理怀疑的任何事实或情况。

（二）在仲裁程序中出现应披露情形的，仲裁员应立即书面披露。

（三）仲裁员的声明书及/或披露的信息应提交仲裁委员会仲裁院并转交各方当事人。

第三十六条　仲裁员的回避

（一）当事人收到仲裁员的声明书及/或书面披露后，如果以披露的事实或情况为理由要求该仲裁员回避，则应于收到仲裁员的书面披露后10天内书面提出。逾期没有申请回避的，不得以仲裁员曾经披露的事项为由申请该仲裁员回避。

（二）当事人对被选定或被指定的仲裁员的公正性和独立性产生具有正当理由的怀疑时，可以书面提出要求该仲裁员回避的请求，但应说明提出回避请求所依据的具体事实和理由，并举证。

（三）对仲裁员的回避请求应在收到组庭通知后15天内以书面形式提出；在此之后得知要求回避事由的，可以在得知回避事由后15天内提出，但应不晚于最后一次开庭终结。

（四）当事人的回避请求应当立即转交另一方当事人、被请求回避的仲裁员及仲裁庭其他成员。

（五）如果一方当事人请求仲裁员回避，另一方当事人同意回避请求，或被请求回避的仲裁员主动提出不再担任该仲裁案件的仲裁员，则该仲裁员不再担任仲裁员审理本案。上述情形并不表示当事人提出回避的理由成立。

（六）除上述第（五）款规定的情形外，仲裁员是否回避，由仲裁委员会主任作出终局决定并可以不说明理由。

（七）在仲裁委员会主任就仲裁员是否回避作出决定前，被请求回避的仲裁员应继续履行职责。

第三十七条　仲裁员的更换

（一）仲裁员在法律上或事实上不能履行职责，或没有按照本规则的要求或在本规则规定的期限内履行应尽职责时，仲裁委员会主任有权决定将其更换；该仲裁员也可以主动申请不再担任仲裁员。

（二）是否更换仲裁员，由仲裁委员会主任作出终局决定并可以不说明理由。

（三）在仲裁员因回避或更换不能履行职责时，应按照原选定或指定仲裁员的方式在仲裁委员会仲裁院规定的期限内选定或指定替代的仲裁员。当事人未选定或指定替代仲裁员的，由仲裁委员会主任指定替代的仲裁员。

（四）重新选定或指定仲裁员后，由仲裁庭决定是否重新审理及重新审理的范围。

第三十八条　多数仲裁员继续仲裁程序

最后一次开庭终结后，如果三人仲裁庭中的一名仲裁员因死亡或被除名等情形而不能参加合议及/或作出裁决，另外两名仲裁员可以请求仲裁委员会主任按照第三十七条的规定更换该仲裁员；在征求双方当事人意见并经仲裁委员会主任同意后，该两名仲裁员也可以继续进行仲裁程序，作出决定或裁决。仲裁委员会仲裁院应将上述情况通知双方当事人。

第四节　审　　理

第三十九条　　审理方式

（一）除非当事人另有约定，仲裁庭可以按照其认为适当的方式审理案件。在任何情形下，仲裁庭均应公平和公正地行事，给予双方当事人陈述与辩论的合理机会。

（二）仲裁庭应开庭审理案件，但双方当事人约定并经仲裁庭同意或仲裁庭认为不必开庭审理并征得双方当事人同意的，可以只依据书面文件进行审理。

（三）除非当事人另有约定，仲裁庭可以根据案件的具体情况采用询问式或辩论式的庭审方式审理案件。

（四）仲裁庭可以在其认为适当的地点以其认为适当的方式进行合议。

（五）除非当事人另有约定，仲裁庭认为必要时可以就所审理的案件发布程序令、发出问题单、制作审理范围书、举行庭前会议等。

经仲裁庭其他成员授权，首席仲裁员可以单独就仲裁案件的程序安排作出决定。

第四十条　　开庭地

（一）当事人约定了开庭地点的，仲裁案件的开庭审理应当在约定的地点进行，但出现本规则第七十九条第（三）款规定的情形的除外。

（二）除非当事人另有约定，由仲裁委员会仲裁院或其分会/仲裁中心仲裁院管理的案件应分别在北京或分会/仲裁中心所在地开庭审理；如仲裁庭认为必要，经仲裁委员会仲裁院院长同意，也可以在其他地点开庭审理。

第四十一条　　开庭通知

（一）开庭审理的案件，仲裁庭确定第一次开庭日期后，应不晚于开庭前20天将开庭日期通知双方当事人。当事人有正当理由的，可以请求延期开庭，但应于收到开庭通知后5天内提出书面延期申请；是否延期，由仲裁庭决定。

（二）当事人有正当理由未能按上述第（一）款规定提出延期开庭申请的，是否接受其延期申请，由仲裁庭决定。

（三）再次开庭审理的日期及延期后开庭审理日期的通知及其延期申请，不受上述第（一）款期限的限制。

第四十二条　　保密

（一）仲裁庭审理案件不公开进行。双方当事人要求公开审理的，由仲裁庭决定是否公开审理。

（二）不公开审理的案件，双方当事人及其仲裁代理人、仲裁员、证人、翻译、仲裁庭咨询的专家和指定的鉴定人，以及其他有关人员，均不得对外界透露案件实体和程序的有关情况。

第四十三条　　当事人缺席

（一）申请人无正当理由开庭时不到庭的，或在开庭审理时未经仲裁庭许可中途退庭的，可以视为撤回仲裁申请；被申请人提出反请求的，不影响仲裁庭就反请求进行审理，并作出裁决。

（二）被申请人无正当理由开庭时不到庭的，或在开庭审理时未经仲裁庭许可中途退庭的，仲裁庭可以进行缺席审理并作出裁决；被申请人提出反请求的，可以视为撤回反请求。

第四十四条　庭审笔录

（一）开庭审理时，仲裁庭可以制作庭审笔录及/或影音记录。仲裁庭认为必要时，可以制作庭审要点，并要求当事人及/或其代理人、证人及/或其他有关人员在庭审笔录或庭审要点上签字或盖章。

（二）庭审笔录、庭审要点和影音记录供仲裁庭查用。

（三）应一方当事人申请，仲裁委员会仲裁院视案件具体情况可以决定聘请速录人员速录庭审笔录，当事人应当预交由此产生的费用。

第四十五条　举证

（一）当事人应对其申请、答辩和反请求所依据的事实提供证据加以证明，对其主张、辩论及抗辩要点提供依据。

（二）仲裁庭可以规定当事人提交证据的期限。当事人应在规定的期限内提交证据。逾期提交的，仲裁庭可以不予接受。当事人在举证期限内提交证据材料确有困难的，可以在期限届满前申请延长举证期限。是否延长，由仲裁庭决定。

（三）当事人未能在规定的期限内提交证据，或虽提交证据但不足以证明其主张的，负有举证责任的当事人承担因此产生的后果。

第四十六条　质证

（一）开庭审理的案件，证据应在开庭时出示，当事人可以质证。

（二）对于书面审理的案件的证据材料，或对于开庭后提交的证据材料且当事人同意书面质证的，可以进行书面质证。书面质证时，当事人应在仲裁庭规定的期限内提交书面质证意见。

第四十七条　仲裁庭调查取证

（一）仲裁庭认为必要时，可以调查事实，收集证据。

（二）仲裁庭调查事实、收集证据时，可以通知当事人到场。经通知，一方或双方当事人不到场的，不影响仲裁庭调查事实和收集证据。

（三）仲裁庭调查收集的证据，应转交当事人，给予当事人提出意见的机会。

第四十八条　专家报告及鉴定报告

（一）仲裁庭可以就案件中的专门问题向专家咨询或指定鉴定人进行鉴定。专家和鉴定人可以是中国或外国的机构或自然人。

（二）仲裁庭有权要求当事人、当事人也有义务向专家或鉴定人提供或出示任何有关资料、文件或财产、实物，以供专家或鉴定人审阅、检验或鉴定。

（三）专家报告和鉴定报告的副本应转交当事人，给予当事人提出意见的机会。一方当事人要求专家或鉴定人参加开庭的，经仲裁庭同意，专家或鉴定人应参加开庭，并在仲裁庭认为必要时就所作出的报告进行解释。

第四十九条　合并开庭

为实现仲裁的公平、经济和快捷，如果两个或多个仲裁案件涉及相同的事实或法律问题，在征求各方当事人意见后，仲裁庭经商仲裁委员会可以决定对两个或多个仲裁案件合并开庭，并可以决定：

（一）一个案件当事人提交的文件可以提交给另一个案件当事人；

（二）一个案件中提交的证据可以在另一个案件中被接受和采纳，但是必须给予所有当事人对这些证据发表意见的机会。

第五十条　程序中止

（一）双方当事人共同或分别请求中止仲裁程序，或出现其他需要中止仲裁程序的情形的，仲裁程序可以中止。

（二）中止程序的原因消失或中止程序期满后，仲裁程序恢复进行。

（三）仲裁程序的中止及恢复，由仲裁庭决定；仲裁庭尚未组成的，由仲裁委员会仲裁院院长决定。

第五十一条　撤回申请和撤销案件

（一）当事人可以撤回全部仲裁请求或全部仲裁反请求。申请人撤回全部仲裁请求的，不影响仲裁庭就被申请人的仲裁反请求进行审理和裁决。被申请人撤回全部仲裁反请求的，不影响仲裁庭就申请人的仲裁请求进行审理和裁决。

（二）因当事人自身原因致使仲裁程序不能进行的，可以视为其撤回仲裁请求。

（三）仲裁请求和反请求全部撤回的，案件可以撤销。在仲裁庭组成前撤销案件的，由仲裁委员会仲裁院院长作出撤案决定；仲裁庭组成后撤销案件的，由仲裁庭作出撤案决定。

（四）上述第（三）款及本规则第六条第（七）款所述撤案决定应加盖"中国海事仲裁委员会"印章。

第五十二条　仲裁与调解相结合

（一）双方当事人有调解愿望的，或一方当事人有调解愿望并经仲裁庭征得另一方当事人同意的，仲裁庭可以在仲裁程序中对案件进行调解。双方当事人也可以自行和解。

（二）仲裁庭在征得双方当事人同意后可以按照其认为适当的方式进行调解。

（三）调解过程中，任何一方当事人提出终止调解或仲裁庭认为已无调解成功的可能时，仲裁庭应终止调解。

（四）双方当事人经仲裁庭调解达成和解或自行和解的，应签订和解协议。

（五）当事人经调解达成或自行达成和解协议的，可以撤回仲裁请求或反请求，也可以请求仲裁庭根据当事人和解协议的内容作出裁决书或制作调解书。

（六）当事人请求制作调解书的，调解书应当写明仲裁请求和当事人书面和解协议的内容，由仲裁员署名，并加盖"中国海事仲裁委员会"印章，送达双方当事人。

（七）调解不成功的，仲裁庭应当继续进行仲裁程序并作出裁决。

（八）当事人有调解愿望但不愿在仲裁庭主持下进行调解的，经双方当事人同意，仲裁委员会可以协助当事人以适当的方式和程序进行调解。

（九）如果调解不成功，任何一方当事人均不得在其后的仲裁程序、司法程序和其他任何程序中援引对方当事人或仲裁庭在调解过程中曾发表的意见、提出的观点、作出的陈述、表示认同或否定的建议或主张作为其请求、答辩或反请求的依据。

（十）当事人在仲裁程序开始之前自行达成或经调解达成和解协议的，可以依据由仲裁委员会仲裁的仲裁协议及其和解协议，请求仲裁委员会组成仲裁庭，按照和解协议的内容作出仲裁裁决。除非当事人另有约定，仲裁委员会主任指定一名独任仲裁员成立仲裁庭，由仲裁庭按照其认为适当的程序进行审理并作出裁决。具体程序和期限，不受本规则其他条款关于程序和期限的限制。

第三章 裁 决

第五十三条 作出裁决的期限

（一）仲裁庭应在组庭后 6 个月内作出裁决书。

（二）经仲裁庭请求，仲裁委员会仲裁院院长认为确有正当理由和必要的，可以延长该期限。

（三）程序中止的期间不计入上述第（一）款规定的裁决期限。

第五十四条 裁决的作出

（一）仲裁庭应当根据事实和合同约定，依照法律规定，参考国际惯例，公平合理、独立公正地作出裁决。

（二）当事人对于案件实体适用法有约定的，从其约定。当事人没有约定或其约定与法律强制性规定相抵触的，由仲裁庭决定案件实体的法律适用。

（三）仲裁庭在裁决书中，应写明仲裁请求、争议事实、裁决理由、裁决结果、仲裁费用的承担、裁决的日期和地点。当事人协议不写明争议事实和裁决理由的，以及按照双方当事人和解协议的内容作出裁决书的，可以不写明争议事实和裁决理由。仲裁庭有权在裁决书中确定当事人履行裁决的具体期限及逾期履行所应承担的责任。

（四）裁决书应加盖"中国海事海事仲裁委员会"印章。

（五）由三名仲裁员组成的仲裁庭审理的案件，裁决依全体仲裁员或多数仲裁员的意见作出。少数仲裁员的书面意见应附卷，并可以附在裁决书后，该书面意见不构成裁决书的组成部分。

（六）仲裁庭不能形成多数意见的，裁决依首席仲裁员的意见作出。其他仲裁员的书面意见应附卷，并可以附在裁决书后，该书面意见不构成裁决书的组成部分。

（七）除非裁决依首席仲裁员意见或独任仲裁员意见作出并由其署名，裁决书应由多数仲裁员署名。持有不同意见的仲裁员可以在裁决书上署名，也可以不署名。

（八）作出裁决书的日期，即为裁决发生法律效力的日期。

（九）裁决是终局的，对双方当事人均有约束力。任何一方当事人均不得向法院起诉，也不得向其他任何机构提出变更仲裁裁决的请求。

第五十五条 部分裁决

（一）仲裁庭认为必要或当事人提出请求并经仲裁庭同意的，仲裁庭可以在作出最终裁决之前，就当事人的某些请求事项先行作出部分裁决。部分裁决是终局的，对双方当事人均有约束力。

（二）一方当事人不履行部分裁决，不影响仲裁程序的继续进行，也不影响仲裁庭作出最终裁决。

第五十六条　　裁决书草案的核阅

仲裁庭应在签署裁决书之前将裁决书草案提交仲裁委员会核阅。在不影响仲裁庭独立裁决的情况下，仲裁委员会可以就裁决书的有关问题提请仲裁庭注意。

第五十七条　　费用承担

（一）仲裁庭有权在裁决书中裁定当事人最终应向仲裁委员会支付的仲裁费和其他费用。

（二）仲裁庭有权根据案件的具体情况在裁决书中裁定败诉方应补偿胜诉方因办理案件而支出的合理的费用。仲裁庭裁定败诉方补偿胜诉方因办理案件而支出的费用是否合理时，应具体考虑案件的裁决结果、复杂程度、胜诉方当事人及/或代理人的实际工作量以及案件的争议金额等因素。

第五十八条　　裁决书的更正

（一）仲裁庭可以在发出裁决书后的合理时间内自行以书面形式对裁决书中的书写、打印、计算上的错误或其他类似性质的错误作出更正。

（二）任何一方当事人均可以在收到裁决书后 30 天内就裁决书中的书写、打印、计算上的错误或其他类似性质的错误，书面申请仲裁庭作出更正；如确有错误，仲裁庭应在收到书面申请后 30 天内作出书面更正。

（三）上述书面更正构成裁决书的组成部分，应适用本规则第五十四条第（四）至（九）款的规定。

第五十九条　　补充裁决

（一）如果裁决书中有遗漏事项，仲裁庭可以在发出裁决书后的合理时间内自行作出补充裁决。

（二）任何一方当事人可以在收到裁决书后 30 天内以书面形式请求仲裁庭就裁决书中遗漏的事项作出补充裁决；如确有漏裁事项，仲裁庭应在收到上述书面申请后 30 天内作出补充裁决。

（三）该补充裁决构成裁决书的一部分，应适用本规则第五十四条第（四）至（九）款的规定。

第六十条　　裁决的履行

（一）当事人应依照裁决书写明的期限履行仲裁裁决；裁决书未写明履行期限的，应立即履行。

（二）一方当事人不履行裁决的，另一方当事人可以依法向有管辖权的法院申请执行。

第四章　简 易 程 序

第六十一条　　简易程序的适用

（一）除非当事人另有约定，凡争议金额不超过人民币 200 万元的，或争议金额超过人民币 200 万元但经一方当事人书面申请并征得另一方当事人书面同意的，或双方当事人约定适用简易程序的，适用简易程序。

（二）没有争议金额或者争议金额不明确的，由仲裁委员会根据案件的复杂程度、涉及利益的大小以及其他有关因素综合考虑决定是否适用简易程序。

第六十二条　仲裁通知

申请人提出仲裁申请，经审查可以受理并适用简易程序的，仲裁委员会仲裁院应向双方当事人发出仲裁通知。

第六十三条　仲裁庭的组成

除非当事人另有约定，适用简易程序的案件，依照本规则第三十二条的规定成立独任仲裁庭审理案件。

第六十四条　答辩和反请求

（一）被申请人应在收到仲裁通知后 20 天内提交答辩书及证据材料以及其他证明文件；如有反请求，也应在此期限内提交反请求书及证据材料以及其他证明文件。

（二)申请人应在收到反请求书及其附件后 20 天内针对被申请人的反请求提交答辩。

（三）当事人确有正当理由请求延长上述期限的，由仲裁庭决定是否延长；仲裁庭尚未组成的，由仲裁委员会仲裁院作出决定。

第六十五条　审理方式

仲裁庭可以按照其认为适当的方式审理案件，可以在征求当事人意见后决定只依据当事人提交的书面材料和证据进行书面审理，也可以决定开庭审理。

第六十六条　开庭通知

（一）对于开庭审理的案件，仲裁庭确定第一次开庭日期后，应不晚于开庭前 15 天将开庭日期通知双方当事人。当事人有正当理由的，可以请求延期开庭，但应于收到开庭通知后 3 天内提出书面延期申请；是否延期，由仲裁庭决定。

（二）当事人有正当理由未能按上述第（一）款规定提出延期开庭申请的，是否接受其延期申请，由仲裁庭决定。

（三）再次开庭审理的日期及延期后开庭审理日期的通知及其延期申请，不受上述第（一）款期限的限制。

第六十七条　作出裁决的期限

（一）仲裁庭应在组庭后 3 个月内作出裁决书。

（二）经仲裁庭请求，仲裁委员会仲裁院院长认为确有正当理由和必要的，可以延长该期限。

（三）程序中止的期间不计入上述第（一）款规定的裁决期限。

第六十八条　程序变更

仲裁请求的变更或反请求的提出，不影响简易程序的继续进行。经变更的仲裁请求或反请求所涉争议金额分别超过人民币 200 万元的案件，除非当事人约定或仲裁庭认为有必要变更为普通程序，继续适用简易程序。

第六十九条　本规则其他条款的适用

本章未规定的事项，适用本规则其他各章的有关规定。

第五章　香港仲裁的特别规定

第七十条　　本章的适用

（一）仲裁委员会在香港特别行政区设立仲裁委员会香港仲裁中心。本章适用于仲裁委员会香港仲裁中心接受仲裁申请并管理的仲裁案件。

（二）当事人约定将争议提交仲裁委员会香港仲裁中心仲裁或约定将争议提交仲裁委员会在香港仲裁的，由仲裁委员会香港仲裁中心接受仲裁申请并管理案件。

第七十一条　　仲裁地及程序适用法

除非当事人另有约定，仲裁委员会香港仲裁中心管理的案件的仲裁地为香港，仲裁程序适用法为香港仲裁法，仲裁裁决为香港裁决。

第七十二条　　管辖权决定的作出

当事人对仲裁协议及/或仲裁案件管辖权的异议，应不晚于第一次实体答辩前提出。仲裁庭有权对仲裁协议的存在、效力以及仲裁案件的管辖权作出决定。

第七十三条　　仲裁员的选定或指定

仲裁委员会现行仲裁员名册在仲裁委员会香港仲裁中心管理的案件中推荐使用，当事人可以在仲裁委员会仲裁员名册外选定仲裁员。被选定的仲裁员应经仲裁委员会主任确认。

第七十四条　　临时措施和紧急救济

（一）除非当事人另有约定，应一方当事人申请，仲裁庭有权决定采取适当的临时措施。

（二）在仲裁庭组成之前，当事人可以按照《中国海事仲裁委员会紧急仲裁员程序》（本规则附件三）申请紧急性临时救济。

第七十五条　　裁决书的印章

裁决书应加盖"中国海事仲裁委员会香港仲裁中心"印章。

第七十六条　　仲裁收费

依本章接受申请并管理的案件适用《中国海事仲裁委员会仲裁费用表（二）》（本规则附件二）。

第七十七条　　本规则其他条款的适用

本章未规定的事项，适用本规则其他各章的有关规定。

第六章　附　　则

第七十八条　　仲裁语言

（一）当事人对仲裁语言有约定的，从其约定。当事人对仲裁语言没有约定的，以中文为仲裁语言。仲裁委员会也可以视案件的具体情形确定其他语言为仲裁语言。

（二）仲裁庭开庭时，当事人或其代理人、证人需要语言翻译的，可由仲裁委员会仲裁院提供译员，也可由当事人自行提供译员。

（三）当事人提交的各种文书和证明材料，仲裁庭或仲裁委员会仲裁院认为必要时，可以要求当事人提供相应的中文译本或其他语言译本。

第七十九条 仲裁费用及实际费用

（一）仲裁委员会除按照制定的仲裁费用表向当事人收取仲裁费外，还可以向当事人收取其他额外的、合理的实际费用，包括仲裁员办理案件的特殊报酬、差旅费、食宿费、聘请速录员速录费，以及仲裁庭聘请专家、鉴定人和翻译等费用。仲裁员的特殊报酬由仲裁委员会仲裁院在征求相关仲裁员和当事人意见后，参照《中国海事仲裁委员会仲裁费用表（二）》（本规则附件二）有关仲裁员报酬和费用标准确定。

（二）当事人未在仲裁委员会规定的期限内为其选定的仲裁员预缴特殊报酬、差旅费、食宿费等实际费用的，视为没有选定仲裁员。

（三）当事人约定在仲裁委员会或其分会/仲裁中心所在地之外开庭的，应预缴因此而发生的差旅费、食宿费等实际费用。当事人未在仲裁委员会规定的期限内预缴有关实际费用的，应在仲裁委员会或其分会/仲裁中心所在地开庭。

（四）当事人约定以两种或两种以上语言为仲裁语言的，或根据本规则第六十一的规定适用简易程序的案件但当事人约定由三人仲裁庭审理的，仲裁委员会可以向当事人收取额外的、合理的费用。

第八十条 规则的解释

（一）本规则条文标题不用于解释条文含义。

（二）本规则由仲裁委员会负责解释。

第八十一条 规则的施行

本规则自 2015 年 1 月 1 日起施行。本规则施行前仲裁委员会及其分会/仲裁中心管理的案件，仍适用受理案件时适用的仲裁规则；双方当事人同意的，也可以适用本规则。